KB139392

공자의
가치들

에피파니Epiphany는 진리의 현현과 계시 혹은 정신과 문화의 황홀경 체험을 나타내는 말로, '책의 영원성'과 '인간의 불멸성'에 대한 '오래된 그러나 새로운' 믿음으로 태어난 고급 인문·문학·예술 브랜드의 새 이름입니다.

총체적 가치 붕괴의 오늘,
'인간의 기본' 다시 세우기

공자의
가치들

이수정 지음

요ㅍ

책머리에

'공자의 가치들' 이 제목은 어쩌면 하나의 도전장이다. 이 가치들에 반하는 저 수많은 '반가치들', 즉 우리의 시커먼 현실들에 대한 도전장이다.

우리는 지금 도처에서 인간의 기본이 붕괴된 장면을 섬뜩한 기분으로 목격한다. 세상 전체가, 온갖 질서가, 바닥에서 꼭대기까지 엉망진창인데다 정상과 비정상이 당연하단 듯 뒤집혀 있다. 오직 자본이라는 가치만이 기세등등할 뿐, 다른 모든 가치들은 그의 앞에 무릎을 꿇고 머리를 조아린다. 시대는 풍요를 핑계 삼지만, 이건 아니다. 우리는 대체 어떤 미래로 가려 하는가.

제목대로 이 책은 공자를 다루고 있다. 공자는 우리가 너무나 잘 아는 사람이다. 바로 그렇기 때문에 우리는 공자를 제대로 알지 못한다. 공자의 이미지는 이른바 '공자

왈 맹자 왈'로 대표된다. 듣기만 해도 고리타분한 느낌이다. 요즘 세대들은 이런 '왈왈'을 '꼰대질'로 여기기도 한다. 그래서 공자는 경이원지의 대표격이다. 백안시도 당한다. 그러나 과연 그럴까. 아니다. 전혀 그렇지 않다. 편견 없이, 선입견 없이 들여다보면 공자만큼 매력적인 철학자도 흔하지 않다. 그는 정말로 제대로 '철학자'였다. 그는 인간에 대해, 그 삶에 대해, 세상에 대해, 정말로 진지하게 고민했고, 온전한 인간과 삶과 세상을 꿈꾸었고, 그 연장에서 절실히 필요한 가치들을 일러 준다. 더욱이 그의 가치들은 철저하게 '문제' 그 자체에서 싹트고 자라난 것이다.

그런 그가 저 조선 500년을 거쳐 오면서 이른바 '선비'가 되고 '사대부'가 되고 '양반'이 되었다. 그에게는 '에헴'하는 물정도 모르는 도덕군자의 이미지가 덧씌워졌다. 원래의 공자에게는 시나브로 시커먼 때가 묻고 뽀얗게 먼지도 쌓여 갔다. 그렇게 그는 낡고 말았다.

그래서 우리는 공자를 우리의 '지금 여기'(hic et nunc)로, 우리의 현실로 소환할 필요가 있다. 이 책은 또한 그런 소환장이다. 공자의 문제들은 곧 우리의 문제이기도 하다. 나아진 것, 고쳐진 것, 해결된 것은 하나도 없다. 공자의

'그때 거기서' 그랬던 문제는 우리의 '지금 여기서' 그러한 문제와 거의 완전히 일치한다. 그 문제들이, 그 가치들이, 말하자면 시간적-공간적으로 보편적인 셈이다. 시간과 공간을 초월해서 변함없는 것, 그러한 것을 철학에서는 '진리'라고 부른다. 공자는 그런 진리를 보여 준다. 사람이라면 무릇 이래야 한다는 그런 진리다.

이 책에서는 공자의 주요 개념 50개가 철저하게 음미된다. 그의 핵심가치들이 거의 망라되었다고 해도 과언이 아니다. 이 가치들은 각각 하나의 글자, '외자'에 응축되어 있다. 이는 한자 특유의 언어미학이기도 하다. 이런 간결함, 단순함, 깔끔함은 크나큰 매력이 아닐 수 없다. 그 하나의 글자가 각각 하나의 철학적-윤리적 세계임을 나는 드러내 보여 주고 싶었다. 또한 이 책은 그 글자들에 대한 '뒤집어읽기'를 시도한다. 즉 그것에 '아닐 불'(不)과 '없을 무'(無)를 붙여서 그 가치가 결여된 어두운 현실을 짚어 보는 것이다. 이를테면 '불인' '불의' '무례' '무지' '부정' '부덕' … 그런 것이다. 이런 식의 공자론은 아마 국내외를 막론하고 전례가 없을 것이다.

나는 대학 시절부터 오랜 세월 서양철학을 연구한 사

람이다. 말하자면 '이쪽'이 아닌 '저쪽'의 전문가인 셈이다. 서양철학의 전체 역사를, 특히 현대철학을, 특히 독일철학을, 특히 현상학과 해석학을, 특히 하이데거 철학을, 나름 열심히 연구해 왔다. 그런 사람이 감히 공자를 건드렸다. 이 월선에는 이유가 있다. 그것은 말하자면 목마른 자가 우물을 파는 그런 것이다. 서양철학의 연구에서는 늘 채워지지 않는 아쉬움이 없지 않았다. 사람과 삶과 윤리에 대한 가르침이다. 체온이 느껴지는, 숨소리가 들리는 그런 가르침이다. 바로 그런 것에 대한 갈증을 공자는 일정 부분 적셔 준다. 그는 건조한 서양철학의 사막을 지나온 나에게 오아시스였다.

나는 이 책이 2,500년 전 살아 있는 공자를 만나러 가기 위한 '시간의 문'이기를 기대한다. 혹은 한 마리 낙타이기를 기대한다. 자, 이 낙타를 타고 이 문을 지나 살아 있는 공자를 만나 보기 바란다.

2016년 가을, 서울에서

이수정

일러두기

1. 이 책에서 인용한 《논어》의 원문은 阮元 校刻本 《十三 經注疏》를 저본으로 삼았다.

2. 원문의 번역은 이수태의 개정판 《새번역 논어》(바오출판 사, 2014)를 대부분 따랐다. 단, 필자와 의견이 다른 부분 은 임의로 고쳐 썼다. 많지는 않으나 몇 군데 결정적인 차이가 없지 않다. 다른 부분을 일일이 밝히지는 않았 다. 동일한 부분은 《새번역 논어》에 대한 지지를 의미 한다.

3. 인용문 앞의 숫자는 앞의 두 단위가 장을, 뒤의 두 단 위가 절을 나타낸다. 단, 이 책에서는 《논어》에서의 장 의 구분에 큰 의미를 두지 않는다. 장의 명칭도 마찬가 지다. 철저하게 말의 내용과 의미에만 주목했다.

4. 이 책에서는 오직 공자 본인의 직접 발언에만 주목할 뿐 제자들의 발언은, 특별한 경우를 제외하고는, 철저 하게 배제했다. 있는 그대로의 공자를 최대한 정확하 게 드러내기 위한 의도이므로 양해를 바란다. 공자 본 인의 발언만 해도 양적으로나 질적으로나 넘칠 만큼 충분하다고 판단한다.

5. 이 책에서는 공자의 핵심 가치들을 최대한 망라했다. 단, 검토가 남아 있는 주요 가치들도 아직 상당히 많다. 예컨대 저 '君子'를 포함해 剛, 求, 訥, 命, 木, 文, 美, 孫, 詩, 樂, 藝, 毅, 莊, 政, 志, 行, … 등도 그에 해당한다. 50가지에 맞추려는 것이 집필 방침이었기에 어쩔 수 없다. 누군가가 이 남은 작업을 완수해 주기를 기대한다.

6. 이 책에서는 전 가치들을 단순히 가나다순으로 배열했다. 인의예지신, 충효, 도덕과 같은 표현이 알게 모르게 갖는 선후, 그것이 이 가치들의 서열처럼 간주되는 편견 내지 선입견을 제거하기 위함임을 이해 바란다. 각각의 가치들을 각각의 고유한 맥락에서 이해하기를 권한다.

7. 인용문의 인명에 대해서는 일체의 설명을 생략했다. 《새번역 논어》를 비롯한 여타 서적에 자세한 설명이 있으니 참조 바란다.

8. 인용문 중 대화가 아닌 공자의 단독 발언에 붙여진 '자왈子曰'은 따로 번역하지 않았다.

9. 인용문 중 인명의 한자 병기는 괄호로 표기하여 일반 병기와 구별하였다.

목차

I

개改

고침에 대하여

"나는 원칙대로 출석을 부르고 원칙대로 강의하고 원칙대로 시험치고 원칙대로 과제 내고 원칙대로 평가했던 사람입니다. 그런데 그게 좋은 줄만 알았더니 실은 학생들이 좀 싫어하더라고요. 그래서 이제는 '대오각성' '개과천선'해서 좀 적당히 넘어갈 줄도 알게 되었습니다. 그러니 긴장의 고삐를 풀고 편안하게 이 수업을 즐겨도 좋습니다."

나로서는 드문 일이지만, 강의시간에 학생들에게 농담 아닌 농담을 던졌다. 그랬더니 '대오각성' '개과천선'이라는 부분에서 학생들이 하하 웃어줬다.

"개과천선改過遷善." 예전에는 많이 듣던 말이다. '잘못을 고치고 착한 사람이 된다'는 이 말 뜻을 모르는 사람은 없을 것이다.

그 '잘못'(過)이라는 것을 생각해 본다. 그리고 '고친다'

(改)는 것을 생각해 본다. 고친다는 것은 잘못을 고친다는 말이기 때문이다. 요즘 우리 주변에는 이 '잘못'이라는 것을 저지르는 사람이 너무 많고, 그럼에도 그것을 인정하는 사람이, 그것을 고치려는 사람이 너무 없기에 어쩌면 이것은 절실한 과제가 될 지도 모르겠다. 우리 세대가 어렸을 때는, 부모들이 뭔가 잘못한 아이를 꾸중하면서 "잘했어, 잘못했어?" 하고 다그치고는 했다. 그러면 아이는 눈물 콧물 다 흘리면서 "잘못했어요, 다신 안 그럴게요…." 하고 싹싹 빌고는 했다. 요즘도 그런 장면 내지 풍경이 어딘가에 있는지 잘 모르겠다. 적어도 공적인 장에서, 특히 정치의 장에서, 근래 이런 경우가 과연 있었는지 생각해 보면 (형식적인 쇼를 제외하고는) 별로 떠오르는 것이 없다.

《논어》에 보면 공자도 '잘못'이라는 이 말을 여러 번 입에 담는다.

0527 子曰, "已矣乎! 吾未見能見其過而內自訟者也" "끝났구나! 나는 그 잘못을 볼 줄 알고 안으로 스스로 탓하는 사람을 아직 보지 못했다."

1427 子曰, "君子恥其言而過其行" "군자는 자신의 말을 부끄러워하고 자신의 행동을 허물한다."

0603 　애공문　제자숙위호학　공자대왈　유안회자호학　불
哀公問, "弟子孰爲好學?" 孔子對曰, "有顔回者好學, 不
　천노　불이과　불행단명사의　금야즉망　미문호학자야
遷怒, 不貳過. 不幸短命死矣, 今也則亡, 未聞好學者也.
…" 애공이 물었다. "제자 중에서 누가 배우기를 좋아

합니까?" 공자께서 대답하셨다. "안회라는 자가 있어서

배우기를 좋아했고, 노여움을 옮기지 않았고, 잘못을

두 번하지 않았습니다. …"

　일단 이것만으로도 잘못(過)이라는 게 공자의 큰 관심

사였음을 알 수 있다.

　공자 같은 대단한 철학자가 이 말을 입에 담는다면 그

건 우연이 아니다. 그만큼 이것이 중요한 철학적 주제가

됨을 방증하는 것이다. 아닌 게 아니라 그의 이 말들은 우

리에게 많은 생각거리를 제공한다.

　공자도 아마 동의하겠지만 인간에게 잘못이란 불가피

한 숙명과도 같다. 그의 말투에도 뭔가 잘못이라는 것이

인간의 당연한 전제로 깔려 있는 듯한 그런 뉘앙스가 있

다. 어쩌면 중학교 때 영어시간에 배운 저 영어 격언 'To

err is human, to forgive divine'(잘못하는 것은 인간의 일

이고 용서하는 것은 신의 일이다)이라는 것도 그런 맥락일 것

이다. 그래, 그럴 수 있다. 인간이니까 우리는 뭔가 잘못

을 저지를 수 있다. 아니, 실제로 저지르고 있다. 작은 것

에서 큰 것에 이르기까지, 예컨대 누군가의 부탁을 깜빡하는 그런 사소한 잘못에서부터 사람을 죽이거나 전쟁을 일으키는 그런 엄청난 잘못에 이르기까지, 한도 끝도 없다. 그 최소와 최대 사이에 얼마나 많고 다양한 잘못들을 우리 인간은 저지르고 있는가!

잘못의 본질은, 그것이 크든 작든 누군가 다른 사람에게 폐를 끼치고 피해를 주는 것이다. 그런 이상, 잘못은 또한 본질적으로 시정되어야 하는 것, 고쳐야 하는 것이다. 재미 삼아 말하자면 '비정상의 정상 지향성'이 그 근본에 내재하는 것이다. 그러니 잘못은 결코 되풀이되어서는 안 되는 것이다.

그런데 우리는, 우리의 현실은 어떤가. 우리가 저지르는 그 무수한 잘못들을 우리는 잘못으로 인식하고 있는가? 그것을 고치고자 하는, 되풀이하지 않으려는 자세가 갖추어져 있는가? 돌아보고 인식하고 인정하고 고치려는, 되풀이하지 않으려는, 그런 태도를 가르치고 있는가? 이런 물음에 우리는 쉬이 입을 열 수가 없을 것이다.

사람들은 정말 자기의 잘못을 잘 알지 못하고 인정하지 않고 따라서 고치려 하지도 않고 따라서 두 번 세 번 잘못을 되풀이한다. 오죽했으면 공자가 이런 말을 했겠는가.

0527 子曰, "已矣乎! 吾未見能見其過而內自訟者也." "끝났구
나! 나는 그 잘못을 볼 줄 알고 안으로 스스로 탓하는
사람을 아직 보지 못했다."

0108 0924 子曰, "君子不重則不威. 學則不固. 主忠信. 無友
不如己者. 過則勿憚改." "… 잘못을 하면 고치기를 꺼리
지 마라."

1530 子曰, "過而不改, 是謂過矣." "잘못하고도 고치지 않는
것, 이것을 일러 잘못이라 한다."

'잘못하고도 고치지 않는 것, 그것이 잘못이다.' 그렇
다. 중요한 것은 그 잘못을 '고치는 것'(改)이다. 그런데 이
'고침'이 사람들에게는 그토록 힘든 것이다. 그토록 드문
것이다.

그렇게 잘못을 알지 못하고 인정하지 않고 사과도 하
지 않고 고치려고도 하지 않고 거듭 되풀이하는 가장 큰
이유는 무엇일까. 공자는 우리에게 이런 말을 한다.

0407 子曰, "人之過也, 各於其黨. 觀過, 斯知仁矣." "사람의
잘못은 각자 자기의 옳음(정당함)에 사로잡혀 있다는 것
이다. 이런 잘못을 보는 것, 이것이 인을 앎이다."

즉 사람의 잘못은 결국 자기라는 것에, 각자 자기가 옳다는 것에, 자기가 옳다는 그 생각에 사로잡혀 있는 것이며(各於其黨)[1], 남의 생각과 처지를 돌아보지 않는 것이다. 거기서 모든 구체적인 잘못들이 야기되며 심지어는 잘못을 돌려 남 탓을 하기도 한다. 자기를 돌아보는 일이, 자기를 고집하지 않는 일이, 그래서 자기의 실수가능성을 인정하는 일이, 남을 탓하지 않는 일이, '내 탓이요' 하는 일이, 그토록 어려운 일인 것이다. 그래서 공자는 "나는 아직 그 잘못을 볼 줄 알고(能見其過) 안으로 스스로 탓하는 사람을 보지 못했다"며 "끝났구나!" 하고 탄식을 하기도 했던 것이다. 0527의 이 '능견기과能見其過'는 0407의 '관과觀過'와 서로 통하는 것이다. 공자는 '관과'(잘못을 보는 것)를 '지인知仁'(인을 아는 것)의 경지로까지 평가한다. 남 탓을 하지 않고 자신의 잘못을 본다는 것(자기만이 옳음을 고집하지 않는 것)은, 그 태도 자체가 이미 '인을 아는 것' (知仁)이다. ('인仁'에 대한 공자의 드문 설명 중 '극기복례克己復禮' [자기를 이겨내고 예를 되찾는 것]와 '기소불욕 물시어인己所不欲 勿

---

1 여기서의 '당黨'은 讜(맞다, 옳다, 올바르다) 내지 當(타당)의 의미로 읽어야 한다. 그렇지 않고 '무리지음'으로 읽으면 의미가 통하지 않는다. '무리지음'은, 특히 뒤따르는 '인仁'(=애인愛人: 다른 사람에 대한 사랑)과의 논리적 연결성이 전혀 없다. 이 단편을 기록한 이가 공자의 말뜻을 잘못 이해하고 이렇게 '당黨' 으로 오기했을 가능성을 배제할 수 없다.

施於人[자기가 바라지 않는 바를 남에게 베풀지 말라]과 '애인愛人' [남을/사람을 사랑하는 것]과 '여인충與人忠'[남을/사람을 대함에 진심을 다하는 것]이 있음을 상기해 보라. '인'의 핵심은 '자기'를 고집하지 않고 '남'을 존중하고 배려함이다.) '문제가 있을 때 안으로 눈을 돌려 자기 자신을 탓하는 것', '남'에 대한 '나'의 좌표 설정이 그렇게 되어 있는 사람은 이미 어진 사람인 것이다. '자신의 일거수 일투족(其行)을 잘못인 양 두려워하는 것(過)', 자신에 대해 그런 자세를 취하는 사람은 이미 군자인 것이다. 공자는 정말이지 인간에 대한 날카로운 시선을 지닌 철학자가 아닐 수 없다.

나는 지금껏 살아오면서 잘못을 저지른 수많은 사람들을 겪어 봤다. 그런데 그중 누구에게서도 진심에서 우러나오는 '잘못했다' '미안하다' '다시는 그러지 않으마'라는 말을 들어 본 적이 없다. 몇 번이나 나라를 짓밟은 일본에게서도 그런 진심 어린 뉘우침을 우리는 들어 보지 못했다. 멍청하게 잘못해서 나라를 짓밟힌 위정자들에게서도 그런 자기 탓은 별로 들어 보지 못했다. (유성룡의《징비록》은 그런 자기 탓일까?) 심지어 살인 같은 잘못을 저지른 자들도 마찬가지다.

'불이과不貳過'했던(잘못을 두 번 되풀이하지 않았던) 안연과는 달리, 인간세상의 도처에서 잘못은 거듭 되풀이되고 있다. '과이불개 시위과의過而不改 是謂過矣'라고 가르친 공자의 뜻과는 달리, 지금도 사람들은 잘못을 고치려 하지 않는다. 오죽하면 저 예수 그리스도는 "회개하라!"(μετανοεῖτε/metanoeite)라는 말로 공식적인 활동을 시작했겠는가. 인간들은 좀처럼 그 잘못을 고치려 하지 않는다.

경 敬
공경/경건/받듦에 대하여

"차렷, 경례!" 우리들 대부분은 고등학교를 졸업할 때까지 적어도 십이 년간 매시간 이 말을 들으며 학교생활을 한다. 그런데 이 '경례'의 '경'이라는 것을 생각하는 학생이 단 한 명이라도 있는지 잘 모르겠다. '경敬'이란 도대체 무슨 뜻일까.

맨 처음의 연유는 어땠는지, 어떤 특별한 계기가 있었는지, 기억에 확실히 남아 있지는 않다. 그러나 언젠가부터 나는 우리 사회의 '함부로'라는 현상을 깊이 우려하는 발언을 자주 해오고 있다. 생각도 말도 행동도 그리고 삶도… 사람들은 너무나 함부로 하고 있다. 일도 함부로 하고, 법규 같은 것도 그렇고, 그리고 무엇보다도 '사람이 사람을' 너무나 함부로 대하고 있다. 그것이 총체적인 '문제'의 핵심 근원이건만, 사람들은 이것이 문제인 줄도 잘 모른 채 그냥 그런가 보다 하고 넘어가고 있다. 이건 보통 문제가 아니다. 문제의 인식이 없다면 그 문제의 해결은 난망이다.

내가 공자를 좋아하는 이유는 한두 가지가 아니지만, 무엇보다도 이 양반은 나하고 가치관이 참 비슷하다. '함부로' 해서는 안 된다는 것도 그중 하나다. 웅? 공자가 그런 말을 한 적이 있나? 물론 이런 말을 명시적으로 하고 있는 것은 아니다. 굳이 찾아보자면 이 말이 엇비슷하게 그것에 해당한다.

1608 孔子曰, "君子有三畏, 畏天命, 畏大人, 畏聖人之言. 小人 不知天命而不畏也, 狎大人, 侮聖人之言." "군자에게는 세 가지 두려움이 있다. 천명天命을 두려워하고 훌륭한 사람을 두려워하며 성인의 말씀을 두려워한다. 소인은 천명을 알지 못해 두려워하지도 않고 훌륭한 사람도 함부로 대하며 성인의 말씀도 업신여긴다."

명시적은 아니고 비슷할 뿐이다. 그런데도 불구하고 내가 공자에게 동류의식을 느끼는 것은 이 '함부로'의 대척점에 있는 가치를 그가 분명히 강조하고 있기 때문이다. 그것이 바로 '경敬'이라는 것이다. 이 말은 보통 '공경'으로, 특히 어른에 대한 공경으로 이해된다. 하지만 그런 의미만으로는 공자의 뜻을 제대로 온전히 이해할 수 없다. 이 말은 비단 윗사람뿐만 아니라 사람 자체에 대해 그리고 만사에 대해 사람이 마땅히 지녀야 할 어떤 '받드는' 태도 내지 '높이는' 자세를 의미한다. 그래서 '삼가다, 조심하다, 절제하다, 정중하다, … 요컨대 함부로 하지 않는다', 그게 이 말의 핵심 의미인 것이다. 그런 뜻으로 나는 이 글자를 '받듦'이라고도 번역한다. 이 말(敬)을 최고의 가치로 평생 받들었다는 내 고향 선배 퇴계 이황도 크게 이의를 제기하지는 않을 거라고 나는 기대한다. 이것에 관련된 공자의 발언들을 일단 한번 들어 보자.

0105 子曰, "道千乘之國, 敬事而信, 節用而愛人, 使民以時."

"제후의 나라를 다스림에 있어서는 일을 경건히 하고 신뢰를 쌓을 것이며 절약해 쓰고 사람을 사랑해야 한다. 또 백성을 동원할 경우에는 때를 가려서 해야 한다."

0207 子游問孝. 子曰, "今之孝者, 是謂能養. 至於犬馬, 皆能有養, 不敬, 何以別乎?" 자유(子游)가 효도에 관해 묻자 선생님께서 말씀하셨다. "오늘날의 효도라는 것은 능히 돌볼 수 있는 것을 말한다. 개나 말에 이르러서도 모두 돌볼 수는 있는 것이니 공경하지 않는다면 무엇으로 구별하겠느냐?"

0220 季康子問, "使民敬忠以勸, 如之何?" 子曰, "臨之以莊則敬, 孝慈則忠, 擧善而教不能則勸." 계강자(季康子)가 물었다. "백성들로 하여금 공경스럽고 충성스럽도록 권장하는 것이 어떻겠습니까?" 선생님께서 말씀하셨다. "엄숙히 일에 임하면 공경스러워지고 효도하고 자애로우면 충성스러워집니다. 선을 거양하여 가르치는 것이 불가능하면 권장하게 됩니다."

0326 子曰, "居上不寬, 爲禮不敬, 臨喪不哀, 吾何以觀之哉?" "높은 자리에 앉아서 너그럽지 않고 예를 차림에 공경스럽지 않으며 초상이 났는데도 슬퍼하지 않는다면 내가 무엇을 더 살펴보겠느냐?"

0418 子曰, "事父母幾諫, 見志不從, 又敬不違, 勞而不怨." "부모를 섬김에 있어서는 간곡히 건의하고 수용하지 않으려 하시더라도 여전히 공경하고 거스르지 않아야 하며 애는 쓰되 원망하지는 말아야 한다."

0516 子謂子産, "有君子之道四焉, 其行己也恭, 其事上也敬, 其養民也惠, 其使民也義." 선생님께서 자산(子産)에 대해 말씀하셨다. "그는 군자의 도道 네 가지를 갖추고 있었다. 자기를 표출함에 있어서는 공손했고 윗사람을 섬김에 있어서는 공경스러웠으며 백성을 돌봄에 있어서는 은혜로웠고 백성을 부림에 있어서는 의로웠다."

0517 子曰, "晏平仲善與人交, 久而敬之." "안평중(晏平仲)은 사

람들과 사귀기를 잘 하였는데 오래 사귀어도 상대방을

공경하였다."

0622 樊遲問知. 子曰, "務民之義, 敬鬼神而遠之, 可謂知矣."

번지(樊遲)가 앎에 대해 묻자 선생님께서 말씀하셨다.

"백성을 의롭게 하는 일에 힘쓰고 귀신을 공경하면서

도 멀리하면 안다 할 수 있을 것이다."

1304 樊遲請學稼. 子曰, "吾不如老農." 請學爲圃. 曰, "吾不如

老圃." 樊遲出. 子曰, "小人哉, 樊須也! 上好禮, 則民莫敢

不敬, 上好義, 則民莫敢不服, 上好信, 則民莫敢不用情.

夫如是, 則四方之民襁負其子而至矣, 焉用稼?" 번지(樊

遲)가 농사짓는 법을 배우고자 청하니 선생님께서 말씀

하셨다. "나는 농사짓는 늙은이만 못하다." 밭농사 짓는

법을 배우고자 청하니 말씀하셨다. "나는 밭농사 짓는

늙은이만 못하다." 번지가 나가자 선생님께서 말씀하셨

다. "소인이로구나. 번수(樊須)는! 윗사람이 예를 좋아하

면 백성이 감히 불경스럽게 굴지 못하고 윗사람이 의

로움을 좋아하면 백성이 감히 복종하지 않을 수 없고

윗사람이 신의를 좋아하면 백성이 감히 성의를 다하지

않을 수 없게 된다. 실로 그렇게만 하면 사방의 백성들

이 어린아이를 포대기로 싸 업고 몰려올 텐데 농사짓

는 법이 무슨 필요가 있겠느냐?"

1319 樊遲問仁. 子曰, "居處恭, 執事敬, 與人忠. 雖之夷狄, 不
可棄也." 번지(樊遲)가 어짊에 대해 묻자 선생님께서 말
씀하셨다. "일상생활에 있어서는 공손하고 일을 수행함
에 있어서는 경건하며 사람을 대함에 있어서는 충실해
야 하니 이는 비록 오랑캐의 땅에 가더라도 버릴 수 없
는 것이다."

1442 子路問君子. 子曰, "脩己以敬." 曰, "如斯而已乎?" 曰, "脩
己以安人." 曰, "如斯而已乎?" 曰, "脩己以安百姓. 脩己
以安百姓, 堯舜其猶病諸." 자로(子路)가 군자에 대해 묻
자 선생님께서 말씀하셨다. "경敬으로써 자신을 닦는
다." 자로가 말했다. "그게 다입니까?" 선생님께서 말씀
하셨다. "자신을 닦아 사람들을 편안케 한다." 자로가
말했다. "그게 다입니까?" 선생님께서 말씀하셨다. "자
신을 닦아 백성을 편안케 한다. 자신을 닦아 백성을 편
안케 하는 것은 요임금과 순임금도 오히려 부심했던
것이다."

1506 子張問行. 子曰, "言忠信, 行篤敬, 雖蠻貊之邦, 行矣. 言
不忠信, 行不篤敬, 雖州里, 行乎哉? 立則見其參於前也,
在輿則見其倚於衡也, 夫然後行." 子張書諸紳. 자장(子
張)이 행해짐에 대해 묻자 선생님께서 말씀하셨다. "말

이 충실하고 미더우며 행동이 극진하고 경건하면 비록
야만한 나라에서라도 행해질 것이지만 말이 충실하지
않고 미덥지 않으며 행동이 극진하지 않고 경건하지
않으면 비록 문명한 곳에선들 행해지겠느냐? 서면 그
것이 바로 앞에 늘어서 있음을 보고 수레에 타면 그것
이 멍에에 걸려 있음을 본다면 그런 후에야 행해질 것
이다." 자장이 그 말씀을 띠에 적었다.

1533 子曰, "知及之, 仁不能守之, 雖得之, 必失之. 知及之, 仁
能守之. 不莊以涖之, 則民不敬. 知及之, 仁能守之, 莊以
涖之, 動之不以禮, 未善也." 앎이 그에 미쳤더라도 어짊
이 그것을 능히 지키지 못하면 비록 그것을 얻더라도
반드시 잃고 말 것이다. 앎이 그에 미치고 어짊이 그것
을 능히 지키더라도 엄숙하게 그에 임하지 못하면 백성
들이 존경하지 않을 것이다. 앎이 그에 미치고 어짊이
그것을 능히 지키며 엄숙하게 그에 임하더라도 예로써
그것을 움직여 나가지 못하면 아직 최선이 못된다."

1538 子曰, "事君, 敬其事而後其食." "임금을 섬기는 데에 있
어서는 맡은 일을 우선 경건히 하고 녹을 먹는 것은 뒤
로해야 한다."

1610 孔子曰, "君子有九思, 視思明, 聽思聰, 色思溫, 貌思恭,
言思忠, 事思敬, 疑思問, 忿思難, 見得思義." "군자에게

는 아홉 가지 생각이 있다. 봄에 있어서는 밝음을 생각
하고 들음에 있어서는 똑똑함을 생각하고 얼굴빛에 있
어서는 따뜻함을 생각하고 외모에 있어서는 공손함을
생각하고 말에 있어서는 충실함을 생각하고 일에 있어
서는 경건함을(혹은 섬김에 있어서는 공경을) 생각하고 의
문 나는 것에 있어서는 물을 것을 생각하고 분노에 있
어서는 나중의 어려움을 생각하고 득봄에 있어서는 보
면 의로운 것인지를 생각한다."

그의 이 말들을 귀담아 들어 보면 우리는 적어도 몇 가
지를 알 수가 있다. 그는 일에 임하는(敬事, 敬其事) 자세로
서, 그리고 '행함'(行)의 자세로서, '수기修己'의 자세로서,
윗사람을 섬기는(事上) 태도로서, 사귐(與人交)의 태도로
서, 부모를 섬기는(事父母) 효孝의 태도로서, 예를 행하는
(爲禮) 태도로서, 이 '경敬'을 말하고 있다는 것이다. 그리
고 그렇지 못한 '불경不敬'을, 즉 '함부로'를, '문제'로서 지
적하고 있다는 것이다.

공자의 모든 발언들이 그렇지만, 그는 그 말들로써 어
떤 '훌륭한 인간'(궁극적으로는 '군자')을 기대한다. 어떤 '훌
륭한 인간관계'를 기대한다, 어떤 훌륭한, 사람이 살 만
한, 그런 나라 내지 세상을 기대한다. 그런데 현실을 전혀

그렇지가 못한 것이다. 공자 때나 지금이나 사람들에게 '받듦'이라는 태도는 참 찾아보기가 쉽지 않다. '받듦' 내지 '높임'에는 본질적으로 '위'와 '아래'가 있다. 받듦이란 그 내용이, 그 대상이, 그것이 일이든 사람이든, 그것을 '나'보다 '위'에 두는 태도를 일컫는다. 그런데 요즘 사람들의 태도를 보면 대부분 모든 것이 '나'보다 '아래'에 놓여 있다. 거기에 '높이 여김'은 없다. '받듦'은 없다. 그런 관계설정에서 저 모든 '함부로'가, '되는대로'가, '적당히'가, '닥치는 대로'가, '마구잡이로'가 나오는 것이다. 그러니 일이 제대로 될 턱이 없고 인간관계가 원만할 턱이 없는 것이다. 그런 관계에서 사는 삶은 힘든 삶이다.

나는 강의시간에 이른바 '선진사회'와 '후진사회'를 비교하면서 그 기준의 하나로서 '타자'에 대한 '존중'(respect)을 거듭거듭 강조해 왔다. 그 '존중'이란 것도 실은 공자의 이 '경敬'과 크게 다르지 않다고 나는 생각한다. 자기에 대한 겸손, 타자에 대한 인정, 그것이 이 '경敬'의 바탕에 깔려 있다. 일에 대한 성실도 깔려 있다. 단언컨대, '경敬', '받듦' 이 글자 하나만 제대로 실천되어도 아마, 그 순간 이 지상의 모든 '함부로'가 사라지고, 따라서 모든 교통사고도, 모든 폭력도, 모든 범죄도 다 사라질 것이다. 그 어떤 여객선도 더 이상 침몰하지 않을 것이며, 모든 엉터리 정책들로 인한 국고의 낭비도 없어질 것이다. 숨막히는 미세먼지도 사라질 것이다. 비록 천국이나 극락은 아닐지라도, 그 비슷한 어떤 세상이 실현될 것이다. 살 만한 세상, 인간 같은 인간이 모여 사는 그런 세상이. 바로 여기에. 이 땅 위에.

공 恭

공손함에 대하여

이런 이야기가 있다. 조선시대에 어떤 선비가 푸줏간에 고기를 사러 갔다. "어이, 김가야, 좋은 걸로 한 근만 줘봐!" 그 태도가 오만불손하기 짝이 없었다. 푸줏간 주인이 불쾌한 마음을 꾹 누르며 시큰둥하게 고기를 썰어 줬다. 그때 또 한 선비가 들어와 아주 정중한 태도로 말했다. "김서방, 잘 지내셨는가? 고기 한 근만 줘 보시게." 푸줏간 주인은 공손하게 "네~" 하며 웃는 얼굴로 고기를 썰어 줬다. 그 양이 누가 봐도 좀 달라 보였다. 먼저 손님이 더욱 오만불손하게 말했다. "야, 왜 양이 다른 거야?" 그러자 그 주인이 이렇게 말했다. "손님 것은 백정 놈이 썰어서 그렇고 이분 것은 김서방이 썰어서 그런 겁니다."

하하 웃고 싶지만 웃을 수도 없는 이야기다. 우리 주변에는 이런 사람이 실제로 있기 때문이다. 아니, 아주아주 많다. 많아도 너무 많다. 이런 종류의 사람들은 기본적으로 '안하무인'이다. 이른바 '사람 위에 사람 없고 사람 밑에 사람 없다'는 이들에게는 해당되지 않는다. 이들은 '지금 내 앞에 있는 이 사람'을 자기 아래에 둔다. 상대방에 대한 '자기'의 위치설정이 그런 것이다. 오만불손은 바로 거기에서 나온다. 그 구체적인 사례는 아마 책 몇 권에도 다 담을 수 없을 만큼 많을 것이다. (국제관계에서도 그건 예외가 아니다.) 당해 본 사람은 안다. 그 불쾌함과 불편함은 이루 말할 수 없다. 사람에게 그런 기분을 느끼게 하는 그런 인간이 제대로 된 사람이라고 할 수는 없다. 그런 인간은 사람을 자기 아래에 둠으로써 결과적으로는 자기를 그 사람의 아래에 두게 된다.

　오만불손과 정중공손의 본질은 사람이 사람을(특히 상대방을) 어떻게 생각하고 어떻게 대하느냐 하는 것이다. 그런 태도는 꼭 이해관계에서만 나타나는 것도 아니다. 인간관계 자체에 그리고 인격 자체에 그것은 하나의 가능성으로서 내재해 있다. 그 태도를 보면 그 사람이 어떤 사람인가 하는 것이 고스란히 드러난다. 사람에 따라 '공손한 사람'과 '불손한 사람'이 극명하게 대비된다. 오만불손은 건방짐, 방자함이다. 그것은 상대방, 즉 타자에 대한 무시, 깔봄, 비하, 폄하 같은 것을 전제한다. '너'의 존재, '남'의 존재는 그들의 안중에 아예 없다. 내가 '10'이면 너는 '0'이다.

　그러나 사람이라는 게 어디 그런가. '인내천人乃天'(사람이 곧 하늘: 최제우) '인간은 인간에게 신'(homo homini deus est: 포이어바흐)까지는 아니더라도 우리는 지금 공식적인 '만인평등'의 세상에 살고 있다. 실상은 비록 그렇지 못하더라도 적어도 만인평등을 우리는 '표방'한다. 바로 그것을 위해 근대의 역사는 프랑스혁명을 비롯해 크나큰 희생을 치르기도 했다. 그래서 우리는 '타인'의 가치를 존중해야 한다. 20세기의 프랑스 철학은 특히 그런 '타자'(l'autre)를 위해 엄청난 노력을 할애하기도 했다. 그렇게 우리가 진정으로 '타자'의 존재를 인정한다면 우리는 결코 다른 사람에게 오만하거나 불손할 수 없다. 타자의 그런 인정에서, 존중에서, 지 푸줏간의 두 번째 손님 같은 '정중함' '점잖음' '공손함'이 우러나오는 것이다.

　저 공자의 철학에서도 이런 가치가 발견된다. 반가운 일이다. 제16장을 보자.

1610　孔子曰, "君子有九思, 視思明, 聽思聰, 色思溫, 貌思恭, 言思忠, 事思敬, 疑思問, 忿思難, 見得思義."　"군자에게는 아홉 가지 생각이 있다. 봄에 있어서는 밝음을 생각하고 들음에 있어서는 똑똑함을 생각하고 얼굴빛에 있

어서는 따뜻함을 생각하고 모습에 있어서는 공손함을
생각하고 말에 있어서는 충실함을 생각하고 일에 있어
서는 경건함을(혹은 섬김에 있어서는 공경을) 생각하고 의
문 나는 것에 있어서는 물을 것을 생각하고 분노에 있
어서는 나중의 어려움을 생각하고 득봄에 있어서는 의
로운 것인지를 생각한다.”

그는 이른바 군자가 생각하는 9가지 가치(九思) 중 하나
로 이 '공손함'(恭)을 언급하고 있는 것이다. 여기서 '모습'
(貌)은 현대식으로는 '태도'(attitude)로 해석해도 좋다. 그렇
게 보이는 것, 그렇게 나타나는 것이다. 드러나는 태도에
있어서는 '공손해야지'를 군자(훌륭한 사람)는 생각한다는
것이다. 다른 대개의 경우처럼 여기서도 제시만 있을 뿐
설명은 없다. 우리가 알아서 해석해야 한다. 여기서 '생각
한다'(思)는 물론 의식적인 가치지향을 가리킨다. 자발적이
고 능동적인 의지인 것이다. 그렇게 '하고자 하는' 것이다.
다른 증거도 있다.

1319 樊遲問仁. 子曰, “居處恭, 執事敬, 與人忠. 雖之夷狄, 不
可棄也.” 번지(樊遲)가 어짊에 대해 묻자 선생님께서 말
씀하셨다. “일상생활에 있어서는 공손하고 일을 수행함

에 있어서는 경건하며 사람을 대함에 있어서는 충실해야 하니 이는 비록 오랑캐의 땅에 가더라도 버릴 수 없는 것이다."

공자는 어짊(仁)의 세 가지 구체적 모습(공恭, 경敬, 충忠)의 하나로 이 '공손함'을 언급하는 것이다. '거처함에서의 공손함' 그것이 '어짊'의 하나다.

또 다른 증거도 있다. 제17장에서 그는 어짊의 다섯 가지 조건(공恭, 관寬, 신信, 민敏, 혜惠)의 하나로 이 '공손함'을 언급한다.

1705 子張問仁於孔子. 孔子曰, "能行五者於天下爲仁矣." "請問之." 曰, "恭寬信敏惠. 恭則不侮, 寬則得衆, 信則人任焉, 敏則有功, 惠則足以使人." 자장(子張)이 공자께 어짊에 대해 묻자 공자께서 말씀하셨다. "천하에 능히 다섯 가지를 행할 수 있다면 어질다 할 것이다." 자장이 그것을 청하여 묻자 말씀하셨다. "공손함, 관대함, 미더움, 민첩함, 은혜로움이다. 공손하면 업신여기지 않고 관대하면 민심을 얻고 미더우면 남들이 신임하고 민첩하면 이룸이 있고 은혜로우면 족히 사람을 부릴 수 있다."

그 공손함의 효과로 그는 '불모不侮', 즉 '업신여기지 않음'을 들기도 한다. 그렇다. 공손한 사람은 남을 업신여기지 않는다. 업신여기는 사람이 얼마나 많았기에 공자는 이런 말을 했을까. 이런 언급 자체에서 나는 어떤 아픔을 느낀다. 마음에 집히는 일들이 하나둘이 아니다. 공자와 손을 맞잡고 함께 한숨이라도 쉬고 싶다.

또 다른 증거도 있다. 제15장에서 그는 순임금에 대해 이렇게 말한다.

1505 子曰, "無爲而治者其舜也與. 夫何爲哉? 恭己正南面而已矣." "아무것도 하지 않고 다스린 이는 곧 순임금이실 게다. 실로 무엇을 하셨겠느냐? 스스로를 공손히 한 채 똑바로 남면하셨을 뿐이다."

그가 존경했던 순의 정치적-도덕적-인격적 가치 중의 하나로 이 '공손함'을 지적하는 것이다. 이런 공손함이 이른바 '무위이치無爲而治'(0201의 '위정이덕 비여북신 거기소이중 성공지爲政以德, 譬如北辰, 居其所而衆星共之'와도 통함)를 가능케 했다고까지 그는 높이 평가하는 것이다.

그리고 제5장에서는 자산에 대해 이렇게 말한다.

0516 子謂子産, "有君子之道四焉, 其行己也恭, 其事上也敬,
其養民也惠, 其使民也義." 선생님께서 자산(子産)에 대
해 말씀하셨다. "그는 군자의 도道 네 가지를 갖추고 있
었다. 자기를 표출함에 있어서는 공손했고 윗사람을 섬
김에 있어서는 공경스러웠으며 백성을 돌봄에 있어서
는 은혜로웠고 백성을 부림에 있어서는 의로웠다."

'공손함'을 군자의 네 가지 도 중 하나로 분명히 꼽고
있는 것이다. 여기서 우리는 '공손함'에 대한 약간의 설명
혹은 힌트를 덤으로 발견한다. 공자는 이것을 '행기行己'
(자기를 표출함)의 모습으로 말하고 있는 것이다. 해석하자
면, '공손함'이란 '자기를 행함', 즉 (남에게) 자기를 표현하
는, 자기를 나타내는 태도인 것이다. 여기에는 자기 자신
이 스스로를 어떤 존재로 간주하는가, 특히 타인에 대해
어떤 존재로 간주하는가 하는 판단이 그 바탕에 깔려 있
다. 전제되어 있다. 타인을 두렵게 생각하는 자, 타인을 존
중하는 자는 최소한 자신을 타인 위에 두지 않는다. 그러
면 타인을 업신여기지 않는다. 깔보지 않는다. 무시하지
않는다. 모욕하지 않는다(不侮). 그런 태도가 곧 '공손'인
것이다. 반대로 타인을 우습게 보는 자, 하찮게 생각하는
자, 그 가치를 인정하지 않고 존중하지 않는 자는 자기를

타인의 위에다 둔다. 그런 전제가 바로 '불손'으로, 오만으로, 방자로, 건방으로, 모욕으로 표출되는 것이다. 공손과 불손의 차이는 타인을 대하는 자신의 눈높이 차이다.

인간에게 과연 그런 본질적인 '위'와 '아래'가 존재하는가? "사람 위에 사람 없고 사람 밑에 사람 없다"는 말은 한갓 구호일까? 조건이나 능력의 차이야 있겠지만 인간으로서의 가치에는, 그 소중함에는 어떤 차이도 있을 수 없다. 평범한 서민의 자식도 그 부모에게는 그 어떤 높은 사람, 그 어떤 돈 많은 사람, 그 어떤 잘난 사람보다도 더 소중한 것이다. 그래서 '만인은 평등'인 것이다. 그래서 우리는 '공손'하지 않으면 안 된다. 공손하지 않은 자, 즉 불손한 자, 오만한 자, 건방진 자, 갑질하는 자는 '만인 평등'이라는 이 숭고한 이념에 대한 도전자이다. 그런 사람은 도덕의 이름으로, 윤리의 이름으로, 가치의 이름으로, 철학의 이름으로, 그리고 공자의 이름으로, 지탄 받아야 한다. 그런 사람이 인간관계를 어지럽힌다. 그런 사람이 온갖 불쾌와 불편을 만들어 낸다. 그런 사람이 결국 인간세상에 악취를 풍기게 된다. 그런 태도가 온갖 사건을 만들어 내고 심지어는 전쟁까지도 일으킨다.

그러니 다들 한번쯤은 자기를 점검해 보자. 내 마음속에서 '나'는 지금 '남' 위에 놓여 있지는 않은가. '남'을 '내'

아래에 두고 있지는 않은가. 나를 남의 '위'에다 놓는 것
도 '옆'에다 놓는 것도 결국은 다 자기다. 내가 나의 위치
를 설정하는 것이다. 내가 나에 대해서 책임을 져야 한다.

공자의 이런 철학은 그냥 하나의 이상이 아니었다. 공
자 자신이 바로 이런 가치의 체현자였다. 제자들이 그것
을 증언한다.

0110 子禽問於子貢曰, "夫子至於是邦也, 必聞其政, 求之與?
抑與之與?" 子貢曰, "夫子溫良恭儉讓以得之. 夫子之求
之也, 其諸異乎人之求之與." 자금(子禽)이 자공(子貢)에게
물었다. "선생님께서는 어느 한 나라에 이르시면 반드
시 그 나라의 정치 상태를 아십니다. 스스로 그것을 구
하신 것입니까? 아니면 누가 얘기해 준 것입니까?" 자
공이 말하였다. "선생님께서는 온후함과 선량함과 공손
함과 검약과 겸양을 기준으로 하여 그것을 얻는 것이
오. 선생님께서 구하시는 것은 여느 사람이 구하는 것
과는 다를 것이오."

0738 子溫而厲, 威而不猛, 恭而安. 선생님께서는 온화하면서
도 엄격하셨고, 위엄이 있었지만 사납지는 않으셨으며,
공손하면서도 편안하셨다.

공자의 큰 매력 중의 하나는 바로 이렇게 그 자신의 철학에서 그 자신이 결코 예외가 아니라는 점이다. 언젠가 선배교수 한 분이 반농담으로, "윤리니 도덕이니 그런 건 남에게 권할 거지, 자기가 할 건 못되지요"라고 말해 좌중을 웃긴 적이 있는데, 공자는 그런 부류가 절대 아닌 것이다.

한편 공자는 진정한 '공손'의 변형을 경계하기도 했다.

0525 子曰, "巧言令色足恭, 左丘明恥之, 丘亦恥之. 匿怨而友 其人, 左丘明恥之, 丘亦恥之." "솜씨 있는 말과 권위적인 모습과 철저한 공손함을 좌구명(左丘明)은 부끄럽게 여겼고 나 역시 그것을 부끄럽게 여긴다. 원망을 숨기고 그 사람과 벗하는 것을 좌구명은 부끄럽게 여겼고 나 역시 그것을 부끄럽게 여긴다."

이른바 '족공足恭'이 그런 것이다. 여기서 공자가 '교언' '영색'과 더불어 부끄럽게 여기는 '족공'은, 그 의미를 특정하기가 쉽지 않다.[2] '교언' '영색' 등은 모두 '겉보기에

---

2 《새번역 논어》의 주석에 "공안국은 족공足恭을 남의 비위를 맞추는 모습(便僻之貌)이라 했으나 주자는 과공過恭, 즉 지나치게 공손한 행동으로 풀이하였다. 《논어집해論語集解》에서 하안(何晏)은 "족공자는 공恭으로써 상대방의 뜻을 만족시키려 하나 예의와 법도에 부합하지 못한다"(足恭者以恭足於人意, 而不合於

그럴듯해 보이나 실은 문제가 있는 것'이다. 그런 문맥에서 보면 '족공'도 겉보기에는 긍정적인 그 무엇이다. 그렇다면 이것은 '철저한 고분고분함'으로 이해할 수 있다. '족足'은 여기서 '만족시키는' '더할 나위 없는' 그런 뜻이다.[3] 이런 태도는 언뜻 훌륭한 것으로 보이지만 여기엔 실은 어떤 내밀한 비굴함이 깃들어 있다. 나쁘게 해석하자면 일종의 노예근성일 수도 있다. 거기에선 어떤 충언도 쓴소리도 건의도 나올 수 없다. 자기에 대한 자부 그리고 절제에 기초한 상대방의 존중, 거기서 진정한 공손은 우러나오는 것이다. 그런 것이 아닌 공손은 진짜 공손이 아니다. 결정적인 것은 이 공손에 '어떤 자기'와 '어떤 상대'가 있는가 하는 것이다. 자기와 상대, 어느 한쪽을 낮게 설정해서도 진정한 공손은 성립될 수 없다.

또한 '공손'의 변형에는 이런 면도 있다.

0802 子曰, "恭而無禮則勞, 愼而無禮則葸, 勇而無禮則亂, 直
<small>자 왈 공 이 무 례 즉 로 신 이 무 례 즉 사 용 이 무 례 즉 란 직</small>

禮度)고 하였다. 하안의 해석이 적절하다고 본다. 주자처럼 지나치다는 뜻으로 읽을 때는 '주'로 발음한다." 는 것이 있다. 참고하기 바란다.

3 이 '족'은 또한 '더한다' '보탠다'는 뜻의 '주'로도 읽을 수 있다. '족'이 이런 뜻이라면 '족공'은 '본심에 공손을 덧붙인 것'이므로 '공손한 척하는 것'으로 풀이된다. 위선적인 거짓공손이다. 하나의 가능적인 해석으로 언급해 둔다. 그러나 '교언' '영색'처럼 겉보기에 그럴듯한 것은 아니므로 이런 의미일 가능성은 낮다.

而無禮則絞." 이 무 례 즉 교 "공손하면서 예가 없으면 노고로워지고 신중하면서 예가 없으면 겁약해지고 용맹스러우면서 예가 없으면 세상을 어지럽히고 곧으면서 예가 없으면 냉혹해진다."

'공이무례恭而無禮'다. 공손하지만 예가 없는 것이다. 그런 경우는 '노고로워진다'. 이 말은 그 의미가 모호하지만 이런 경우가 실제로 있기는 하다. 즉 공손한 건 맞지만, 불손한 건 아니지만, 진정으로 공경하는 마음이 없고 형식과 격식을 갖춰 제대로 표현하지를 않는 것이다. 필요한 예의를 갖추지 않는 것이다(無禮). 이를테면 인사도 하지 않는다. 그런 경우, 그런 사람은 참 피곤하다. 대하기가 힘들다(勞). 그런 것을 공자는 경계한 것일 수도 있다. 이 말로써 그는 '공손함'이 '예'를 갖출 때, 즉 진심으로 공경하고 형식을 갖출 때에 비로소 완전성에 다가갈 수 있음을 시사한다.

이 모든 것들이 다 '공손'이란 가치의, 그리고 '불손'이란 반가치의 현재성을 일러 준다. 이 모든 것들이 아직도 여전히 다 우리 자신의 현실인 것이다. 우리가 공자를 끊임없이 우리의 현실로 소환해야 할 이유가 바로 여기에 있다. 지금도 정육점에 가면 여전히 자기가 뭐나 되는 줄 알고 상대방을 깔보는 오만불손한 손님이 적지 않다. 그들은 자기가 그렇게 할 때마다 스스로 낮은 하질이 된다는 것을 모르고 있다.

1925 陳子禽謂子貢曰, "子爲恭也, 仲尼豈賢於子乎?" 子貢曰, "君子一言以爲知, 一言以爲不知, 言不可不愼也. 夫子之不可及也, 猶天之不可階而升也. 夫子之得邦家者, 所謂立之斯立, 道之斯行, 綏之斯來, 動之斯和. 其生也榮, 其死也哀, 如之何其可及也?" 진자금(陳子禽)이 자공에게 말했다. "당신은 공손하십니다. 중니(仲尼)[공자]가 어떻게 당신보다 더 낫겠습니까?" 자공이 말했다. "군자는 한 마디로 지혜로워지기도 하고 한 마디로 지혜롭지 못해지기도 하니 말이란 불가불 신중히 해야 하오. 선생님께 미칠 수 없는 것은 마치 사다리를 타고 하늘에 올라갈 수 없는 것과 같소. 선생님께서 나라나 대부의 가家를 맡으셨다면 이른바 세우면 곧 서고 이끌면 곧 가고 편안케 하면 곧 모여오고 움직이면 곧 조화되었을 것이오. 그의 삶은 영광스러웠고 그의 죽음은 슬펐소. 어떻게 그에 미칠 수 있겠소?"

관寬
너그러움/관대함/관용에 대하여

"용납할 수 없다!" 사람들의 행태를 좀 관찰해 보면 그 마음속에 이런 경향이 엄연한 실체로서 강하게 자리 잡고 있음을 발견할 수 있다. 우리 시대, 우리 사회의 큰 특징 중의 하나다. 특히 네가 나한테, 당신네가 우리한테 하는 그런 행동을, 나는, 우리는 도저히 받아들일 수가 없다는 것이다. 거기엔 어떤 관용도 없다. 사정? 그런 건 듣고 싶지 않다. 한 치라도 '나'의 기준, 특히 나의 '이익'을 침해하는 것은 절대 인정할 수 없다.

이러한 태도로부터 보복운전 같은 것도 생겨 나온다. '네가 감히 내 앞에 끼어들어?' '네가 감히 나를 앞질러?' 그저 내면이 시키는 대로 '욱'할 뿐이지 상대방의 사정, 도로 형편, 교통 상황, 그런 건 전혀 고려하지 않는다. 그런 '욱'이 보복운전을 하게 하고, 심한 경우엔 사건까지도 일으킨다. 더러는 그걸로 신세를 망치기도 한다. 조금만 너그러우면 될 일을, 그게 도저히 용납이 되지 않는 것이다.

사람으로서의 기본적인 덕목이 언제부턴가 우리 주변에서 시나브로 사라져 갔다. '너그러움' '관대함'도 그중 하나다. 그간의 저 침략과 전쟁과 가난과 경쟁에서 살아남기 위한 처절한 몸부림이 그런 부작용을 낳았다고 사회학자들은 진단할 지도 모르겠다. 그러나 기본적으로는 '사람'의 문제고 인격의 문제다. 똑같은 상황에서도 너그러운, 관대한 사람은 있는 것이다.

한동안 우리는 '똘레랑스tolérance'라는 프랑스 말을 많이 들었다. '너그러움, 관대함, 관용' 그런 것이다. 어떤 학자는 그 핵심을 '다름의 공존'이라고 풀이하기도 한다. 나와 '다른' 타자를 인정하는 넓은 마음이 똘레랑스다. 그게 프랑스 인, 프랑스 사회의 특징이라는 것이다. 물론 최근의 잇따른 테러로 그 가치가 무너지고 있다는 보도도 있다. 사실이라면 크나큰 아쉬움이 아닐 수 없다. 가치란 것은 세우기는 어려워도 무너지는 건 한순간이다. "꽃이 / 피는 건 한참이어도 / 지는 건 잠깐이더군 …" 하는 최영미의 시 〈선운사에서〉의 한 구절도 그걸 상징적으로 보여 준다.

가치를, 특히 인간적-인격적인 가치를 세우는 것은 누군가가 그 가치를 부르짖고 그게 보이지 않는 사회적 지

지와 사회적 공인을 받아 통용될 때, 비로소 어렵게 가능
해진다. '너그러움' '관대함'이라는 이 가치의 깃발을 든
드문 인물 중의 하나가 공자였다.《논어》제3절에서 공자
는 이렇게 말한다.

0326 子曰, "居上不寬, 爲禮不敬, 臨喪不哀, 吾何以觀之哉?"

"높은 위치에서 너그럽지 않고 예를 차림에 공경스럽
지 않으며 초상이 났는데도 슬퍼하지 않는다면 내가
무엇을 더 살펴보겠느냐?"

'높은 위치에서 너그럽지 않으면 … 내가 무엇을 더 살
펴보겠느냐?' 그런 사람은 (예를 차림에서 공경이 없고 초상이
나도 슬퍼함이 없는 사람과 더불어) 더 이상 볼 것도 없다는 것
이다. 공자는 그런 사람이었다. 물론 공자의 이 말은 '높
은 위치에서'(居上)라는 조건을 달고 있기는 하다. 아닌 게
아니라 관대함, 관용은 대개의 경우 높은 위치에 있는 사
람이 낮은 위치에 있는 사람에게 (손위 사람이 손아래 사람
에게, 강한 자가 약한 자에게, 갑이 을에게) '베푸는' 마음이기는
하다. 그러나 꼭 그런 관계로 제한해서 생각할 필요는 없
다. 이 의미의 확대 내지 확장도 있을 수 있고 필요할 수
있다. 동등한, 그러나 서로 다른 타자간의 관계에서도 관

용은 절실히 요구되는 가치이기 때문이다. 공자 자신도
이것을 좀 더 보편적인 가치로 생각한다. 제17장을 보자.

1705 子張問仁於孔子. 孔子曰, "能行五者於天下爲仁矣." "請
問之." 曰, "恭寬信敏惠. 恭則不侮, 寬則得衆, 信則人任
焉, 敏則有功, 惠則足以使人." 자장(子張)이 공자께 어짊
에 대해 묻자 공자께서 말씀하셨다. "천하에 능히 다섯
가지를 행할 수 있다면 어질다 할 것이다." 자장이 그것
을 청하여 묻자 말씀하셨다. "공손함, 관대함, 미더움,
민첩함, 은혜로움이다. 공손하면 업신여기지 않고 관대
하면 사람들을 얻고 미더우면 남들이 신임하고 민첩하
면 이룸이 있고 은혜로우면 족히 사람을 부릴 수 있다."

여기서 공자는 '인'(어짊)의 다섯 가지 모습(공恭, 관寬, 신
信, 민敏, 혜惠) 중 하나로 이 '관'(너그러움)을 꼽고 있는 것
이다. '인'이 그의 대표적 가치임을 생각하면 그 세목 내
지 조건의 하나로 이 '관'이 등장한다는 것은 가볍게 볼
수 없다. 특히 여기서 그는 너그러우면 '사람들을 얻는다'
(得衆)고 그 효과 내지 효용을 언급하기도 한다. (이 말은 제
20장에서도 또 한 번 등장한다.) 이런 인품이라면 '뭇사람'이
그를 따른다는 것이다. 아닌 게 아니라 그건 그렇다. 몇

해 전 인기를 끌었던 강지환 주연의 〈빅맨〉이라는 드라
마에 보면 주인공 김지혁이 피치 못할 사정으로 자기를
배신한 노조원을, 주변 사람들의 맹공에도 불구하고, 이
해하고 용서하고 받아들여 주는 장면이 나온다. 그의 배
신이 자기와 회사에 치명적인 손해를 끼쳤는데도 그는
그 노조원의 처지를 감안해 그렇게 하는 것이다. 그게 결
국은 그 노조원을 움직이고 다른 노조원들의 마음까지도
얻게 한다. 비록 가상의 드라마이기는 하지만 '관즉득중
寬則得衆'(너그러우면 뭇사람을 얻는다)의 전형적인 사례다. 실
제로 사회에서는 그런 경우가 더러 있다. 너그러운, 관대
한, 관용적인 사람은 사람의 마음을 움직이고 사람의 마
음을 얻는다.

인간세상이 비록 삭막한 사막과 같고 살벌한 밀림과
같다고도 하지만 그래도 인간의 세상이 아니던가. 인간
이니까 딱한, 불가피한, 어쩔 수 없는 사정도 있는 것이
고 실수도 잘못도 저지른다. 원칙에 따른 일벌백계도 물
론 중요하지만, 신상필벌도 물론 중요하지만, 마키아벨리
식의 가차 없는 처단과 용서 없는 보복만이 꼭 능사는 아
니다. 인간과 인간 사이에는 관용이 필요한, 관용이 가능
한 중간지대가 존재한다. 그 중간지대는 의외로 넓다. 엄
정과 관용이라는 그 경계의 획정은 물론 간단하지 않지

만 '인간성'이라는 것이, 이해심이라는 것이 어느 정도 그것을 그려 준다. 그 중간지대에서 '너그러움'은 '인간적'이라는 방향을 내뿜는다. 그런 맛이 있기에 그래도 인간들은 이 각박한 세상을 살아간다.

그러니 앞차가 끼어들었다고 미친 듯이 화를 내지는 말자. 기어이 따라가 그 차를 박살내지는 말자. 한 순간의 관용이 당신을 파멸에서 구할 수도 있다. 우선은 가까운 데부터, 당신의 아내와 남편, 당신의 자녀에게부터 너그러워지자. 관대해지자. 그것이 곧 공자철학의 현대적 실천이다. 가치는 결코 멀리 있지 않다.

참고

2001 堯曰, "咨! 爾舜! 天之曆數在爾躬, 允執其中. 四海困窮, 天祿永終." 舜亦以命禹. 曰, "予小子履敢用玄牡, 敢昭告于皇皇后帝, 有罪不敢赦. 帝臣不蔽, 簡在帝心. 朕躬有罪, 無以萬方, 萬方有罪, 罪在朕躬." 周有大賚, 善人是富. "雖有周親, 不如仁人. 百姓有過, 在予一人." 謹權量, 審法度, 修廢官, 四方之政行焉. 興滅國, 繼絶世, 擧逸民, 天下之民歸心焉. 所重, 民食喪祭. 寬則得衆, 信則民任焉, 敏則有功, 公則說. 요(堯)임금이 말했다. "아아, 그대 순(舜)이여. 하늘의 정해진 운수가 그대의 일신에 있으니 모름지기 그

가운데를 잡을지어다. 온 세상이 곤궁해지면 하늘의 녹이 영영 끊어지리라." 순임금은 역시 그 말로써 우(禹)임금께 명했다. (탕왕이) 말했다. "나 소자小子 이(履)는 감히 검은 황소를 바치고 감히 크디크신 천제天帝께 소상히 아뢰나이다. 죄가 있으면 감히 용서받을 수 없나이다. 천제와 신하 사이는 가릴 수 없으니 살펴보심이 천제의 마음에 있나이다. 짐의 일신에 죄가 있다면 만방의 백성과는 무관하고 만방의 백성에게 죄가 있다면 짐의 일신에 죄가 있기 때문이나이다." (무왕이 말했다.) "주나라는 크나큰 천은天恩을 입어 선한 사람이 이처럼 많도다. 비록 주(周)의 친척이 있다 하나 어진 사람만은 못하느니라. 백성들이 잘못이 있다면 그 원인은 나 한 사람에게 있느니라." (무왕은) 도량형(度量衡)을 엄히 다스리고 법도를 살피며 없어진 관직을 새로 만드니 사방의 정치가 시행되어 나갔다. 멸망한 나라를 다시 일으켜 주고 끊어진 가문을 다시 이어주며 숨어 살던 인재들을 등용하니 천하의 백성이 다시 마음을 돌려왔다. 중히 여긴 바는 백성과 양식과 상사와 제례였다. 관대하면 무리를 얻고 미더우면 백성들이 신임하고 민첩하면 이룸이 있고 공평히 하면 기뻐한다.

낙樂 및 요樂

즐거움/즐김에 대하여

"요즘 사는 게 별 낙樂이 없다." 한 친구가 투덜거렸다. 집에서는 자식과 마누라가 걱정을 끼치고, 하는 사업도 불경기로 영 재미가 없고, 나라꼴도 엉망진창이고… 하기야 뭐, 사는 게 대개 그렇지. 그 친구의 투덜거림이 십분 이해되고도 남았다.

그런데 어쩌면, 오히려 그래서 그런지, 주변의 동료들을 둘러보면 다들 하나씩 재밋거리를 찾아 나름대로 거기서 즐거움을 느끼려고 안달인 것 같다. 누구는 해외여행을 다니고, 누구는 텃밭을 가꾸고, 누구는 뒤늦게 기타를 배우고, 누구는 합창을 하고, 누구는 산수화를 그리고, 또 누구는 외국어를 배우고, 또 누구는 마누라와 함께 드라마를 본다. 그런 게 거칠고 힘든 세상살이, 인생살이에서 그나마 작은 구원이 되어 주는 것도 사실이다.

나도 그런 점을 잘 아는지라 젊은 학생들에게 '인생론'

을 강의할 때, 특히 '희로애락'을 강의할 때, 이 '즐거움' 내지 '즐김'을 하나의 테마로 다루기도 한다. 이른바 '취미생활'이나 '문화생활'도 그런 범주에 들어간다. 모든 '재미'들도 다 즐거움이다.

별 자랑은 아니지만 나는 개인적으로 이렇다 할 취미가 별로 없다. 일하는 것, 글쓰는 것, 걷는 것, 자전거 타기, 텔레비전 시청이 즐거움이라고 하면 누군가의 눈총을 받을 지도 모르겠다. 이쯤에서 꼭 참고할 것이 하나 있다. 공자의 경우다. 나는 요즘 공자를 다시 읽는 것이 큰 즐거움인데, 이 양반이 (좀 뜻밖에도) '즐거움 내지 즐김'(樂)이라는 것을 자주 입에 올린다. 그런데 요즘 세태에 비추어보면 그 내용이 좀 특이하다. 그는 이렇게 말한다.

0101 子曰, "…有朋自遠方來, 不亦樂乎?…" "…벗이 있어 먼데서 찾아오니 또한 즐겁지 않으냐. …"

0115 子貢曰, "貧而無諂, 富而無驕, 何如?" 子曰, "可也, 未若貧而樂, 富而好禮者也." 자공(子貢)이 말했다. "가난하고도 아첨하지 않고 부유하고도 교만하지 않으면 어떻습니까?" … "괜찮다. 그러나 가난하고도 즐겁고 부유하고도 예를 좋아하는 이만은 아직 못하다."

0611 子曰, "賢哉, 回也! 一簞食, 一瓢飮, 在陋巷, 人不堪其憂,

回也不改其樂." "한 그릇의 밥과 한 쪽박의 물만 가지고 누추한 거리에 살면 여느 사람이라면 그 걱정을 견디지 못할 텐데 안회는 그 즐거움을 바꾸지 않는다. 훌륭하구나. 회는!"

0620 子曰, "知之者不如好之者, 好之者不如樂之者." "이를 아는 이는 이를 좋아하는 이만 못하고 이를 좋아하는 이는 이를 즐기는 이만 못하다."

0623 子曰, "知者樂水, 仁者樂山. 知者動, 仁者靜. 知者樂, 仁者壽." "아는 자는 물을 즐기고 어진 자는 산을 즐긴다. … 아는 자는 즐거워하고 어진 자는 오래 산다."

0716 子曰, "飯疏食飲水, 曲肱而枕之, 樂亦在其中矣. 不義而富且貴, 於我如浮雲." "거친 음식을 먹고 물 마시고 팔 베개를 하고 눕더라도 즐거움이 역시 그 가운데에 있다. 의롭지 않게 누리는 부귀는 내게 뜬구름과 같다."

0719 葉公問孔子於子路, 子路不對. 子曰, "女奚不曰, 其爲人也, 發憤忘食, 樂以忘憂, 不知老之將至云爾." 섭공이 자로에게 공자에 대해 물었는데 자로가 대답하지 않았다. 선생님께서 말씀하셨다. "너는 왜 그[공자]의 사람됨이 발분하면 먹는 것을 잊고 즐거움으로써 근심을 잊으며 장차 늙음이 오리라는 것도 모르고 있는 사람이라고 말하지 않았느냐?"

1605 子曰, "益者三樂, 損者三樂. 樂節禮樂, 樂道人之善, 樂多
賢友, 益矣. 樂驕樂, 樂佚遊, 樂宴樂, 損矣." "이로운 세
즐거움이 있고 해로운 세 즐거움이 있다. 예악으로 조
절하는 것을 즐거워하고 남의 좋은 점을 따르는 것을
즐거워하며 훌륭한 벗을 많이 사귀는 것을 즐거워하면
이롭고, 교만의 쾌감을 즐거워하고 질탕하게 노는 것을
즐거워하며 향연의 재미를 즐거워하면 해롭다."

어떤가? 이만하면 하나의 이론이라고 해도 혹은 하나
의 철학이라고 해도 손색이 없다. 즐거움(樂) 내지 즐김은
그에게 하나의 큰 가치였다. 그것은 '아는'(知) 것보다도,
'좋아하는'(好) 것보다도 더 큰 가치였다. 그것은 '근심을
잊게 해주는'(忘憂) 가치였다. 그는 확실히 뭔가를 안다.
그런 게 한두 개가 아니다. 그래서 이 양반을 좋아하지 않
을 도리가 없는 것이다. 그런데 그의 이 '즐거움론'에서
한 가지 특이한 점은 즐거움이 경제적 조건을 초월해야
한다는 주장이다. 이게 어디 쉬운 일인가. 가난하고도 즐
거울 수 있는 사람은 요즘 같으면 거의 없다. 그러나 공자
는 자신의 그런 소신을 떳떳이 밝히고 또 실제로 그랬던
제자 안회를 칭찬하고 있다. 더욱이 그는 '불의不義'로 그
런 처지를 벗어나려는 것은 단호히 반대했다. 그건 그의

지론이었다. 가난 속에서도 즐거울 수 있는 마음의 여유!
그게 공자와 안회의 가치관이자 인품이었다.

그렇다면 구체적인 그의 즐거움은 무엇일까. 많지 않
은 언급 중의 하나가 '유붕자원방래有朋自遠方來'다. 그는
'벗이 있어 먼 데서 찾아오는 것'을 즐거움의 하나로 꼽고
있다. 아는 사람은 알 것이다. 이건 정말이지 큰 즐거움이
다. 그런데 요즘은 제대로 벗이라고 할 만한 사람의 존재
자체도 아예 쉽지가 않고, 더군다나 그가 '찾아온다'고 하
는 이 당연한 현상도 세태로 인해 점점 드물어져 간다. 또
다른 예가 '요산樂山, 요수樂水', 즉 산을 즐기고 물을 즐기
는 것이다. 요즘 같으면 '자연'을 즐기는 것이다. 이건 건
강하고 시간만 있으면 얼마든지 즐길 수가 있다. 돈도 안
든다. 그런데 요즘 같으면 이것조차도 쉽지가 않다. 가까
운 물(강과 바다) 그리고 산이 오염이나 개발로 엉망이 되
어 간다. 제16장의 저 언급은 우리의 마음을 더욱 무겁게
한다. 그가 '이롭다'고 말한 '절예악節禮樂'의 즐거움, '도
인지선道人之善'의 즐거움, '다현우多賢友'의 즐거움, 즉 '예
악을 적절히 함' '남의 선을 이끎' '훌륭한 벗을 많이 사
귐', 그런 것이 요즘 과연 있기나 한가. 반면 '교만함'의
즐거움(驕樂), '질탕하게 노는 것'의 즐거움(佚遊), '파티'의
즐거움(宴樂), 공자가 '해롭다'고 말한 그런 즐거움들은 지

금도 세상에 넘쳐 난다.

즐거움은 많다. 그러나 즐거움에도 종류가 있고 질이 있다. 수준이 있다. 우리는 한 인간으로서 즐길 수 있고 또 즐겨야 한다. 그것은 권리이자 의무다. 한때 연구년으로 미국에 머무르고 있을 때, 나를 초청해 준 K 교수가 늘 내게 건네던 인사가 지금도 인상적으로 귓전에 남아 있다. "즐기고 계세요?" 그렇다. 공부도 생활도 우리는 즐길 수 있고 또 즐겨야 한다.

그러나 무엇을 어떻게 즐기는가 하는 것은 언제나 하나의 과제로 우리 앞에 버티고 있다. 각자의 즐거움을 한 번 점검해 보자. 그리고 물어보자. "너는 도대체 무엇이 즐거운가?" "너는 도대체 어떤 인간인가?"

II

노 勞

애씀/노력/수고에 대하여

"수고하고 무거운 짐 진 자들아, 다 내게로 오라. 내가 너희를 쉬게 하리라⋯" 마태복음에 나오는 예수 그리스도의 말이다. 가끔이지만 나는 이 말이 정말로 가슴에 와 닿을 때가 있다. 말의 종교적인 맥락과는 별도로 '수고하고 무거운 짐 진 자'라는 말이 갖는 어떤 특유의 울림 때문이다. 어디 나만 그렇겠는가. '수고'는 실로 모든 인간들의 운명이라고 해도 결코 과언이 아니다. 종교적인 혹은 신화적인 상징이긴 하지만, 구약성서 창세기의 아담과 이브에서부터 '수고'는 이미 인간의 삶과 동행하기 시작했다. 그 나무 열매를 따먹지 말라는 신의 명령을 어긴 벌로 에덴에서 추방 당하며 아담은 힘들게 일해야 했고 이브는 출산의 고통을 겪어야 했다. 그런 것도 다 넓은 의미의 '수고'에 해당한다. 오죽하면 우리 한국에서는 '수고했다'는 것이 인사말로 오가기도 한다. (일본에서도 그렇다. 저

들은 'ご苦労様' 'お疲れ様'라고 말한다. 역시 '노고가 많으십니다' '고생하셨습니다' '고단하시죠' 그런 인사다.)

수고, 노고라는 것은 요컨대 힘들게 노력하는 것이고 애를 쓰는 것이다. (수고, 노고, 노력, 애씀은 결국 다 같은 것이다.) 이런 것 없이 그냥 거저 이루어지는 일들이 우리 인간들에게 도대체 얼마나 될까? 노력 없이 얻어지는 요행이나 천행 같은 게 아예 없는 건 아니겠지만, 그런 것만으로 삶이 성립되지는 않는다. 사회적인 삶과 역사적인 삶에서는 더더욱 그렇다. 대부분의 사람들은 다 열심히 노력하며 수고하며 애쓰며 살아간다. 노고가 이만저만이 아닌 것이다. 그러나 아닌 경우도 있다. 아니 제법 많다. 노력하지 않는 것, 애쓰지 않는 것, 그런 건 좀 문제가 된다. '학문 여역수행주 부진즉퇴學問 如逆水行舟 不進則退'(학문은 물을 거슬러가는 배와 같아서 앞으로 나아가지 않으면 뒤로 물러난다)라는 말이 있지만, 비단 학문뿐만 아니라 무슨 일이든 애쓰지 않으면 앞으로 나아가지 않는다. 강에서 배를 저어 본 사람은 알 것이다.

아주 유명한 것은 아니지만, 공자에게도 이런 '수고의 철학, 노력의 철학, 애씀의 철학'이 있다. 《논어》 제13장에 보면 이런 언급이 있다.

1301 子路問政. 子曰, "先之勞之." 請益. 曰, "無倦." 자로(子路)
가 정사에 대해 묻자 선생님께서 말씀하셨다. "먼저 하고
애써 하여라." 더 청하자 말씀하셨다. "안일하지 마라."

"애쓰라"(勞之)는 것을 그는 단도직입적인 덕목으로 내
세웠다. 또 있다.《논어》제4장에서 그는 이렇게 말한다.

0418 子曰, "事父母幾諫, 見志不從, 又敬不違, 勞而不怨." "부
모를 섬김에 있어서는 간곡히 건의하고 수용하지 않으
려 하시더라도 여전히 존경하고 거스르지 않아야 하며
애는 쓰되 원망하지는 말아야 한다."

'노이불원勞而不怨', 애를 쓰되 원망하지 않는다. 그는
이것을 하나의 윤리적인 지침으로 제시한다. 물론 이것은
부모를 섬김, 즉 효와 관련한 맥락에서 나온 말이다. 그러
나 이 애씀은 부모에 대한 애씀만을 의미하지는 않는다.
좀 더 보편적이다. 흥미롭게도 그는 다른 곳에서 이와 똑
같은 말을 다시 한 번 반복하고 있다.《논어》제20장이다.
좀 길지만 인용한다.

2002 子張問於孔子曰, "何如斯可以從政矣?" 子曰, "尊五美,

屛四惡, 斯可以從政矣." 子張曰, "何謂五美?" 子曰, "君子惠而不費, 勞而不怨, 欲而不貪, 泰而不驕, 威而不猛." 子張曰, "何謂惠而不費?" 子曰, "因民之所利而利之, 斯不亦惠而不費乎? 擇可勞而勞之, 又誰怨? 欲仁而得仁, 又焉貪? 君子無衆寡, 無小大, 無敢慢, 斯不亦泰而不驕乎? 君子正其衣冠, 尊其瞻視, 儼然人望而畏之, 斯不亦威而不猛乎?" […] 자장(子張)이 공자께 물었다. "어떻게 하여야 가히 정사에 종사할 수 있겠습니까?" 선생님께서 말씀하셨다. "다섯 가지 아름다움을 존중하고 네 가지 나쁜 점을 물리치면 가히 정사에 종사할 수 있다." 자장이 말했다. "무엇이 다섯 가지 아름다움입니까?" 선생님께서 말씀하셨다. "군자가 혜택을 주지만 헛수고는 하지 않으며 애를 쓰지만 원망하지 않으며 바라지만 탐하지는 않으며 당당하지만 교만하지는 않으며 위엄이 있지만 사납지는 않은 것이다." 자장이 말했다. "어떤 게 혜택을 주지만 헛수고는 하지 않는다는 것입니까?" 선생님께서 말씀하셨다. "백성이 이로운 바에 따라 이롭게 하는 것이 곧 혜택을 주지만 헛수고는 하지 않는 것이 아니겠느냐? 애쓸 만한 것을 택하여 애쓰니 또한 누가 원망할 것이냐? 어짊을 바라 어짊을 얻었는데 또 무엇을 탐하겠느냐? 군자는 사람이 많든 적든 사람됨이 크든 작든 감히 오만하게 대함이 없으니 이 또한 당당하지만 교만하지 않은 것이 아니겠느냐? 군자는 자신의 의관을 바르게 하고 그 시선을 존엄히 하면 장중하여 남들이 우러르고 두려워하니 이것이 또한 위엄이 있지만 사납지는 않은 것이 아니겠느냐?"

공자는 자장의 물음에 답하며 정치에 종사하는 사람이 드높이 받들어야 할 다섯 가지 미덕 중 하나로 '노이불원券而不怨'을 언급하는 것이다. (정치를 언급하는) 이 맥락에서 보면 이게 단순한 효의 태도만이 아닌 건 확실하다. 물론 그는 다른 경우와 마찬가지로 이 말에 대한 친절한 설명을 덧붙이지는 않는다. 다만 '애쓸 만한 것을 택하여 애쓰니 (혹은 애쓰게 하니) 또한 누가 원망할 것이냐?'(擇可券而券之 又誰怨)라고 반문할 따름이다. (한문의 특성상 이건 자신에게도 타인에게도 똑같이 적용되는 것으로 해석할 수 있다.) 이런 게 그의 매력이다. 그는 그저 그냥 막연히 '애써야 한다' '노력하라'고 말하지 않는다. '택가로 이로지擇可券 而券之', 즉 '애쓸 만한 일을 택해서 애쓰라'고 그는 말하는 것이다. 이게 그의 철학이다. 쓸데없는 엉뚱한 일에 열정과 시간과 돈을 낭비하지 말고 '애쓸 만한 일' '꼭 필요한 일' '가치 있는 일'을 '택해서' 애를 쓰라는 것이다. 가치판단과 통찰과 지혜가 여기서 요구된다. 그런 일이라면 비록 힘들겠지만 할 만할 것이다. 보람도 있을 것이다. 힘든 줄 모르고 하게 될 것이다. 그러니 무슨 원망이 있겠는가. 그런 가치 있는 일이라면 힘들다고 원망할 수 없고 또 원망해서도 안 되는 것이다. 전쟁의 폐허 위에서 고도 경제성장을 일군, 그리고 민주주의를 발전시킨 우리의 선배세대들의 수고가 아마 그러했을 것이다. 영화 〈국제시장〉의 마지막 장면에서 "내 진짜 힘들었거든예" 하고 글썽이던 덕수도 어쩌면 그중 하나일 것이다. 그들은 힘든 줄 모르고 그 힘든 일에 자신의 삶을 쏟아부었을 것이다. 그렇게 하는 것, 그렇게 시키는 것, 그게 정치인 것이다. 수고할 만한 일을 위해 수고하면 거기에 원망은 없다. 사랑하는 자식을 위해 애쓰는 부모가 어디 힘들다고 자식을 원망하던가. 사랑하는 가족을 위해 애써 끼니를 준비하는 어머니가 어디 힘들다고 그 가족을 원망하던가. 공자도 그건 분명히 알고 있었다.

1407 子曰, "愛之, 能勿勞乎? 忠焉, 能勿誨乎?" "사랑한다면 애쓰지 않을 수 있겠느냐? 진심으로 생각한다면 깨우쳐 주지 않을 수 있겠느냐?"

이 언급이 그걸 증명해준다.

이를테면 그런 일들, 애쓸 만한 일들, 그런 걸 볼 줄 알고 택할 줄 아는 능력이 정치에는 필요한 것이며 그런 일들을 위해 애쓰고자 하는 노력의 자세가 정치에는 필요한 것이다.

그런데 무엇이 힘쓸 만한 일인 줄도 모르는 정치인들, 엉뚱한 패거리 싸움에 온갖 정성을 다 쏟아붓는 정치인들, 아예 애쓸 의사도 없는 듯 중요한 법안심사에 아무렇지도 않게 자리를 비우는 의원님들, 정작 할 일은 않으면서 엉뚱한 데 가서 엉뚱한 소리만 늘어놓는 정치인들, 그러면서 국민들의 피 같은 세금을 아까운 줄 모르고 축내는 우리의 정치인들을 보고 있노라면 "에이고" 소리가 절로 나온다. 저들을 모아 놓고 공자특강이라도 좀 해야겠건만 그런 것이 '가로^{可勞}'(애쓸 만한 일)인 줄도 모르니 그것을 '택擇'하는 사람도 없고 그것을 위해 '로지勞之'하는(애쓰는) 사람도 없다. 아니, 이런 가치를 외치는 사람도 별로 없다. 참으로 공자가 그리운 시대요 세상이 아닐 수 없다.

참고

0208 子夏問孝. 子曰, "色難. 有事, 弟子服其勞, 有酒食,
_{자하문효 자왈 색난 유사 제자복기로 유주사}
先生饌, 曾是以爲孝乎?" 자하(子夏)가 효도에 관해
_{선생찬 증시이위효호}

묻자 선생님께서 말씀하셨다. "겉치레만으로는 (효도가 되기) 어렵다. 일이 있을 경우에 젊은 사람이 그 노고를 도맡고 술과 음식이 있을 경우에 어른이 드시게 한다 해서 과연 그것이 효도가 되겠느냐?"

0802 子曰, "恭而無禮則勞, 愼而無禮則葸, 勇而無禮則亂, 直而無禮則絞." "공손하면서 예가 없으면 노고로워지고 신중하면서 예가 없으면 겁약해지고 용맹스러우면서 예가 없으면 세상을 어지럽히고 곧으면서 예가 없으면 냉혹해진다."

덕 德

덕/덕스러움/훌륭함에 대하여

"다 제 부덕의 소치입니다." 뉴스에서 심심치 않게 듣는 말이다. 대개는 뭔가 큰 잘못이 생겼을 때 높은 자리에 있는 사람이 이런 말을 하며 머리를 조아린다. 덕이 없어서, 덕스럽지 못해서, 그런 잘못이 저질러졌다는 말이겠다. 물론 이런 말에 진심이 담겼다고 믿는 순진한 국민은 거의 없다. 하지만 만일 이 말이 액면 그대로 사실이라면, 이 말은, 만일 덕이 있었다면, 덕스러웠다면, 그런 잘못은 일어나지 않았을 거라는 말이기도 하다. 그렇다면 '덕'이란 '잘잘못'을 좌우하는 뭔가 대단히 중요한 가치가 되는 셈이다. 그런 가치로서의 덕은 도대체 어떤 것인가. 그런 게 우리에게 있기는 한 걸까? 아니, 우리는 그 덕이란 가치에 한 토막 관심이라도 있는 걸까? '부덕…' 운운하는 말이 상징하듯이 우리에게 부덕은 넘쳐 난다. 그러나 '유덕'은 눈을 비비고 봐도 잘 보이지가 않는다. '덕'이라는 이 말 자체가 우리의 생활 주변에서 아득히 멀어져 간 느낌이다. 한 시대 전만 해도 누구누구는 참 '후덕하다'느니 '덕스럽다'느니 하는 말들이 우리 주변에 제법 살아 있었다. 그것은 칭찬이기도 했고 존경이기도 했다. 그러나 이제는 아무래도 아닌 것 같다. 이제는 그 누구도 이런 가치에 별 관심이 없다. 일부 있다고 해도 사람들은 그걸 한심한 혹은 걱정스런 눈으로 바라본다. 이건 문제다. 우리가 인간과 그 삶의 질을 완전히 포기하지 않는다면 어떻게든, 그리고 누군가는, 이런 가치에 대한 관심의 끈을 놓지 말아야 한다.

이런 것에 그 누구보다도 강한 관심을 가지고 있었던 사람이 바로 공자다. 그는 '덕德'이라는 것을 우리가 지향하고 의거해야 할 확실한 하나의 가치로 설정하고 있다.

0411 子曰, "君子懷德, 小人懷土, 君子懷刑, 小人懷惠." "군자는 덕을 마음에 두고 소인은 영토領土를 마음에 둔다. 군자는 엄정히 정죄定罪되는 것을 마음에 두고 소인은 적당히 양해諒解되는 것을 마음에 둔다."

0706 子曰, "志於道, 據於德, 依於仁, 遊於藝." "도道에 뜻을 두고 덕을 바탕으로 삼고 어짊에 의지하고 예藝에 노닐어라."

'덕德'은 이렇게 '도道' '인仁' '예藝'와 나란히 우리가 지향하고 의거하고 노닐어야 할 가치로서, 군자가 마음 두어야 할 가치로서 권유되고 있는 것이다. 칸트 식으로 말하자면 거의 '정언적(무조건적) 명령'(Kategorischer Imperativ)이다.

그렇다고 그가 이걸 남에게만 권하는 것은 아니다. 이것은 확실한 그 자신의 주제요, 문제이기도 했다.

0703 子曰, "德之不脩, 學之不講, 聞義不能徙, 不善不能改, 是吾憂也." "덕이 닦아지지 않는 것, 배움이 논의되지 않는 것, 의로운 일을 듣고도 능히 나아가지 못하는 것, 선하지 못한 점을 능히 고치지 못하는 것, 이것이 나의 근심이다."

언젠가 내 선배교수 한 분이 농반진반으로 "윤리니 도덕이니 그런 거 남에게나 권할 것이지, 자기가 할 건 못되지요"라는 말을 한 적이 있어 좌중의 모두가 웃은 적이 있는데, 공자는 적어도 그렇지는 않은 셈이다. 그에게는 일종의 솔선수범이 분명히 있다. 그런 것이 곧 그의 힘이기도 하다. 거기서 그의 설득력이 나온다.

그런데 공자의 철학은 적지 않은 사람들이 오해하듯이 '에헴' 하는 이른바 '공자 왈 맹자 왈'의 고담준론이 절대 아니다. 그의 사상과 말과 행위는 철저하게 '문제'에 기반한 일종의 실천철학이었다. 그의 덕론도 그런 '문제'에 뿌리를 박고 있다. 그의 문제 인식을 직접 들어 보자.

1504 子曰, "由! 知德者鮮矣." "유(由)야, 덕을 아는 자는 드물구나."

1513 0918 子曰, "已矣乎! 吾未見好德如好色者也." "다 되었나보다! 나는 겉치레 좋아하듯 덕을 좋아하는 자를 보지 못하였다."

이 말들을 보면 그 시대의 중국도 우리 시대의 한국과 별반 다를 바가 없었던 모양이다. 사람들은 '덕'을 알지도 못하고 좋아하지도 않았던 모양이다. 반면에 '호색자'는 많았던 모양이다. 전문가들 사이에서 이 '색色'이 무엇인지, 여색인지 겉모양새인지 논란이 좀 있지만, 어느 쪽이든 그런 걸 좋아하는 사람들은 많았던 모양이다. 그건 지금도 변함없다. 이런 세태를 공자는 '드물구나'(鮮矣) '다 되었구나'(已矣乎)라는 말로 한탄을 한다. 그의 문제 인식이 이런 말에서 단적으로 드러나는 것이다.

1805 ^{초 광 접 여 가 이 과 공 자 왈   봉 혜 봉 혜   하 덕 지 쇠   왕 자 불}
楚狂接輿歌而過孔子曰, "鳳兮鳳兮! 何德之衰? 往者不
^{가 간   내 자 유 가 추   이 이 이 이   금 지 종 정 자 태 이   공 자 하}
可諫, 來者猶可追. 已而已而! 今之從政者殆而!" 孔子下,
^{욕 여 지 언   추 이 피 지   부 득 여 지 언}
欲與之言. 趨而辟之, 不得與之言. 초나라의 미치광이
접여(接輿)가 노래를 부르며 공자 옆을 지나가면서 말
했다. "봉이여! 봉이여! 어찌 그리 덕이 쇠하였느뇨. 지
나간 것은 간할 수 없지만 올 것은 그래도 좇을 수 있
건만. 아서라. 아서. 지금 정치에 종사하는 자들은 위태
로워라." 공자께서 내리셔서 그와 이야기하려 하셨으나
뛰어 달아나 피하므로 이야기를 나누지 못하셨다.

　공자 자신의 직접 발언은 아니지만 이 단편에서도 '덕
지쇠德之衰'(덕의 쇠함)라는 접여의 말에 공자가 공감하고
있음을 확인할 수 있다.
　그런데 '덕'에 대한 공자의 현실 진단은 막연한 한탄만
이 아니라 좀 더 구체적이다. 관련된 발언들을 더 들여다
보자.

0425 ^{자 왈   덕 불 고   필 유 린}
子曰, "德不孤, 必有鄰." "덕은 외롭지 않고 반드시 이웃
이 있다."

　여기서 공자는 덕이 외롭지 않고 반드시 이웃이 있다

고 말한다. 하지만 우리는 이 말을 뒤집어 읽을 줄도 알아야 한다. 덕이 얼마나 외로웠으면 그리고 덕의 이웃이 얼마나 적었으면 공자가 이런 말을 했겠는가. 그러니 이 말은 사실상 위의 '지덕자선의知德者鮮矣'(드물다) '오미견吾未見'(보지 못했다) '덕지쇠德之衰'(덕의 쇠함)와 그 궤를 같이 하는 일종의 문제진단으로 이해하지 않으면 안 된다. 또한 이는 덕을 지향하는 자에 대한 공자 식의 격려요, 도덕적 연대에 대한 강한 기대이기도 하다.

1527 子曰, "巧言亂德. 小不忍, 則亂大謀." "번지르르한 말은 덕을 어지럽힌다. 작은 것을 참지 못하면 큰 계획을 그르친다."

여기서 공자는 '난덕亂德'(덕을 어지럽히는 것)이라는 구체적인 문제상황을 언급한다. 덕이 무엇인지를 헷갈리게 만들어 버리는 것이다. 교란시키는 것이다. 그게 바로 '교언巧言'이라는 진단이다. '교언'이 덕이기는커녕 오히려 덕을 알 수 없게 만들어 버린다는 사실을 그는 날카롭게 꿰뚫어 보고 있는 것이다. 그가 수차례 주의하는 이 '교언巧言'은 '영색令色'(권위적인 모습) '족공足恭'(철저한 공손)과 더불어 '일견 좋은 것처럼 보이지만 실은 그렇지 않아 경계해야 할 것'에 속한다. 이것은 역시 논의가 분분한 말이지만, 일단 '솜씨 있는 말, 번지르르한 말, 유창한 말, 잘하는 말' 같은 것으로 이해하면 된다. 덕은 그런 '말솜씨' '말재주'와는 일치하지 않는다. 실제로 우리는 얼마나 많이 보고 있는가. 혹할 만큼 번지르르하게 말 잘하는 사람이 (혹은 글 잘 쓰는 사람이) 실은 인격이나 윤리 도덕과는 너무나 먼 그런 경우를.

1711 子曰, "鄕愿, 德之賊也." "그럴듯한 사이비 유지는 덕의 도적이다."

　　여기서 공자는 '향원鄕愿'이라는 구체적인 문제적 인간 유형을 언급한다. 이런 사람을 '덕의 도둑'이라고까지 강한 어조로 비판하는 것이다. '향원'에 대해서는 역시 전문가들 사이에 논란이 있다.[4] 그러나 일단은 '그럴듯하게 행

───────

4　향원鄕原: 향원의 정확한 개념에 대해서는 《맹자》〈진심하盡心下〉편을 참고할 수 있다. 맹자는 "나의 문門을 지나 나의 방에 들어오지 않더라도 내가 유감스럽게 생각하지 않는 자는 오직 향원일 것이다. 향원은 덕의 도적이다"라고 한, 논어에는 그 말미만 나오는 공자의 말을 인용하며 향원을 사이비 유덕자로 정의하고 있다. 맹자가 "이 세상에 태어나서 이 세상을 위하여 선하게 하는 것이 가하다 하여 내시같이 세상에 잘 보이려고만 드는 자가 곧 향원이다"(生斯世也, 爲斯世也, 善斯可矣, 閹然媚於世也者, 是鄕原也)라고 말하자 만장(萬章)은 "한 마을이 다 착하다 하면 어딜 가더라도 착할 텐데, 왜 공자께서는 덕의 도적이라 하셨습니까?" 하고 반문하였다. 이에 맹자는 "비난하려 하여도 비난할 것

세하는 세상의 사이비 유지들' 정도로 이해해 두자. 세상의 가치에 영합하여 세상 모두에게 잘 보이려고만 하는 사람이 향원의 본질이다. 언뜻 보면 좋은 사람인 것 같지만 이런 사람이 실은 덕을 훔치는, 즉 실은 부덕한데 유덕한 척하는 문제적 인사라고 공자는 경계한다. 이런 사람들이 우리 주변에는 실제로 있다. '모든 사람이 다 좋아한다'(衆皆悅之)와 '스스로 옳다 여긴다'(自以爲是)는 점에 맹점이 있다. 다음 단편도 '향원'의 의미와 내용적으로 연관돼 있다.

1324 子貢問曰, "鄕人皆好之, 何如?" 子曰, "未可也." "鄕人皆惡之, 何如?" 子曰, "未可也, 不如鄕人之善者好之, 其不善者惡之." 자공(子貢)이 물었다. "마을 사람들이 모두 좋아한다면 어떻습니까?" 선생님께서 말씀하셨다. "아직 덜 됐다." "마을 사람들이 모두 싫어한다면 어떻습니

이 없고 풍자하려 하여도 풍자할 것이 없으며 세속의 흐름에 함께하고 흐린 세상에 합하여 거함에 있어서는 충성스럽고 믿음성 있는 듯이 하고 행함에 있어서는 청렴하고 깨끗한 듯이 하여 모든 사람들이 다 기뻐하니 이로써 스스로 옳다 여기지만 요순의 도에는 들어가지 않는다. 고로 덕의 도적이라 하는 것이다"(非之無擧也, 刺之無刺也, 同乎流俗, 合乎汙世, 居之似忠信, 行之似廉潔, 衆皆悅之, 自以爲是而不可與入堯舜之道, 故曰, 德之賊也)라고 했다. 또 공자의 말을 인용하여 이렇게 말하고 있다. "비슷하지만 아닌 것(似而非)을 미워하니 … 향원을 미워하는 것은 그가 덕을 어지럽게 할까 두렵기 때문이다."(이수태,《새번역 논어》, 바오출판사, 2014)

까?" 선생님께서 말씀하셨다. "아직 덜 됐다. 마을 사람들 중에서 선한 자는 좋아하고 선하지 못한 자는 싫어하는 것만 못하다."

진정한 덕이란, 우리가 소위 인류의 4대 성인 공자, 부처, 소크라테스, 예수(가나다순)의 경우에서 확인하듯이 모든 사람이 다 좋아하는 것은 아니다. 좋은 사람이 좋아하고 나쁜 사람이 싫어하는, 그런 것이 바로 덕의 특징인 것이다. 공자의 탁견이 아닐 수 없다.

1712 子曰, "道聽而塗說, 德之棄也." "도를 듣고서 덧칠해 말하는 것은 덕을 버리는 짓이다."

여기서 공자는 '도청이도설道聽而塗說'이라는 구체적인 문제를 지적한다. 그런 일은 '덕을 버리는 짓'이라고까지 비판한다.

(이 '도청이도설'도 그 해석에 논란이 있다. 나는 이것을 '도를 듣고서 덧칠해 말하는 것'이라고 풀이한다. 공자의 이 말은 다른 많은 경우처럼 그 의미를 포착하기가 쉽지 않다. 보통은 "이 길에서 들은 것을 저 길에서 이야기하는 것은 덕을 버리는 짓이다"라고 해석된다. 그러나 이런 해석은 적어도 나의 철학적 감각으로는 공자의 말이 아

닌 것 같다. 이 길에서 듣고 저 길에서 말한다? 어느 영문판 번역에서는 이것을 심지어 '가십에 대한 비판'이라고 풀이하기도 한다. 그렇다면 '도道'와 '도塗'를 굳이 다른 글자로 표현해야 할 필요가 없다. 특히 필연성이 없다. 이건 공자의 말투가 아니다.

2,500년 전의 중국으로 가 그 어법에 익숙해질 때까지 살아볼 수도 없고 또 공자에게 직접 물어볼 수도 없으니 좀 답답한 노릇이다. 그래서 나는 가다머 식의 '해석학적 이해'를 시도해 본다. 나의 문제지평에서 이것을 생각해 보는 것이다. 나는 살면서 (특히 철학을 공부하면서) 정말로 중요한 일들이 엉뚱한 해석(덧칠, 塗)으로 빛바래는 경우를 적지 않게 보아 왔다. 무엇보다도 공자철학 자체의 경우가 그러하다. 학창시절에 읽은 적지 않은 공자관련-논어관련 책들은 오히려 공자 자신을 완전히 덮어 버리고 묻어 버리는 경우가 적지 않았다. 심지어 주자의 경우도 그런 왜곡에 일부 기여했고, 어쩌면 그것은 논어에 등장하는 증자, 유자 등 공자의 직계 제자들에게서 시작되었을지도 모를 일이다. 조선의 꼬장꼬장한 유림들은 말할 것도 없다.

서양철학의 경우도 다를 바 없다. 나는 수많은 교과서와 입문서와 해설서들이 집필자의 알량한 지식과 거친 판단으로 원철학자들의 진면모를 얼마나 심각하게 왜곡시키고 있는지를 이른바 '원전'을 직접 읽으면서 뼈아프게 느껴 왔다. 예컨대 저 권위 중의 권위인 버트런드 러셀의 《서양철학사》도 파르메니데스를 '논리학의 아버지'로 평가하고 있다. 러셀 자신의 논리학적 관심으로 '진리'에 대한 파르메니데스의 존재론적 발언들을 완전히 '덧칠'해버린 것이다. 거기서 파르메니데스 자신의 결정적으로 중요한 '가치'는 무참하게 '버려진다'. 내가 전공한 하이데거의 경우에도 유사한 현상이 존재한다. 예컨대 저 막강한 철학적 권위인 사르트르는 《실존주의는 휴머니즘이다》에서 하이데거를 소위 '무신론적 실존주의자'로 규정한다. 임의적인 '덧칠'이다. 그런 규정으로 인해 하이데거의 '존재론적 신론'은 원천적으로 독자와의 통로를 차단당한다. 역시 그 '가치'가 '버려지는' 것이다. (인간본위인) '실존주의'라는 것도 (존재본위인) 하이데거의 '존재론'을 심각하게 훼손한다. 역시 '덧칠'이다. 무엇보다도 하이데거 본인이 이런 사태를 심각하게 우려한다. 그는 《존재와 시간》 제1절에서 이미 이런 '덧칠'로 인한 '존재'의 '진부화'를 날카롭게 지적하고 있다.

"(존재라는) 이 물음은 결코 임의적인 것이 아니다. 이 물음은 플라톤과 아리스토텔레스의 연구를 숨 가쁘게 하였으나, 그 이후로는, 실제적 탐구의 주제적 물음으로서는, 침묵해 버리고 말았다. 이 두 사람이 이룩한 성과는 여러 가지 첨삭Verschiebungen과 '덧칠Übermahlungen'을 거쳐 헤겔의 '논리학'에까지 일관되어 왔다. 그리하여 일찍이는 사유의 최고의 긴장 속에서 비록 단편적이고 초보적일 망정 현상들로부터 쟁취 되었던 것이 오랫동안 진부한 것으로 되고 말았다."

그의 이 말에서도 '원래의 숭고한 주제'[존재]와 '첨삭-덧칠' 및 '침묵-진부화'가 명확히 그리고 대비적으로 언급되고 있다.

나는 이러한 나의 학문적 경험을 공자의 저 발언과 견주어 해석학적 지평융합을 시도해본다. 그러면 그 발언의 구조가 거의 정확하게 일치한다. "도를 듣고서 [그것을] 덧칠해 말하는 것은 덕을 [그것 본래의 진정한 가치를] 버리는 짓이다." 이렇게 해석하면 이것도 '무엇을' '어떻게' 들을 것인가에 대한 방향을 알려주는 것이 된다. 들어야 할 내용으로서의 '도'와 그 '덕'이 여기서 언급되고 있는 것이다. ('도청道聽'을 '도를 듣고'로 해석하는 것은 동사와 목적어의 도치로 문법적인 변칙이 될 수 있다. 그러나 강조를 위한 도치는 《논어》에서도 더러 용례가 없지 않다.[0801 …天下讓…][1527 小不忍…][1435 莫我知也…] 그리고 이와 약간 유사한 번역의 선례도 없지 않다. "The Master said: To apprehend the Way and lecture on it before actualization is to throw away your accumulation of virtue.—A. 찰스 뮬러A. Charles Muller 역 참고) 그리고 '덧칠해서 말하지(塗說) 말아야 한다'는 방향이 제시되고 있는 것이다. 어설픈 자기 해석으로 진정한 주제의 참뜻을 왜곡하지 말라.)[5]

도에 대해서 그렇게 하는 것이, 즉 덧칠해 말하는 것이 결국은 덕을, 즉 도의 가치를 버리는 짓이라고 공자는 경계하는 것이다.

---

5 '도청이도설'에 관한 이 해석은 '총聰 및 청聽에 대하여'의 항목에서도 되풀이된다.

그런데 덕에 대한 공자의 이런 언급들은 아직 덕 그 자체가 어떤 것인지를 설명해 주지는 않는다. '도道'나 '인仁' 같은 그의 다른 개념들도 대개 그렇다. 모르긴 해도 당시로서는 굳이 특별한 설명이 없더라도 누구든 들으면 그것이 어떤 것인지 곧바로 이해가 되는 그런 말이었는지도 모르겠다. (예컨대 '멋있다'나 '시원하다'가 한국인에게 그런 것처럼. '야사시이'나 '이키'가 일본인에게 그런 것처럼. 'vorstellen'이 독일인에게 그런 것처럼. 'tolérance'가 프랑스인에게 그런 것처럼.) 그러나 덕이 이미 현실이 아닌 우리에게는 아무래도 그 '설명 없음'이 좀 아쉽기는 하다. 일단은 어쩔 수 없다. 우리는 그 대신 문맥을 통해 그 의미를 간접적으로나마 포착해 보기로 하자. 공자는 덕의 구체적인 모습들을 이런 말들을 통해 알려 준다.

0629 子曰, "中庸之爲德也, 其至矣乎! 民鮮久矣." "가운데의 평범함(中庸)이 덕이 되니 그 얼마나 지극한가! 백성들은 오래 유지하는 일이 드물구나."

우선 눈길을 끄는 것이 이 말이다. 공자는 '중용中庸'이라는 것을 덕의 한 구체적인 세목으로 제시한다. 이 중용이 무엇인지도 역시 설명이 없다. 이걸 제대로 이해하려면 자사子思의 《중용》도 읽어 봐야겠지만, 그것도 보통 일이 아니다. 우리는 공자가 딱 한 차례 여기서만 중용을 언급한 사실을 오히려 다행으로 여기며 기타의 전적은 깡그리 접어 둔다. 말 자체만 놓고 그 철학적 의미를 생각해 보자는 거다. 중용은 그야말로 '가운데의 평범함'이다. 특별히 잘나지도 특별히 못나지도 않은 것이다. 아리스토텔레스를 참고하자면 '지나침과 모자람의 중간' '과도와 부족의 중간'이 중용이다. 흥미롭게도 아리스토텔레스 역시 이런 중용(mesotes)을 덕(arete)으로 여겼다. 하기야 과식과 굶주림의 중간인 알맞은 식사를 예로 생각해 보면 이게 덕이라는 게 쉽게 납득이 된다. 그건 참으로 평범한 일이다. 그런데 이런 평범함이 얼마나 큰 가치인가. 그래서 공자는 '그 덕됨이 얼마나 지극한가!'라고 감탄까지 하는 것이다. 그런데 이런 평범함을 유지하기가 참으로 쉽지 않다. 공자는 그것도 알고 있었다. 수도 없이 다이어트를 시도했지만 번번이 실패한 사람이라면 그 가치를 단박에 이해할 것이다. '민선구의民鮮久矣!'(백성들은 오래 유지하는 경우가 드물구나)도 이해할 것이다. 이른바 '불가근 불가원不可近不可遠'(너무 가까이 하지도 않고 너무 멀리하지도 않는 것)도 어쩌면 중용의 덕이 될지 모르겠다. (1723 "근지즉불손 원지즉원近之則不遜, 遠之則怨" 가까이하면 불손하고 멀리하면 원망한다. 참고)

0801 子曰, "泰伯, 其可謂至德也已矣. 三以天下讓, 民無得而稱焉." 태백(泰伯)은 가히 덕이 지극했던 사람이라 할 수 있겠다. 세 번이나 천하를 사양하였는데도 백성들이 알고 칭송하는 일조차 없었으니!"

공자의 이 말에서도 우리는 덕의 구체적인 모습을 엿볼 수 있다. 그것도 아주 '지극한 덕'(至德)이다. 태백이라는 사람이 그 실례다. 그 내용은 '삼이천하양三以天下讓', 즉 세 번이나 천하를 사양했다는 것이다. (여기서 태백이 누구고 그 삼이양의 내용이 어떤 것인지는 중요치 않다. 중요한 것은 그가 그랬다는 사실이다.) 생각해 보라. 천하를 얻는 일은 엄청난 일이다. 그건 뭇사람의 일대 야망이기도 하다. (오다 노부나가, 도요토미 히데요시, 도쿠가와 이에야스 등이 대표적인 경우다. 모든 대통령, 주석, 총리들도 마찬가지다.) 그런데 그럴 수 있는 기회를 스스로 사양했다는 것이다. 그것도 세 번씩이나! 이건 보통 일이 아니다. 아무나 할 수 있는 일이 아니다. 그래서 '덕'이 되는 것이다. 더욱이 태백이 더 돋보이는 것은 '민무득이칭언民無得而稱焉', 그렇게 했음에도 불구하고 그런 엄청난 일을 했음에도 불구하고 백성들이 그걸 알지도 못하고 칭송하지도 않았다는 것이다. 즉 그의 그런 행동이 전혀 드러나지도 않았다는 것이다. (좀 과장하자면 '오른손이 하는 일을 왼손이 모르게' 한 셈이다.) 그래서 '지덕'이 되는 것이다. 오늘날 특별한 애국, 애민도 없으면서 오로지 권력과 이득을 위해 온갖 수단을 다 동원하는 분들과 극명하게 대비되는 사례가 아닐 수 없다. 이러니 여기서의 덕이란 철저한 무욕, 은닉, 무과시無誇示로 이해해도 좋겠다.[6]

1210 　子張問崇德辨惑. 子曰, "主忠信, 徙義, 崇德也. 愛之欲其生, 惡之欲其死. 旣欲其生, 又欲其死, 是惑也." 자장(子張)이 덕을 숭상하고 미혹됨을 판별하는 것에 대해 묻자 선생님께서 말씀하셨다. "충실과 신뢰를 주로 삼고 의로운 데로 나아가는 것이 덕을 숭상하는 것이다. 사랑하면 살기를 바라고 싫어하면 죽기를 바라는데, 이미 살기를 바랐으면서 또 죽기를 바란다면 그것이 미혹이다."

---

6 '민무득이칭언'과 관련해서는 다음 단편도 참고가 된다. [1612 (誠不以富, 亦祇以異.) 齊景公有馬千駟, 死之日, 民無德而稱焉. 伯夷叔齊餓於首陽之下, 民到于今稱之. 其斯之謂與? ('진실로 부유함 때문이 아니라 역시 다른 까닭으로 인함이네.') "제나라의 경공(景公)은 사두마차 천 대를 가지고 있었으나 죽는 날에 백성들이 덕이 있다 일컫지 않았다. 백이숙제는 수양산 아래에서 굶어 죽었지만 백성들이 오늘에 이르기까지 그들을 일컫고 있다. 그것은 바로 이런 것을 말하는 것이 아니겠느냐?"] 여기서는 '민무덕이칭언'으로 되어 있으나 이 '덕'은 0801과 마찬가지로 '득'의 오기일 수 있다. '백성들이 [그 죽음을] 알게 되고 칭송하고 하는 일이 없었다'라고 새기는 게 문맥상 자연스럽다.

공자는 자장과의 이 대화에서 '주충신主忠信, 사의徙義'를 '숭덕崇德'이라고 설명한다. 문맥상 '충신忠信'과 '의義'가 '덕'의 구체적인 내용이 되는 셈이다. '충' '신' '의'는 따로 자세히 들여다볼 가치이므로 지금 자세한 논의는 생략한다. 그러나 이것들(진심을 다함, 미더움, 의로움)을 대상 내지 내용으로 한 '주主'(주로 함) '사徙'(나아감)가 '숭崇'(숭상함)과 상통하는 것임은 흥미롭다.

1221 樊遲從遊於舞雩之下, 曰, "敢問崇德, 脩慝, 辨惑." 子曰, "善哉問! 先事後得, 非崇德與? 攻其惡, 無攻人之惡, 非脩慝與? 一朝之忿, 忘其身以及其親, 非惑與?" 번지(樊遲)가 선생님을 따라 무우舞雩 아래에서 거닐며 말했다. "감히 덕을 숭상하는 것과 못된 마음을 다스리는 것, 미혹됨을 판별하는 것에 대해 여쭙고자 합니다." 선생님께서 말씀하셨다. "좋은 질문이다. 일하는 것을 우선으로 하고 그 결과는 나중으로 하는 것이 덕을 숭상하는 것이 아니겠느냐? 자신의 나쁜 점을 공박하고 남의 나쁜 점을 공박하지 않는 것이 못된 마음을 다스리는 것이 아니겠느냐? 한순간의 분함 때문에 자기 일신을 잊고 부모에게까지 화를 미치는 것이 미혹됨이 아니겠느냐?"

같은 질문에 대한 다른 대답이 여기 보인다. 공자는 여기서 '선사후득先事後得'이 곧 숭덕의 내용이라고 설명한다. '사事'가 선이고 '득得'은 후, 즉 일을 선으로 하고 득은 후로 하는 것이 '숭덕'이라는 것이다. 이건 무슨 말일까. 해석에 논란이 있는 부분이다. 그러나 생각해 보자. 사람들은 보통 '득得'에 관심이 있다. '얻는 바', 즉 일의 '결과'에, '이득'에 관심이 있다. 그래서 일도 그저 이득을 얻기 위한 한낱 방편이 되곤 한다. 이런 경우 보통 일 자체의 의미는 뒷전으로 밀려난다. '후사後事'가 되는 것이다. 마르크스 식으로 말하자면 일종의 '노동의 소외die entfremdete Arbeit' 현상이 발생하는 것이다. 그러나 '사', 즉 일이라는 것은 그게 무엇이든 각각 그 자체로서 의미와 본질이 있다. 그 자체로서의 즐거움도 있다. 예컨대 농사라는 일도, 장사라는 일도, 공예라는 일도, 공부라는 일도 그리고 정치라는 일도, 예술이라는 일도 각각 그 자체로서의 의미와 재미가 있는 것이다. 그런 것을 '선先'으로 우선시하라고 공자는 강조한다. 그 결과 어떤 이득이 얻어질 것인가 하는 것은 '후後'로 하라는, 즉 그 다음이라는 것이다. 일에 임하는, 일을 대하는 이런 태도와 이런 자세가 곧 '덕'임을, '숭덕'임을 공자는 말해 준다.

1405 南宮适問於孔子曰, "羿善射, 奡盪舟, 俱不得其死然. 禹稷躬稼而有天下." 夫子不答. 南宮适出, 子曰, "君子哉若人! 尚德哉若人!" 남궁괄(南宮适)이 공자께 물었다. "예(羿)는 활을 잘 쏘고 오(奡)는 배를 움직이는 힘이 있었으나 둘 다 순리의 죽음을 맞지 못하였습니다. 그러나 우(禹)와 직(稷)은 몸소 농사를 지었으나 천하를 얻었습니다." 선생님께서 대답하지 않으시다가 남궁괄이 나가자 말씀하셨다. "군자로구나! 저런 사람은. 덕을 숭상하는구나! 저런 사람은."

여기서 공자는 남궁괄이라는 사람에 대해 '군자로구나' '덕을 숭상하는구나'(尙德)라는 말로 칭찬을 한다. 도대체 어떤 말을 했기에 '상덕尙德'이라고 표현했을까. 그 내용은 비교적 명확하다. 남궁괄은 '예'와 '오'라는 인물을 '우'와 '직'이라는 인물과 비교하고 있다. 전자들의 '선사善射' '탕주盪舟'와 후자들의 '궁가躬稼'를 비교하고 있다. 전자들의 '구부득기사俱不得其死'와 후자들의 '유천하有天下'를 비교하고 있다. 선사와 탕주는 아마도 '군사적인 것'과 관련 있을 것이다. 궁가는 아마도 '민생'과 관련 있을 것이다. 그런데도 전자들은 실패했고 후자들은 성공한 셈이다. 남궁괄은 그런 후자들을 평가하고 부각시킨 셈이다. 그의 바로 이러한 관심과 방향을 공자는 '상덕'이라고 칭찬한 것이다. 그러니 문맥상 미루어 해석하자면 우와 직의 그런 행동과 삶, 즉 민생에 치중하면서 정치적 성과를 이루는 것, 그런 것이 곧 '덕'의 내용이라고 볼 수 있을 것이다.

이제 덕이 어떤 것을 말하는지 어느 정도는 드러났다. 그런데 덕에 대한 공자의 철학은 여기서 한 걸음 더 나아간다. 그는 이 덕의 '효용'에 대해서도 언급을 한다. 그 부분을 좀 더 들여다보자.

0201 子曰, "爲政以德, 譬如北辰, 居其所而衆星共之." "정치를 덕으로써 하는 것은 비유하자면 북극성이 제 자리를 지키고 뭇 별들이 그를 둘러싸고 도는 것과 같다."

유명한 말이다. '덕'은 여기서 '위정爲政', 즉 정치행위의 수단 내지 자세가 된다. 이른바 '덕정'을 권유하는 것이다. 그렇게 하는 것은, (혹은 그렇게 하면) 마치 북극성처럼 제자리를 가만히 지키고만 있어도 뭇별들이 그것과 함께한다는 의미이다. ('공지共之'는 '받든다'고도 새길 수 있다.) 주변 사람들 모두가 따른다는 것이다. 믿고 따르고 받들며 함께하는 세력이 있다면 정치에 그보다 든든한 힘은 없다. 국정이 원만하게 성공적으로 잘 돌아갈 것이다. 국민들의 삶도 당연히 만족스러울 것이다. 이런 것은 현실과 괴리된 순진한 이상주의라고 곧잘 비판의 대상이 되긴 하지만, 이를 실현한 세종의 경우를 생각해 보면 이게 그냥 헛된 꿈만은 아닐 수도 있다.

0203 子曰, "道之以政, 齊之以刑, 民免而無恥, 道之以德, 齊之以禮, 有恥且格." "정령政令으로 이끌고 형벌로 다스리면 백성들은 면피하려고만 하고 부끄러워할 줄 모르게 된다. 덕으로 이끌고 예로 다스리면 부끄러움과 격이 있게 된다."

이 단편은 위의 비유보다는 좀 더 구체적이다. 여기서 덕은 '도제민道齊民', 즉 백성을 이끌고 다스리는 일의 한 수단이요, 방편이요, 태도요, 자세다. 그것은 곧 정치의 다른 말이다. 그의 도덕적 정치철학인 것이다. 그는 '덕德'과 '예禮'로써 하는 이런 정치를 '정政'과 '형刑'으로 하는 (정령과 형벌로 통치하는) 정치와 대비시킨다. 그리고 그 결과를 인상적으로 대비시킨다. 전자의 결과는 '민면이무치民免而無恥'고 후자의 결과는 '유치차격有恥且格'이다. 백성이 달라진다는 것이다. 어떻게? 전자로 하면 백성들이 '면피하기'만 하고 부끄러움이 없다. 후자로 하면 백성들이 부끄러움과 격이 있다. 백성들의 질이나 수준이 달라지는 것이다. '면피한다'는 것은 역시 논란이 있는 부분이지만, 형벌을 면하려는 것이라고 해석할 수도 있고 정령과 법규의 요구사항만 그저 위반하지 않으려는 것이라고 해석할 수도 있다. 어느 쪽이든 자기 자신의 행위에 대한 도덕적 자성은 배제된 상태다. 그래서 부끄러움 따위는 백성들의 관심 밖이다. 그에 비해 덕을 기준으로 혹은 수단으로 정치를 하면 백성들에게 '부끄러움과 격'이 있게 된다는 것이다. 이것은 실로 큰 차이다. 정치의 내용에 따라 국민들의 수준이 선진국과 후진국으로 갈라진다. 우리는 지금도 이런 국가간의 차이를 현실 속에서 확인할 수 있다. 우리 주변에는 지금 부끄러운 줄도 모르고 아무 짓이나 마구하는 격이 떨어지는 국민들이 너무 많다. 법과 형벌이 없어서 그런 것이 아니다. 덕의 부재가 문제인 것이다.

0723 子曰, "天生德於予, 桓魋其如予何?" "하늘이 나에게 덕을 내셨는데 환퇴(桓魋)가 나를 어찌 하겠느냐?"

전후 문맥이 잘려 있는 이 단편에서 이 말이 무슨 의미인지 정확히 판단하기는 쉽지 않지만, 환퇴가 공자를 해하려 한 인물임을 감안할 때, 덕은 어떤 위해도 어찌할 수 없는 하늘의 소관임을 공자가 시사한 것으로 해석할 수 있다. 꼭 공자 개인이 아니더라도 덕을 갖춘 인물에게 바로 그 덕이 그런 방패 역할을 할 수 있다면 그것은 크나큰 '효용'이 아닐 수 없다. 예수를 시험하려 한 어느 악마가 끝내 실패하고 떠났다는 '악마퇴거'도 마귀가 부처에게 항복했다는 이른바 '법강항마法强降魔'도 이와 비슷한 것이다. 덕이란 게 정말로 그런지는 확인할 수 없지만, 적어도 '기대의 효용' '신념의 효용'은 있을 수 있다.

또, 이런 것도 있다.

1601 季氏將伐顓臾. 冉有季路見於孔子曰, "季氏將有事於顓臾." 孔子曰, "求! 無乃爾是過與? 夫顓臾, 昔者先王以爲東蒙主, 且在邦域之中矣, 是社稷之臣也. 何以伐爲?" 冉有曰, "夫子欲之, 吾二臣者皆不欲也." 孔子曰, "求! 周任有言曰, '陳力就列, 不能者止.' 危而不持, 顚而不扶, 則將焉用彼相矣? 且爾言過矣, 虎兕出於柙, 龜玉毀於櫝中, 是誰之過與?" 冉有曰, "今夫顓臾, 固而近於費. 今不取, 後世必爲子孫憂." 孔子曰, "求! 君子疾夫舍曰欲之而必爲之辭. 丘也聞有國有家者, 不患寡而患不均, 不患貧而患不安. 蓋均無貧, 和無寡, 安無傾. 夫如是, 故遠人不服,

則修文德以來之. 旣來之, 則安之. 今由與求也, 相夫子,
遠人不服, 而不能來也, 邦分崩離析, 而不能守也, 而謀
動干戈於邦內. 吾恐季孫之憂, 不在顓臾, 而在蕭牆之內
也." 계씨(季氏)가 전유顓臾나라를 치려 하자 염유(冉有)
와 계로(季路)가 공자를 찾아뵙고 말했다. "계씨께서 전
유나라에 대해 장차 일을 벌이려 합니다." 공자께서 말
씀하셨다. "구(求)야, 네가 이러는 것은 잘못이 아니냐?
실로 전유나라는 옛날 선왕께서 동몽(東蒙)의 제주祭主
로 삼으셨고 또 나라 한가운데에 있으니 곧 사직의 신
하다. 어찌하여 치려 하느냐?" 염유가 말했다. "계씨께
서 하려는 것이지 우리 두 신하는 모두 원치 않습니다."
공자께서 말씀하셨다. "구(求)야, 주임(周任)이 한 말에
'힘을 펼쳐 관직에 나아가되 그럴 수 없는 자는 그만 둔
다'는 것이 있다. 위태로운데 붙잡아 주지 않고 넘어지
는데 부축하여 주지 않는다면 그런 신하를 장차 어디
에 쓸 것이냐? 또 너의 말이 잘못인 것이 범이나 외뿔
소가 우리에서 뛰쳐나오고 귀갑龜甲이나 보옥寶玉이 상
자 안에서 깨진다면 이는 누구의 잘못이냐?" 염유가 말
했다. "오늘날 전유나라는 견고하고 비읍費邑에서 가까
워 지금 취하지 않으면 후세에 반드시 자손의 근심거
리가 될 것입니다." 공자께서 말씀하셨다. "구(求)야, 군

자는 원한다고 말하지 않고 어쩔 수 없다고 말하는 것을 미워한다. 내가 듣기에 '나라를 다스리고 대부의 가家를 다스리는 자는 백성이 적은 것을 근심하지 않고 균등하지 못한 것을 근심하며 가난한 것을 근심하지 않고 평안하지 못한 것을 근심한다'고 했다. 대개 균등하면 가난함이 없고 화목하면 백성 적음이 문제되지 않으며 평안하면 기울어지지 않는다. 실로 이러한 까닭에 멀리 있는 사람들이 복속服屬하지 않으면 문덕文德을 닦아 저절로 오게 하고 이미 오게 하였으면 평안케 하는 것이다. 지금 너희들은 계씨를 돕고 있지만 멀리 있는 사람들이 복속하지 않아도 능히 오게 하지 못하고 나라가 쪼개져 풍비박산이 되어도 능히 지켜내지 못하며 오히려 나라 안에서 싸움을 벌일 궁리만 하고 있다. 나는 계손씨의 근심이 전유나라에 있는 것이 아니라 오히려 담장 안에 있는 것이 아닌가 두렵구나."

이 단편에서 눈여겨볼 부분은 '원인불복 즉수문덕이래지遠人不服, 則脩文德以來之', 즉 '먼 데 있는 사람이 복속하지 않으면 문덕을 닦아 오게 한다'는 것이다. 당시의 국가관계에서는 한 나라와 다른 나라의 관계가 복속하느냐 않느냐의 관계였고 또 백성들의 이동은 자유로웠다. 이 자유로운 이동은 주로 그 나라의 정치상태에 따른 것이었다. 즉 살기 나쁜 나라를 '떠나' 살기 좋은 나라로 '가서' 사는 것이었다. (요즘 [상대적으로] 살기 좋은 유럽으로 살기 나빠진 중동의 난민들이 몰리는 경우를 생각해 보면 이해하기가 쉬울 것이다.) 그래서 백성의 많고 적음이 국가 정치상태의 척도였고 그래서 위정자에게는 그런 게 '근심'의 대상이었다. 이 단편의 대화에는 이런 사정이 배경에 깔려 있다. 그런데 공자는 '백성의 적음'을 근심할 게 아니라, '오게 하라' (來之)고 권하는 것이다. 어떻게? 그 대답이 '수문덕修文德', 즉 문덕을 닦는 것이다. 문덕이란 덕의 한 특수 형태지만 (그래서 '문文'은 따로 살펴봐야 하지만) 아무튼 덕은 덕임에 틀림없다. 그러니 덕을 닦는 것이, 백성을 '오게 함'의 바탕이 되는 것이다. 뒤집어 읽으면, 덕의 효용이 백성을 '오게 함'인 것이다. 당시의 정치적 사정들을 감안한다면 덕의 이런 효용은 대단히 중요한 것이 아닐 수 없다.

정치와 관련된 덕의 효용이 하나 더 있다.

1219 季康子問政於孔子曰, "如殺無道, 以就有道, 何如?" 孔子對曰, "子爲政, 焉用殺? 子欲善而民善矣. 君子之德風, 小人之德草. 草上之風, 必偃." 계강자(季康子)가 공자께 정치에 대해 물었다. "만약 무도無道한 자를 죽여 백

성들로 하여금 유도有道한 데로 나아가게 한다면 어떻겠습니까?" 공자께서 대답하셨다. "당신이 정치를 하신다면서 어떻게 죽이는 방법을 쓰십니까? 당신이 선하고자 하면 백성들도 선해집니다. 군자의 덕은 바람이고 소인의 덕은 풀이라서 풀 위로 바람이 불면 풀은 반드시 눕게 됩니다."

여기서 공자는 흥미롭게도 또 비유를 동원한다. (덕정을 북극성에 비유한 선례가 있다. '비유'는 예수와 부처의 특징적인 방편이기도 했다.) 덕을 바람과 풀에 비유하는 것이다. 단, 군자의 덕은 바람이고 소인의 덕은 풀이다. 풀 위로 바람이 불면 풀은 반드시 눕게 된다. 군자의 덕이 소인의 덕보다 우위에 있다. 군자의 덕이 소인의 덕을 움직이게 하는 것이다. 그 구체적인 모습이 '욕선欲善'이고 '민선民善'이다. 즉 군주(군자)가 선하고자 하는 것이 '욕선'이고 백성(소인)이 선해지는 것이 '민선'이다. 전자가 원인이고 후자가 결과다. 덕으로 인해 백성이 선해지는 것이니, 이야말로 덕의 크나큰 효용이 아닐 수 없다. (문맥상 여기서 '덕'은 '선善'과 통하고 '살殺'[죽이는 것]과 대비된다.)

공자 본인의 언급이 많은 만큼 논의가 길어졌다. 살펴

본 대로 덕은 공자의 확실한 가치 중 하나였다. 그의 이런 철학은 지금을 사는 우리에게 과연 무엇을 말해주는가. 그는 분명히 우리에게 하고 싶은 말이 있다.

1404 子曰, "有德者必有言, 有言者不必有德. 仁者必有勇, 勇者不必有仁." "덕이 있는 자는 반드시 할 말이 있지만 할 말이 있는 자라고 해서 반드시 덕이 있는 것은 아니다. 어진 자는 반드시 용기가 있지만 용기 있는 자라고 해서 반드시 어진 것은 아니다."

그렇다 '유덕자 필유언有德者必有言'이다. '덕이 있는 자는 반드시 할 말이 있다.' 그는 이미 그 말을 했다. 덕을 품어라. 덕에 의거해라. 덕을 닦아라. 덕을 알아라. 덕을 좋아해라. 덕이 쇠하지 않게 해라. 덕을 숭상해라. 특히 덕으로 정치를 해라. 덕을 어지럽히지 않도록 '교언'을 조심하고, 덕을 도둑맞지 않도록 '향원'을 조심하고, 덕을 버리지 않도록 '도설'을 조심하고, 그리고 덕을 위해 중용을 지키고, 무욕과 무과시를 지키고, 충심과 신의와 의로움을 지키고, 선사후득을 지키고, 민생우선을 지키라. 그러면 뭇사람들이 따를 것이고, 국민들에게는 부끄러움과 격이 생길 것이고, 위험도 피해갈 것이고, 이웃 나라로부터 동경의 대상이 될 것이고, 국민들도 선해질 것이다. '덕'이라는 글자 하나를 통해 그는 이런 말들을 하고 싶었던 것이다. 이 말들은 지금 여기서 살고 있는 우리들에게도 다 그대로 유효한 말이다. 왜냐고? 이제 우리의 현실을 보자.

우리는 지금 덕 같은 것을 마음에 두지 않는다. 의거하지 않는다. 닦지도 않는다. 알지도 못한다. 좋아하지도 않는다. 덕 따위는 쇠한 지 이미 오래다. 아무도 숭상하지 않는다. 덕으로 정치하는 그리고 하려는 사람은 거의 없다. 교언과 향원과 도설은 어디에서나 목격된다. 아니 행세한다. 중용은 지키기가 너무 어렵고 욕심과 과시는 너무 흔하고 진정과 신의와 의로움도 너무 귀하다. 일은 늘 뒷전이고 관심은 오직 이득에만 있다. 민생은 뒷전이고 싸움에만 관심있는 세력도 세상에 많다.

이 모든 것이 다 '문제'다. 우리는 지금 그런 가운데서 우리의 삶을 살고 있다. 이대로 좋다면 어쩔 수는 없다. 그렇다면 이 모든 문제들을 다 감수해야 한다. 하지만 이게 문제라고 여겨진다면, … 그렇다면 역시 어떤 형태로든 우리는 '덕'이라는 주제에 관심을 가져야만 한다. 공자는 훌륭한 말동무가 되어줄 것이다. 굳이 '스승'까지는 아니더라도 '이웃'은 분명히 되어줄 것이다. 그가 있는 한,

덕을 추구하려는 우리는 외롭지 않다. '덕불고 필유린德不孤, 必有鄰'이다. 부덕이 판치는 이 혼탁한 시대, 그나마 공자같은 이웃이 있다는 것은 얼마나 다행인가. 얼마나 큰축복인가.

도 道

도/도리에 대하여

"아이구 도사님, 오랜만입니다." 퇴임한 한 선배교수를 오랜만에 만났다. 이 양반은 늘 개량한복에 머리도 완전 백발인데다 교외에 자신의 도장道場을 갖고 있어서 우리는 반장난 삼아 그를 그렇게 부르곤 했다. 정말로 무슨 도를 닦고 있는지 혹은 무슨 도통 같은 걸 했는지 그건 잘 알지 못한다.

그런 별명은 아마도 노자와 장자의 '도교'와 얽혀 있을 것이다. 그리고 그 도교란 것은 저 《도덕경》의 첫 구절 "도가도 비상도道可道 非常道…"에 그리고 그 안의 심오한 도론에 연유하고 있을 것이다. 나도 그 노자의 철학은 엄청 좋아한다. 내가 전공한 하이데거도 노자를 엄청 좋아했다. 정말이지 배울 것도 엄청 많다.

그러나 이 '도道'라는 것이 사실 노자 장자의 전유물은 아니다. 알 만한 사람은 다 알지만 불교에도 '도'가 있다.

이른바 '8정도八正道'다. 그리고 표현은 사뭇 다르지만 헤라클레이토스의 '로고스logos'도 실은 이 '두'와 통히는 바가 있다.

그리고 공자에게도 '도道'가 있다. 그런데 이것을 제대로 아는 사람은 의외로 그리 많지 않다. '도道'는 공자의 확실한 주제 중 하나였다.

0706 子曰, "志於道, 據於德, 依於仁, 遊於藝." "도道에 뜻을 두고 덕을 바탕으로 삼고 어짊에 의지하고 예藝에 노닐어라."

그는 단도직입적으로 이렇게 말한다. '도'에 뜻을 두라는 것이다. 권유요 명령이다. 유명하고도 유명한 '덕德' '인仁' '예藝'와 나란히 병렬되고 있을 뿐 아니라, 우연인지도 모르겠지만, 그 가장 선두에 이 '도'가 언급되고 있다. 이것만으로도 '도'가 그의 기본 이념 중 하나로 강조되었음은 명백해 보인다. 물론 증거는 이 뿐만이 아니다.

0114 子曰, "君子食無求飽, 居無求安, 敏於事而愼於言, 就有道而正焉, 可謂好學也已." "군자는 먹는 데에 있어서 배부름을 추구하지 않고 지내는 데에 있어서 편안함을 추

구하지 않는다. 일에는 민첩하고 말에는 신중하며 도

있는 곳으로 나아가 바르게 처신한다면 배우기를 좋아

한다 할 것이다."

'도 있는 데로 나아가 바르게 한다'(就有道而正焉), 이 말

에서도 우리는 공자가 '도'를 하나의 지향점으로 설정하

고 있음을 확인할 수 있다. 더욱이 그는 이런 지향을 그가

강조해 마지않는 '학學' 내지 '호학好學'의 필요충분조건으

로 간주한다. 또한 '정正'(바르게 함)과도 병립된다. (그의 가

치들은 이렇게 서로 맞물린다.) 증거는 또 있다.

1532 子曰, "君子謀道不謀食. 耕也, 餒在其中矣, 學也, 祿在其
中矣. 君子憂道不憂貧." "군자는 도道를 도모하지, 먹는

것을 도모하지 않는다. 밭갈이에는 굶주림이 그 가운데

에 있고 배움에는 녹이 그 가운데에 있다. 군자는 도를

근심하지 가난을 근심하지 않는다."

여기서도 공자는 '모도謀道'와 '우도憂道'를 언급한다. 도

를 도모하고 도를 근심하라는 것이다. 그게 '군자'의 할 일

이라는 것이다. 이런 가치는 '식食' 및 '빈貧', 즉 먹는 것과

가난이라는 통상의 인간적 관심사와 선명하게 대비된다.

이렇게 확실한 주제인 '도'에 대해 그는 심지어 이렇게까지 말한다.

0408 子曰, "朝聞道, 夕死可矣." "아침에 도를 들으면 저녁에
죽어도 좋다."

도를 들으면 죽어도 좋다니! 더 이상의 강조가 있을까? 그는 '도'를 죽음 너머의 어떤 좌표상에 위치시킨다. 면전에서 그의 이 말을 직접 육성으로 듣는다면 우리는 어쩌면 머리카락이 쭈뼛 설 정도로 숙연해질 지도 모르겠다. '죽어도 좋다!'는 아무나 그리고 아무렇게나 할 수 있는 말이 아니다. 물론 '문도聞道'(도를 듣는다)라는 것이 어떤 사태인지는 (전후 문맥이 단절된 상태라) 분명치 않다. 이는 '도 자체가 무엇인지에 대한 배움 혹은 인식 내지 깨달음'의 의미일 수도 있고 '세상에서의 도의 실현'일 수도 있다. 전자는 다분히 불교적이다. 따라서 공자의 발언으로서는 좀 부자연스럽다. 공자의 여타 가치 개념들이 대개 그 의미가 일단 자명한 것으로 여겨지고 논의된다는 현상을 감안한다면 이 말의 의미는 후자에 가까울 수 있다. 그만큼 그는 도의 실현을 간구하고 있다.

비슷한 발언은 한 번 더 등장한다.

0813 子曰, "篤信好學, 守死善道. …." "신뢰를 돈독히 하고 배우기를 좋아하며 목숨을 걸고 도道를 잘 이루어라. …"

'수사守死'(죽음을 각오하고)라는 말을 통해 역시 '도'를 향한 그의 비장한 각오를 느끼게 한다.

그렇다면 그가 이렇게까지 말하는 이 '도'란 대체 무엇일까. 어떤 것이기에 그가 이렇게까지 말하는 것일까. 공자나 그의 제자들은 이것을 그냥 듣고서 곧바로 이해했을지 모르겠지만 지금 우리로서는 이게 무슨 뜻인지 '아하' 하면서 곧바로 고개를 끄덕일 수도 없다. 제대로 아는 것도 아주 모르는 것도 아닌, 대단히 애매하고 막연한 상태다. 단, 이것이 추상적인 형이상학적 '도'가 아닌 것은 분명해 보인다. 그의 제자 자공도 그것을 확인해준다.

0513 子貢曰, 夫子之文章, 可得而聞也. 夫子之言性與天道, 不可得而聞也. 자공(子貢)이 말하였다. "선생님의 문화론文化論은 들어 볼 수 있었으나 선생님께서 인성人性과 천도天道에 대해 말씀하시는 것은 들어 볼 수 없었다."

천도는 아닌 것이다. 그렇다면 공자의 '도'는 어떤 '도'일까. 이는 공자를 이해하기 위해 피해 갈 수 없는 물음이기도 하다. 그래서 공자에게 직접 들어볼 수밖에 없다. 하지만 그도 설명해주지는 않기에 이것 또한 문맥을 통해 짐작할 수밖에 없다. 아닌 게 아니라 그의 발언의 행간에서 어느 정도 그 의미가 드러난다. 우리는 그의 이런 말들을 참고할 수 있다.

0409 子曰, "士志於道, 而恥惡衣惡食者, 未足與議也." "선비가 도에 뜻을 두고도 남루한 옷과 거친 음식을 부끄러워한다면 아직 족히 서로 의논할 만하지 못하다."

여기서는 적어도 '치악의악식恥惡衣惡食', 즉 '나쁜 옷과 나쁜 음식을 부끄러워하는 것'은 그의 도가 아니라는 사실을 짐작할 수 있다. 그의 도는 적어도 (양질의 의식주[좋은 옷, 좋은 음식, 좋은 집같은) 일상적 가치를 초월한 그 무엇이다. 일단 구체적이기는 하지만 이것만으로는 아직 너무 간접적이다. 그런데 좀 더 직접적인 단서도 찾아볼 수 있다.

0516 子謂子産, "有君子之道四焉, 其行己也恭, 其事上也敬, 其養民也惠, 其使民也義." 선생님께서 자산(子産)에 대해 말씀하셨다. "그는 군자의 도道 네 가지를 갖추고 있었다. 자기를 표출함에 있어서는 공손했고 윗사람을 섬

김에 있어서는 공경스러웠으며 백성을 돌봄에 있어서는 은혜로웠고 백성을 부림에 있어서는 의로웠다."

여기서 공자는 자산을 예로 '군자의 도' 네 가지를 이야기한다. 결론적으로 그것은 '공恭' '경敬' '혜惠' '의義'다. 공손함, 공경함, 은혜로움, 의로움이다. (우리가 이 책에서 다루는 가치들 자체가 '도'인 셈이다.) 이는 자기에 대한, 윗사람에 대한, 백성에 대한 태도다. 행하고(行) 섬기고(事) 돌보고(養) 부리는(使) 경우의 태도다. 이런 것이 공자적 '도'의 구체적인 내용 혹은 구체적인 모습이다. 비슷한 언급이 또 하나 있다.

1428 子曰, "君子道者三, 我無能焉, 仁者不憂, 知者不惑, 勇者不懼." 子貢曰, "夫子自道也." "군자의 도道 세 가지가 있으나 나는 능히 해내지 못한다. 어진 자는 잘난 체하지 않고 아는 자는 미혹되지 않으며 용기 있는 자는 두려워하지 않는다." 자공이 말했다. "선생님 자신의 도지요." (필자는 여기서의 '憂'를 '優'[자기를 우수하게 혹은 우월하게 여김]로 읽는다.)

여기서 공자는 역시 '군자의 도'로서 세 가지를 이야기한다. '불우不憂' '불혹不惑' '불구不懼'다. 즉 잘난 체하지 않음, 미혹되지 않음, 두려워하지 않음이다. 각각 인자仁者, 지자知者, 용자勇者, 즉 어진 자, 아는 자, 용감한 자의 모습이다. 이것이 역시 구체적인 '도'다. 공자 자신은 자기도 이것에는 '무능'하다고 말하지만, 곁에서 지켜본 제자 자공은 이것이야말로 공자의 도라고 확인해준다. 또 다른 단서도 있다.

0415 子曰, "參乎! 吾道一以貫之." 曾子曰, "唯." 子出, 門人問曰, "何謂也?" 曾子曰, "夫子之道, 忠恕而已矣." 선생님께서 말씀하셨다. "삼(參)아, 나의 도는 하나로써 꿰어져 있다." 증자(曾子)가 말하였다. "그렇습니다." 선생님께서 밖으로 나가시자 문인이 물었다. "무엇을 말씀하신 것이지?" 증자가 말하였다. "선생님의 도는 충忠과 서恕일 따름이네."

여기서 공자는 직접 '나의 도'(吾道)를 언급한다. 더욱이 그것이 '일이관지一以貫之'라고 말한다. 하나라니, 일관돼 있다니, 그렇다면 뚜렷할 것이다. 그게 뭘까. 제자인 증자는 그것을 '충서忠恕'라고 이해했다. 공자에게 직접 확인 받을 수는 없지만, 일단 그게 맞다고 치면, 그건

'마음 한가운데 두는 것'(忠), 즉 진심을 다하는 것, 그리고 '같은 마음이 되어주는 것'(恕), 즉 남을 나처럼 생각해주는 것, 그런 것이다. 바로 이런 태도와 자세, 그게 공자의 '도'인 것이다.

그런데 그의 발언을 좀 더 자세히 들여다보면 이와는 좀 다른 방향의 힌트도 눈에 띈다.

0405 子曰, "富與貴, 是人之所欲也, 不以其道得之, 不處也. 貧與賤, 是人之所惡也, 不以其道得之, 不去也. 君子去仁, 惡乎成名? 君子無終食之間違仁, 造次必於是, 顚沛必於是." "부귀는 모든 사람이 바라는 바이지만 정도로 얻는 것이 아니면 처하지 않는다. 가난하고 천한 것은 모든 사람이 싫어하는 바이지만 정도로 얻는 것이 아니면 떠나지 않는다. 군자가 어짊을 떠나서야 어떻게 이름을 이루겠느냐? 군자는 잠시 동안도 어짊에 어긋남이 없어야 하니 위급한 경우에도 반드시 이에 의하고 파탄의 경우에도 반드시 이에 의해야 한다."

유명한 부분이다. 부귀와 빈천을 논하는 말이다. 놀랍게도 그는 이런 것이 사람들의 욕망의 핵심임을 정확히 간파하고 있다. 부귀는 사람들이 원하는 바고 빈천은 사람들이 싫어하는 바다. 사람들은 부귀를 누리고 싶어 하고 그리고 빈천을 피하고 싶어 한다. 그도 기본적으로는 그것을 인정한다. 그러나 조건이 있다. 그 조건이 바로 '도'인 것이다. 부귀를 누리는 것도 빈천을 피하는 것도, '도'를 벗어나서는(不以其道得之) 안 된다는 것이다. 오직 '도'에 입각했을 때만 그 누림과 피함은 인정될 수 있다. 그게 '이기도득지以其道得之'다. 이 문맥은 전혀 어렵지 않다. 우리 자신의 현실에 그대로 대입 혹은 적용 혹은 확인이 가능한 내용이다. 그래서 이른바 '해석학적 이해'가 가능한 텍스트다. 그 점을 전제로 '지평의 융합'을 시도해 보면 여기서 공자가 말하는 '도로써'(以其道)는 '정당한 수단과 방법으로' 혹은 '정의롭게'라는 의미로 풀이될 수 있다. 그의 도는 곧 정도인 것이다. 정의(justice)인 것이다. 정당함(rightness)인 것이다. 이런 표현들은 그래도 '도'라는 표현보다는 훨씬 이해가 쉽다. (물론 '정의란 무엇인가'도 엄청난 주제이기는 하다. 그것은 마이클 센델이나 존 롤스 등에게 미루어 두기로 하자.)

'도'의 이런 의미는 공자의 발언 여러 곳에서 그대로 통용된다. 특히 그것은 '방邦' 내지 '천하天下', 즉 국가 내지 세상에 대해서 하나의 가치로 요구된다. 방 내지 천하에는 이 '도'가 있거나 없거나 할 수 있다. 그런 상태가 바로 '유도有道'와 '무도無道'다. 현대식으로 말하자면 '정의로움'과 '정의롭지 못함'이다. 다음 말에서 그 용례가 확인된다.

0324 儀封人請見, 曰, "君子之至於斯也, 吾未嘗不得見也." 從者見之. 出曰, "二三子何患於喪乎? 天下之無道也久矣, 天將以夫子爲木鐸." 의봉인(儀封人)이 자청하여 선생님을 만나 뵙고 말했다. "군자가 이 정도라면 내가 일찍이 만나 보지 못한 바도 아니오." 종자가 그것을 보고는 나와서 말했다. "여러분, 어찌 선생님의 초라한 신세에 낙담하십니까? 천하가 무도해진 지 오래되었으니 하늘은 장차 우리 선생님을 목탁木鐸으로 삼으실 것입니다."

이런 의미는 물론 공자 자신의 발언에서도 확인된다. 좀 길지만 관련된 부분을 모두 인용한다.

0502 子謂南容, "邦有道, 不廢, 邦無道, 免於刑戮." 以其兄之子妻之. 선생님께서 남용(南容)을 두고 말씀하셨다. "나라에 도가 있어도 추구함을 폐하지 않겠고 나라에 도가 없더라도 처형은 면할 사람이다." 하고 당신 형의 딸을 그에게 시집보내셨다.

0521 子曰, "甯武子, 邦有道則知, 邦無道則愚. 其知可及也, 其愚不可及也." "영무자(甯武子)는 나라에 도가 있으면 지혜로웠고 나라에 도가 없으면 어리석었다. 그 지혜에는 미칠 수 있어도 그 어리석음에는 미칠 수가 없구나."

0624 子曰, "齊一變, 至於魯, 魯一變, 至於道." "제齊나라가 한 번 변하면 노魯나라의 상태에 이를 것이고 노나라가 한 번 변하면 도道에 이를 것이다."

0813 子曰, "篤信好學, 守死善道. 危邦不入, 亂邦不居. 天下有道則見, 無道則隱. 邦有道, 貧且賤焉, 恥也, 邦無道, 富且貴焉, 恥也." "신뢰를 돈독히 하고 배우기를 좋아하며 목숨을 걸고 도道를 잘 이루어라. 위태로운 나라에는 들어가지 말고 어지러운 나라에서는 지내지 마라. 천하에 도道가 있으면 모습을 드러내고 도가 없으면 숨어라. 나라에 도가 있으면 가난하고 천한 것이 부끄러운 일이지만 나라에 도가 없으면 부유하고 귀한 것이 부끄러운 일이다."

1401 憲問恥. 子曰, "邦有道, 穀, 邦無道, 穀, 恥也." 헌(憲)이 부끄러움에 관해 묻자 선생님께서 말씀하셨다. "나라에 도가 있어도 녹을 먹고 나라에 도가 없어도 녹을 먹는 것이 부끄러운 짓이다."

1403 子曰, "邦有道, 危言危行, 邦無道, 危行言孫." "나라에 도

가 있으면 떳떳이 말을 하고 떳떳이 행동을 할 것이나
나라에 도가 없으면 떳떳이 행동은 하더라도 말은 겸손
해야 한다."

1419 子言衛靈公之無道也, 康子曰, "夫如是, 奚而不喪?"
_{자 언 위 령 공 지 무 도 야 강 자 왈 부 여 시 해 이 불 상}
孔子曰, "仲叔圉治賓客, 祝鮀治宗廟, 王孫賈治軍旅. 夫
_{공 자 왈 중 숙 어 치 빈 객 축 타 치 종 묘 왕 손 가 치 군 려 부}
如是, 奚其喪?" 선생님께서 위령공(衛靈公)의 무도함을
_{여 시 해 기 상}
말씀하시자 계강자(季康子)가 말했다. "실로 그러하다면
어떻게 군주의 자리를 잃지 않습니까?" 공자께서 말씀
하셨다. "중숙어(仲叔圉)가 빈객을 맞이하고 축타(祝鮀)
가 종묘의 일을 처리하며 왕손가(王孫賈)가 군사를 도맡
아 합니다. 실로 이러하니 어떻게 그 자리를 잃을 수 있
겠습니까?"

1507 子曰, "直哉史魚! 邦有道, 如矢, 邦無道, 如矢. 君子哉蘧
_{자 왈 직 재 사 어 방 유 도 여 시 방 무 도 여 시 군 자 재 거}
伯玉! 邦有道, 則仕, 邦無道, 則可卷而懷之." "곧구나, 사
_{백 옥 방 유 도 즉 사 방 무 도 즉 가 권 이 회 지}
어(史魚)는! 나라에 도가 있어도 화살 같이 곧았고 나라
에 도가 없어도 화살 같이 곧았다. 군자로구나, 거백옥
(蘧伯玉)은! 나라에 도가 있으면 벼슬을 하고 나라에 도
가 없으면 거두어 품을 줄 알았다."

1602 孔子曰, "天下有道, 則禮樂征伐自天子出, 天下無道, 則
_{공 자 왈 천 하 유 도 즉 예 악 정 벌 자 천 자 출 천 하 무 도 즉}
禮樂征伐自諸侯出. 自諸侯出, 蓋十世希不失矣, 自大夫
_{예 악 정 벌 자 제 후 출 자 제 후 출 개 십 세 희 불 실 의 자 대 부}
出, 五世希不失矣, 陪臣執國命, 三世希不失矣. 天下有
_{출 오 세 희 불 실 의 배 신 집 국 명 삼 세 희 불 실 의 천 하 유}

道, 則政不在大夫. 天下有道, 則庶人不議."^{도 즉정부재대부 천하유도 즉서인불의}"천하에 도

가 있으면 예악禮樂과 정벌征伐이 천자로부터 나오고 천

하에 도가 없으면 예악과 정벌이 제후로부터 나온다.

제후로부터 나오면 대개 십 세 안에 그것을 잃어버리

지 않음이 드물고 대부로부터 나오면 오 세 안에 잃어

버리지 않음이 드물며 대부의 신하가 국명을 좌우하면

삼 세 안에 잃어버리지 않음이 드물다. 천하에 도가 있

으면 정권이 대부에게 있지 않고 천하에 도가 있으면

일반 백성들이 나랏일을 논의하지 않는다."

1806 長沮桀溺耦而耕, 孔子過之, 使子路問津焉. 長沮曰, "夫^{장저걸익우이경 공자과지 사자로문진언 장저왈 부}

執輿者爲誰?" 子路曰, "爲孔丘." 曰, "是魯孔丘與?" 曰,^{집여자위수 자로왈 위공구 왈 시로공구여 왈}

"是也." 曰, "是知津矣." 問於桀溺. 桀溺曰, "子爲誰?" 曰,^{시야 왈 시지진의 문어걸익 걸익왈 자위수 왈}

"爲仲由." 曰, "是魯孔丘之徒與?" 對曰, "然." 曰, "滔滔者^{위중유 왈 시로공구지도여 대왈 연 왈 도도자}

天下皆是也, 而誰以易之? 且而與其從辟人之士也, 豈若^{천하개시야 이수이역지 차이여기종피인지사야 기약}

從辟世之士哉?" 耰而不輟. 子路行以告. 夫子憮然曰, "鳥^{종피세지사재 우이불철 자로행이고 부자무연왈 조}

獸不可與同羣, 吾非斯人之徒與而誰與? 天下有道, 丘不^{수불가여동군 오비사인지도여이수여 천하유도 구불}

與易也."^{여역야} 장저(長沮)와 걸익(桀溺)이 나란히 밭을 갈고 있

었는데 공자께서 그 앞을 지나가시다가 자로(子路)로 하

여금 나루터를 물어보게 하셨다. 장저가 말했다. "저기

수레를 잡고 있는 자는 누구요?" 자로가 말했다. "공구

(孔丘)라는 분입니다." 장저가 말했다. "저 자가 노나라

의 공구란 말이오?" 자공이 말했다. "그렇습니다." 장저가 말했다. "저 자는 나루터를 알고 있소." 걸익에게 물으니 걸익이 말했다. "당신은 누구요?" 자로가 말했다. "중유(仲由)라 합니다." 걸익이 말했다. "그러면 노나라 공구의 문도門徒요?" 자로가 대답했다. "그렇습니다." 걸익이 말했다. "도도히 흐르는 물처럼 천하가 다 이러하니 누가 그 흐름을 바꾸겠소? 당신도 사람을 피하는 선비를 따르기보다 차라리 세상을 피하는 선비를 따르는 것이 어떻겠소?" 그들은 고무래질을 그치지 않았다. 자로가 가서 있었던 일을 고하니 선생님께서 쓸쓸히 말씀하셨다. "새나 짐승과는 함께 무리지어 살 수 없으니 내가 이 사람들 속에 섞여 살지 않는다면 무엇과 함께 살겠느냐? 천하에 도가 있다면 나도 굳이 바꾸려 들지 않을 것이다."

이상의 발언들은 모두 한결같이 '도'의 있고 없음을, 즉 '유도有道'와 '무도無道'를 거론한다. (혹은 '도에 이름/다다름 [至於道]도 거론한다.) 그리고 그 대부분이 '나라'(邦) 혹은 '세상'(天下) 혹은 군주의 '유도'와 '무도'다. 이러니 공자의 '도'는 다분히 현실적이고 정치적인 것이다. 결코 추상적이고 막연한 형이상학적 도가 아니다. 그는 당연히 '무도'를 지탄하고 '유도'를 찬탄한다. '도 있음', 즉 정의로움을, 국가와 세계의 정의로움을, 그는 지향한다. 추구하는 것이다.

그런데 그의 철학이 더욱 돋보이는 것은 이런 유도와 무도의 상황에서 어떻게 처신해야 될지를 다양한 어법으로 말해 준다는 것이다. 이를테면 이렇다. 유도할 땐 지혜로워야 하고 무도할 땐 어리석어야 한다는 것, 유도할 땐 드러내야 하고 무도할 땐 숨어야 한다는 것, 유도할 땐 빈천하지 말아야 하고 무도할 땐 부귀하지 말아야 한다는 것, 유도 무도 가리지 않고 무턱대고 나랏돈을 받아먹지는 말아야 한다는 것, 유도할 땐 떳떳이 말과 행동을 해도 무도할 땐 말을 조심해야 한다는 것, 군주가 무도할 때도 가신은 훌륭한 사람이 있어야 한다는 것, 유도할 때도 무도할 때도 곧아야 한다는 것, 유도할 땐 출사를 하고 무도할 땐 출사를 삼가야 하다는 것, 유도할 땐 군주가 정치를 잘해 아랫사람들이 정권을 넘보지 않고 무도할 땐 하극상이 생긴다는 것, 유도할 땐 굳이 바꾸려 들지 않고 그냥 사람들 속에 섞여 살아도 된다는 것, 그게 공자의 생각이었다.

이런 공자의 '도'론은 오늘을 사는 우리에게도 충분한 의미가 있다. 이것은 우리에게 우리의 관심 방향에 대한 재점검을 요구한다. 우리는 지금 어디에 뜻을 두고 있는가. 죽어도 좋을 그 무엇, 죽음을 각오하고 잘해 나가야 할 그 무엇, 그런 것에 관심을 두고 있는가. 우리의 발걸음은 그런 쪽으로 향하고 있는가. 그런 것을 도모하고 근심하고 있는가. 그런 무엇이 막연하고 추상적인 어떤 것이 아니라 국가와 세상이, 특히 국가의 지도자가 나아가야 할 '길'(道)일진대, 절대적으로 필요한 가치일진대, 그것이 '있는지' '없는지', 즉 우리의 세상이 유도한지 무도한지 관심을 가져야 하지 않겠는가.

짐작건대 공자의 이런 철학도 나라와 세상의 '무도'(정의롭지 못함)라는 현실에서 비롯되었음에 틀림없다.

0507 子曰, "道不行, 乘桴浮于海. 從我者其由與." 子路聞之喜.
子曰, "由也好勇過我, 無所取材." 선생님께서 말씀하셨다. "도道가 행해지지 않아 뗏목을 타고 바다 위에 떠도는 것 같구나. 나를 따를 자는 바로 유(由)일 게다." 자로(子路)가 그 말을 듣고 기뻐하자 선생님께서 말씀하셨다. "유는 용기를 좋아하는 것은 나보다 더 하나, 뗏목감을 구할 바가 없구나."

'바다 위에 떠도는 것 같다…' 공자의 탄식이 들릴 것도 같다. 우리의 현실 또한 마찬가지다. 매일매일 접하는 저녁뉴스도 그것을 확인시켜 준다. 무도함은, 즉 가치기준을 벗어나는 일들은 온 세상에 차고도 넘쳐 난다. 그런게 그대로 좋을 턱이 없다. 그래서 우리는 '무도'에서 '유도'로 나아가기 위해 무엇이라도 해야 한다. '도', 즉 정의는 좋은 나라, 좋은 세상, 좋은 삶을 위해 피해 갈 수 없는 문과도 같다. 그래서 공자는 이런 말도 한다.

0617 子曰, "誰能出不由戶? 何莫由斯道也?" "누가 문을 경유하지 않고 밖으로 나갈 수 있겠는가? 그런데 어찌하여 이 도道를 경유하지 않는가?"

어떻게 보면 공자 자신이, 공자철학 자체가, 이미 그 '유도有道'로 나아가기 위한 하나의 문이 되었다 해도 과언이 아니다. 그렇다면 우리는 이 문을(정의의 문, 가치의 문을) 통과해야 한다. 그는 이렇게도 말한다.

1119 子張問善人之道. 子曰, "不踐迹, 亦不入於室." 자장(子張)이 선인善人의 도에 대해 묻자 선생님께서 말씀하셨다. "발자취를 좇지 않고는 또한 방 안으로 들어가지 못한다."

'발자취를 좇지 않고는 방 안으로 들어가지 못한다.' 그렇다. 공자 자신이 바로 그런 발자취(迹)인 것이다. 우리는 그 발자취를 좇아야 한다(踐迹). '도'라고 하는 방 안으로 들어가기 위해서(入於室).

하지만 이런 길이 그저 쉬운 길은 아니다. 어려움이 있다. 공자 자신도 아마 그 어려움을 예감하고 있었을 것이다. 누군가와 더불어(與), 함께 가기는 더욱 힘들다. 그래서 아마 이런 말을 했을 것이다.

0930 子曰, "可與共學, 未可與適道, 可與適道, 未可與立, 可與立, 未可與權." "함께 배울 수는 있어도 함께 도를 향해 나아갈 수 없는 경우가 있으며 함께 도를 향해 나아갈 수는 있어도 함께 설 수 없는 경우가 있으며 함께 설 수는 있어도 함께 펼칠 수 없는 경우가 있다."

'미가여적도未可與適道', 즉 '함께 도를 향해 나아갈 수 없는' 경우가 있는 것이다. 구체적으로는 이런 양상의 어려움도 있다.

1540 子曰, "道不同, 不相爲謀." "도가 같지 않으면 서로 논의하지 못한다."

'도', 즉 생각하는 정의의 내용이 서로 다르면 같은 길을 갈래야 갈 수가 없는 것이다. 20세기의 저 이념 대립도 이런 경우고 꼬일 대로 꼬인 우리의 좌우 대립도 비슷한 경우다. '화성에서 온 남자와 금성에서 온 여자'도 그런 경우일지 모른다. 도의 공론과 합의가 절실한 이유다.

0612 冉求曰, "非不說子之道, 力不足也." 子曰, "力不足者, 中道而廢. 今女畫." 염구(冉求)가 말했다. "선생님의 도道를 좋아하지 않는 것은 아니나 힘이 부족합니다." 선생님께서 말씀하셨다. "힘이 부족한 자는 중도에서 포기하는데 지금 너는 스스로 한계를 긋고 있다."

이 길의 당위성은 인정하지만(非不說), 염구처럼 이렇게 역부족을 핑계로 중도하차하는, 아니 아예 시작조차 않으려는 사람도 있다.

1712 子曰, "道聽而塗說, 德之棄也." "도를 듣고서 덧칠해 말하는 것은 덕을 버리는 짓이다."

또, 이렇게 '도'가 뭔지 제대로 이해도 못하고 얄팍한 자기 식견으로 멋대로 덧칠해 엉뚱한 말을 함으로써 소중한 도의 가치를 오히려 훼손시키는 경우도 없지 않다.

이렇듯 어려움은 있다. 그래도 우리는 가야 한다. '이대로 무도해도 좋다'가 아니라면, 그런 온갖 어려움들을 넘어 꿋꿋이 도를 향해, 즉 정의를 향해 노력해 나가야 한다. 그렇게 하는 것이 현대적 의미의 '도 닦는' 일이며, 그렇게 하는 사람이 바로 '도사'일 것이다. 꼭 한복은 아니더라도 꼭 백발은 아니더라도 꼭 도장은 없더라도 우리 주변에 그런 도사가 없지는 않을 것이다.

그런 도사들이 조금씩이라도 도를 향한 길을 닦아 줄 것이다. 결국은 다 사람의 일이다. '도'도 결국은 사람의 일이다. 천도가 아닌 사람의 도다. 그래서 공자는 말했다.

1529 子曰, "人能弘道, 非道弘人." "사람이 능히 도道를 넓히는 것이지 도道가 사람을 넓히는 것이 아니다."

공자에서는 '사람'이 '도'에 우선한다. 그의 도는 '사람의 도'다. 사람이 사람으로서 걸어가야 할 '길'인 것이다.

'도'에 대해 공자는 이런 말들을 더 들려주고 있다. 도의 이해에 도움이 될 것이다.

0316 子曰, "射不主皮, 爲力不同科, 古之道也." "활쏘기는 과녁 맞히는 것을 위주로 하지 않아 실력을 같은 등급으로 하지 않는다. 이것이 옛날의 도였다."

1122 季子然問, "仲由冉求可謂大臣與?" 子曰, "吾以子爲異之問, 曾由與求之問. 所謂大臣者, 以道事君, 不可則止. 今由與求也, 可謂具臣矣." 曰, "然則從之者與?" 子曰, "弑父與君, 亦不從也." 계자연(季子然)이 물었다. "중유(仲由)와 염구(冉求)는 큰 신하라 할 수 있습니까?" 선생님께서 말씀하셨다. "나는 당신께서 다른 질문을 하실 줄 알았는데 겨우 유(由)와 구(求)에 관한 질문이군요. 이른바 큰 신하란 도로써 임금을 섬기다가 더 이상 섬길 수 없으면 그만 둡니다. 지금 유(由)와 구(求)는 부화附和하는 신하라 할 수 있을 것입니다." 계자연이 말했다. "그러면 맹종하는 자들입니까?" 선생님께서 말씀하셨다. "아비나 임금을 죽이는 일에는 그래도 따르지 않을 것입니다."

1325 子曰, "君子易事而難說也. 說之不以道, 不說也, 及其使人也, 器之. 小人難事而易說也. 說之雖不以道, 說也, 及其使人也, 求備焉." "군자는 섬기기는 쉽지

만 기쁘게 하기는 어려우니 도道로써 기쁘게 하지
않으면 기뻐하지 않는다. 사람을 부림에 있어서는
그 그릇에 맞게 한다. 소인은 섬기기는 어렵지만 기
쁘게 하기는 쉬우니 비록 도道로써 기쁘게 하지 않
더라도 기뻐한다. 사람을 부림에 있어서는 모든 것
을 갖추고 있기를 요구한다."

1436 公伯寮愬子路於季孫. 子服景伯以告, 曰, "夫子固有
惑志於公伯寮, 吾力猶能肆諸市朝." 子曰, "道之將行
也與, 命也, 道之將廢也與, 命也. 公伯寮其如命何!"

공백료(公伯寮)가 계손씨(季孫氏)에게 자로를 참소하
자 자복경백(子服景伯)이 그 사실을 선생님께 알리
며 말했다. "그분은 확실히 공백료에 대해 미혹된
신임을 지니고 있지만 나의 힘은 오히려 그를 참시
하여 광장에 내걸 수 있습니다." 선생님께서 말씀
하셨다. "도道가 장차 행해지는 것도 명命이고 도가
장차 폐하는 것도 명이다. 공백료가 명을 어떻게 하
겠는가!"

1525 子曰, "吾之於人也, 誰毀誰譽? 如有所譽者, 其有所
試矣. 斯民也, 三代之所以直道而行也.""내가 사람을
대함에 있어서 누구를 깎아 내리고 누구를 추켜올리
겠느냐? 만약 추켜준 것처럼 여겨진 자가 있었다면
그는 다만 평가됨이 있었을 뿐이다. 이 백성들은 하,
은, 주 삼대의 곧은 도리를 좇아 걸어온 자들이다."

1542 師冕見, 及階, 子曰, "階也." 及席, 子曰, "席也." 皆坐,

子告之曰, "某在斯, 某在斯." 師冕出. 子張問曰, "與師言之道與?" 子曰, "然, 固相師之道也." 장님 악사 면(冕)이 찾아뵈러 왔을 때 계단에 이르자 선생님께서 말씀하셨다. "계단입니다." 자리에 이르자 또 말씀하셨다. "자리입니다." 모두 좌정하자 선생님께서는 "누가 여기에 있고 누가 여기에 있습니다" 하고 알려 주셨다. 악사 면이 나가자 자장이 물었다. "악사와 그렇게 말하는 것이 도리입니까?" 선생님께서 말씀하셨다. "그렇다. 진실로 눈먼 악사를 도와 주는 도리다."

1605 孔子曰, "益者三樂, 損者三樂. 樂節禮樂, 樂道人之善, 樂多賢友, 益矣. 樂驕樂, 樂佚遊, 樂宴樂, 損矣." "이로운 세 즐거움이 있고 해로운 세 즐거움이 있다. 예악으로 조절하는 것을 즐거워하고 남의 좋은 점을 따르는 것을 즐거워하며 훌륭한 벗을 많이 사귀는 것을 즐거워하면 이롭고, 교만의 쾌감을 즐거워하고 질탕하게 노는 것을 즐거워하며 향연의 재미를 즐거워하면 해롭다."

1611 孔子曰, "見善如不及, 見不善如探湯. 吾見其人矣, 吾聞其語矣. 隱居以求其志, 行義以達其道. 吾聞其語矣, 未見其人也." "선한 것 보기를 미치지 못한 듯이 하고 선하지 못한 것 보기를 끓는 물에 손을 대듯 한다. 나는 그런 사람을 보았고 그런 말도 들었다. 숨어 삶으로써 그 뜻을 구하고 의로움을 행함으로

써 그 도에 이른다. 나는 그런 말은 들었으나 그런
사람은 보지 못하였다."

'도'에는 이상 살펴본 이상적 가치로서의 의미와는 별개
로 '다스림' '이끎'이라는 의미도 있다.

0105 子曰, "道千乘之國, 敬事而信, 節用而愛人, 使民以
時." "제후의 나라를 다스림에 있어서는 일을 경건
히 하고 신뢰를 쌓을 것이며 절약해 쓰고 사람을
사랑해야 한다. 또 백성을 동원할 경우에는 때를 가
려서 해야 한다."

0203 子曰, "道之以政, 齊之以刑, 民免而無恥, 道之以德,
齊之以禮, 有恥且格." "정령政令으로 이끌고 형벌로
다스리면 백성들은 면피하려고만 하고 부끄러워할
줄 모르게 된다. 덕으로 이끌고 예로 다스리면 부
끄러움과 격이 있게 된다."

1223 子貢問友. 子曰, "忠告而善道之, 不可則止, 毋自辱
焉." 자공(子貢)이 벗에 대해 묻자 선생님께서 말씀
하셨다. "충고해서 잘 이끌되 안 될 것 같으면 그쳐
서 스스로 욕을 당하지는 말 것이다."

그리고 또 한편, '걸어온 길' '노선' '방침'이라는 의미도
있다.

0111 0420 子曰, "父在觀其志, 父沒觀其行, 三年無改於

^{부 지 도} ^{가 위 효 의}
父之道, 可謂孝矣."" 아버지께서 살아 계신 동안은
그 뜻을 살피고 아버지께서 돌아가신 후에는 그 행
적을 살핀다. 삼 년이 되도록 돌아가신 아버지의
노선을 바꾸지 않는다면 효성스럽다 할 수 있다."

0927 ^{자 왈} ^{의 폐 온 포} ^{여 의 호 맥 자 립} ^{이 불 치 자} ^{기 유 야}
子曰, "衣敝縕袍, 與衣狐貉者立, 而不恥者, 其由也
^여 ^{불 기 불 구} ^{하 용 부 장} ^{자 로 종 신 송 지} ^{자 왈}
與. '不忮不求, 何用不臧?'" 子路終身誦之. 子曰,
^{시 도 야} ^{하 족 이 장}
"是道也, 何足以臧?" 해진 솜두루마기를 입고 여우
나 담비 털옷을 입은 자와 함께 서서도 부끄러워하
지 않을 사람은 바로 유(由)일 것이다.' 해롭게 하
지도 않고 탐욕을 부리지도 않으면 어찌 선하지 않
으리오.' 자로가 이를 평생토록 되뇌자 선생님께서
말씀하셨다. '그 방침이 어찌 충분히 선하겠느냐?'"

각각 의미가 없는 것은 아니나 특별히 '공자의 가치'로
주제화시킬 사안은 아니다.

명明
명철함/눈밝음에 대하여

"늙으니까 이젠 눈이 어두워서 잘 보이지도 않아." 뭘 좀 읽어 보라고 내밀었더니 한 친구가 일부러 늙은 척 농담 아닌 농담을 했다. (아직 60대 초반의 젊은 친구다.) 그 말이 묘하게 마음에 남았다. 그렇구나, 눈이 어두우면 잘 보이지를 않는구나. 어두우면 잘 안 보이고 밝으면 잘 보이고. 이 너무나도 당연한 말이 마음에 남은 것은 어쩌면 내가 한평생 공부한 하이데거의 영향인지도 모르겠다. 웬만큼 철학을 공부한 사람은 다 알지만, 그의 존재론, 그의 현상학에서는 '밝음'(Lichten, Lichtung)이라는 것과 '봄'(Sehen)이라는 것이 결정적인 개념의 하나로 다뤄진다. '미리 봄'(Vorsicht)이라는 것도 있다. 이런 걸 논하기 시작하면 사실 전공자라도 골치가 지끈거린다. 그러나 그가 알려주는 한 가지 단순한 진리는, 보여지는 '존재'의 밝음과 그것을 보는 '인간'은 '사유'를 매개로 원천적으로 서로 얽혀 있다는 사실이다. (그 때문에 그는 인간을 굳이 '현존재'(Dasein), 즉 존재(Sein)가 현재하는 '장'(Da)이라고 표현하기도 했다.) 이런 통찰은 20세기의 적지 않은 철학자들을 매료시켰다.

그런데 참 특이하게도 하이데거(현대 독일)와 아무 상관도 없는 저 공자(고대 중국)의 말에 이와 너무도 흡사한 발언이 하나 눈에 띈다. 제16장의 말이다.

1610 孔子曰, "君子有九思, 視思明, 聽思聰, 色思溫, 貌思恭, 言思忠, 事思敬, 疑思問, 忿思難, 見得思義." "군자에게는 아홉 가지 생각이 있다. 봄에 있어서는 밝음을 생각하고 들음에 있어서는 똑똑함을 생각하고 얼굴빛에 있어서는 따뜻함을 생각하고 외모에 있어서는 공손함을 생각하고 말에 있어서는 충실함을 생각하고 일에 있어서는 경건함을(혹은 섬김에 있어서는 공경을) 생각하고 의문나는 것에 있어서는 물을 것을 생각하고 분노에 있어서는 나중의 어려움을 생각하고 득봄에 있어서는 의로운 것인지를 생각한다."

그가 제시하는 군자의 아홉 가지 생각(九思)의 하나에 '시사명視思明'(봄에 있어서는 밝음을 생각한다)이라는 것이 있는 것이다. '봄'과 '밝음'과 '생각', 하이데거의 저 세 가지가 여기 한꺼번에 다 들어 있다. 물론 그의 이 말이 하이데거의 철학과 내용적으로 동일하거나 유사하다는 해석은 전혀 아니다. 그렇게 말한다면 그건 견강부회다. 그저 구조적인 유사성이 흥미롭다는 것을 지적할 뿐이다.

내가 여기서 굳이 이런 비교철학을 전개하는 까닭은 하이데거의 존재론에서 늘 아쉬웠던 '윤리학'이 공자의 이 발언에는 존재하기 때문이다. 최소한 그런 확대해석의 가능성이 존재하기 때문이다. '윤리학'의 부재는 누가 뭐래도 하이데거식 '존재론'의 한계였다. 존재가 윤리를 추가할 때 철학은 비로소 완성에 한 걸음 더 다가간다. ('인간이 인간을 [그리고 인간의 일을] 어떻게 대해야 하는가' 하는 것이 일단 내가 생각하는 '윤리학'이다.)

그래서 우리는 공자의 이 말을 새겨볼 필요가 있다. '본다'(視)는 것은, '생각한다'(思)는 것은, '밝다'(明)는 것은 도대체 무슨 뜻일까. 흥미진진하지만 공자는 설명이 별로 없다. 이 양반은 늘 이런 식이다. 그냥 다짜고짜 제시만 할 뿐 설명이 없다. '척하면 삼척' '명약관화' '염화시중' 뭐 그런 것인가? 답답하거나 아쉬울 때도 한두 번이 아니다. 그러나 이게 어쩌면 공자철학의 매력일 수 있다. 해석의 여지를 남겨 두는, 듣는 사람이 스스로 생각해 보게 만드는 것이다. 거기서 이른바 '해석학적 이해'가 필요해지고 그리고 가능해진다. 그것은 우리가 직접 그의 상황 속으로 들어가 볼 때 비로소 가능해진다. 그렇게 한번 들어가 보자. 다행스럽게도 실마리는 있다. 그는 제 12장에서 이런 말을 들려준다.

1206 子張問明. 子曰, "浸潤之譖, 膚受之愬, 不行焉, 可謂明也已矣. 浸潤之譖, 膚受之愬, 不行焉, 可謂遠也已矣." 자장(子張)이 명철함에 대해 묻자 선생님께서 말씀하셨다. "은밀히 제기되는 참소와 감정적인 하소연을 받아들이지 않는다면 밝게 본다 할 수 있을 것이다. 은밀하게 제기되는 참소와 감정적인 하소연을 받아들이지 않는다면 멀리 본다 할 수 있을 것이다."

'밝다'는 게 무언지, '명철함'이 무언지, 우리를 대신해서 물어 준 자장이 고마울 뿐이다. 그 물음에 대해 공자는 대답을 준다. "은밀히 제기되는 참소와 감정적인 하소연을 받아들이지 않는다면 밝게 본다 할 수 있을 것이다." 듣고 싶던 답의 하나다. 그의 이 답에는 사람과 사람이 등장한다. 그래서 그의 이 말은 윤리학이다. 주어는 생략돼 있지만 여기엔 '침윤지참浸潤之譖'과 '부수지소膚受之愬'를 행하는 사람이 있고 한편 이것을 '불행不行'하는(행하지 않는) 사람이 있다. 그런 것을 행하지 않는 그런 사람의 모습이 '명明', 즉 '밝음' '명철함'이라는 것이다. 그러니 이것은 설명이 된다.

그렇다면 '침윤지참'과 '부수지소'는 어떤 것인가. '침윤浸潤'이라는 말은 드물지만 지금도 더러 쓰인다. 은근히 스며드는, 배어드는, 젖어드는, 그런 것이 침윤이다. '참譖'은 사극 같은 데서 자주 등장해 익숙한 '참소'하는 것이다. 중상모략이다. '남을 헐뜯어서 죄가 있는 것처럼 꾸며 윗사람에게 고하여 바치는 것'이다. 그러니 침윤지참이란 아주 교묘한 중상모략, 그런 것이다. '부수膚受'라는 말은 '피부로 받는' 것이니까 요즘 식으로는 '피부에 닿는' '절절한' 것이다. 그리고 '소愬'는 지금은 일상적으로 쓰이지 않지만 사전적으로는 '하소연' 혹은 '비방' '헐뜯음' '참소'를 의미한다. 전자와 후자는 의미 방향이 약간 다르지만, 백 퍼센트 정확한 의미를 확인할 수 없는 현대의 우리로서는 두 가지 의미로 다 새겨도 좋다. 그렇다면 부수지소란 피부에 닿는, 아주 실감나는, 너무나 그럴듯한 하소연, 혹은 헐뜯음, 비방, 그런 것이다.

그런 침윤지참과 부수지소는 지금도 우리 주변에 난무한다. 만연해 있다. 너무나 가까이에 편재한다. '침윤'은 너무나 은근해서 속기 쉽고 '부수'는 너무나 그럴듯해서 속기 쉽다. 그래서 '참'도 '소'도 곧잘 성공을 거둔다. 적지 않은 사람이 속아 넘어간다. 그렇게 속여 넘겨서 최소한 이간질을 시키거나 매장시킨다. 혹은 자신의 이익을 챙긴다. 이런 일들이 우리 주변에 얼마나 흔한가. 얼마나 많은가. 직접 당해 본 사람은 이게 무슨 말인지 곧바로 알 것이다. 그 폐해는 너무나 크다.

그런데도 사람들은 그것이 거짓임을 알아차리지 못한다. 속아 넘어간다. '눈이 어두운' 것이다. 그래서 제대로 '볼' 줄을 모르는 것이다. 그래서 그 폐해를 고스란히 덮어쓴다. 그러니 그러지 말아야 한다는 이야기이다. 그게 '불행不行'(그렇게 하지 않음)이다. 그런 상태가 바로 저 '밝음' '명철함'인 것이다. 밝은 눈은 결국 옳고 그름, 참과 거짓을 가려본다. (그래서 그는 똑같은 것을 '멂'(遠)이라고도 표현한다. 근시안처럼 눈 바로 앞의 침윤지참과 부수지소만 보는 것이 아니라 먼 데 있는 진실 그 자체를 볼 수 있다는 말이다. 명明과 원遠은 서로 통한다. 명이 원을 가능케 한다.) 그래서 속지 않는다. 그래서 사람을 부당한 곤경에 빠뜨리지 않는다. 거기엔 '억울함'이 없다. 미연에 방지된다. 그것만 해도 어딘가. 크나큰 미덕이 아닐 수 없다. 그러니 항상 '밝기'를, '명철하기'를 '생각'해야 한다.

눈이 어두워 잘 보이지 않는다면 안경이라도 써야 한다. 그러면 밝게 잘 보일 것이다. 공자의 말들이 눈 어두운 우리에게 그런 안경이 될 수 있다. 무릇 철학이 그런 것이다. '철학과'라는 안경점이 좀 장사가 잘 됐으면 좋겠다. 사람과 사람을 위하여. 윤리를 위하여.

문問
물음에 대하여

'Q&A'라는 것이 있다. 생활 주변에서 아주 빈번히 접하는 말이다. 요컨대 '문답'이다. 묻고 답하는 것이다. 복잡한 사안들도 이걸로 정리하면 비교적 일목요연하게 그 핵심이 이해된다. 나는 개인적으로 이것을 선호하는 편이다.

한평생 철학을 업으로 삼았으니 어쩌면 알게 모르게 소크라테스와 하이데거의 영향을 받은 건지도 모르겠다. 소크라테스에게 철학은 곧 물음이었다. 정의란? 덕이란? 아름다움이란? 사랑이란? … 그는 줄기차게 이런 물음을 던지고 그 답을 추구했다. 그는 이런 물음에 그의 인생을 걸었고 마침내 목숨까지 걸었다. 건성이 아니었고 허식도 아니었다. 그는 정말로 이런 것이 궁금했고 알고 싶었고 그래서 정말로 진지하게 물었다.

내가 전공한 하이데거도 만만치 않았다. 그는 (소크라테스와는 내용적으로 좀 다르지만) '존재란 무엇인가?'라는 물음을 그야말로 본격적으로 물었고 그 나름의 답을 전집 백여 권으로 풀어냈다. 이 정도면 제대로 물은 것이다. 하이데거의 유명한 저서 《존재와 시간》 제2절에 보면 그는 '물음의 구조'라는 것을 아예 주제로 다룬다. 그 자세한 설명은 생략하지만 거기엔 실로 날카로운 통찰이 번득인다. 그런 물음의 연장선이지만 하이데거는 시인 요한 페터 헤벨의 말을 인용한다. 그건 내가 가장 좋아할 뿐만 아니라 가장 즐겨 인용하는 말 중 하나이기도 하다. "친애하는 벗이여. 우리가 그런 무언가를 매일같이 보고 있으면서도 그게 뭘 의미하는지 전혀 묻지 않는다는 것, 그건 칭찬할 일이 아니라네."(Guter Freund, das ist nicht löblich, daß man so etwas alle Tage sieht, und fragt nie, was es bedeutet.) 참으로 멋있는 말이다. 철학하는 자가 보배로 삼을 만한 말이다.

그런데 어떤가. 이들 만큼은 아니더라도 우리는 뭔가를 이들처럼 진지하게 '묻고' 있는가? 뭔가 '의문'을 품고 있는가? (알 만한 사람은 다 알지만 저 위대한 '철학'이라는 것도 애당초 이런 '의문'에서 비롯된 것이었다. 그게 없으면 철학도 과학도 그리고 인류의 문명도 아예 불가능했다.) 제대로 된 '물음'의 부재를 나는 한탄한다.

몇 해 전에 낸 에세이집 《진리갤러리》에서 나는 '질문

있습니다!'라는 한 토막의 글을 쓴 적이 있다. 미국에서 일 년간 연구생활을 하면서 저들의 엄청난 '질문 공세'를 너무나 인상적으로 느꼈기 때문이다. 그건 우리 사회의 이상할 만큼 '질문 없음'과 기묘한 대비를 이루었다. 30년 간 대학 강단에 있으면서 제대로 된 '질문'을 접해 본 적이 거의 없기 때문이다. 가슴속에 '의문'을 품은 학생이 거의 없다. 좀 심할지도 모르지만 선생들이라고 별로 다를 바도 없다. 우리 사회는 그저 주어진 '정답' 내지 '모범답안'을 암기하는 데 너무 길들여져 있는 것 같다. 그런 데서는 '작품' 수준의 어떤 결과물은 나올 수 없다. 진지하게 제대로 된 의문을 품고 끊임없이 질문을 하는 자만이 보석 같은 답을 기어이 찾아낸다.

내가 좋아하는 공자도 그런 사람이었다. 웅? 그래요? '공자 왈 맹자 왈'로 상징되는 공자는 '왈'이니까 늘 일방적으로 가르치거나 대답만 하는 사람 같은데, 그런 공자와 '물음'이 무슨 상관이 있나요? 의아한 사람이 있을지도 모르겠다. 상관이 있다. 《논어》를 유심히 들여다본 사람은 느끼겠지만, 이 책에는 '물었다'라는 말이 무수히 많이 등장한다. 이 책의 가장 기본적인 형식 중의 하나가 "누구누구가 (무엇에 대해) 물었다. 선생님께서 말씀하셨다. …"라는 것이다. 《논어》는 일종의 Q&A인 것이다. 물론 공자는 제자들의 질문에 주로 대답을 하는 입장이기는 하다. 그러나 그가 한 대답들이 실은 그 자신의 치열하고 진지한 물음의 결과임을 아는 사람들은 그다지 많지 않다. 나는 그것을 직관적으로 감지한다. 그의 대답들은 하나같이 평소의, 아니 평생의 진지한 질문이 없이는 나올 수가 없는 그런 대답들이다. 증거가 있다.《논어》에 보면 이런 말이 보인다.

0315 1015 子入太廟, 每事問. 或曰, "孰謂鄹人之子知禮乎? 入太廟, 每事問." 子聞之曰, "是禮也." 선생님께서 태묘太廟에 들어가시면 매사에 물으시니 어떤 사람이 말하였다. "누가 추鄹 지방 사람의 아들이 예를 안다고 하였는가? 태묘에 들어서면 매사에 묻기만 하니." 선생님께서 이를 들으시고 말씀하셨다. "그렇게 하는 것이 예다."

'매사에 물었다.'(每事問) 이게 증거가 아니고 무엇인가. 물론 공자는 '이것이(매사에 묻는 것이) 예禮다'라고 말했다. 그러나 이 예라는 게 어디 단순한 인사치레만을 뜻하겠는가. '어떤 사람'의 비웃음처럼 그의 이런 '물음'이 '앎'의 부재(孰謂鄹人之子知禮乎?)를 드러내는 것일까? 물었다고 해서, 그래서 그를 깔본다면 그것은 그야말로 무식의 소치다. 소크라테스를 통해 우리에게 익숙하듯이 앎보다 더 중요한 것이 '알고자 함' 내지 '알고 싶음' 혹은 '앎에 대한 사랑'(애지愛知=philosophia=철학)인 것이다. 공자에게는 그런 '알고자 함'이 있었다. 그의 '매사문'은 그런 것이었다. 또 하나의 확실한 증거가 있다. 《논어》 제16절에서 그는 이렇게 말한다.

1610 孔子曰, "君子有九思, 視思明, 聽思聰, 色思溫, 貌思恭, 言思忠, 事思敬, 疑思問, 忿思難, 見得思義." "군자에게는 아홉 가지의 생각이 있다. … 의문에 있어서는 물음을 생각한다. …"

이 정도면 확실하지 않은가. 그는 '물음'(問)을 '군자'의 한 속성 내지 조건으로 간주하고 있는 것이다. 이 말로 미루어 짐작하건대 그에게는 분명히 '의문'과 '물음'이 있었다. 드러나지 않은 그 치열한 의문과 물음의 결과가 오늘날 우리 앞에 놓인, 우리가 알고 있는 저 위대한, 저 진지한 '공자의 철학'이다. '군자'도 '대동'도 '정명'도 '인의'도 '예악'도 다 그 결과물인 것이다.

심지어 그는 아랫사람에게 묻는 것도 부끄러움으로 여기지 않았다. '불치하문不恥下問'이라고 그는 분명히 말한다.

0515 子貢問曰, "孔文子何以謂之文也?" 子曰, "敏而好學, 不
恥下問, 是以謂之文也." 자공(子貢)이 물었다. "공문자(孔
文子)를 어찌하여 문文이라 부르게 되었습니까?" 선생님
께서 말씀하셨다. "민첩하고 배우기를 좋아하여 아랫사
람에게 묻는 것을 부끄럽게 생각하지 않았기 때문에 문
文이라 부르게 되었다."

'민이호학敏而好學'과 더불어 '불치하문不恥下問'을 그는
'문文'이라는 칭호에 걸맞은 조건으로 생각하는 것이다.
'하'(下=아랫사람)를 만일 '지금의 나보다 어린 사람'이라고
해석한다면, 그런 누군가에게 무언가를 물어보는 것은 부
끄러움일 수가 없다. 현실이 그렇다. 우리 같은 대학선생
들은 매사를 젊은 조교에게 물어 처리한다. 그들이 없으
면 일이 돌아갈 수가 없다. 어디 그것뿐인가. 인류의 최
대 사표師表로 일컬어지는 위인들의 경우를 생각해 보라.
예수 그리스도는 30대 초반의 젊은 나이에 인간으로서의
생을 마감했다. 그럼에도 젊은 그의 말들은 2,000년 넘게
전 인류에게 빛을 던지고 있다. 붓다는 또 어떤가. 잘 알
려진 대로 그의 득도는 역시 30대 초반의 젊은 나이였다.
젊디젊은 그들에게 삶의 길을, 그리고 진리를 묻는 것이
어찌 부끄러움일 수 있겠는가. 자료가 없으니 잘은 몰라

도 공자 또한 저 주옥같은 윤리들을 깨우친 것이 젊은 나이였음에 틀림없다. 그는 이미 '15세에 배움에 뜻을 두었고, 30에 섰고, 40엔 헷갈리지 않았다'(十有五而志于學, 三十而立, 四十而不惑)라고 분명히 말하지 않는가. (지금의 나보다 한참 어린 나이다.) 그런 젊디젊은 그에게 길(道)을 물어보는 것이 어찌 부끄러움일 수 있겠는가. 나이는 결코 지혜와 비례하지 않는다.

이런 그들을 거울삼아서 우리도 한 번쯤은 의문을 품고 한 번쯤은 진지하게 물어보아야 한다. 사람은 어떻게 살아야 하는가? 어떻게 하면 좋은 세상을 만들 수 있을까? 왜 세상은 이토록 엉망진창인 걸까? 공자는 지금도 《논어》 안에서 이런 물음을 묻고 그리고 나름의 진지한 대답을 제시하고 있다. 그는 Q&A의 진정한 대가였다.

III

민 敏

재빠름/민첩함/명민함에 대하여

"빨리빨리!" 너무나 유명해서 새삼스러울 것도 없을지 모르겠지만, 외국인들이 한국에서 가장 많이 듣고 가장 빨리 배우는 말 중의 하나가 이것이라고 한다. 이것은 때로 긍정적인 의미에서도, 부정적인 의미에서도, 화제가 된다. 나도 이 양면을 고스란히 느낄 때가 한두 번이 아니다.

확실히 우리는 성질이 급해 뭐든 당장에 해내지 않으면 그 시간적 '지연'을 잘 참아 내지 못한다. 북한에서 좋아하는 이른바 '속도전'도 그런 민족적 특성의 일부인지 모르겠다. 남한이 전쟁의 폐허에서 이토록 빨리 경제적 풍요를 실현한 것도 역시 그런 면모의 일부일 것이다. 빨리 해치운다는 것은 분명 좋은 일임에 틀림없다. 나도 어떤 문제가 발생했을 때는 '당장에' 해결하지 않으면 직성이 풀리지 않으니 전형적인 한국인임에 틀림이 없는 것 같다.

그런데 특별히 화제가 되는 경우는 드물지만, 그래서 아주 유명한 것은 아니지만, 저 위대한 공자도 실은 이 비슷한 경향 내지 가치관을 갖고 있었다. 나는 그 점을 높이 산다.

《논어》에 보면, 그는 이런 말들을 하고 있다.

0114 子曰, "君子食無求飽, 居無求安, 敏於事而愼於言, 就有道而正焉, 可謂好學也已." "군자는 먹는 데에 있어서 배부름을 추구하지 않고 지내는 데에 있어서 편안함을 추구하지 않는다. 일에는 민첩하고 말에는 신중하며 도 있는 곳으로 나아가 바르게 처신한다면 배우기를 좋아한다 할 것이다."

0424 子曰, "君子欲訥於言而敏於行." "군자는 말에는 서투르고 실천에는 민첩하기를 원한다."

0515 子貢問曰, "孔文子何以謂之文也?" 子曰, "敏而好學, 不恥下問, 是以謂之文也." 자공(子貢)이 물었다. "공문자(孔文子)를 어찌하여 문文이라 부르게 되었습니까?" 선생님께서 말씀하셨다. "실천에 민첩하고 배우기를 좋아하여 아랫사람에게 묻는 것을 부끄럽게 생각하지 않았기 때문에 문文이라 부르게 되었다."

0720 子曰, "我非生而知之者, 好古敏以求之者也." "나는 나

면서부터 아는 사람이 아니라 옛것을 좋아해서 재빨리

그것을 구하는 사람이다."

1705 子張問仁於孔子. 孔子曰, "能行五者於天下爲仁矣." "請

問之." 曰, "恭寬信敏惠. 恭則不侮, 寬則得衆, 信則人任

焉, 敏則有功, 惠則足以使人." 자장(子張)이 공자께 어짊

에 대해 묻자 공자께서 말씀하셨다. "천하에 능히 다섯

가지를 행할 수 있다면 어질다 할 것이다." 자장이 그것

을 청하여 묻자 말씀하셨다. "공손함, 관대함, 미더움,

민첩함, 은혜로움이다. 공손하면 업신여기지 않고 관대

하면 민심을 얻고 미더우면 남들이 신임하고 민첩하면

이룸이 있고 은혜로우면 족히 사람을 부릴 수 있다."

(그의 영향인지 제자들도 '제가 비록 불민하지만 … 받들겠습니

다…'[雖不敏, 請事…] 그런 취지로 말하기도 한다.)

'일에는 재빠르고…'(敏於事) '행함에는 재빠르고…'

(敏於行) '재빠르게 배우고…'(敏而好學) '재빠르게 추구하

고…'(敏以求) 그리고 심지어는 '…재빠름…을 능히 천하

에 행하면 인이 이루어진다…'(能行五者於天下爲仁矣) '재빠

르면 이룸이(좋은 결과가) 있다…'(敏則有功)고까지 말했으니

이게 공자의 가치 중 하나가 아니었다고는 말 못하리라.

나는 공자를 읽을 때 늘 생각해 본다. 이 양반이 왜 이런 말을 했을까…. 그저 잘난 척 '꼰대질'을 하기 위해서 한 말은 절대 아니다. 다른 말들이 거의 다 그렇듯이 그의 말에는 '실제로 그렇지 못한 문제적 현실'이 그 바탕에 깔려 있다. 그러니까 공자의 눈앞에는 '재빠르지 못한' '불민한' 사람들이 널려 있었던 것은 아니었을까. 그는 그것이 안타까웠던 것은 아니었을까. 나는 이렇게 그에게 '해석학적 이해'를 시도해 본다. 이른바 가다머식 '지평의 융합'을 시도해 보는 것이다.

해석자인 나의 지평(문제를 바라보는 시야)에도 그런 현상은 엄존한다. 우리의 현실에는 바람직한 의미에서의 '재빠름' '민첩함'이 답답할 정도로 결여돼 있다. (여기에는 '명민함'이라는 의미도 포함돼 있다.) 문제를 재빨리 그리고 정확하게 인식하고, 재빨리 그리고 명민하게 대처하여 해결해 나가야 함에도 도통 그렇지가 못한 것이다. 나는 이런 답답함을 온몸으로 느끼며 살아왔다. 우선 몇 가지만 짚어 보자. 대학의 구조조정이 그렇다. 출생률 저하로 입학 자원은 줄어드는데, 그나마 입학해서 졸업을 해도 취직을 제대로 못하는데, 이런 게 뻔히 눈에 보인지가 십 년도 훨씬 더 지났는데 아직도 이렇다 할 대책이 없다. 이를테면 통합 등을 통한 구조의 재조정이 불가피한데 이해당사자들은 이런저런 핑계로 문제를 깔고 앉은 채 세월만 보내고 있다. 환경문제도 그렇다. 수질오염은 말할 것도 없고 이젠 소위 미세먼지로 숨도 제대로 못 쉬는데, 사람들이 속으로 골병이 들어가건 말건 정치인들도 관료들도 거의 오불관언吾不關焉, 상관도 하지 않는다. 공장과 발전소와 자동차가 문제라는 진단이 나왔다면 온갖 정책수단을 총동원해서 연료를 친환경으로 대체해 나가야 하건만, 오늘도 서울 하늘은 여전히 희뿌옇다. 또 내가 사는 동네엔 조그만 샛강이 흐르는데 이 강으로 인해 저쪽 동네와 이쪽 동네가 완전히 단절돼 있다. 여기에 작은 보행교 하나만 놓아도 양쪽 주민의 생활이 크게 향상될 텐데, 아무리 건의를 해도 십 년 넘게 말만 무성한 채 한 발짝도 진전이 없다. 또 수백만 인구의 편의를 위해 KTX의 강남 정차가 절실한 데도 무슨 연유인지 정책 건의는 번번이 묵살되고 만다. (대개는 보이지 않는 사적 이해가 공적 이익을 덮어 버린다) 예를 들자면 한도 끝도 없다. 그런 사례들에서 명민함과 민첩함은 찾아볼 수 없다. "아아, 그대 '민'자여, 불러도 대답 없는 이름이여, 부르다가 내가 죽을 이름이여…" 좀 과장하자면 그런 심정이다.

그러나 무조건적인 재빠름이 능사는 아니다. 우리는 대책 없는 '빨리빨리'가 낳은 병폐를 너무나도 뼈아프게 체험한 전례가 있다. '와우아파트 붕괴'나 '성수대교 붕괴'가 그렇고, 빈대떡 뒤집듯이 뒤집어 온 입시제도의 변경이 그렇다. '빨리빨리'는 '대충대충'과 짝을 이룬다. 문제가 생기면 '재빨리' 그럴듯한 방편으로 면피한다. 그리고 문제는 금방 잊혀진다. 후딱후딱 만들어 놓는 거기엔 '명민함'이 결여돼 있다. 그런 건 절대 제대로 된 '재빠름'이 아니다. 운전 중의 서두름은 더더욱 '재빠름'이 아니다. '3분 먼저 가려다 30년 먼저 간다.' 딱 그 말대로다.

우리가 재빨라야 하는 것은 그 일 자체의 중요성에 기인한다. 정작 중요한 일들은 결코 미적거려서도 안 되고 더욱이 미루어서도 안 된다. 깔아뭉개서는 더욱 안 된다. 그런 일들은 지금도 우리 앞에 산적해 있다. 모두가 당장 엉덩이가 들썩거리고, 모두가 당장 그것에 달려들어 해결해야 하건만 그런 움직임은 포착되지 않는다. 공자가 우리의 이런 현실을 본다면 아마 그의 입에서 곧바로 저 단골 발언이 튀어나올 게 틀림없다. "이의호已矣乎!"(다 끝났구나!) '이렇게 아파도 아픈 줄을 모르니!' '이렇게 급한데도 급한 줄을 모르니!' 지금의 우리는 저 중국인들의 '만만디'(慢慢的)보다도 더 느려 터졌다.

붕朋 및 우友
친구/벗함에 대하여

'부모 팔아 친구 산다'는 속담이 있다. 지나친 과장임에는 틀림없으나 그만큼 친구의 의미가 크다는 말이겠다. 인생이라는 것을 웬만큼 살고 그 행적을 뒤돌아보면 진정으로 소중한 것이 무엇이었는지가 어느 정도 어렴풋이 드러난다. 자신의 행적이 그때그때 그 소중한 것을 맴돌기 때문이다. 대개의 경우 거기서 이른바 부귀공명이 빠질 수는 없다. 돈, 지위, 성과, 명성 … 틀림없다. 하지만 그게 다일까? 그건 아니다. 사랑(연인에 대한 사랑, 가족에 대한 사랑)도 거기에 포함된다. 그리고 거기에 '친구'도 포함된다. 그걸 크게 부인할 사람은 없을 것이다. 아닌 게 아니라 친구는 (그가 제대로 된 친구이기만 하다면) 삶의 소중한 자산이 아닐 수 없다.

친구의 이런 가치는 저 위대한 공자도 잘 알고 있었던 것 같다. 크게 화제가 되는 일은 뜻밖에 적지만, 《논어》의

첫 장면에서도 우리는 그것을 확인할 수 있다.

0101 子曰, "學而時習之, 不亦說乎? 有朋自遠方來, 不亦樂乎? 人不知而不慍, 不亦君子乎?" "…벗이 있어 먼데서 찾아 오니 또한 즐겁지 않으냐. …"

친구가 있다는 것, 그리고 그가 나를 찾아온다는 것, 먼 데서 일부러 찾아온다는 것, 그것을 공자는 수많은 즐거 움 중의 하나로 치부하고 있는 것이다. 여기서 말하는 '친 구'(朋)는 원래 알던 친구일 수도 있고 모르던 사이지만 뜻을 같이해서 혹은 함께하기 위해서 일부러 찾아오는 친구일 수도 있다. 옛 벗은 옛 벗대로 새 벗은 새 벗대로 제각각 좋다. 그런 벗이 '있어서' 나를 '찾아오는'(來) 것이 다. '먼데서'(自遠方)라는 말이 그런 친구의 존재(有)를, 그 의미를, 특별히 부각시킨다. '일부러' '작정하고' 찾아오는 것이기 때문이다.

또, 그는 훌륭한 벗을 늘리는 걸 즐거워하면 이롭다(益) 고도 했다.

1605 孔子曰, "益者三樂, 損者三樂. 樂節禮樂, 樂道人之善, 樂多賢友, 益矣. 樂驕樂, 樂佚遊, 樂宴樂, 損矣." "이로운

세 즐거움이 있고 해로운 세 즐거움이 있다. 예악으로 조절하는 것을 즐거워하고 남의 좋은 점을 따르는 것을 즐거워하며 훌륭한 벗을 많이 사귀는 것을 즐거워하면 이롭고, …"

나도 군말 없이 이 말에 동의한다.

그런데 그가 누군가. 공자가 아닌가. 그는 이 가치와 관련해 우리가 잊지 말아야 할 지침들을 어김없이 일러 준다. 어떤 친구를 사귀어야 하고 어떤 친구를 사귀지 말아야 하는지 그 '기준'(모든 가치에서 항상 문제가 되는 그것)도 일러 준다. 관련된 그의 발언들을 한번 들어 보자.

0108 0925 子曰, "君子不重則不威, 學則不固. 主忠信. 無友不如己者. 過則勿憚改." "…자기와 같지 않은 자를 벗하지 말고…"

0525 子曰, "巧言令色足恭, 左丘明恥之, 丘亦恥之. 匿怨而友其人, 左丘明恥之, 丘亦恥之." "…원망을 감추고 그 사람과 교우하는 것은 … 나도 부끄러움으로 여긴다."

0526 … 子路曰, "願聞子之志." 子曰, "老者安之, 朋友信之, 少者懷之." 자로가 말했다. "선생님의 뜻을 듣고 싶습니다." 선생님께서 말씀하셨다. "…벗들은 믿게 하고…"

1223 子貢問友. 子曰, "忠告而善道之, 不可則止, 毋自辱焉."

자공이 벗에 대해 묻자 선생님께서 말씀하셨다. "충고
해서 잘 이끌되 안 될 것 같으면 그쳐서 스스로 욕을
당하지는 말 것이다."

1328 子路問曰, "何如斯可謂之士矣?" 子曰, "切切偲偲, 怡怡
如也, 可謂士矣. 朋友切切偲偲, 兄弟怡怡." 자로(子路)가
물었다. "어떠하여야 가히 선비라 할 수 있겠습니까?"
선생님께서 말씀하셨다. "간절하고, 진지하고, 흐뭇하
면 가히 선비라 할 수 있다. 벗들과는 서로 간절히 권면
하며 형제와는 화목하다."

1510 子貢問爲仁. 子曰, "工欲善其事, 必先利其器. 居是邦也,
事其大夫之賢者, 友其士之仁者." 자공(子貢)이 어짊을
추구하는 것에 대해 묻자 선생님께서 말씀하셨다. "장
인이 자기 일을 잘하려면 반드시 먼저 자신의 연장을
벼리듯이 어느 한 나라에서 지내게 되면 그 나라 대부
중에서 현명한 자를 섬기고 그 나라 선비 중에서 어진
자를 벗해야 한다."

1604 孔子曰, "益者三友, 損者三友. 友直, 友諒, 友多聞, 益矣.
友便辟, 友善柔, 友便佞, 損矣." "이로운 세 벗이 있고 해
로운 세 벗이 있다. 벗이 곧거나 벗이 이해심이 있거나
벗이 많이 들어 알면 이롭고, 벗이 편벽되거나 벗이 잘

영합하거나 벗이 말을 잘 둘러대면 해롭다."

　공자는 '자기와 같지 않은 자를 벗하지 말라'(無友不如
己者)고 했고, '원망을 숨기고 그 사람과 벗하는 것을 부끄
러움으로 여긴다'(匿怨而友其人 丘亦恥之)고도 했고, '벗을
믿게 만들고 싶다'(朋友信之)는 것을 그 포부의 하나로 생
각했고, '충고해서 잘 이끌되 안 될 것 같으면 그쳐서 스
스로 욕을 당하지 말아야 한다'(忠告而善道之, 不可則止, 毋自
辱焉)고도 했고, 나라를 생각할 때는 '그 나라 선비 중에서
어진 자를 벗해야 한다'(友其士之仁者)고도 했고, '편벽되거
나 영합하거나 말을 잘 둘러대는 친구는 해롭고'(友便辟,
友善柔, 友便) '곧고 이해심이 있고 많이 들어 알고 있는 친
구는 이롭다'(友直, 友諒, 友多聞)고도 했다.

　이것이 말하자면 공자의 '친구론' '교우론'인 셈이다.
그의 명성에 비해 좀 소박하다면 소박하다고도 할 수 있
는 말들이다. 그러나 이게 실은 공자의 위대함이기도 하
다. 이런 소박한, 평범한, 당연한 가치들을 부각시키고 그
부재를 혹은 그렇지 못한 현실을 지탄하고 그것의 회복
내지 정립을 그는 누구보다도 간절히 원했던 것이다. 그
런 게 공자의 철학이었다.

　만일 공자의 이런 말들이 별것 아니라고 하는 사람이

있다면 나는 공자를 대신해 그들에게 말해 주고 싶다. 현실을 한번 둘러보시라고. 속으로 미워하면서도 겉을 적당히 포장해 친구인 척하고 있는 자가 세상에는 얼마나 많은가. 친구입네 하지만 그중에 진정으로 믿을 수 있는 (그리고 기댈 수 있는) 자가 과연 몇이나 있는가. 진심 어린 충고를 귀담아 들어주는 자는 과연 있기나 한 것인가. 친구임이 오히려 나를 욕되게 하는 경우는 또 얼마나 많은가. 나랏일을 하는 사람 중에 자신의 이익과 무관하게 '어진이'를 벗하고자 하는 경우가 과연 존재한 적이나 있었던가. 편벽한 친구, 영합하는 친구, 말을 잘 둘러대는 친구는 세상에 얼마나 넘쳐 나는가. 반면에 곧은 친구, 이해심이 있는 친구, 많이 알고 있는 친구는 우리 주변에 얼마나 드문가. 자기와 같은, 아니 비슷하기라도 한 친구를 만나기는 얼마나 어려운 일인가. (요즘은 SNS라는 공간에서 이른바 '친구'라는 것을 수십, 수백 명씩 거느리며 서로 '좋아요' 하면서 지내고들 있는데, 그 재미만 알 뿐, 그 폐해를 아는 이들은 뜻밖에도 적어 보인다.)

공자라는 철학자의 말은 어느 것 하나도 실질적인 배경 없이 나오지는 않는다. 이 양반은 이 모든 것을 너무나도 잘 알고 있었던 것이 틀림없다. 그러니까 이런 말들을 할 수 있는 것이다. 그러니까 이런 말들을 하고 싶었고 그래서 이런 말들을 했던 것이다.

그는 어쩌면 좀 외로웠을지도 모르겠다. 그러나 아주 외롭지는 않았을 것이다.

1016 朋友死, 無所歸, 曰, "於我殯." 벗이 죽어 안치될 곳이 없자 말씀하셨다. "내 집에 빈소를 차려라."

이렇게 말을 했으니, 그럴 만한 친구가 있었다는 방증일 것이다. 또,

1017 朋友之饋, 雖車馬, 非祭肉, 不拜. 벗이 선물을 주는 경우에는 비록 마차라 하더라도 제육이 아닌 한 절하지 않았다.

선물을 주는 친구도 있었다는 말이겠다. 미루어 짐작컨대 공자의 그 친구들은 아마도 공자와 비슷한 종류의 인간이었을 것이다.

나에게는 아직도 이 모든 것이 삶의 과제로 남아 있다. 좋은 친구를 벗해야 한다. 벗하고 싶다. 물론 지금도 없는 것은 아니다. 그런데 세상살이가 팍팍한 건지 너무 바쁜 건지 먼 데 있는 이 친구들의 얼굴을 보기가 참 쉽지 않

다. 친구들아, 얼굴 좀 보자. 그게 어렵다면 최소한 목소리라도 좀 들어 보자. '카톡'이나 '페북' 같은 그런 것 말고. 인간적인, 너무나 인간적인 부탁이다. 영화 〈친구〉의 주인공 장동건처럼 멋있게 한 마디 덧붙이고 싶다. "우리가 남이가. 친구 아이가!" 그렇다. 친구는 남이 아니다.

사思
생각에 대하여

 국립박물관에서 '반가사유상'을 특별전시한다기에 일부러 짬을 내 찾아갔다. 군말이 필요 없는 명작이었다. 그런데 일종의 직업병일까? 그 명작 앞에서 팔짱을 끼고 한참을 서 있자니 좀 엉뚱하게도 '저 양반이 지금 도대체 무슨 생각을 하고 있는 걸까?' 그런 생각이 들기도 했다.

 모를 턱이 없다. 한평생 철학을 업으로 삼았는데 그 정도야 모르겠는가. 그 사유상이 무슨 부처님이든 간에 일단 불교와 관련된 존재이니 최소한 그 사유 속에 3법인 4성제 8정도 12연기 같은 생각은 기본적으로 들어 있을 게 틀림없다. 그래서 그게 그냥 하나의 쇳덩어리 '상'이 아닌 것이다. 그래서 그게 경배의 대상이 되고 국보가 되는 것이다.

 그런데 '사유상'이라고 하니 거기서 하이데거도 떠올랐다. 그도 '사유'라면 한 자리 끼지 않을 수 없는 사람이다. 그의 이른바 후기철학의 핵심개념 중 하나가 '사유' (Denken)였다. 존재에 응답하는 사유로 인해 인간은 비로소 인간다움을 갖게 된다고 그는《휴머니즘론Über den Humanismus》에서 역설했다. 그 사유의 결과가 무려 전집 백 권이었다. 물론 그의 사유는 어디까지나 철학적-형이상학적인 사유라 그 내용은 철저하게 '존재'(Sein)라는 것이었다. 그 엄청난 중요성에도 불구하고 적지 않은 사람들은 어려움으로 인해 그것으로 쉽게 다가가지 못한다.

그런데 인간의 생각이라는 것이 어디 그런 '반야'나 '존재'뿐이던가. 실제를 보자면 인간의 생각은 밥 생각, 술 생각, 돈 생각, 연애 생각에서부터 출세, 국가번영, 세계평화, 진리, 신에 이르기까지 거의 무한에 가까운 폭을 지닌다. 그 모든 것들이 인간의 '생각' 앞에 하나의 가능성으로서 주어져 있는 것이다. 실제로 헤겔은 그의 '사변' 속에 일체 존재를 다 담아 넣기도 했다. 또 파스칼은 인간의 생각이 온 우주를 포괄할 수 있다고도 말했다.(Par l'espace l'univers me comprend et m'engloutit comme un point, par la pensée je le comprends.) 그래서 우리에게는 '생각'이라는 것이 하나의 과제가 된다. 피할 수 없는 과제다. 우리는 과연 생각이라는 것을 하고 있는가? 우리는 과연 무슨 생각을 하고 있는가? 무슨 생각을 해야 하는가? 우리가 이것을 진지한 과제로 받아들일 때, 그때 저 공자가 우리에게 참신한 하나의 빛으로 다가올 수 있다. 그는 그 빛으로 또 하나의 다른 길을 비추어 준다. 그 길은 아주 현실적이고 아주 구체적이다.

공자는 《논어》에서 여러 차례 이 '생각'(思)이라는 것을 언급한다. 일관된 체계는 없으나 그의 언급에서는 각각 배울 것이 많다. 하나씩 짚어 보기로 하자.

0202 子曰, "詩三百, 一言以蔽之, 曰, '思無邪'." "시 삼백 편을 한마디로 총괄하자면 '사악함이 없는 걸 생각하는 것'이다."

이 단편에서 공자는 '시詩'를 언급한다. 물론 《시경》의 시다. 그 삼백 편의 시를 그는 한 마디로 압축해 '사무사思無邪'라고 규정한다. '사악함이 없는 걸 생각하는 것'이다. ('생각에 사악함이 없다'로도 읽을 수 있음) '시詩'는 곧 '사思'다. 생각함이다. 더욱이 이 생각에는 사악함이 없다. 세상에 가득한 저 사악한 생각들, 사람을 속이려는 생각, 해치려는 생각, 기만, 사기, 횡령, 탈세, 절도, 폭행, 살인, 테러, 전쟁 … 그런 종류의 사악함을 시는 생각하지 않는다. 그런 것을 하려고 쓰는 시는 없는 것이다. 시는 오직 순수한 것들만을 생각한다. 그의 이런 시론은, 백 퍼센트 일치하는 것은 아니겠지만, "'시작'은 모든 행위 중에서 가장 순수한 것이다"라는 프리드리히 횔덜린의 말을 연상케한다. 공자의 '무사無邪'와 횔덜린의 '가장 순수한 것'(das Unschuldigste)은 서로 통한다. 《시경》에 대한 공자의 사랑, 그리고 이 시론은 그런 순수의 세계, 순수한 대상, 그런 것들에 대한 공자의 평가와 지향을 엿보게 한다.

'생각'에는 또 이런 면도 있다.

0215 子曰, "學而不思則罔, 思而不學則殆." "배우기만 하고 생각하지 않으면 망연해지고 생각만 하고 배우지 않으면 위태로워진다."

여기서 공자는 '배움'(學)과 '생각함'(思)의 병행과 균형을 이야기한다. 어느 한쪽으로의 치우침을, 그 폐해를 경계한다. 배우기도 하고 생각도 해야 망연하지 않고 위태롭지 않다. '배움'은 그 대상이 사람이든 책이든 이미 알고 있는 '타자'를 통해서 알게 되는 것이다. 그에 비해 '생각'은 자기 스스로 깨달아 알게 되는 것이다. '생각'은 진리 그 자체를 내가 직접 찾아보는 것이고 '배움'은 그것을 알고 있는 누군가에게 물어보는 그리고 들어 보는 것이다. '사思'는 직접적인 길이고 '학學'은 간접적인 길이다. 서양철학적으로 말하자면 '사'는 현상학적 접근이고 '학'은 해석학적 접근이다. '생각'은 '배움'의 필연적인 보완으로서 요구되는 덕목인 것이다.

또, 이런 면도 있다.

0417 子曰, "見賢思齊焉, 見不賢而內自省也." "슬기로운 사람을 보면 같아질 것을 생각하고 슬기롭지 못한 사람을 보면 속으로 자신을 살펴라."

여기서 말하는 '생각'(思)은 '내자성內自省'(속으로 자신을 살핌)과 사실상 다르지 않다. 사람에 대한 태도다. 사람에 반응하는 태도다. 훌륭한 사람을 봤을 때와 훌륭하지 못한 사람을 봤을 때의 태도다. 훌륭한 사람을 보는 것과 훌륭하지 못한 사람을 보는 것은 우리 모두의 실제 상황이다. 일상적 상황이다. 그래서 구체적이다. 우리 주변 어디에나 훌륭한 사람이 있고 훌륭하지 못한 사람이 있다. (물론 전자는 적고 후자는 많다.) 우리는 늘 그런 사람들을 보게 된다. 그럴 때 공자는 '생각'을 하라고 권하는 것이다. 무엇을? 훌륭한 사람과 같아질 것을(齊). 그리고 훌륭하지 못한 사람과 같아지지 않을 것을. 그래서 나도 저 훌륭하지 못한 사람과 같지는 않은지 속으로 자기 자신을 되돌아보라는 것이다(內自省). 살펴보라는 것이다. 그런 자기성찰의 생각을 해보라는 것이다. 이런 점에서 공자의 '생각'은 사람에 관한, 자기에 관한, 훌륭함에 관한, 사람됨에 관한, 그런 윤리적인 생각인 것이다. 이런 '생각'에서는 사실상 보게 되는 모든 사람이 '거울'이 된다. 훌륭한 사람도 훌륭하지 못한 사람도 모두 다 자기를 비쳐 볼 거울인 것이다.

또, 이런 면도 있다.

0520 季文子三思而後行. 子聞之曰, "再, 斯可矣." 계문자(季文子)는 세 번 생각한 후에 행하였다. 선생님께서 그것을 듣고 말씀하셨다. "두 번이면 된다."

여기서는 '삼사三思'와 '재사再思'가 대비돼 있다. 그리고 '사思'와 '행行'이 전후 관계로 대비돼 있다. '행동을 하기 전에 생각한다' '생각한 후에 행동한다'는 가치관이 전제 돼 있는 것이다. 이 말은 생각 없이 불쑥 일을 저지르고 보는 성급함 내지 경솔함을 경계하고 있다. 특히 우리 사회에서는 그러한 생각도 없는 행동들이 얼마나 많은가. 개인의 경우는 말할 것도 없고 심지어 정책의 실행에도 허다하다. 그런 걸 생각해 보면 공자의 이 말은 참으로 소중한 철학이 아닐 수 없다. 단, 세 번까지는 필요 없고 두 번이면 족하다는 공자의 말은 어떤 뜻이 있는 걸까. 이 말은 지나친 장고長考를 경계하는 것으로 볼 수도 있다. 세 번이라면 거기엔 변덕이 있을 수도 있다. 시기를 놓칠 수도 있다. 한 번 생각이라면 경솔할 수 있지만 두 번 생각해서 '그래도 그렇다'고 생각된다면 그건 행동에 옮겨도 좋다는 것이다. 두 번 생각해도 옳은 것이 세 번 생각해서 뒤집히는 경우는 거의 없다. 세 번째에서 뒤집어 오히려 후회하는 경우도 없지 않다.

또, 이런 면도 있다.

0931 "唐棣之華, 偏其反而. 豈不爾思 室是遠而." 子曰, "未之思也, 夫何遠之有?" '당체나무 고운 꽃, 어느덧 다 져가네. 어찌 그대 생각 않으리오만 계신 곳 멀리 있네.' 선생님께서 말씀하셨다. "사모하지 않는 것이다. 무릇 사모한다면 어찌 멀 수 있겠느냐?"

이 단편은 시의 해석이다. 여기서의 '생각'은 말하자면 '님(爾)생각'이다. 아름다운 대상, '무사無邪'한 대상이 아닐 수 없다. 이 경우의 '사思'는 사모의 '사'요, 사랑의 '사'

다. 이런 '생각'이라면 이미 원근을 초월한다. 님 생각을
한다면 그리고 그 님이 진실로 님이라면 그 님은 이미 항
상 내 안에 있어 잠시라도 떠날 수가 없는 것이니 어찌
멀 수가 있겠는가. 사랑이라는 것을 해본 사람이라면 이
게 무슨 뜻인지 곧바로 알 것이다. 님과 나는 '불이不二'다.
님과 나는 일체다. 님이 내 안에 없다면 그는 이미 님이
아니다. 내 안에 있으니 그것은 항상 가까운 것이다. 원천
적으로 멀 수가 없는 것이다. 공자의 참으로 반짝이는 사
랑철학이 아닐 수 없다.

생각에는 또 이런 면도 있다.

1531 子曰, "吾嘗終日不食, 終夜不寢, 以思無益, 不如學也."
　　　"나는 일찍이 종일토록 먹지 않고 밤새도록 자지 않으
　　　면서 생각해 보기도 하였으나 무익했고 배우는 것만 못
　　　하였다."

이 단편은 저 0215의 "학이불사즉망, 사이불학즉태學而
不思則罔, 思而不學則殆."(배우기만 하고 생각하지 않으면 망연해지
고 생각만 하고 배우지 않으면 위태로워진다)라는 말과 함께 읽
어야 한다. '학이사'(배우고 그리고 생각함)가 원칙이기는 하
나, '학'(배우기)이 우위에 놓이는 경우가 있을 수 있다는

것이다. 언뜻 보기에 이 두 단편은 모순인 듯이 읽힐 수도 있으나 그것은 아니다. 양자는 양립가능하다. 원칙은 원칙, 실제는 실제. 실제에서의 경우의 수는 다양한 것이다. '일찍이'(嘗)라는 말이 그게 실제의 한 경우였음을 정확히 알려 준다. 그러니 반대의 경우, 즉 '배움이 무익하고 생각하는 것만 못하였다'고 할 경우도 당연히 있을 수 있다. 그래서 어떨 때는 '학'이, 어떨 때는 '사'가 필요한 것이다. 그래서 결국 '학이사'가 덕으로 요구된다. 이 단편이 결코 '생각'(思)의 가치를 폄하하거나 훼손하지는 않는다.

또, 이런 면도 있다.

1610 孔子曰, "君子有九思, 視思明, 聽思聰, 色思溫, 貌思恭, 言思忠, 事思敬, 疑思問, 忿思難, 見得思義." "군자에게는 아홉 가지 생각이 있다. 봄에 있어서는 밝음을 생각하고 들음에 있어서는 똑똑함을 생각하고 얼굴빛에 있어서는 따뜻함을 생각하고 외모에 있어서는 공손함을 생각하고 말에 있어서는 충실함을 생각하고 일에 있어서는 경건함을(혹은 섬김에 있어서는 공경을) 생각하고 의문 나는 것에 있어서는 물을 것을 생각하고 분노에 있어서는 나중의 어려움을 생각하고 득봄에 있어서는 의로운지를 생각한다."

이 단편은 (비록 위작의 시비가 있기는 하나) '생각'이라는 주제를 생각할 때 가히 압권이라고 평가할 수 있다. 공자의 말이 아니라고 버리기에는 너무나 아까운 말이다. 여기서 공자는 군자의 덕으로서 아홉 가지의 '생각'을 제시한다. 여기엔 아홉 가지의 경우와 그 경우들 각각에 대한 생각의 방향 혹은 생각의 내용이 제시된다. 그 경우란 것이 시視, 청聽, 색色, 모貌, 언言, 사事, 의疑, 분忿, 견득見得이다. 봄, 들음, 얼굴빛, 외모, 말, 모심[일], 의문, 분노, 득봄이다. 지극히 구체적인 사안들이다. 우리가 직접 그리고 항상 겪는 삶의 내용들이다. 이런 경우에 공자는 '생각'을 해야 한다고 말하는 것이다. 그래야 군자(훌륭한 사람)라고 할 수 있다는 것이다. 생각? 무슨 생각, 어떤 생각을 말하는 것일까? 그 대답이 명쾌하다. 명明, 총聰, 온溫, 공恭, 충忠, 경敬, 문問, 난難, 의義다. 명철함, 총명함, 따뜻함, 공손함, 충실함, 공경함[경건함], 물음, (나중의) 어려움, 의로움이다. 어느 것 하나 버릴 것이 없는 가치들이다. 이것들은 각각 따로 논의되므로 여기서는 상론하지 않으나 이 가치들이 인간을 비로소 인간답게 만드는 보배로운 것임을 우리는 알아야 한다. 공자는 그것을 통찰하고 있었다. 그래서 그가 공자인 것이다. 그는 적어도 이런 것들을 그 주제로 생각하고 있었다. 그의 머릿속, 가슴속에는 이런 '생각'들이 들어 있었던 것이다.

우리도 살다가 가끔씩은 우리의 머릿속, 가슴속을 한 번 들여다보자. 거기에 어떤 생각이 들어 있는지 도대체 무슨 생각을 하면서 우리는 살고 있는지. 이런 시대니 먹고 살 생각으로 가득하다고 나무랄 사람이야 없을 테지만, 그래도 우리는 사람이 아니던가. 가끔씩은 《논어》를 꺼내 읽으며 사람이 어떻게 살아야 할지, 사람을 어떻게 대해야 할지, 그런 것도 좀 생각해 보자. 2,500년 묵어 곰팡내 나는 책이긴 하지만 먼지를 털고 때를 닦으면 거기 보석처럼 반짝이는 가치들이 보일 것이다. 무수히 많다. 그중에서 우선 '사思'라는 글자라도 뒤져서 보자. 생각하게 하는 바가 많을 것이다.

내가 근무하는 대학의 교정에는 로댕의 '생각하는 사람'이 세워져 있다. 그가 무슨 생각을 하고 있는지는 모르겠지만, 프랑스 출신이니 데카르트의 '나는 생각한다, 고로 존재한다cogito ergo sum'나 파스칼의 '생각하는 갈대 roseau pensant' 정도는 생각할 것이다. 이왕지사 동양에 있으니 공자도 좀 생각해 보라고 권하고 싶다. 그의 가치가 한결 높아질 것이다.

사事

섬김/모심/받듦에 대하여

 "사대주의事大主義" 설마 한국사람치고 이 말을 모르는
사람은 없을 것이다. 대국을 받들어 '섬기는' 정신적 경향
이다. 이 말에는 우리의 서글픈 역사가 녹아들어 있다. 이
것은 최소한 저 신라의 김춘추에서부터 그 실체를 드러
낸다. 이것은 당에서 청에 이르는 역대 중국 왕조에 대한
이 나라의 실질적 태도요 자세였다. 표면적인 소위 조공
뿐만 아니라, 적어도 일부 세력에게는 뼛속 깊이 스민 내
면의 철학이기도 했다. 그것이 현대에는 은근히 미국을
향하고 있는데 국제 정세의 변화에 따라 또 다시 중국으
로 되돌아가려는 움직임도 느껴진다. 어쩌다 세계 최강들
을 이웃에 두고 있으니 역학구조상 어쩔 수 없는 측면이
없지는 않으나 한심한 일임에는 틀림없다.

 그런데 '사대'란 무엇인가. 큰 것, 큰 나라(혹은 강한 세력,
높은 사람)를 '섬기는' 일이다. 요즘 식으로 말하자면 '받들

어 모시는' 일이다. 아니, 엄밀히 말하자면 섬긴다는 것은 받들어 모시는 것보다 좀 더 높은 존재에 대한 좀 더 깍듯한 태도다. 이를테면 하늘같이 섬긴다는 말에서 섬기는 이쪽과 섬겨지는 저쪽의 위상의 차가 확연히 드러난다. 양자의 신분이 근본적으로 다른 것이다.

물론 이런 관계에 대한 이런 의미의 '섬김'은 오늘날 더 이상 공공연하게 거론되지 않는다. 일상적 한국어로서도 '섬긴다'는 거의 사어에 가깝다. (간간이 종교의 영역에서 사용되거나 혹은 일종의 비아냥으로서 들릴 뿐이다.) 하지만 애당초의 그 본질적인 관계와 본질적인 가치가 완전히 사라져 버린 것은 아니다. 거기엔 물론 '받들어 모심'이라는 의미도 포함돼 있다. 사대주의와는 별도로, 그런 본질적인 섬김과 모심은 여전히 우리에게 유효한 하나의 윤리가 될 수 있다. 공자를 참고해보자.

《논어》에서 공자는 여러 차례 이 '섬김'(事)을 입에 올린다. (단, '일'이라는 의미의 '사事'는 '동음이의'이기에 일단 논외로 한다.) 그런데 그의 발언들을 좀 '분석적'으로 들여다보면 그 섬김의 대상이 비교적 명료하게 드러난다. 즉 그의 '사事'는 '사 부모父母' '사 군君' '사 상上' '사 군자君子' '사 은殷' '사 공경公卿' '사 부형父兄', '사 인人'으로, 그 대상은 부모, 임금, 윗사람, 군자, 은나라, 공경, 부형, 사람 등이다.

(제자들에게는 공자의 '말씀' 자체가 섬김[=받듦]의 대상이 되기도 했다.) 공자가 언급한 이 섬김의 대상들은 물론 오늘날 그대로 존재하지는 않는다. 특히 임금, 군자, 은나라, 공경 따위는 이미 역사 속에서만 존재한다. 그렇다고 그게 전면 무효화된 것일까? 그건 아니다. 임금은 없으나 '국가의 최고 지도자'는 여전히 존재한다. 군자는 없으나 '훌륭한 인격자'는 여전히 존재한다. 은나라는 없으나 '훌륭한 국가'는 여전히 존재한다. 공경은 없으나 '기관장'이나 '고위 공직자'는 여전히 존재한다. 이런 대상들에 대한 윤리적인 관계는 여전히 현재적이다. 그리고 공자가 언급했던 부모, 윗사람, 형(손위 동기) 그리고 사람은 천년만년이 지나더라도 그냥 그대로다. 그러니 이런 대상들에 대한 윤리적인 관계도 여전히 현재적이다. 그렇다면 이 대상들에 대한 우리의 태도는 지금 어떠한가. 그리고 어떠해야 하는가. 거기서 '섬김'은 어떠한 의미를 가질 수 있는가. 이에 관련된 공자의 의견은 대략 이렇다.

0205 孟懿子問孝. 子曰, "無違." 樊遲御, 子告之曰, "孟孫問孝於我, 我對曰, 無違." 樊遲曰, "何謂也?" 子曰, "生事之以禮, 死葬之以禮, 祭之以禮." 맹의자(孟懿子)가 효도에 관해 물으니 선생님께서 말씀하셨다. "어기지 않는 것입

니다." 번지(樊遲)가 수레를 모는 중에 선생님께서 그 말을 일러 주셨다. "맹손(孟孫)이 나에게 효도에 관해 묻기에 내가 '어기지 않는 것'이라고 말해 주었다." 번지가 말했다. "무엇을 말씀하신 것입니까?" 선생님께서 말씀하셨다. "살아 계실 때에는 예로써 섬기고 돌아가시면 예로써 장사 지내고 예로써 제사 지내야 한다는 말이다."

여기서 공자는 부모님을 대할 때 '예로써'(以禮) 섬겨야 한다고 말한다. '예로써' 라는 것은 물론 전문적인 논의가 필요한 말이지만 일단은 공경하는 마음으로 '격식을 갖추어 정중하게' 대해 드려야 한다는 정도로 이해해도 그 의미는 충분히 살아난다. 아니, 그 이전에 '무례하게' '버르장머리 없이' 대하지만 않아도 요즘은 충분히 윤리적인 의미가 있다. 요즘 세상에는 존속폭행에 존속살해까지도 심심치 않게 일어나고 있지 않은가. 무관심으로 인한 존속유기는 말할 것도 없다. 이런 풍경을 그 배경에 놓고 볼 때, '사지이례事之以禮'(예로써 부모님을 섬긴다)라는 공자의 말은 마치 절박한 하나의 호소처럼 들리기도 한다.

0318 子曰, "事君盡禮, 人以爲諂也." "임금을 섬김에 예를 다

하면 사람들은 이를 아첨으로 여긴다."

0319 定公問, "君使臣, 臣事君, 如之何?" 孔子對曰, "君使臣以禮, 臣事君以忠." 정공(定公)이 물었다. "임금은 신하를 부리고 신하는 임금을 섬겨야 하지 않겠습니까?" 공자께서 대답하셨다. "임금은 신하를 예로써 부리고 신하는 임금을 충심으로써 섬겨야 할 것입니다."

이 단편에서 공자는 '예를 다하여'(盡禮) 그리고 '충심으로'(以忠) 임금을 섬기라고 말한다. 물론 이는 '임금'에 대한 '신하'의 도리요 자세다. 요즘식으로 말하자면 대통령에 대한 공직자들의 태도다. 거기에 '예禮'와 '충忠'을 공자는 요구하는 것이다. 특히 그는 임금에게 예를 다하는 것이 '아첨'이라고 비난 받을 수도 있다는 가능성을 꿰뚫어 보고 있다. 그렇다고 하더라도 예를 다하라는 말이다. (이는 아첨과 진정한 '진례盡禮[예 다함]를 구별하라는 말이기도 하다.) 여기서 우리는 '예'와 '충'의 의미를 충분히 고려하지 않으면 안 된다. 그것은 무조건적인 복종이나 추종과는 거리가 멀다. '섬김'의 태도인 이 두 가지는 따로 상세히 논의하지만, 우선은 '공경으로 대하는 것' '진심을 다하는 것'이 각각 '예'와 '충'의 핵심임을 알아야 한다. '충'에는 또한 '깨우쳐줌'(誨)의 의미도 포함돼 있다. 잘못을 일깨워

주는 것이다. 그러니 굽신굽신 그냥 시키는 대로만 하는
것은 제대로 된 '예'도 아니고 '충'도 아니다. 건성이나 태
만이나 복지부동도 마찬가지다. 국가수반이 제대로 그 본
질에 충실하도록 경건한 자세로 진심을 다하는 것, 잘못
이 있을 때는 역시 충심으로 깨우쳐 주는 것, 그것이 '예'
고 '충'인 것이다. 좋은 정치를 하게 못 만들어 주는 것은
말할 것도 없고 나쁜 정치를 방조하는 것도 '무례'와 '불
충'에 해당한다. 그런 것은 제대로 된 '섬김'이 될 수 없
다. 사욕이 아닌 경건한 마음으로, 그리고 진정을 다해 대
통령이 본분을 다하도록 보좌하는 것, 그렇게 해서 대통
령이 국민의 지지를 얻도록 보필하는 것, 혹여 잘못이 있
을 때는 직언으로 그것을 일깨우는 것, 그런 것이 바로 현
대적으로 해석된 '섬김'일 것이다.

0418 子曰, "事父母幾諫, 見志不從, 又敬不違, 勞而不怨." "부
모를 섬김에 있어서는 간곡히 건의하고 수용하지 않으
려 하시더라도 여전히 존경하고 거스르지 않아야 하며
애는 쓰되 원망하지는 말아야 한다."

이 단편은 비교적 구체적이다. 여기서 공자는 섬김의
한 덕목으로서 '간곡히 건의함'(幾諫)을 제시한다. 그 상

대는 부모님이다. 옳고 그름 상관없이 무조건 따르는 것
이 섬김의 태도는 아니다. 부모님도 사람이니 당연히 잘
못이 있을 수 있다. 제대로 섬김은 그런 잘못을 바로잡을
수 있도록 자식으로서 올바른 충고를 하라는 것이다. 그
래도 부모님이 그 충고를 듣지 않을 수 있다. 무시할 수도
있고, 짜증낼 수도 있고, 화를 낼 수도 있다. 설혹 그렇더
라도 '공경'(敬)과 '애쓰기'(勞)를 거두지 말라고 공자는 말
한다. 그리고 거스르지 말고(不違) 원망하지 말라(不怨)고
도 말한다. 이런 태도가 제대로 부모를 대하는 자식의 바
람직한 태도인 것이다. 요즘 자식들은 어떤가. 건의는커
녕 자식이 되레 짜증을 부리고 화를 내기 일쑤다. 존경은
애당초 없고 거스르기 일쑤고 애도 쓰지 않고 원망은 달
고 사는, 그런 자식들조차도 간혹 보인다. 물론 요즘도 효
자 효녀는 여전히 많다. 그들은 부모들의 삶에 크나큰 위
로와 의미가 되어준다.

0516 子謂子産, "有君子之道四焉, 其行己也恭, 其事上也敬,
其養民也惠, 其使民也義." 선생님께서 자산(子産)에 대
해 말씀하셨다. "그는 군자의 도道 네 가지를 갖추고 있
었다. 자기를 표출함에 있어서는 공손했고 윗사람을 섬
김에 있어서는 공경스러웠으며 백성을 돌봄에 있어서

는 은혜로웠고 백성을 부림에 있어서는 의로웠다."

 이 단편에서 공자는 '윗사람을 섬기는 것'(事上)을 '군자의 도' 중 하나로 인식하고 있다. 그리고 그 섬김의 태도가 '공경'스러워야 함을 말한다. 공경스러움이 어떤 것인지는 역시 따로 논할 바지만, '함부로 하지 않고 조심스럽게 정성을 다해 받드는 것'이 일단은 공경의 태도다. 그런데 요즘 우리는 어떤가. 윗사람이라는 것 자체가 아예 있기나 한지조차도 의심스럽다. 윗사람에 대한 공경은 말할 것도 없고 아예 사람 자체에 대한 공경이 거의 실종상태다. 사람에 대한 '함부로'는 어디에서나 목격된다. 심지어 길거리 흡연을 나무랐다고 10대가 70대를 폭행하기도 했다. '기사상야경其事上也敬'(윗사람을 섬김에 있어서는 공경스럽게)이 우리 주변에서 얼마나 멀어졌는지를 보여 주는 상징적인 사건이라고 해도 과언이 아닐 것이다.

0820 舜有臣五人而天下治. 武王曰, "予有亂臣十人." 孔子曰, "才難, 不其然乎? 唐虞之際, 於斯爲盛. … 三分天下有其二, 以服事殷. 周之德, 其可謂至德也已矣." 순임금은 다섯 사람의 신하를 두었는데 천하가 다스려졌다. 무왕(武王)은 말하기를 "나는 다스리는 신하 열 명이 있다"

고 하였다. 공자께서 말씀하셨다. "인재만으로는 어렵다고 했으니 바로 그렇지 않으냐! 요순시절이 현왕조보다 더 태평성대를 이루었으니." … "천하의 삼분의 이를 가지고 있으면서도 은나라에 복속해 섬겼으니 주나라의 덕은 가히 지고의 덕이라 말할 수 있겠다!"

이 단편은 좀 특수하다. 여기서 공자는 은殷나라에 복속해 섬긴 주周나라의 덕을 이야기한다. 여기서 자세한 역사를 논할 수는 없으나 주가 강대한 세력을 가졌음에도 불구하고 '훌륭한 나라'인 은을 섬겼다는 사실을 공자는 '지덕至德'이라는 말로 높이 평가하고 있다. 개인의 경우는 그렇다 쳐도 국가 사이에서의 이런 관계 설정은 쉽지 않은 일이다. 우리나라가 만일 은나라와 같은 '내용적으로 훌륭한 나라'가 된다면, 미국이나 중국이 주나라처럼 되지 말란 법도 없다. 사대주의가 아니라 사소事小주의도 있을 수 있는 것이다. 꼭 적절한 비유는 아니겠지만 작아도 주변국으로부터 존경받는 스위스나 싱가포르가 이와 유사한 케이스일지도 모르겠다. 한국이 참고할 만한 말이 아닐 수 없다.

0916 子曰, "出則事公卿, 入則事父兄, 喪事不敢不勉, 不爲酒

자 왈　출 즉 사 공 경　입 즉 사 부 형　상 사 불 감 불 면　불 위 주

困. 何_하有_유於_어我_아哉_재?"밖에 나가서는 공경公卿을 섬기고 집에 들어와서는 아버지와 형을 섬긴다. 초상을 당해서는 감히 애쓰지 않을 수 없다. 술에 취해 몽롱하게 지내지 않는다. 나에게 달리 무엇이 있겠느냐?"

여기서는 공자 자신의 실제 행동 내지 지향을 이야기한다. 집 밖에서는 '공경公卿'이, 집안에서는 '부형父兄'이 섬김의 대상임을 밝히고 있다. 대상이 왜 하필 이들이냐고 따져 묻는다면 좀 논란의 여지가 있을 수도 있다. '형'이라는 것은 추정컨대 아버지가 없는 상태에서 공자가 형을 어떻게 대했는지를 짐작케 한다. (공자의 아버지 숙양흘[叔梁紇]은 공자가 세 살 때 세상을 떠났고, 그의 이복형 맹피[孟皮]가 그 역할을 대신했다.) '공경' 역시 막중한 나랏일을 하는 고위 공직자에 대한 그의 기본 태도를 짐작케 한다. 공자 자신의 스스로에 대한 진술이니 이걸 곧바로 일반화시킬 필요는 없겠지만, 능력이나 인품이나 정당성을 제대로 갖춘 고위 공직자와 형이라면 그들을 높이 받들어 섬기는 것이 가치적 행위가 아니랄 수도 없겠다.

1112 季_계路_로問_문事_사鬼_귀神_신. 子_자曰_왈, "未_미能_능事_사人_인, 焉_언能_능事_사鬼_귀?" 曰_왈, "敢_감問_문 死_사." 曰_왈, "未_미知_지生_생, 焉_언知_지死_사?" 계로(季路)가 귀신 섬기는 일

에 대해 묻자 선생님께서 말씀하셨다. "사람도 아직 섬기지 못하는데 어떻게 귀신을 섬길 수 있겠느냐?" 계로가 말했다. "감히 죽음에 대해 여쭙겠습니다." 선생님께서 말씀하셨다. "삶도 아직 알지 못하는데 어떻게 죽음을 알겠느냐?"

유명한 이 단편은 '귀신' 및 '죽음'에 대한 공자의 거리 두기와 '사람' 및 '삶'에 대한 공자의 가치평가를 단적으로 보여 준다. 그는 '사람을 섬기는 일'(事人)을 분명한 하나의 가치행위로 제시하고 있으며 그것이 결코 쉽지 않은 일임을 시사한다.(未能) 공자 자신도 이 일을 아직 제대로 못하고 있다는 것이다. 하지만 이렇게 '사람 섬기기'(事人)가 공자의 철학 중 하나로 분명히 제시되고 있다는 것은 반갑고 다행스런 일이 아닐 수 없다. 사람이라는 것이 섬겨지기는커녕 기나긴 역사의 과정에서 그리고 지금의 현실에서 얼마나 마구잡이로 취급되고 있는지를 견주어 생각해 보면 이 말의 철학적 가치는 더욱 뚜렷이 빛을 발한다. 개만도 짐승만도 벌레만도 못한 취급을 받고 있는 사람이 세상에는 얼마나 많은가.

1122 季子然問, "仲由冉求可謂大臣與?" 子曰, "吾以子爲異之

問, <ruby>曾<rt>증</rt></ruby><ruby>由<rt>유</rt></ruby><ruby>與<rt>여</rt></ruby><ruby>求<rt>구</rt></ruby><ruby>之<rt>지</rt></ruby><ruby>問<rt>문</rt></ruby>. <ruby>所<rt>소</rt></ruby><ruby>謂<rt>위</rt></ruby><ruby>大<rt>대</rt></ruby><ruby>臣<rt>신</rt></ruby><ruby>者<rt>자</rt></ruby>, <ruby>以<rt>이</rt></ruby><ruby>道<rt>도</rt></ruby><ruby>事<rt>사</rt></ruby><ruby>君<rt>군</rt></ruby>, <ruby>不<rt>불</rt></ruby><ruby>可<rt>가</rt></ruby><ruby>則<rt>즉</rt></ruby><ruby>止<rt>지</rt></ruby>. <ruby>今<rt>금</rt></ruby>
<ruby>由<rt>유</rt></ruby><ruby>與<rt>여</rt></ruby><ruby>求<rt>구</rt></ruby><ruby>也<rt>야</rt></ruby>, <ruby>可<rt>가</rt></ruby><ruby>謂<rt>위</rt></ruby><ruby>具<rt>구</rt></ruby><ruby>臣<rt>신</rt></ruby><ruby>矣<rt>의</rt></ruby>." <ruby>曰<rt>왈</rt></ruby>, "<ruby>然<rt>연</rt></ruby><ruby>則<rt>즉</rt></ruby><ruby>從<rt>종</rt></ruby><ruby>之<rt>지</rt></ruby><ruby>者<rt>자</rt></ruby><ruby>與<rt>여</rt></ruby>?" <ruby>子<rt>자</rt></ruby><ruby>曰<rt>왈</rt></ruby>, "<ruby>弑<rt>시</rt></ruby>
<ruby>父<rt>부</rt></ruby><ruby>與<rt>여</rt></ruby><ruby>君<rt>군</rt></ruby>, <ruby>亦<rt>역</rt></ruby><ruby>不<rt>부</rt></ruby><ruby>從<rt>종</rt></ruby><ruby>也<rt>야</rt></ruby>." 계자연(季子然)이 물었다. "중유(仲由)
와 염구(冉求)는 큰 신하라 할 수 있습니까?" 선생님께서
말씀하셨다. "나는 당신께서 다른 질문을 하실 줄 알았
는데 겨우 유(由)와 구(求)에 관한 질문이군요. 이른바 큰
신하란 도로써 임금을 섬기다가 더 이상 섬길 수 없으면
그만 둡니다. 지금 유(由)와 구(求)는 부화附和하는 신하
라 할 수 있을 것입니다." 계자연이 말했다. "그러면 맹
종하는 자들입니까?" 선생님께서 말씀하셨다. "아비나
임금을 죽이는 일에는 그래도 따르지 않을 것입니다."

이 단편에서 공자는 '큰 신하'(大臣)을 거론하며 '도로
써'(以道) 임금을 섬긴다는 것을 말한다. '도로써'란 현대
적으로 해석하자면 '정의롭게'를 뜻한다. (0405의 "불이기
도득지不以其道得之…" 참고) 국가의 지도자를 보필할 때는
'정의'를 기준으로 그 방향으로 나아가도록 보필해야 한
다는 것이다. 그게 안 될 때는 그만 두라는 것이다. 그것
은 일관된 공자의 가치관, 공직관이기도 했다. (0502 0521
0813 1401 1403 1507의 "방유도邦有道… 방무도邦無道…" 참고)

1201 顔淵問仁. 子曰, "克己復禮爲仁. 一日克己復禮, 天下歸仁焉. 爲仁由己, 而由人乎哉?" 顔淵曰, "請問其目." 子曰, "非禮勿視, 非禮勿聽, 非禮勿言, 非禮勿動." 顔淵曰, "回雖不敏, 請事斯語矣." 안연(顔淵)이 어짊에 대해 묻자 선생님께서 말씀하셨다. "자신을 이겨 내고 예를 되찾는 것이 어짊을 도모하는 것이다. 어느 하루 자신을 이겨 내고 예를 되찾는다면 천하가 어짊에 돌아올 것이다. 어짊을 도모하는 것이 자기에게서 비롯되지 남에게서 비롯되겠느냐?" 안연이 말했다. "그 세목을 여쭙고자 합니다." 선생님께서 말씀하셨다. "예가 아니면 보지 말고 예가 아니면 듣지 말며 예가 아니면 말하지 말고 예가 아니면 움직이지 마라." 안연이 말했다. "제가 비록 불민하나 그 말씀을 잘 받들겠습니다."

1202 仲弓問仁. 子曰, "出門如見大賓, 使民如承大祭. 己所不欲, 勿施於人. 在邦無怨, 在家無怨." 仲弓曰, "雍雖不敏, 請事斯語矣." 중궁(仲弓)이 어짊에 대해 묻자 선생님께서 말씀하셨다. "문을 나서기를 귀한 손님을 맞는 것처럼 하고 백성을 부리기를 큰 제사를 올리는 것처럼 하여라. 자기가 하고자 하지 않는 바를 남에게 베풀지 마라. 나라에 있어서도 원망하지 말고 대부의 가家에 있어서도 원망하지 마라." 중궁이 말했다. "제가 비록 불

민하나 그 말씀을 잘 받들겠습니다."

안연과 중궁의 이 말들은 공자의 '말씀'이 곧 섬김, 받
듦의 대상임을 보여 준다. 맥락은 좀 다르지만 섬김 대상
의 확장 범위를 생각할 때 큰 의미를 지닐 수 있다 하겠
다. ('말씀을 섬긴다'는 기독교적 맥락과 통할 수도 있다.)

1325 子曰, "君子易事而難說也. 說之不以道, 不說也, 及其使
人也, 器之. 小人難事而易說也. 說之雖不以道, 說也, 及
其使人也, 求備焉." "군자는 섬기기는 쉽지만 기쁘게 하
기는 어려우니 도道로써 기쁘게 하지 않으면 기뻐하지
않는다. 사람을 부림에 있어서는 그 그릇에 맞게 한다.
소인은 섬기기는 어렵지만 기쁘게 하기는 쉬우니 비록
도道로써 기쁘게 하지 않더라도 기뻐한다. 사람을 부림
에 있어서는 모든 것을 갖추고 있기를 요구한다."

이 단편은 섬기는 상대가 어떤 사람이냐에 따라 그 섬
김의 방식 내지 양태가 다를 수 있음을 시사한다. 군자와
소인, 즉 훌륭한 인격자와 못난 좀생이는 《논어》 전편을
통해 너무나 극명하게 대비된다. 군자는 섬기기 쉽고(易
事) 소인은 섬기기 어렵다(難事). 군자는 기쁘게 하기 어렵

고(難說) 소인은 기쁘게 하기 쉽다(易說). 왜 그런가. 충분히 이해가 간다. 군자는 아랫사람이 자기에게 특별히 잘 해주기를 기대하지 않고 또 특별히 잘 해주지 않아도 문제 삼지 않으니 모시기 쉽고, 소인은 자기에게 특별히 잘 해주어야 좋아하고 또 그렇지 않으면 문제 삼으니 모시기 어렵다. 군자는 힘들게 정도대로 하지 않으면 기뻐하지 않으니(說之不以道, 不說也) 기쁘게 하기 어렵고 소인은 힘들여 정도대로 하지 않고 적당히 비위만 맞추어 줘도 기뻐하니(說之雖不以道, 說也) 기쁘게 하기 쉽다. 군자는 힘들게 정도대로만 해야 하니 어려운 것이다. 이런 경우들은 우리 주변에서 얼마든지 쉽게 확인될 수 있다. 각각의 뒷부분은 군자와 소인이 아랫사람을 대할 때 각각 어떻게 다른가를 말해 준다. 군자는 아랫사람의 능력과 자질에 따라 적절히 일을 시키는 데 비해(及其使人也, 器之) 소인은 그런 걸 고려하지 않고 무리하게 모든 걸 요구한다는 것이다(及其使人也, 求備焉). 군자와 소인, 우리 주변엔 지금도 분명히 이런 두 부류의 사람들이 존재한다. 아무튼 여기서 공자는 우리가 훌륭한 사람을 곁에서 모실 때는 좀 어렵더라도 정도에 따라 노력해 그분을 진정으로 기쁘게 해줄 것을 하나의 도덕으로서 요구하는 것이다. 그게 그분을 제대로 모시는 것이다.

1422 子路問事君. 子曰, "勿欺也, 而犯之." 자로(子路)가 임금을 섬기는 일에 대해 묻자 선생님께서 말씀하셨다. "속이지 말아라. 그리고 직간直諫하여라."

공자의 이 말도 구체적이다. 국가 지도자(君)를 제대로 섬기려면 '속이지 말고 범하라'(勿欺也, 而犯之)는 것이다. 요즘 식으로 말하면 기분을 거스르지 않으려 적당히 호도하지 말고 과감히 직언을 하고 쓴소리를 하라는 것이다. 대들라는 말이다. 그게 결과적으로 그 지도자를 살리는 길임을 공자는 꿰뚫어 보고 있는 것이다. 요즘 대통령 주변에 이런 인물이 있는지 주변 인사들이 이런 역할을 제대로 하고 있는지 모르겠다. 만일 잘못된 정보로 잘못된 판단을 하게 한다면 그건 결국 대통령을 속이는 일이고 결국 제대로 섬기는(모시는) 일이 되지 못한다.

1538 子曰, "事君, 敬其事而後其食." "임금을 섬기는 데에 있어서는 맡은 일을 우선 경건히 하고 녹을 먹는 것은 뒤로해야 한다."

여기서도 공자는 국가 지도자를 보필할 때의 자세를 구체적으로 이야기한다. '섬기는 일'(事)과 '먹는 일'(食),

즉 일과 경제적 보상을 놓고 볼 때, 경제적 보상보다는 일에 우선순위가 놓여야 한다고 공자는 강조한다. 더욱이 그 일을 대하는, 혹은 그 일에 임하는 자세가 '경건'(敬)해야 한다는 것이다. 일을 '받들어' 해야 한다는 것이다. (0105 1610 '경사이신敬事而信' 참고) 성심을 다해 최선을 다해 일하지 않는다면, 대충대충 건성건성 딴생각하며 일한다면, 그건 제대로 모시는 게 아니다.

1709 子曰, "小子何莫學夫詩? 詩, 可以興, 可以觀, 可以羣, 可以怨. 邇之事父, 遠之事君, 多識於鳥獸草木之名." 너희들은 왜 시를 배우지 않느냐? 시는 그로써 깨어 일어날 수 있고 그로써 살필 수 있고 그로써 어울릴 수 있으며 그로써 원망할 수 있다. 또 가깝게는 아버지를 섬기고 멀리로는 임금을 섬기며 새와 짐승과 풀과 나무의 이름도 많이 알게 된다."

이 단편에서는 특이하게도 아버지와 임금을 섬기는 데에 '시詩'가 도움 될 수 있음을 이야기한다. 섬김을 위해 시를 권하는 것이다. 이것도 따로 좀 전문적으로 논의해야 할 부분이지만,《시경》의 시들 중에 '사부事父' '사군事君'과 관련된 도덕적 시들이 있음을, 그것들이 교육적 효과가 있음을, 우리는 충분히 짐작할 수 있다.

1713 子曰, "鄙夫可與事君也與哉? 其未得之也, 患得之. 旣得
之, 患失之. 苟患失之, 無所不至矣." "비루한 사나이와
함께 임금을 섬길 수 있겠느냐? 그것을 얻지 못하고 있
을 때에는 얻으려고 걱정하고 그것을 얻고 나서는 잃을
까 걱정한다. 실로 그것을 잃을까 걱정한다면 못할 짓
이 없을 것이다."

　여기서 공자는 '비루한 사나이'(鄙夫)라는 말로 권력자
주변의 조악하고 탐욕스런 인물들을 경계한다. 그들은 온
통 '그것'(之)에만 관심이 있다. '그것'의 내용은 특정되어
있지 않지만 주제가 '임금'을 섬기는 일임을 감안할 때,
그 내용이 국가 권력과 직간접적으로 얽힌 온갖 이권들
임을 어렵지 않게 짐작할 수 있다. 그들은 '그것'을 얻는
일(得之)과 잃을 일(失之)에만 온통 관심이 쏠려 있다(患).
얻기 전에는 얻으려고 난리고 얻은 다음에는 잃지 않으
려고 난리다. 잃지 않으려고 별의별 못할 짓이 없다(無所
不至). 공자가 어떻게 이런 것을 알고 이런 말을 했는지 무
릎을 치지 않을 수 없다. 마치 21세기 한국의 정치판을 보
고 하는 말인 것 같은 느낌이 들기도 한다. 그런 '비루한'

사람들은 결국 자신의 이권에만 관심이 있지, 어떻게 하면 대통령이 일을 잘 할 수 있는지 그런 것은 뒷전이다. 이는 진정한 섬김(모심)이 어떤 건지를 역설적으로 보여준다.

1802 柳下惠爲士師, 三黜. 人曰, "子未可以去乎?" 曰, "直道而事人, 焉往而不三黜? 枉道而事人, 何必去父母之邦?" 유하혜(柳下惠)는 사사士師가 되어 세 번 쫓겨났다. 사람들이 말했다. "당신은 다른 나라로 가 버릴 수 없었던가요?" 그가 말했다. "정도를 곧게 지키면서 남을 섬기면 어디로 간들 세 번 쫓겨나지 않겠소? 정도를 굽혀서 남을 섬기려면 왜 구태여 부모의 나라를 떠나겠소?"

공자의 말은 아니지만 유하혜의 이 말도 공자의 말과 일맥상통한다. 그도 역시 '사람'을 섬기는 것(事人)을 이야기한다. 더욱이 '정도를 지키면서'(直道) 섬기는 것을 이야기한다. 그게 세 번 쫓겨날 정도로 위험 부담이 있는 일임도 이야기한다. 그럼에도 불구하고 그는 그 정도를 굽혀서는(枉道) 안 된다고 소신을 밝힌다. 사람이 사람을 섬긴다는 것, 더욱이 정의롭게 섬긴다는 것, 정의로움을 굽히지 않는다는 것, 그것을 위해 위험부담을 감수한다는 것,

이는 예사로운 일이 결코 아니다. 요즘 사람들 중에, 특히 정치하는 사람들 중에, 이런 일을 하는 사람이 지금 과연 있기는 있는 걸까? 현실을 한번 둘러보게 된다.

1610 孔子曰, "君子有九思, 視思明, 聽思聰, 色思溫, 貌思恭, 言思忠, 事思敬, 疑思問, 忿思難, 見得思義." "군자에게는 아홉 가지 생각이 있다. … 섬김에 있어서는 공경을 생각하고 …"

공자가 제시하는 군자의 아홉 가지 덕목 중에도 이 '섬김'(事)이 등장한다. '공경'(敬)이란 태도로 섬겨야 한다는 것이다. (단, 여기서의 '사事'는 '일'로 해석할 수도 있다. 두 가지 해석이 다 가능한 말이다. 공자는 '섬김'에 대해서도, '일'에 대해서도, 모두 '공경/경건/받듦'(敬)을 가치로 요구한다. 0105 '경사이신敬事而信' 참고) 위의 0516에 대한 해설에서처럼 '불경不敬'이란 행태가 너무나 흔한 현실임을 감안할 때 이 말은 더욱 소중한 가치로 우리에게 다가온다.

이런 공자의 의견은, 만일 우리가 이것을 조금만 귀담아 듣는다면, '섬김/모심/받듦'이라는 것이 결코 지나간 과거의 지나간 가치가 아님을 분명히 알려 준다. 인간관계의 구조는, 공자의 그때나 우리의 지금이나, 공자의 거기나 우리의 여기나, 전혀 다를 바가 없다. 우리가 사람을 특히 윗사람을 어떻게 대할 것인가가 곧 '섬김' 혹은 '모심'인 것이다. '성심껏 모시겠습니다'라는 말은 넘쳐 나지만 그 말에 '성심'이 없다는 것은 이제 누구나가 다 안다. 섬김은커녕 모심은커녕 받듦은커녕, 대통령도 기관장도 부모들도 안중에 없는 사람들이 요즘은 너무 많다. '안하무인'은 하나의 시대적–사회적 현상이 되어 있다. '나의 사전에 윗사람이란 없다' 그런 식이다. 특히나 권력 주변에는 이른바 '비부'들이 넘쳐 난다. 경敬도, 도道도, 범犯도, 간諫도, 충忠도, 예禮도, 좀 과장하자면 이젠 거의 멸종 위기의 천연기념물이다. 반면에 철저한 자기중심주의에 기초한 '함부로'는 어디에서나 보편적으로 목도된다. 과연 내 위에 '사람'은, '윗사람'은 없는 것인지 위를 한번 쳐다봐야겠다. 또 내 밑에 나를 제대로 보필해 줄 사람은 없는 것인지, 아래도 한번 살펴봐야겠다. 그럴 만한 사람만 있다면 '사대주의'든 '사소주의'든 마다할 이유가 있겠는가.

서 恕

헤아림에 대하여

"입장 바꿔 생각해 봐." 한 번쯤은 이런 말을 들어 봤을 것이다. 혹은 한 적이 있을 것이다. 혹 한 적이 없더라도 목구멍까지 이 말이 치밀어 오른 적은 있을 것이다. '나와 너의 입장을 바꿔서 생각해 보는 것' '상대방의 입장에서 생각해 보는 것', 굳이 문자를 쓰자면 '역지사지易地思之', 사람이 살다 보면 이게 얼마나 절실한 지를, 그리고 이게 얼마나 어려운 지를 느끼게 될 때가 한두 번이 아니다. 만일 이말 한 마디가 실제로 행해진다면, 그렇다면 아마 인간들간의 갈등, 대립, 대결의 상당 부분이 해소될 수도 있을 것이다. 좀 과장하자면 인류평화도 이것으로 가능해진다.

사람들은 본능적으로 이기적이다. 자기중심적이다. 이게 좀 심하면 자기밖에 모르는 이기주의, 독아주의獨我主義, 유아주의唯我主義가 된다. 남의 처지는 내게 아무 상관없고 어려움이 있더라도 '그건 그저 네 사정'일 뿐이다.

드라마 같은 데서 단골로 등장하는 망나니 재벌 3세들이 대개 그렇다. '내가 왜 널 봐줘야 되는데?' 이런 식이다.

인간의 이런 이기적 경향을 아마 너무나 잘 간파했기 때문일 것이다. 철학에는 꽤나 흥미로운 이론이 하나 있다. 존 롤스의 정의론에 나오는 이야기다. 정의(justice)의 요체는 결국 '공정'(fairness)인데, 사회 구성원 모두를 위한 합리적 공정을 확보하기 위해서는 이른바 '무지의 베일'(veil of ignorance)이 필요하다는 것이다. 간단히 말해, 어떤 사안에서의 관련된 이해 당사자들 각자가 자기에게만 유리한 선택을 하지 않도록 자기의 조건이 철저하게 베일에 가려진 이른바 '원초적 입장'(original position)에서 그 공정에 대한 논의와 합의가 이뤄져야 한다는 것이다. 그렇게, 어떤 특정한 입장에 특별히 유리하지도 특별히 불리하지도 않게 합의된 결과가 곧 정의일 수 있다는 의미이다. 그럴 경우 '나만의 이익'은 배제된다. 최소한 제한된다. 더 쉽게 말해, 모두가 모여 어떤 정의로운 세상을 만들어 놓고 만들어진 그 세상에 모두가 다시 태어나 사는 것이다. 그때 그 누구도 자기가 누구로 어떤 사람으로 다시 태어나게 될지, 어떤 처지에 놓이게 될지는 모른다는 것이다. 남자가 될지 여자가 될지, 부자가 될지 빈민이 될지, 사장이 될지 노조원이 될지, 여당이 될지 야당이 될지, 우파가 될지 좌파가 될지 … 아무것도 알지 못한다. 그러면 지금 현재의 자기의 처지를 그 합의에 반영해 둔들 아무런 소용이 없다. 지금의 이익이 다시 태어나는 그 세상에서는 정반대로 나의 불이익이 될 수도 있기 때문이다. 그런 식으로 생각해 보는 것이 정의론의 기초인 것이다.

바로 그런 것이 다 저 이기적인 자기본위를 그 배경에 두고 있다. 사람이 자기 아닌 남의 처지를 헤아려 생각해 보는 것, 헤아려 생각해 주는 것은 정말이지 쉬운 일이 아니다. 그래서 저 예수 그리스도도 그런 가르침을 전했을 것이다. "네가 남에게 대접받고자 하는 대로 남을 대하라." 역시 역지사지다. 인간들의 이기적인 실상을 생각해 볼수록, 참으로 숭고한 가르침이 아닐 수 없다.

그런데 좀 놀랍게도 공자에게도 이와 똑같은 가르침이 발견된다. 공자는 그것을 '헤아림'(恕)이라고 표현한다.

1524 子貢問曰, "有一言而可以終身行之者乎?" 子曰, "其恕乎! 己所不欲, 勿施於人." 자공(子貢)이 물었다. "한 마디 말로서 일생 동안 행할 만한 것이 있습니까?" 선생님께서 말씀하셨다. "그것은 헤아림(恕)이다. 자기가 하고자 하지 않는 바를 남에게 베풀지 마라."

자기는 하고 싶지 않은데 그런데도 남에게는 그걸 시키는 것, 그런 짓을 하지 말라는 것이다. 남의 마음이나 처지를 자기의 마음이나 처지처럼 헤아린다면 남이 싫어하는 일을 차마 할 수가 없을 것이다. 그렇게 헤아리는 것, 그걸 그는 '서恕'라고 했다. 서는 '용서'라는 말의 그 서지만, 단순한 용서가 그 의미의 다는 아니다. 용서는 그 서의 한 부분이고 한 적용 사례고 한 응용 형태다. 그 근본에 있는 '남을 나처럼 헤아려 보는', 즉 같은(如) 마음(心)이 되어 보는, 그런 태도, 그럼 마음가짐이 바로 '서恕'다. 글자 자체가 이미 그런 뜻을 내포하고 있다. 공자는 이것을 '평생토록 행해야 할 한 마디'(一言而可以終身行之者)로서 자공에게 제시했다. 그만큼 소중한 가치라는 말이다.

똑같은 말을 그는 다른 곳에서 한 번 더 되풀이한다. 중궁의 질문에 대한 대답에서다.

1202 仲弓問仁. 子曰, "出門如見大賓, 使民如承大祭. 己所不欲, 勿施於人. 在邦無怨, 在家無怨." 仲弓曰, "雍雖不敏, 請事斯語矣." 중궁(仲弓)이 어짊에 대해 묻자 선생님께서 말씀하셨다. "문을 나서기를 귀한 손님을 맞는 것처럼 하고 백성을 부리기를 큰 제사를 올리는 것처럼 하

여라. 자기가 하고자 하지 않는 바를 남에게 베풀지 마라. 나라에 있어서도 원망하지 말고 대부의 가家에 있어서도 원망하지 마라." 중궁이 말했다. "제가 비록 불민하나 그 말씀을 잘 받들겠습니다."

공자는 '인仁'(어짊)을 묻는 중궁의 질문에 이렇게 대답했다. '자기가 하고 싶지 않은 일을 남에게 시키지 않는 것'(己所不欲, 勿施於人), 이런 게 곧 '인'이라는 것이다. 인은 알다시피 공자가 지향한 최고 가치 중 하나였다. 그게 곧 '헤아림'인 것이다.

제자인 증자는 공자의 이런 가치를 공자에게 일관된 '도道'의 하나로 파악하기도 했다.

0415 子曰, "參乎! 吾道一以貫之." 曾子曰, "唯." 子出, 門人問曰, "何謂也?" 曾子曰, "夫子之道, 忠恕而已矣." 선생님께서 말씀하셨다. "삼(參)아, 나의 도는 하나로써 꿰어져 있다." 증자가 말하였다. "그렇습니다." 선생님께서 밖으로 나가시자 문인이 물었다. "무엇을 말씀하신 것이지?" 증자가 말하였다. "선생님의 도는 충실(忠)과 서량(恕)일 따름이네."

공자 본인의 말이 아니니까 증자의 이런 해석이 백 퍼센트 정확한 것인지 확인할 수는 없다. 하지만 위의 발언들을 종합해 보면 공자 본인의 생각이 아니라고 굳이 부인할 이유도 없어 보인다. '서恕'(헤아림)는 '충忠'(충실함)과 더불어 공자의 일관된 도의 하나가 분명했다. ('충'은 자신의 진심을 다한다는 점에서, 자신에 대한 윤리적 태도요, '서'는 누군가와 같은, 그의 마음이 되어 본다는 점에서, 타인에 대한 윤리적 태도다. 여기서 충을 군주에 대한 태도나 하늘에 대한 태도로 해석하는 것은 문맥상 다소 무리가 있다.)

　우리는 2,500년의 시간을 넘어 공자의 이 말을 나의 앞으로, 우리의 앞으로 가져와야 한다. 왜냐하면 지금 우리의 현실에서 '헤아려 주지 않음'(不恕)은 너무 흔하고 '헤아려 줌'(恕)은 너무나 드물기 때문이다. 정색을 하고 한번 물어보자. 다른 사람(들)이 과연 자기와 똑같은 마음으로 나의 마음을, 나의 생각을, 나의 입장을, 나의 처지를, 나의 사정을, 나의 현실을 헤아려 주고 있는가. '아니!'라는 대답을 우리는 가슴속에 쌓인 어떤 울분과 함께 마치 어떤 아우성처럼 듣게 될 것이다. 친구도, 선생도, 회사도, 정당도, 정부도, 그리고 이웃 나라들도, 나를 자기의 마음처럼 헤아려 주지는 않는다. 모두가 다 자기 생각뿐이다. 철저한 이기주의가 온 세상에 마치 미세먼지처럼 가득 차 있다. 그래서 우리에게는 공자의 철학이 다시금 필요하다. 우선은 나부터 시작해보자. 나는 남의 마음을 내 마음처럼 헤아려 주고 있는가. 복잡할 것도 없다. 그저 글자 하나다. '서恕'다. '같은 마음(如心)'이다. 헤아림이다.[7] '기소불욕 물시어인己所不欲, 勿施於人'. 내가 싫으면, 남에게도 그런 일은 시키지 말자. 욕 듣는 게 싫으면 욕하지 말고, 맞는 게 싫으면 때리지 말고, 속는 게 싫으면 속이지도 말고, 뺏기는 게 싫으면 뺏지도 말고, 죽는 게 싫으면 죽이지도 말자. 그게 다 '서'다. 헤아림이다. 쉽지는 않지만 사랑하는 사람을 대하듯 하면 된다. 서는 곧 인仁이고 인은 곧 '애인愛人', 즉 사람(남)에 대한 사랑이었다. 사랑에서는 나와 그 사람이 같은 마음, 한 마음인 것이다.

---

7 아르투어 쇼펜하우어가 말하는 '동정' 내지 '공감'(Sympathie)도 그 기본취지는 이와 비슷하다.

IV

선 善

선함/좋음/잘함에 대하여

"중·고교 '등굣길 공포' 선도부 사라진다" 이런 제목의 기사를 접한 적이 있다. 학교생활을 했거나 하고 있는 사람은 이게 무슨 뜻인지, 배경이 어떤 것인지, 직감적으로 이해할 것이다.

선도란 애당초 선량하지 못한, 불량한 사람을 선량한 방향으로 이끈다는 취지일 것이다. 그런데 그걸 '공포'로 느낀다면 그건 뭔가 문제가 있다. 선도의 본질이 알게 모르게 왜곡되거나 훼손되거나 혹은 증발되었다는 의미일 수도 있다. 삶의 맥락에서는 이런 일들이 실제로 적지 않게 있다. 그래서 때로는 그 본질을 되짚어 보는 일이 필요하다.

선도의 핵심이자 목표인 '선善'도 그렇다. 오늘날 우리의 삶의 공간에서 '선'은 그 정체가 아주 애매해졌다. 선악의 역전이랄까 전도 같은 현상마저 없지 않다. 악은 잘난 체하며 활개를 치고 선은 주눅이 들어 기를 못 편다. 어떤 사람에게 "쯧쯧 사람이 착해빠져서…"라고 하는 말은 칭찬이 아닌 것이다. ('착함'은 선의 한 양상이다.) 심지어 우스개이긴 하지만 이런 이야기도 있다. 소년 A가 소년 B에게 묻는다. "야, 넌 여자애들 볼 때 예쁜 게 좋아 착한 게 좋아?" 그랬더니 B가 대답한다. "바보 같은 질문이네. 예쁜 게 착한거지!" 우문현답이라고 다들 웃지만 실은 외모지상주의를 풍자하는 씁쓸한 이야기다. 요즘 '선'의 처지가 대략 그렇다. "적선지가 필유여경 적불선지가 필유여앙積善之家 必有餘慶, 積不善之家 必有餘殃"(선을 쌓는 집안엔 반드시 남는 경사가 있고, 악을 쌓는 집안엔 반드시 남는 재앙이 있다)라는 저 《주역》〈문언전〉의 말은 그야말로 한문 교과서에서나 볼 뿐 그걸 신봉하는 사람은 거의 없다. '착한 사마리아 사람' 이야기도 아마 신세가 크게 다르지는 않을 것이다.

물론 지금도 선량한 사람은 적지 않고 그들의 선의와 선행은 미미하나마 이 삭막한 사막 같은 세상에 찰랑거리는 시냇물로 흐르기도 하고, 여기저기에 청량한 오아시스를 이루기도 한다. 그러나 도도한 홍수 같은 저 '불량'과 '위선'에 견주어 보면 그 몰골이 참으로 초라하기 그지없다. 바로 그렇기 때문에, 그리고 그럴수록, 우리는 이

선을 포기할 수 없고 스스로 버려서는 더욱 안 되는 것이다. 그런 '선의'로 나는 사람들에게 공자를 소개한다. 이런 글로써 사람들을 공자에게로 이끄는 작은 이정표라도 하나 세워 보려는 것이다.

공자는 우리의 기대에 어긋나지 않게 '선善'을 언급한다.

0703 子曰, "德之不脩, 學之不講, 聞義不能徙, 不善不能改, 是吾憂也." "덕이 닦아지지 않는 것, 배움이 논의되지지 않는 것, 의로운 일을 듣고도 능히 나아가지 못하는 것, 선하지 못한 점을 능히 고치지 못하는 것, 이것이 나의 근심이다."

저 '덕德' '학學' '의義'와 더불어 '선'은 이렇게 그의 확실한 관심사에 포함되어 있다. 그런데 그의 대부분의 가치개념들이 그렇듯, 이 '선'도 이를테면 '선이란 무엇인가? 선이란 이러이러한 것이다' 같은 서양철학식 의문, 관조, 설명의 맥락에서 언급되는 것은 아니다. 애당초 그의 언어는 이론적인 언어가 아닌 것이다. 그는 실천적인 맥락에서 다짜고짜 그 의미를 우리에게 들이민다. 말 그대로 '불쑥'이다. 더욱이 그의 발언에는 거의 반드시 그 가치들이 실행되지 못하는 '문제적 현실'이 그 배경에 깔려 있다. '덕이 닦아지지 않는 것, 배움이 가르쳐지지 않는 것, 의로운 일을 듣고도 능히 나아가지 못하는 것'도 다 그런 문제적 현실들이다. '선'의 경우도 마찬가지다. 그는 '불선不善'(=악)이라는 문제적 현실을 명시적으로 언급한다. 더욱이 그 불선을 '고치지 못함'(不能改)이라는 문제도 아울러 혹은 추가적으로 언급한다. 이런 것이 '오우吾憂'(나의 근심)라고, 본인의 절실한 현실적 관심사였다고, 분명히 말하는 것이다. 이 '불능개不能改'는, 사람들이 각자 스스로의 불선을 고치지 못하는 것도, 서로서로 다른 사람의 불선을 고쳐 주지 못하는 것도, 그리고 어쩌면 공자 자신이 사람들의 불선을 고치지 못하는 것도 다 포함할 수 있다. 공자 본인의 '불선' 및 그것에 대한 '불능개'도 여기에 포함될까? 가능성으로서야 그럴 수도 있지만 현실적으로 그건 좀 아닌 것 같다. 공자만큼 선한 사람도, 공자만큼 잘 고치는 사람도 흔치는 않으니까. (불이과不貳過[잘못을 두 번 되풀이하지 않는 것]는 공자철학의 한 축이었다.)

그런데 단순한 관심의 표명으로 끝이 아니다. 위의 표명은 이미 선 및 불선을 대하는 구체적인 '태도' 내지 '방식'을 (즉 '고침'을) 언급하고 있다. 다음 말도 그렇다.

0722 子曰, "三人行, 必有我師焉, 擇其善者而從之, 其不善者

而改之." "세 사람이 가면 반드시 나의 스승이 있다. 그
중 선한 사람을 택해서는 그 선한 점을 따르고 선하지
못한 사람을 택해서는 그 선하지 못한 점을 고친다."

이 유명한 단편에서도 공자는 '선'과 '불선'을 언급한
다. 주변 누구에게나 선한 점이 있고 선하지 못한 점이 있
다. 그 선한 점은 따르고 선하지 못한 점은 고친다. 그런
점들이 이른바 '귀감'과 '타산지석'이 되는 셈이다. 이러
니 '선과 불선', '종지從之와 개지改之'(따름과 고침)는 공자
자신의 문제임이 확실히 드러난다. (바로 이 '개지'[고침]가 바
로 위에서 언급한 '불능개'[고치지 못함]에서 공자 본인은 예외임을
시사한다.) 그리고 이것이 선과 불선을 대하는 공자의 태도
요 방식인 것이다.

관련된 언급이 하나 더 있다.

0728 子曰, "蓋有不知而作之者, 我無是也. 多聞, 擇其善者而
從之, 多見而識之, 知之次也." "알지 못하면서도 지어내
는 사람이 있는 모양이나 나는 그런 게 없다. 많이 들어
서 그중 좋은 것을 택하여 따르고 많이 보아서 그것을
파악하니 이는 아는 것에 버금가는 것이다."

'택기선자이종지擇其善者而從之.' 표현도 0722와 같다. 단, 여기서는 그 선택지가 '아무나 세 사람'이 아니라 '많이 들음'(多聞)에 있다. '삼三'과 '다多'는 별반 다르지 않다. 삼은 다의 일부분이다. 중요한 것은 그 '들음'의 내용을 한쪽 귀로 흘려보내 버리지 않고 그중 무언가를 '택하고' '따른다'는 것이다. 그렇게 해서 그걸 '안다'는 것이다. 특히 그 들은 것 중 '선한 것'(善者)을 택하고, 따르고, 안다. 이렇게 하는 것, 그게 공자다.

이런 것이 말하자면 '선'(및 불선)을 대하는 공자의 방식이다. 이 방식 자체가 공자의 윤리, 공자의 철학이 된다. 이 방식을 좀 더 자세히 들여다보자.

0220 季康子問, "使民敬忠以勸, 如之何?" 子曰, "臨之以莊則敬, 孝慈則忠, 擧善而敎不能則勸." 계강자(季康子)가 물었다. "백성들로 하여금 공경스럽고 충성스럽도록 권장하는 것이 어떻겠습니까?" 선생님께서 말씀하셨다. "엄숙히 일에 임하면 공경스러워지고 효도하고 자애로우면 충성스러워집니다. 선을 거양하여 가르치는 것이 불가능하면 권장하게 됩니다."

이 단편에서 공자는 '거선이교擧善而敎', 즉 '선을 거양하여 가르치는 것'을, '권장'(혹은 장려)의 대안으로, 혹은 그보다 우선하는 것으로 제시한다. 이 거선이교가 백성(= 국민)으로 하여금 '경충敬忠'(공경과 충성)이라는 가치 상태에 이르게 하기 위한 공자식의 방법론인 셈이다. 이 방법론에는 두 면이 있다. '거교擧敎'와 '거선擧善'이다. 거교란 '거하여 가르친다'는 것인데 여기서 '거擧'(든다)는 두 가지 의미가 있다. 실례/사례를 제시한다는 의미도 되고, 높이 평가한다는 의미도 된다. '거'에는 이 두 가지 의미가 다 있다. 그 어느 쪽이라도 좋다. 양쪽 다라면 더 좋다. 그런 방법으로 백성들을 가르친다는 것이다. 그리고 거선이란 선을 '거'하여 가르친다는 것인데, 여기서의 선은 역시 두 가지 의미가 있다. 그야말로 '선하다'는 의미도 되고 '잘한다'는 의미도 된다. 그 어느 쪽이라도 좋다. 양쪽 다라면 더 좋다. 단, '잘한다'는 의미로 읽을 때는 바로 앞에 언급한 내용, 즉 '임지이장臨之以莊'(엄숙히 일에 임함)과 '효자孝慈'(효도와 자애)를 잘한다는 뜻이 된다. 그런 것을 잘하는 사례를 높이 평가하고 그런 실례를 구체적으로 제시해 가르치면 굳이 권장하지 않아도 백성들이 '경敬'과 '충忠'이라는 가치 상태를 구현한다는 말이다. 공자의 지극히 실질적인 교육철학이 아닐 수 없다.

1119 　　　　　자 장 문 선 인 지 도 　　자 왈 　　　불 천 적 　역 불 입 어 실
子張問善人之道. 子曰, "不踐迹, 亦不入於室." 자장(子

張)이 선인善人의 도에 대해 묻자 선생님께서 말씀하셨

다. "발자취를 좇지 않고는 또한 방안으로 들어가지 못

한다."

　　여기서는 '선인지도善人之道'라는 말을 통해 '선을 대하

는 방식'의 일단을 보여 준다. 그것이 바로 '천적踐迹', 즉

'발자취를 좇는 것'이다. 그리고 이 '천적'은 '입어실入於

室', 즉 '방 안으로 들어가는 것'을 위한 천적이다. 이 말들

은 앞뒤 문맥이 단절돼 있는 데다 표현도 비유적이고 추

상적이라 그 정확한 의미 파악이 용이하지 않다. 그러나

우리는 해석학적 이해를 통해 이 '입어실'(방 안으로 들어

감)을 '어떤 이상적인 가치상태를 구현하는 것'으로, 그리

고 이 '천적'(발자취를 좇음)을 '그 목표를 위해 모범적인 역

사적 사례를 뒤밟는 것'으로, 그렇게 해석할 수 있다. (실

은 필자의 이 집필 자체도 가치적 삶 내지 사회(室)의 실현(入)을 위

해 공자를(跡) 살펴보는(踐) 것이니 바로 그 '선인지도'를 걷는 실제

사례가 될지도 모르겠다. 공자가 대동세계(室) 구현(入)을 위해 요순

우탕 문무주공(跡)을 천착한(踐) 것도 마찬가지다.) 단, 여기서 '선

인善人'이라는 것은 이러한 행위의 원인인지 결과인지가

분명치 않다. 즉 이미 달성된 어떤 '선인'이 이런 행위를

하는 것인지, 이런 행위를 잘 해야만 비로소 어떤 '선인'인지가 애매한 것이다. 이 애매함은 공자에게 직접 물어보지 않는 한 풀릴 수 없다. 그러니 애매한 채로 그냥 둘 수밖에 없다. 하나 확실한 것은 있다. 그것은 이런 행위 자체가 전이든 후든 '선인'의 도인만큼 모종의 '선'을 대하는 방식임에는 틀림없다는 것이다.

1611 孔子曰, "見善如不及, 見不善如探湯. 吾見其人矣, 吾聞其語矣. 隱居以求其志, 行義以達其道. 吾聞其語矣, 未見其人也." "선한 것 보기를 미치지 못한 듯이 하고 선하지 못한 것 보기를 끓는 물에 손을 대듯이 한다. 나는 그런 사람을 보았고 그런 말도 들었다. 숨어 삶으로써 그 뜻을 구하고 의로움을 행함으로써 그 도에 이른다. 나는 그런 말은 들었으나 그런 사람은 보지 못하였다."

여기서는 '선'과 '불선'을 대하는 태도가 '여'(如)(듯이)라는 표현과 함께 구체적으로 언급되고 있다. 선에 대해서는 '미치지 못한 듯이'(如不及), 불선에 대해서는 '끓는 물에 손을 대듯이'(如探湯) 대하라는 말이다. '여불급'은 '난 아직 그렇지 못해…' 혹은 '빨리 그렇게 되야지' 그런 태도다. 겸손 내지 동경 혹은 분발 내지 안달, 그런 태도다.

한편 '여탐탕'은 '앗, 뜨거워! 절대 손대지 말아야지. 손댔다간 큰일 나겠어.' 그런 태도다. 조심 혹은 경계다. 선과 불선을 이런 태도로 대하는 사람은 실제로 존재한다고 공자는 증언한다. 그리고 또한 어쩌면 (다음에서 보듯이) 무왕이 언급한 주나라의 사례를 염두에 둔 것인지도 모르겠다.

2001 堯曰, "咨! 爾舜! 天之曆數在爾躬, 允執其中. 四海困窮, 天祿永終." 舜亦以命禹. 曰, "予小子履敢用玄牡, 敢昭告于皇皇后帝, 有罪不敢赦. 帝臣不蔽, 簡在帝心. 朕躬有罪, 無以萬方, 萬方有罪, 罪在朕躬." 周有大賚, 善人是富. "雖有周親, 不如仁人. 百姓有過, 在予一人." 謹權量, 審法度, 修廢官, 四方之政行焉. 興滅國, 繼絶世, 擧逸民, 天下之民歸心焉. 所重, 民食喪祭. 寬則得衆, 信則民任焉, 敏則有功, 公則說. […] (무왕이 말했다.) "주나라는 크나큰 천은天恩을 입어 선한 사람이 이처럼 많도다. 비록 주周의 친척이 있다 하나 어진 사람만은 못하느니라. 백성들이 잘못이 있다면 그 원인은 나 한 사람에게 있느니라." […]

또, 선을 대하는 태도, 방식에는 이런 것도 있다.

1605 孔子曰, "益者三樂, 損者三樂. 樂節禮樂, 樂道人之善, 樂多賢友, 益矣. 樂驕樂, 樂佚遊, 樂宴樂, 損矣." "이로운 세 즐거움이 있고 해로운 세 즐거움이 있다. 예악으로 조절하는 것을 즐거워하고 남의 좋은 점을 따르는 것을 즐거워하며 훌륭한 벗을 많이 사귀는 것을 즐거워하면 이롭고, 교만의 쾌감을 즐거워하고 질탕하게 노는 것을 즐거워하며 향연의 재미를 즐거워하면 해롭다."

여기서는 사람의 선, 남의 선(人之善)에 대한 '낙도樂道', 즉 '이끄는 것을 즐거워함'이 언급된다. 이끄는 것이다. 사람을 이끄는 것이다. 사람의 선을 이끄는 것이다. 그리고 그것을 즐거워하는 것이다. 역시 공자다. 보통의 사람은 그런 것을 즐거움으로 치지 않는다. 선한 사람이라고 오히려 무시하거나 심지어 이용해 먹기도 한다. 착해서 당하는 것이 다반사가 아닌가.

또 '선'과 관련한 이런 방식, 이런 태도도 공자는 말해 준다. 이것은 또한 '선'의 영향 내지 결과에 대한 언급이기도 하다.

1219 季康子問政於孔子曰, "如殺無道, 以就有道, 何如?"

孔子對曰, "子爲政, 焉用殺? 子欲善而民善矣. 君子之德
風, 小人之德草. 草上之風, 必偃." 계강자가 공자께 정치
에 대해 물었다. "만약 무도無道한 자를 죽여 백성들로
하여금 유도有道한 데로 나아가게 한다면 어떻겠습니
까?" 공자께서 대답하셨다. "당신이 정치를 하신다면서
어떻게 죽이는 방법을 쓰십니까? 당신이 선하고자 하
면 백성들도 선해집니다. 군자의 덕은 바람이고 소인의
덕은 풀이라서 풀 위로 바람이 불면 풀은 반드시 눕게
됩니다."

여기서의 핵심은 '자욕선子欲善', 즉 '선하고자 함'이다.
'나 자신'이 선하고자 함이다. 특히 '정치하는 사람'이 선
하고자 함이다. '욕欲'(하고자 함)은 적극적인 지향이고 적
극적인 의지다. 그러면 그 영향이 백성(=국민)에게 미친다
는 것이다. 즉 백성이 '선해진다'(民善矣)는 것이다. 이른
바 솔선수범이다. 소위 '윗물이 맑아야 아랫물이 맑다'다.
하고자 함과 됨, 군주와 백성, 위와 아래, 군자와 소인, 그
영향 관계를 공자는 '바람과 풀'에 비유했다. 바람이 불면
풀은 눕는다. (공자가 이렇게 김수영의 선구임을 아는 사람은 많
지 않을 것이다. 김수영의 시 〈풀〉을 살펴볼 것.)

한편 공자는 이 '선'의 영향 내지 효용에 대해 이런 말
도 들려준다.

1311 子曰, "善人爲邦百年, 亦可以勝殘去殺矣.' 誠哉是言也!"

"'선인善人이 나라를 백 년간 다스리면 또한 가히 잔혹
함을 극복하여 살육을 없앨 수 있다'고 했다. 진실하구
나! 이 말은."

말은 짧지만 보통 말이 아니다. '승잔거살勝殘去殺'이다.
'잔혹함을 이기고 살육을 없앤다'는 것이다. 말하자면 인
류평화의 실현이다. 공자는 '성재 시언야誠哉是言也'(진실하
구나. 이 말은!)라는 말로 이런 생각을 극찬한다. 진짜 '승잔
거살'이 실현된다면 거기가 곧 천국일 것이다. '선'이 이
것을, '선인'이 이것을 가능케 한다는 말이다. 단, 조건이
있다. 선인이, 선이, 백 년간 나라를 다스린다는 것이다.
이건 아마 현실적으로는 불가능할 것이다. 그러나 만일,
그 일부라도 선인의 다스림 같은 게 실현된다면 '승잔거
살' 또한 그 일부라도 실현될 것이다. 그러니 그 꿈을 버
리지는 말자. 백 년이 아니면 십 년이라도, 십 년이 아니
면 오 년이라도.

1329 子曰, "善人教民七年, 亦可以卽戎矣." "선인善人이 칠 년

간 백성들을 가르치면 또한 전쟁에 마주하게도 할 수

있다."

비슷한 말이다. '위방爲邦'이 '교민敎民'으로, '백 년'이

'칠 년'으로 바뀌어 있다. 하지만 그 맥락은 닿아 있다. 선

인이, 선이, 백성을 가르치면 '가이즉융可以卽戎'이다. '전

쟁에 마주하게도 할 수 있다'는 것이다. 이 '즉융'의 의미

는 좀 더 숙고해 볼 필요가 있지만, 그것이 '죽음도 불사

하는 용기'를 시사하는 것은 분명해 보인다.

이런 것만 하더라도 선의 효용은 이미 범상을 넘는다.

그러니 선은 특별한 가치임에 틀림없다.

그런데 아직 한 가지 문제가 남아 있다. 정작 이 '선'이

무엇인지, 어떤 것이 '선'인지, 그것에 대해서는 아직 구

체적인 설명이 없었기 때문이다. 그럴 수밖에. 공자 자신

의 설명이 없으니 도리가 없다. 서두에 언급해 두었듯이

공자의 철학은 서양철학식의 이성적-이론적인 설명과는

거리가 있다. 하지만 우회로는 있다. 구체적인 사례에 대

한 그의 평가들을 통해 그 본질을 짐작해 볼 수 있다. 간

접적으로 거기에 가 닿는 것이다. 어떤 것이 있는가. 공자

는 이런 말을 들려준다.

1315 定公問, "一言而可以興邦, 有諸?" 孔子對曰, "言不可以
若是其幾也. 人之言曰, '爲君難, 爲臣不易.' 如知爲君之
難也, 不幾乎一言而興邦乎?" 曰, "一言而喪邦, 有諸?"
孔子對曰, "言不可以若是其幾也. 人之言曰, '予無樂乎爲
君, 唯其言而莫予違也.' 如其善而莫之違也, 不亦善乎?
如不善而莫之違也, 不幾乎一言而喪邦乎?" 정공(定公)

이 물었다. "한 마디로 가히 나라를 일으킬 만한 말이 있

습니까?" 공자께서 대답하셨다. "말로써는 그렇게 되지

않습니다. 그 가까운 것으로는 '임금 노릇 하기도 어렵

고 신하 노릇 하기도 쉽지 않다'는 사람들의 말이 있습

니다. 만약 임금 노릇 하기가 어렵다는 것을 안다면 그

것이 한 마디로 나라를 일으키는 말에 가깝지 않겠습니

까?" 정공이 말했다. "한 마디로 나라를 잃어버릴 만한

말이 있습니까?" 공자께서 대답하셨다. "말로써는 그렇

게 되지 않습니다. 그 가까운 것으로는 '나는 임금이 되

어 즐거운 것이 아니라 오직 말을 하면 아무도 거역하

지 못하는 것이 즐거움이다' 하는 사람들의 말이 있습

니다. 만약 그 말이 선하기에 아무도 거역하지 못한다면

그 또한 선한 일이 아니겠습니까? 그러나 만약 그 말이

선하지 않은데도 아무도 거역하지 못한다면 그것이야
말로 한 마디로 나라를 잃는 말에 가깝지 않겠습니까?"

여기서 공자는 "'나는 임금이 되어 즐거운 것이 아니라
오직 말을 하면 아무도 거역하지 못하는 것이 즐거움이
다' 하는 사람들의 말이 있습니다. 만약 그 말이 선하기에
아무도 거역하지 못한다면 그 또한 선한 일이 아니겠습
니까?"라며 '선'의 구체적인 사례를 (그가 선이라고 평가하는
사례를) 소개한다. 그게 '그 말이 선하기에 아무도 거역하
지 못하는 것'(其善而莫之違)이다. 좀 길지만 곱씹어 볼 말
이다. 여기서 보통 사람과 공자의 인격 차이가 그리고 가
치관 차이가 극명하게 드러난다. 보통 사람은 임금의 즐
거움이 '오직 말을 하면 아무도 거역하지 못하는 것'(唯
其言而莫予違也)이라고 생각하는데, 공자는 바로 그 '말'에
'선함'이라는 조건을 부가한다. 그냥 왕의 말이라서 거역
을 못하는 게 아니라, 선한 말이라서 거역을 못한다는 것,
그런 '막지위莫之違'의 현상 자체가 '선'이라고 설명하는
것이다. 이런 게 공자식의 '설명'이다. 아름다운, 멋진 설
명방식이 아닐 수 없다. 더욱이 살아있는 대화 속에서의
살아있는 설명인 것이다. 저 소크라테스처럼.

또, 이런 것도 있다.

0726 子曰, "聖人, 吾不得而見之矣, 得見君子者, 斯可矣."
子曰, "善人, 吾不得而見之矣, 得見有恆者, 斯可矣. 亡而
爲有, 虛而爲盈, 約而爲泰, 難乎有恆矣." "성인을 나는
만나 볼 수 없지만 군자다운 자는 만나 볼 수 있다." "선
인善人을 나는 만나 볼 수 없지만 항상됨이 있는 자는
만나 볼 수 있다. 없으면서도 있는 척, 비었으면서도 가
득 찬 척, 부족하면서도 넉넉한 척해서는 항상되기 어
렵다."

여기서 공자는 '항상됨'(有恆)이라는 가치를 말한다. 물
론 이것이 '선'이라고 직접 말하지는 않는다. 그러나 문맥
을 볼 때, 성인과 군자가 닿아 있는 것처럼, 선인과 '유항
자有恆者'도 닿아 있다. 따라서 이 '유항有恆'이 '선'에 준하
는 것, 혹은 '선'에 가까운 것으로 해석해도 큰 잘못은 아
니다. 공자식으로 표현하자면 '선에 버금가는 것'(善之次)
은 될 것이다. 그 '항상됨', 그것은 '없으면서도 있는 척,
비었으면서도 가득 찬 척, 부족하면서도 넉넉한 척'(亡而
爲有, 虛而爲盈, 約而爲泰), 그렇게 하지 않는 것이다. 이게 공
자가 생각하는 '선'의 구체적인 한 모습이다.

비슷한 예가 하나 더 있다.

1322 子曰, "南人有言曰, '人而無恆, 不可以作巫醫.' 善夫!" "不恆其德, 或承之羞." 子曰, "不占而已矣." 선생님께서 말씀하셨다. "남쪽 사람들의 속담에 '사람이 되어 항상 됨이 없으면 무당이나 의원이 될 수 없다'는 말이 있다. 좋은 말이다.'' '그 덕을 항상 유지하지 못하면 수치를 당하는 수가 있다.' 선생님께서 말씀하셨다. "점을 칠 수가 없을 것이다."

여기서 공자는 역시 '항恆'을 이야기한다. '사람의 항상 됨'이다. 그것에 대해 '선하다'는 평가를 내리고 있다. 물론 표면상으로는 '무항無恆'과 '불항不恆'을 말하고 있지만 그것이 '불가不可'와 '부점不占'으로 연결되니, 거꾸로 읽으면 '항' 내지 '유항'이 '가可'와 '점占'으로 연결되는 것이다. (단, '무巫' '의醫' '점占'은 고대의 맥락이라 그 정확한 의미를 포착하기 어렵다. 그 부분은 판단 중지 상태로 괄호 안에 일단 넣어 둔다.) 중요한 것은 이 '항' 내지 '유항'이 '선'의 내용이라는 점이다. 항상된 사람은 얼마나 적고 항상되지 못한 사람은 얼마나 많은가. 특히나 '덕'이 항상되지 못한 그런 사람이.

또, 이런 것도 있다.

1308 子謂衛公子荊, "善居室. 始有, 曰, '苟合矣.' 少有, 曰, '苟完矣.' 富有, 曰, '苟美矣.'" 선생님께서 위나라 공자 형(荊)에 대해 말씀하셨다. "경제생활 자세가 좋구나. 처음 재산이 장만되자 '이만하면 됐다'고 했고 조금 갖추어지자 '제대로 갖추어졌다'고 했으며 부유하게 되자 '너무나 아름답다'고 말했다."

여기서 공자는 형荊의 경제생활(居室)과 관련해 '선하다'는 평가를 내리고 있다. (이 '선'은 '잘한다' 혹은 '좋다'는 뜻으로도 새길 수 있다. 이 세 가지 의미는 밑바닥에서 서로 통할 수 있다.) 이 말은 좀 주의 깊게 읽어야 한다. 여기서는 경제생활의 세 단계가 언급돼 있다. '시유始有'(갖기 시작함) '소유少有'(조금 갖게 됨) '부유富有'(넉넉히 갖게 됨)다. 그것을 형은 각각 '구합苟合'(이만하면 됐음) '구완苟完'(제대로 갖추어짐) '구미苟美'(너무나 아름다움)로 평가하는 것이다. 전자는 객관적 상태고 후자는 그에 대한 형의 주관적 평가다. 혹은 인식이다. 결국 태도다. 이 양자 사이에 각각 약간의 단차가 있는 것이다. 후자, 즉 주관적 평가가 전자, 즉 객관적 상태보다 높게 설정돼 있다. 욕망의 절제 내지 이미 가진 것에 대한 만족이 깔려 있다. 공자는 바로 이런 것을 '선'의 한 구체적인 모습으로 인식하는 것이다. 보통의 경우는 이와 반대다. 욕망은 항상 소유를 앞서가므로 보통 사람에게는 과욕(탐욕)과 불만이 일반적이다. 욕망은 영원히 채워지지 않는 물동이와 같다. 거기서 온갖 문제들도 일어난다.

방향은 좀 다르지만 '선'의 구체적인 모습에 관해 이런 말도 한다.

0325 子謂韶, "盡美矣, 又盡善也." 謂武, "盡美矣, 未盡善也." 선생님께서 소韶에 대하여 말씀하셨다. "아름다움을 다하였을 뿐 아니라 선함도 다하였다." 무武에 대해 말씀하셨다. "아름다움은 다하였으나 선함은 다하지 못하였다."

여기서 언급되는 선의 내용은 순임금의 음악인 '소韶'다. 무왕의 음악인 '무武'에 대해서는 선이 미진하다고 평가한다. '소'와 '무'를 직접 들어볼 수 없는 지금으로서는 더 이상 뭐라 언급하는 것이 불가능하지만, 아무튼 음악이 '선함을 다했다'고 평가하는 것은 흥미롭다.

또, 좀 추상적인 내용이기는 하지만 이런 것도 있다.

1533 子曰, "知及之, 仁不能守之, 雖得之, 必失之. 知及之, 仁能守之. 不莊以涖之, 則民不敬. 知及之, 仁能守之, 莊以

^{리 지} ^{동 지 불 이 례} ^{미 선 야}
涖之, 動之不以禮, 未善也." "앎이 그에 미쳤더라도 어짊
이 그것을 능히 지키지 못하면 비록 그것을 얻더라도
반드시 잃고 말 것이다. 앎이 그에 미치고 어짊이 그것
을 능히 지키더라도 엄숙하게 그에 임하지 못하면 백성
들이 존경하지 않을 것이다. 앎이 그에 미치고 어짊이
그것을 능히 지키며 엄숙하게 그에 임하더라도 예로써
그것을 움직여 나가지 못하면 아직 최선이 못된다."

여기서는 '지知'와 '인仁'과 '장莊'과 '예禮'의 관계와 관
련해 '선'이 언급되고 있다. 이 네 가지가 다 갖추어져야
지만 비로소 '선하다'고 할 수 있다는 말이다. 즉 '앎이 그
에 미치고(知及之) 어짊이 그것을 능히 지키며(仁能守之)
엄숙하게 그에 임하며(莊以涖之) 예로써 그것을 움직여 나
가는 것(動之以禮)', 이런 경지가 곧 '선'인 것이다. 이 중
어느 하나가 빠져도 '미선未善'이라니, '선'에 대한 공자의
요구 수준은 결코 만만치가 않다.

이상으로 '선'이 어떤 것인지, 어떤 것이 '선'인지가 어
느 정도 구체적으로 드러났다. 그 내용은 우리의 통상적
이해의 범위를 벗어난다. 그저 단순히 '착한' 것이 아니다.
이른바 윤리적인 '선'만도 아니다. 공자의 선은 그보다 훨

씬 포괄적이고 고차원적이다. 살펴본 저 모든 것을 다 합해서야 비로소 '선'이기 때문이다. 그리고 그런 선을 갖춘 인물이 비로소 '선인善人' 혹은 '선자善者'로 일컬어진다. 《논어》에 다섯 차례 등장하는 '선인善人'이란 표현은 거의 '성인聖人'이나 '군자君子'와 동격에 가깝다. '선善'은 '성聖'에 준하는 것이다.)

그런데 그 '선자'가 사람의 진정한 훌륭함(좋아할 만한 훌륭함)에 대한 기준이 됨을 공자는 시사한다.《논어》에는 다음과 같은 대단히 흥미로운 대화가 눈길을 끈다.

1324 子貢問曰, "鄕人皆好之, 何如?" 子曰, "未可也." "鄕人皆惡之, 何如?" 子曰, "未可也, 不如鄕人之善者好之, 其不善者惡之." 자공(子貢)이 물었다. "마을 사람들이 모두 좋아한다면 어떻습니까?" 선생님께서 말씀하셨다. "아직 덜 됐다." "마을 사람들이 모두 싫어한다면 어떻습니까?" 선생님께서 말씀하셨다. "아직 덜 됐다. 마을 사람들 중에서 선한 자는 좋아하고 선하지 못한 자는 싫어하는 것만 못하다."

사람들 누구나가 다 좋아하는 사람도 아직 '됐다'(可)고 할 수 없고 누구나가 다 싫어하는 사람도 아직 '됐다'고 할 수 없다는 것이다. 그럼? 대체 어떤 사람이 그만

하면 '됐다'고 할 수 있는 사람이란 말인가. 사람들 중 '선자'가 좋아하고 '불선자'가 싫어하는 사람이 '됐다'고 할 수 있는 사람, 즉 진정으로 훌륭한 사람이라고 공자는 말해 준다. 참으로 기발한 통찰이 아닐 수 없다. 아닌 게 아니라 그건 그렇다. 공자 본인은 물론 부처, 소크라테스, 예수 같은 성인들도 모든 사람이 다 좋아하지는 않았던 것이다. 선한 자들은 다 그분들을 좋아했지만, 불선자들은 그런 훌륭한 분들을 너무나 싫어했다. 심지어 해치려고도 했고 실제로 해치기도 했다. (환퇴[공자를 해치려던 자], 데바닷타[부처를 해치려한 자], 멜레토스·아뉘토스·뤼콘[소크라테스를 해친 자], 바리새인·제사장[예수를 해친 자], 그런 사람들을 상기해 보라.)

이렇듯 공자의 '선론'은 많은 생각 거리를 제공한다. 최소한 우리는 우리 시대의 저 수많은 '불선'들을 둘러보지 않으면 안 된다. 수많은 '불선'과 '악'들이 인간세상 어디에나 만연해 있다. '선'은 이제 거의 천연기념물 수준으로 줄어들었다. 디오게네스처럼 대낮에 등불이라도 들고 한번 찾아봐야겠다. "나는 지금 '선'을 찾고 있다."

'잘함'의 뜻으로 쓰인 선善은 다음과 같다.

0517 子曰, "晏平仲善與人交, 久而敬之." "안평중(晏平仲)
은 사람들과 사귀기를 잘 하였는데 오래 사귀어도
상대방을 공경하였다."

0732 子與人歌而善, 必使反之, 而後和之. 선생님께서는
다른 사람과 함께 노래를 부를 적에 잘 부르면 반
드시 다시 부르게 하신 후 따라 부르셨다.

0813 子曰, "篤信好學, 守死善道. 危邦不入, 亂邦不居. 天
下有道則見, 無道則隱. 邦有道, 貧且賤焉, 恥也, 邦
無道, 富且貴焉, 恥也." "신뢰를 돈독히 하고 배우기
를 좋아하며 목숨을 걸고 도道를 잘 이루어라. 위태
로운 나라에는 들어가지 말고 어지러운 나라에서
는 지내지 마라. 천하에 도道가 있으면 모습을 드러
내고 도가 없으면 숨어라. 나라에 도가 있으면 가난
하고 천한 것이 부끄러운 일이지만 나라에 도가 없
으면 부유하고 귀한 것이 부끄러운 일이다."

1223 子貢問友. 子曰, "忠告而善道之, 不可則止, 毋自辱
焉." 자공(子貢)이 벗에 대해 묻자 선생님께서 말씀
하셨다. "충고해서 잘 이끌되 안 될 것 같으면 그쳐
서 스스로 욕을 당하지는 말 것이다."

1510 子貢問爲仁. 子曰, "工欲善其事, 必先利其器. 居是邦
也, 事其大夫之賢者, 友其士之仁者." 자공(子貢)이 어
짊을 추구하는 것에 대해 묻자 선생님께서 말씀하

셨다. "장인이 자기 일을 잘하려면 반드시 먼저 자신의 연장을 벼리듯이 어느 한 나라에서 지내게 되면 그 나라 대부 중에서 현명한 자를 섬기고 그 나라 선비 중에서 어진 자를 벗해야 한다."

1604 孔子曰, "益者三友, 損者三友. 友直, 友諒, 友多聞, 益矣. 友便辟, 友善柔, 友便佞, 損矣." "이로운 세 벗이 있고 해로운 세 벗이 있다. 벗이 곧거나 벗이 이해심이 있거나 벗이 많이 들어 알면 이롭고, 벗이 편벽되거나 벗이 영합을 잘하거나 벗이 말을 잘 둘러대면 해롭다."

참고 2

'좋음'의 뜻으로 쓰인 선善은 다음과 같다.

1211 齊景公問政於孔子. 孔子對曰, "君君, 臣臣, 父父, 子子." 公曰, "善哉! 信如君不君, 臣不臣, 父不父, 子不子, 雖有粟, 吾得而食諸?" 제齊나라 경공(景公)이 공자에게 정치에 대해 묻자 공자께서 대답하셨다. "임금은 임금답고 신하는 신하다우며 아버지는 아버지답고 자식은 자식답게 하는 것입니다." 경공이 말했다. "좋은 말이오. 진실로 만일 임금이 임금답지 못하고 신하가 신하답지 못하며 아버지가 아버지답지 못하고 자식이 자식답지 못하다면 비록 곡식이 있더라도 내가 먹을 수가 있겠소?"

1221 樊遲從遊於舞雩之下, 曰, "敢問崇德, 脩慝, 辨惑." 子曰, "善哉問! 先事後得, 非崇德與? 攻其惡, 無攻人之惡, 非脩慝與? 一朝之忿, 忘其身以及其親, 非惑與?" 번지(樊遲)가 선생님을 따라 무우舞雩 아래에서 거닐며 말했다. "감히 덕을 숭상하는 것과 못된 마음을 다스리는 것, 미혹됨을 판별하는 것에 대해 묻고자 합니다." 선생님께서 말씀하셨다. "좋은 질문이다. 일하는 것을 우선으로 하고 그 결과는 나중으로 하는 것이 덕을 숭상하는 것이 아니겠느냐? 자신의 나쁜 점을 공박하고 남의 나쁜 점을 공박하지 않는 것이 못된 마음을 다스리는 것이 아니겠느냐? 한순간의 분함 때문에 자기 일신을 잊고 부모에게까지 화를 미치는 것이 미혹됨이 아니겠느냐?"

수脩[8]

닦음/다스림/수양에 대하여

"너나 잘 하세요." 영화 〈친절한 금자씨〉에서 이영애의 입을 통해 나온 이 말이 한때 우리 사회에서 크게 유행했었다. 그 영화의 콘텍스트와 상관없이 나는 이 말에서 어떤 묘한 철학적 의미를 감지한다. 좀 분석적으로 접근하자면, 이 말은 세 개의 요소로 구성된다. '너'와 '잘'과 '하다'가 그것이다. '너'는 이 말을 듣는 사람의 '자기'와 통한다. '잘'은 어떤 '좋은 상태'를 지시한다. '한다'는 행위 내지 실천을 가리킨다. 그러니 이 말은 '자기를 어떤 좋은 상태로 만들라'는 말이 된다. 그리고 이 말은 '자기가 지금/아직 좋은 상태가 아니다'라는 문제적인 현실을 그 배경 내지 바탕에 깔고 있다. 또한 덧붙여 '자기도 제대로 못하는 주제에 남을 어떻게 해보려고 한다'는 인간들의

---

8 《논어》에서의 脩는 修와 같다.

좀 꼴사나운 주제넘음을 꼬집고도 있다.

이 말을 들으며 나는 《대학》에 나오는 유명한 말, "수신제가치국평천하修身齊家治國平天下"를 떠올렸다. '자기 자신을 닦고 집안을 순탄케 하고 나라를 다스리고 온 세상을 평안하게 한다'는 엄청난 유교적 이념이다. 금자씨의 저 말은 바로 이 '치국평천하…' 어쩌고 하면서 실은 자기 하나도, 자기 가족 하나도, 제대로 어떻게 못하는 우리 사회의 저 한심하기 짝이 없는 정치인들에게도 그대로 해당하는 것이다. 그렇게 문제 투성이인 자기와 가족 때문에 치국평천하는커녕 결국 수갑을 차고 언론의 카메라 앞에 섰던 그리고 감옥으로 간 수많은 정치인들을 우리는 생생하게 기억한다. 그게 세상의 현실이다.

'수신제가…'라는 증자(曾子)의 저 말도[9] 실은 그런 배경에서 나온 말이었다. '너부터 잘 하세요' '그러고 나서 세상 운운하세요' 그런 취지다. 그런데 유명한 이 말이 실은 그 증자의 스승인 공자에게서 유래한다는 사실을 모르는 사람도 의외로 많다. 공자의 본래 발언을 소개한다.

1442 子路問君子. 子曰, "脩己以敬." 曰, "如斯而已乎?" 曰, "脩

---

9 주자의 설이나 작자가 정확히 누구인지 정론은 없음.

己以安人." 曰, "如斯而已乎?" 曰, "脩己以安百姓. 脩己
以安百姓, 堯舜其猶病諸" 자로가 군자에 대해 묻자 선
생님께서 말씀하셨다. "경敬으로써 자신을 닦는다." 자
로가 말했다. "그게 다입니까?" 선생님께서 말씀하셨다.
"자신을 닦아 사람들을 편안케 한다." 자로가 말했다.
"그게 다입니까?" 선생님께서 말씀하셨다. "자신을 닦
아 백성을 편안케 한다. 자신을 닦아 백성을 편안케 하
는 것은 요임금과 순임금도 오히려 부심했던 것이다."

　여기서 공자는 이른바 군자의 덕목으로서 바로 그 '수
기脩己'(자기를 닦음)를 언급한다. (수기의 '기己'와 수신의 '신身'
은 결국 같은 말이다. 자기고 자신이다. 결국은 '나'다.) 그러니 이
'수기'는 명백히 공자의 가치요 철학이다. 단, 이것을 근
거로 공자의 철학을 '수기지학'으로 강조하는 것은 다소
위험하다. 왜냐하면 공자는 이 수기가 '다'(이이而已)가 아
님을 분명히 말하기 때문이다. 수기는 '안인安人'(남을 편안
케 함) '안백성安百姓'(백성을 편안케 함)으로 이어질 때 비로
소 완성되는 개념이다. 그리고 이것이 저 성군들, 즉 요
堯와 순舜도 부심했던 일임을 상기시킨다. '수기'가 '안인'
및 '안백성'의 기초요 시발점이며, '안백성'이 '수기'의 목
표요 종착점인 것이다. 이렇게 수脩와 안安, 기己와 인人,

기己와 백성百姓은 연결돼 있고 맞물려 있다. 적어도 그런 점에서는, 이 '수기'는 '안인'을 위한, '안백성'을 위한 수기라는 측면이 있다.

생각해 보자. 이는 얼마나 대단한 철학인가. 남을 편안하게 하자는 것이다. 백성을, 즉 국민을 편안하게 하자는 것이다. 목표 설정과 지향이 그런 것이다. 요즘 이런 대상을 제대로 염두에 두고 있는 정치인이 과연 있기나 한가? 그들의 진짜 진지한 관심사에 나라나 세상이 포함돼 있는가? 뉴스 등을 통해 알려지는 실상을 보면 거의 대부분 결국은 신身과 가家, 자기와 가족이 다가 아니던가. 그 출세와 이익이 전부가 아니던가. 아니, 국가와 세상, 국민과 인민의 평안에 진짜로 일정 부분 관심이 있다고 치자. 그러려면 우선 철저한 자기관리에서부터 시작하라는 것이 공자의 윤리학이자 정치학인 것이다. 남을, 국민을, 나라를, 세상을 편안하게 하기 위한 기초로서의 자기수양! 그게 '수기'다. 공자는 제대로 핵심을 짚고 있는 것이다.

'자기'란 얼마나 다루기가 까다로운 존재인가. 근본적으로 이것은 욕망의 거점이다. 욕망의 덩어리다. 본능적으로 그리고 본질적으로 '자기'는 이기적이다. (프로이트와 라캉이 그 점을 잘 알려 준다.) 남이란, 더구나 백성이란, 원래 거기에 없다. 그런데 거기에 그 남을, 백성을 맞아들여야 하는 것이다. 그러기 위해서 그 자기의 절제 내지 통제 내지 관리가 필요한 것이다. 그게 수기다. 그래서 수기는 '극기'(극기복례의 그 '극기')와도 통한다. 그래서 공자의 이 말, 이 가치는 숭고하다.

그럼 구체적으로 이 '수기'는 어떻게 하는 것인가. 우리는 몸을 앞으로 당기게 된다. 그런데 뜻밖에도 공자는 그 구체적인 '수기법'에 대해서 직접적인 언급이 없다. 이런! 좀 아쉽다. 그러나 실망하기엔 이르다. 우선 힌트가 있다.

1221 樊遲從遊於舞雩之下, 曰, "敢問崇德, 脩慝, 辨惑." 子曰, "善哉問! 先事後得, 非崇德與? 攻其惡, 無攻人之惡, 非脩慝與? 一朝之忿, 忘其身以及其親, 非惑與?" 번지(樊遲)가 선생님을 따라 무우舞雩 아래에서 거닐며 말했다. "감히 덕을 숭상하는 것과 못된 마음을 다스리는 것, 미혹됨을 판별하는 것에 대해 묻고자 합니다." 선생님께서 말씀하셨다. "좋은 질문이다. 일하는 것을 우선으로 하고 그 결과는 나중으로 하는 것이 덕을 숭상하는 것이 아니겠느냐? 자신의 나쁜 점을 공박하고 남의 나쁜 점을 공박하지 않는 것이 못된 마음을 다스리는 것이 아니겠느냐? 한순간의 분함 때문에 자기 일신을 잊고 부모에게까지 화를 미치는 것이 미혹됨이 아니겠느냐?"

번지의 질문을 받아 공자는 '수특修慝'이라는 것을 말해 준다. 수기, 즉 자기를 닦는 것에는 '수특', 즉 사특함을 닦는다는 면이 있는 것이다. 자기의 '못된 마음'을 다스리는 것이다. 그리고 친절하게도 그 세목을 일러 준다. 즉 '자신의 나쁜 점을 공박하고 남의 나쁜 점을 공박하지 않는 것'(攻其惡, 無攻人之惡)이다. 간단하지만 이게 전형적인 공자의 설명법이다. 그의 스타일이다. 이 정도면 대충 알아들어야 하는 것이다. 공자는 분명히 말한다. '특慝'은 '악惡'이다. 나쁜 것이다. 나쁜 점이다. 그 나쁜 점을 '공攻'하는 것, 즉 공격하는 것, 치는 것, 요즘 식으로 말하면 비판하는 것, 탓하는 것, 더욱이 남의 나쁜 점이 아니라 나의, 자기 자신의 나쁜 점을 공격하는 것, 비판하는 것, 탓하는 것, 그게 바로 '수修', 즉 '닦는 것'이다. 그런 게 바로 수기임을 공자는 이 단편에서 일러 준다. 이런 게 말이 쉽지, 어디 간단한 일인가. 보통은 '제 눈의 들보는 보지 못하고 남의 눈의 티끌만 본다'고, 대개는 남의 허물만 보지 자기의 허물은 잘 보지 못한다. 그런데 공자는 반대다. 그는 사람을 보는 시선을 '이쪽에서 저쪽으로'에서 '저쪽에서 이쪽으로'로 전환시킨다. 남을 보는 것이 아니라 우선 나를 들여다보는 것, 그게 수기의 핵심이다. (1424 子曰, "古之學者爲己, 今之學者爲人."[옛날 배우는 자는 자기를 위해 배웠고 지금 배우는 자는 남을 위해 배운다)도 바로 이런 취지다.)

수기와 관련된 공자의 설명은 이 뿐만이 아니다. 이런 발언도 눈에 띈다.

0703 子曰, "德之不脩, 學之不講, 聞義不能徙, 不善不能改, 是吾憂也." "덕이 닦아지지 않는 것, 배움이 논의되지지 않는 것, 의로운 일을 듣고도 능히 나아가지 못하는 것, 선하지 못한 점을 능히 고치지 못하는 것, 이것이 나의 근심이다."

'덕이 닦아지지 않는 것'(德之不脩)이 '나의 근심'(吾憂)이라고 그는 말한다. 즉 닦음의 내용이, 닦아야 할 내용이 '덕'이라는 말이다. 여기서 그 닦음의 방향이 분명해진다. 수기는 곧 '수덕脩德'인 것이다. 그렇다면 덕이란 무엇인가. 그 덕에 대해서는 따로 논하므로 여기서 더 이상의 상론은 자제한다. 그래도 저 '중용'을 비롯한 '훌륭함들'이 그 내용에 포함되어 있음은 알아 둬야 한다.

관련된 힌트가 하나 더 있다.

1601 季氏將伐顓臾. 冉有季路見於孔子曰, "季氏將有事於顓臾." 孔子曰, "求! 無乃爾是過與? 夫顓臾, 昔者先王以爲

<ruby>東<rt>동</rt></ruby><ruby>蒙<rt>몽</rt></ruby><ruby>主<rt>주</rt></ruby>, <ruby>且<rt>차</rt></ruby><ruby>在<rt>재</rt></ruby><ruby>邦<rt>방</rt></ruby><ruby>域<rt>역</rt></ruby><ruby>之<rt>지</rt></ruby><ruby>中<rt>중</rt></ruby><ruby>矣<rt>의</rt></ruby>, <ruby>是<rt>시</rt></ruby><ruby>社<rt>사</rt></ruby><ruby>稷<rt>직</rt></ruby><ruby>之<rt>지</rt></ruby><ruby>臣<rt>신</rt></ruby><ruby>也<rt>야</rt></ruby>. <ruby>何<rt>하</rt></ruby><ruby>以<rt>이</rt></ruby><ruby>伐<rt>벌</rt></ruby><ruby>爲<rt>위</rt></ruby>?" <ruby>冉<rt>염</rt></ruby>

<ruby>有<rt>유</rt></ruby><ruby>曰<rt>왈</rt></ruby>, "<ruby>夫<rt>부</rt></ruby><ruby>子<rt>자</rt></ruby><ruby>欲<rt>욕</rt></ruby><ruby>之<rt>지</rt></ruby>, <ruby>吾<rt>오</rt></ruby><ruby>二<rt>이</rt></ruby><ruby>臣<rt>신</rt></ruby><ruby>者<rt>자</rt></ruby><ruby>皆<rt>개</rt></ruby><ruby>不<rt>불</rt></ruby><ruby>欲<rt>욕</rt></ruby><ruby>也<rt>야</rt></ruby>." <ruby>孔<rt>공</rt></ruby><ruby>子<rt>자</rt></ruby><ruby>曰<rt>왈</rt></ruby>, "<ruby>求<rt>구</rt></ruby>! <ruby>周<rt>주</rt></ruby><ruby>任<rt>임</rt></ruby>

<ruby>有<rt>유</rt></ruby><ruby>言<rt>언</rt></ruby><ruby>曰<rt>왈</rt></ruby>, '<ruby>陳<rt>진</rt></ruby><ruby>力<rt>력</rt></ruby><ruby>就<rt>취</rt></ruby><ruby>列<rt>열</rt></ruby>, <ruby>不<rt>불</rt></ruby><ruby>能<rt>능</rt></ruby><ruby>者<rt>자</rt></ruby><ruby>止<rt>지</rt></ruby>.' <ruby>危<rt>위</rt></ruby><ruby>而<rt>이</rt></ruby><ruby>不<rt>부</rt></ruby><ruby>持<rt>지</rt></ruby>, <ruby>顚<rt>전</rt></ruby><ruby>而<rt>이</rt></ruby><ruby>不<rt>불</rt></ruby><ruby>扶<rt>부</rt></ruby>, <ruby>則<rt>즉</rt></ruby>

<ruby>將<rt>장</rt></ruby><ruby>焉<rt>언</rt></ruby><ruby>用<rt>용</rt></ruby><ruby>彼<rt>피</rt></ruby><ruby>相<rt>상</rt></ruby><ruby>矣<rt>의</rt></ruby>? <ruby>且<rt>차</rt></ruby><ruby>爾<rt>이</rt></ruby><ruby>言<rt>언</rt></ruby><ruby>過<rt>과</rt></ruby><ruby>矣<rt>의</rt></ruby>, <ruby>虎<rt>호</rt></ruby><ruby>兕<rt>시</rt></ruby><ruby>出<rt>출</rt></ruby><ruby>於<rt>어</rt></ruby><ruby>柙<rt>합</rt></ruby>, <ruby>龜<rt>귀</rt></ruby><ruby>玉<rt>옥</rt></ruby><ruby>毁<rt>훼</rt></ruby><ruby>於<rt>어</rt></ruby><ruby>櫝<rt>독</rt></ruby><ruby>中<rt>중</rt></ruby>,

<ruby>是<rt>시</rt></ruby><ruby>誰<rt>수</rt></ruby><ruby>之<rt>지</rt></ruby><ruby>過<rt>과</rt></ruby><ruby>與<rt>여</rt></ruby>?" <ruby>冉<rt>염</rt></ruby><ruby>有<rt>유</rt></ruby><ruby>曰<rt>왈</rt></ruby>, "<ruby>今<rt>금</rt></ruby><ruby>夫<rt>부</rt></ruby><ruby>顓<rt>전</rt></ruby><ruby>臾<rt>유</rt></ruby>, <ruby>固<rt>고</rt></ruby><ruby>而<rt>이</rt></ruby><ruby>近<rt>근</rt></ruby><ruby>於<rt>어</rt></ruby><ruby>費<rt>비</rt></ruby>. <ruby>今<rt>금</rt></ruby><ruby>不<rt>불</rt></ruby><ruby>取<rt>취</rt></ruby>,

<ruby>後<rt>후</rt></ruby><ruby>世<rt>세</rt></ruby><ruby>必<rt>필</rt></ruby><ruby>爲<rt>위</rt></ruby><ruby>子<rt>자</rt></ruby><ruby>孫<rt>손</rt></ruby><ruby>憂<rt>우</rt></ruby>." <ruby>孔<rt>공</rt></ruby><ruby>子<rt>자</rt></ruby><ruby>曰<rt>왈</rt></ruby>, "<ruby>求<rt>구</rt></ruby>! <ruby>君<rt>군</rt></ruby><ruby>子<rt>자</rt></ruby><ruby>疾<rt>질</rt></ruby><ruby>夫<rt>부</rt></ruby><ruby>舍<rt>사</rt></ruby><ruby>曰<rt>왈</rt></ruby><ruby>欲<rt>욕</rt></ruby><ruby>之<rt>지</rt></ruby><ruby>而<rt>이</rt></ruby><ruby>必<rt>필</rt></ruby>

<ruby>爲<rt>위</rt></ruby><ruby>之<rt>지</rt></ruby><ruby>辭<rt>사</rt></ruby>. <ruby>丘<rt>구</rt></ruby><ruby>也<rt>야</rt></ruby><ruby>聞<rt>문</rt></ruby><ruby>有<rt>유</rt></ruby><ruby>國<rt>국</rt></ruby><ruby>有<rt>유</rt></ruby><ruby>家<rt>가</rt></ruby><ruby>者<rt>자</rt></ruby>, <ruby>不<rt>불</rt></ruby><ruby>患<rt>환</rt></ruby><ruby>寡<rt>과</rt></ruby><ruby>而<rt>이</rt></ruby><ruby>患<rt>환</rt></ruby><ruby>不<rt>불</rt></ruby><ruby>均<rt>균</rt></ruby>, <ruby>不<rt>불</rt></ruby><ruby>患<rt>환</rt></ruby><ruby>貧<rt>빈</rt></ruby><ruby>而<rt>이</rt></ruby>

<ruby>患<rt>환</rt></ruby><ruby>不<rt>불</rt></ruby><ruby>安<rt>안</rt></ruby>. <ruby>蓋<rt>개</rt></ruby><ruby>均<rt>균</rt></ruby><ruby>無<rt>무</rt></ruby><ruby>貧<rt>빈</rt></ruby>, <ruby>和<rt>화</rt></ruby><ruby>無<rt>무</rt></ruby><ruby>寡<rt>과</rt></ruby>, <ruby>安<rt>안</rt></ruby><ruby>無<rt>무</rt></ruby><ruby>傾<rt>경</rt></ruby>. <ruby>夫<rt>부</rt></ruby><ruby>如<rt>여</rt></ruby><ruby>是<rt>시</rt></ruby>, <ruby>故<rt>고</rt></ruby><ruby>遠<rt>원</rt></ruby><ruby>人<rt>인</rt></ruby><ruby>不<rt>불</rt></ruby><ruby>服<rt>복</rt></ruby>,

<ruby>則<rt>즉</rt></ruby><ruby>脩<rt>수</rt></ruby><ruby>文<rt>문</rt></ruby><ruby>德<rt>덕</rt></ruby><ruby>以<rt>이</rt></ruby><ruby>來<rt>래</rt></ruby><ruby>之<rt>지</rt></ruby>. <ruby>旣<rt>기</rt></ruby><ruby>來<rt>래</rt></ruby><ruby>之<rt>지</rt></ruby>, <ruby>則<rt>즉</rt></ruby><ruby>安<rt>안</rt></ruby><ruby>之<rt>지</rt></ruby>. …" 계씨(季氏)가 전유

顓臾나라를 치려 하자 염유(冉有)와 계로(季路)가 공자를

찾아뵙고 말했다. "계씨께서 전유나라에 대해 장차 일

을 벌이려 합니다." 공자께서 말씀하셨다. "구(求)야, 네

가 이러는 것은 잘못이 아니냐? 실로 전유나라는 옛날

선왕께서 동몽東蒙의 제주祭主로 삼으셨고 또 나라 한가

운데에 있으니 곧 사직의 신하다. 어찌하여 치려 하느

냐?" 염유가 말했다. "계씨께서 하려는 것이지, 우리 두

신하는 모두 원치 않습니다." 공자께서 말씀하셨다. "구

(求)야, 주임(周任)이 한 말에 '힘을 펼쳐 관직에 나아가

되 그럴 수 없는 자는 그만 둔다'는 것이 있다. 위태로

운데 붙잡아 주지 않고 넘어지는데 부축하여 주지 않는

다면 그런 신하를 장차 어디에 쓸 것이냐? 또 너의 말

이 잘못인 것이 범이나 외뿔소가 우리에서 뛰쳐나오고 귀갑龜甲이나 보옥寶玉이 상자 안에서 깨진다면 이는 누구의 잘못이냐?" 염유가 말했다. "오늘날 전유나라는 견고하고 비읍費邑에서 가까워 지금 취하지 않으면 후세에 반드시 자손의 근심거리가 될 것입니다." 공자께서 말씀하셨다. "구야, 군자는 원한다고 말하지 않고 어쩔 수 없다고 말하는 것을 미워한다. 내가 듣기에 '나라를 다스리고 대부의 가家를 다스리는 자는 백성이 적은 것을 근심하지 않고 균등하지 못한 것을 근심하며 가난한 것을 근심하지 않고 평안하지 못한 것을 근심한다'고 했다. 대개 균등하면 가난함이 없고 화목하면 백성 적음이 문제되지 않으며 평안하면 기울어지지 않는다. 실로 이러한 까닭에 멀리 있는 사람들이 복속服屬하지 않으면 문덕文德을 닦아 저절로 오게 하고 이미 오게 하였으면 평안케 하는 것이다. …"

이 단편에서 보이는 '수문덕修文德'도 그에 준한다. '문덕' 특히 '문文'에 대해서는 돋보기를 대고 좀 더 들여다볼 필요가 있지만, 상론은 미루어 둔다. 다만 닦아야 할 덕이 '무武'가 아님은 분명해 보인다. 공자와 사무라이는 그 걷는 길이 다르다.

'수기'. 공자에게는 분명 이런 면이 있다. 자기에 대한
관심, 자기에 대한 시선, 자기의 모자람이나 고약함에 대
한 관리, 비판적인 시각, 자기의 인격의 완성, 그리고 그
것을 기초로 한 타인에의 관심, 타인의 편안함에 대한 지
향, 그런 양면이 공존한다. 공자에게서 이 양면은 불가분
이다. 그 양면은 본질적으로 맞물려 있다. 그게 공자다.
'수기지학'인 동시에 '안인지학'인 것이 공자의 학이다.

그런데 우리의 현실은 지금 어떤가. 안인지학은 거의
말뿐인 듯하다. 아니 그 말조차도 요즘은 거의 들리지가
않는다. 저 선거철에만 정치인들의 공허한 구호로 들릴
뿐이다. 수기지학은? 거의 멸종위기의 천연기념물이라
해도 과언이 아니다. 눈에 띄는 것은 천지사방에 '이기지
학利己之學' 뿐이다. 공자 보기에 부끄럽다. 심지어 그 공
자를 들먹여 봤자, 사람들의 눈길은 썰렁하기만 하다. 그
눈길은 공자에게조차 이렇게 말하는 것 같다. '너나 잘 하
세요'라고. 공자 보기에 더욱 부끄럽다.

참고

다음 단편에도 '수脩'라는 표현이 보이는데 특별히 철학
적인 의미로 주제화된 것은 아니다.

1408 子曰, "爲命, 裨諶草創之, 世叔討論之, 行人子羽脩

^{식 지} ^{동 리 자 산 윤 색 지}
節之, 東里子産潤色之." 선생님께서 말씀하셨다.

"외교 문서를 작성하는 데에 있어서는 비심(裨諶)이

초안을 만들고 세숙(世叔)이 검토하고 외교관 자우

(子羽)가 다듬었으며 동리東里의 자산(子産)이 윤색

하였다."

시視 및 관觀 및 찰察
봄/살핌/살펴봄에 대하여

"너 참 사람 볼 줄 모른다!" 주변에서 흔히 듣는 이야기다. "그 사람 그렇게 사람 보는 눈이 없나!" 역시 흔히 듣는 비판의 목소리다. 친구를 사귀는 경우, 짝을 고르는 경우, 혹은 기관의 장들, 심지어는 위정자들이 인사를 하는 경우, 사람들이 흔히 하는 비판이기도 하다. '사람을 본다'는 것은, 예컨대 결혼의 경우, 인생을 좌우하기도 한다. 또, 대통령의 경우, 정권의 성패는 물론 국가의 운명을 좌우하기도 한다. 중대한 일이 아닐 수 없다. 그러나 이게 쉬운 일은 아니다. '열 길 물속은 알아도 한 길 사람 속은 모른다'는 속담도 있지 않은가. 사람은 대개 '지킬과 하이드' 정도가 아니라, 아예 천 개의 가면을 쓰고 있지 않은가. 그러나 방법이 없는 것은 아니다.

《논어》에 보면 공자의 좀 특이한 말이 하나 보인다.

0210 子曰, "視其所以 觀其所由 察其所安. 人焉廋哉! 人焉廋哉!" 그 수단 삼는 바를 보고, 그 연유하는 바를 보고, 그 만족하는 바를 보라. 사람이 어찌 숨길 수 있겠느냐. 사람이 어찌 숨길 수 있겠느냐."

번역은 조금씩 다를 수 있는데 나는 일단 이 말의 의미를 "그 '어떻게'를 보고, 그 '어째서'를 보고, 그 '무엇을'을 살펴보라. 사람이 어찌 자기를 숨길 수 있겠는가!" 쯤으로 이해해 둔다. 사람을 볼 때 그 수단과 동기와 지향을 잘 관찰해 보라는 말이다.

나는 공자라는 사람을 엄청 높이 평가하고 좋아한다. 철학의 본령인 '사람'에 대해, '세상'에 대해, 공자만큼 훌륭한 통찰과 고민과 노력을 (그리고 멋있는 언어를) 보여 준 이는 동서고금을 통틀어 그렇게 흔하지 않다.

그의 이 말은 우리에게 무엇을 알려 주는가. 기본적으로는 '인人'과 '수廋', 즉 사람과 감춤이다. 이는 사람의 정체가 보통 교묘히 숨겨져 잘 드러나지 않는다는 현상을 바탕에 깔고 있다. 표리부동, 인면수심, 교언영색…. 다 관련된 이야기다. 자신의 진짜 모습을 그럴듯한 가면 뒤에 숨기고 있는 사람이 그만큼 많다는 이야기다. 사람의 자기은닉, 정체은닉은 거의 보편적인 현상? 혹은 본질적인 현상? 그런 건지도 모르겠다. 사실 자기조차도 자기를 잘 모르는 경우가 허다하다. 좀 확대해석하자면 소크라데스의 '너 자신을 알라'와 프로이트의 '무의식'도 이런 자기 은닉과 깊은 곳에서 연관될 수 있다. 사람의 정체, 자기의 정체란 기본적으로 대개 '부끄러운' 경우가 많다. (그건 자기가 자기 속을 들여다보면 곧바로 확인된다.) 그래서 사람은 그 정체를 숨기고 감추고 가리고 덮고 싶은 것이다. 뻔뻔한 자일수록 그 수법은 아주 교묘하다. 그런 숨김엔 일종의 자기최면, 자기기만도 작용한다. '나는 훌륭한 (적어도 나쁘지 않은) 사람'이라는 것이다.

그런데 공자는 '사람이 어찌 숨길 수 있겠느냐'(人焉廋哉)라고 말한다. 숨길 수 없다는 것이다. 드러난다는 것이다. 어떻게? '보면'(視, 觀, 察) 된다는 것이다. 무엇을? 그 사람의 '소이所以'와 '소유所由'와 '소안所安'을 보면 된다는 것이다. 그러면 그 사람의 정체를 알 수 있다는 것이다. 그 사람이 어떤 사람인지가 훤히 보인다는 것이다. 참 기발한 통찰이 아닐 수 없다. 이러니 공자에 탄복하지 않을 수가 없다.

그렇다면 '소이所以'란 무엇인가. 이것은 지금 한국어로 통용되는 소이, 즉 까닭이라는 말과는 좀 다르다. 오히려 '소유'가 까닭에 가깝다. 소이는 '그것으로써 하는 바',

즉 수단과 방법이다. '소유'는 '그것이 말미암는 바', 즉 까닭·원인·배경이다. '소안'은 그 사람이 그 결과로써 편안해하는 바, 마음을 놓는 바, 흡족해하는 바 (확대 해석하자면 좋아하는 바), 즉 그 사람의 가치관이 반영된 목적 내지 결과를 일컫는다. 그러니까 소이는 그 사람이 '어떻게 하는가'라는 것이고 소유는 '왜 하게 됐는가'라는 것이고 소안은 '무엇으로 만족하는가'라는 것이다.

'소이所以'를 생각해 보자. 이를테면 공자가 말하는 '불이기도득지不以其道得之…'(도로써 정당하게 얻는 것이 아니라면…)의 그 '이以'(로써)가 그런 것이다. '정당하게' '정당하지 않게' 그런 것이 소이에 해당한다. 원하는 바를 이루기 위해 사람들이 애쓰는 방식은 사람마다 천차만별이다. 누구는 노력, 누구는 폭력, 누구는 기도, 누구는 사랑, 누구는 선동, 누구는 아부, 누구는 비판, 누구는 사기 … 한도 끝도 없다. 그것이 다 소이다. 그런 것을 살펴보면 그 사람이 어떤 사람인지 그 정체가 대체로 드러난다고 공자는 통찰한 것이다.

'소유所由'는 또 어떤가. 사람의 움직임 내지 행위(생각, 계획, 말도 다 포함)는 그냥 일어나지는 않는다. 반드시 그를 움직이게 하는 '무언가'가 있다. 이를테면 무언가를 하고 싶어서, 무언가를 갖고 싶어서, 무언가가 되고 싶어서 사람은 움직인다. 무슨 짓인가를 하는 것이다. 온갖 싫음들, 즉 욕망이 그 움직임의 바탕에 있다는 말이다. 그것이 곧 소유이다. 태어나 죽을 때까지 인간들은 철저하게 욕망의 지시에 따라 움직인다. 그 욕망에는 무수한 종류가 있다. 보통 사람들의 욕망은 이를테면 '부귀' 혹은 '공명', 다른 말로는 돈·지위·공적·평판 그런 것이다. (공자와 소크라테스는 이것을 정확히 꿰뚫어 보고 있었다. 《논어》 0405, 《소크라테스의 변론》 참조) 그런데 누구는 '방치할 수 없는 문제들'로 인해 움직인다. 그 문제들이 아파서 움직인다. 그 문제들을 해결하기 위해서 움직인다. 이를테면 소크라테스는 '무지'와 '오만'이 아파서 움직였고, 예수는 인간들의 '죄'와 '타락'이 아파서 움직였고, 부처는 '일체개고'와 '무명'이 아파서 움직였고, 공자는 '바르지 못함'이 아파서 움직였다. 그들의 '때문에'와 '인해서'는 그런 것이었다. 그래서 그들은 '지知'(앎)를 말했고 '애愛'(사랑)를 말했고 '회개悔改'(뉘우침)를 말했고 '도度'(건넴)를 말했고 '정正'(바로잡음)을 말했던 것이다. 그게 그들의 움직임이었다. 그런 것을 보면 그들의 사람됨이 한 눈에 드러나지 않는가.

 '소안所安'은 또 어떤가. 사람마다 그 흡족해 하는 바는 다 다르다. 그것도 천차만별이다. 보통은 역시 부와 귀, 즉 돈이나 지위나 권력이나 명예나 인기를 갖게 되면 만족해 한다. 누구는 승리에, 누구는 페이스북의 '좋아요'에 만족해 한다. 역시 한도 끝도 없다. 그러나 그런 걸로 만족하지 못하는 사람도 있다. 누구는 멋진 시 한편에 만족해 하고 누구는 아름다운 풍경에, 누구는 따뜻한 말 한 마디에 만족해 한다. 누구는 베푼 후에 비로소 만족해 한다. 누구는 세상의 정의와 평화에 만족해 하고 누구는 인류의 구원에 비로소 만족해 한다.[10] 그 사람별 편차는 그야말로 천양지차다. 그러니까 그 만족의 척도를 보면 그 사람이 어떤 사람인지가 드러난다.

그러니 이런 말을 한 공자는 놀라운 철학자가 아닐 수 없는 것이다. 그의 이 말을 거울삼아서 우리는 사람을 제대로 '볼'(視, 觀, 察) 줄 아는 밝은 '눈'을 가져야 한다. (1610 "…視思明…" 참조) 자기 자신을 들여다볼 줄도 알아야 한다. 아마 신에게는, 염라대왕에게는, 그 모든 것이 한 눈에 다 훤히 보일 것이다. '꼼짝 마라!'다. "사람이 어찌 숨길 수 있겠는가, 사람이 어찌 숨길 수 있겠는가!"

드러나도 들켜도 부끄럽지 않은 사람이 되는 것은 사람의 영원한 과제가 아닐 수 없다.

---

10 《신약성서》 마태복음 5~7장의 명장면, 예수의 '산상수훈'에 나오는 이른바 8복의 주인공들, '…하는 자'는 좋은 참고가 된다. '마음이 가난한 자' '애통하는 자' '온유한 자' '의를 갈구하는 자' '선을 베푸는 자' '마음이 청결한 자' '의를 위해 핍박받은 자' 등은 모두 세상 여느 사람들과는 그 만족해 하는 바가 다른 것이다.

신信

믿음/미더움/신뢰에 대하여

"세상에 믿을 놈 하나 없다." 많이 듣던 이야기다. 최근에 나는 모 출판사에서 의뢰 받아 철학 에세이 한 권을 번역했는데 그 주제가 '사랑과 거짓말'인지라 작업하는 내내 이 명제가 뇌리를 떠나지 않았다. 우리 인간에게, 심지어 사랑에 있어서도, 거짓말이라는 게 얼마나 보편적인 현상인지를, 그것이 거의 진리의 일부임을, 그 책은 적나라하게 보여주었다. 어디 거짓말뿐인가. 조금만 눈여겨보면 우리의 주변에는 '배신'과 '불신'이라고 하는 현상이 어디에서나 포착된다. 가정에서도 직장에서도 국가에서도. 사회적 인간관계에서는 거의 피해갈 수 없는 항목이라고 해도 과언이 아닐 지경이다. 그래서 언론에서도 '신뢰'는 항상 단골 메뉴가 된다.

그런데 이 '믿음'(信)이라는 것은 실은 공자에게도 아주 중요한 주제의 하나였다. 《논어》에 보면, 그는 여러 차례

이 말을 입에 담는다. 좀 길지만 일단 들어 보자.

0105 子曰, "道千乘之國, 敬事而信, 節用而愛人, 使民以時."

"제후의 나라를 다스림에 있어서는 일을 경건히 하고 신뢰를 쌓을 것이며 절약해 쓰고 사람을 사랑해야 한다. 또 백성을 동원할 경우에는 때를 가려서 해야 한다."

0106 子曰, "弟子入則孝, 出則悌, 謹而信, 汎愛衆而親仁, …."

"배우는 이는 집에 들어와서는 효도하고 나가서는 공손해야 하며 신중하고 미더울 뿐더러 널리 뭇사람을 사랑하고 어짊을 가까이할 것이니 이를 행하고도 남은 힘이 있으면 글을 배울 것이다."

0108 0924 1210 子曰, "君子不重則不威. 學則不固. 主忠信. 無友不如己者. 過則勿憚改." "군자는 무겁지 않으면 위엄을 갖지 못한다. 배우면 고루함에 빠지지 않는다. 충실과 신뢰를 주로 삼아라. 자기보다 못한 자를 벗하지 마라. 잘못했다면 고치기를 꺼리지 마라."

0222 子曰, "人而無信, 不知其可也. 大車無輗, 小車無軏, 其何以行之哉?" "사람이 믿음이 없으면 그를 어찌할 수 없다. 큰 수레에 수레채잡이가 없고 작은 수레에 끌채잡이가 없다면 무엇으로 그 수레를 나아가게 할 수 있겠느냐?"

0526 "… 子路曰,"願聞子之志." 子曰, … 老者安之, 朋友信之, 少者懷之." 자로가 말했다. "선생님의 뜻을 듣고 싶습니다." 선생님께서 말씀하셨다. "늙은이들은 편안케 하고 벗들은 미덥게 하고 아이들은 품어주는 것이다."

0725 子以四敎, 文行忠信. 선생님께서는 네 가지로써 가르치셨으니 글(文)과 행동(行)과 충실(忠)과 믿음(信)이었다.

0816 子曰, "狂而不直, 侗而不愿, 悾悾而不信, 吾不知之矣." "과격하면서도 곧지 않은 것, 어수룩하면서도 순진하지 않은 것, 우둔하면서도 미덥지 않은 것을 나는 이해할 수 없다."

1207 "…足食, 足兵, 民信之矣." 子貢曰, "必不得已而去, 於斯三者何先?" 曰, "去兵." 子貢曰, "必不得已而去, 於斯二者何先?" 曰, "去食. 自古皆有死, 民無信不立." 자공(子貢)이 정치에 관해 묻자 선생님께서 말씀하셨다. "양식을 풍족하게 하고 군사를 든든히 하며 백성이 정치를 신뢰하도록 하는 것이다." 자공이 말했다. "부득이 한 가지를 버려야 한다면 이 셋 중에서 어느 것을 먼저 버려야 합니까?" 선생님께서 말씀하셨다. "군사를 버려라." 자공이 말했다. "부득이 또 한 가지를 버려야 한다면 나머지 둘 중에서 어느 것을 먼저 버려야 합니까?" 선생님께서 말씀하셨다. "식량을 버려라. 예로부터 사

람은 다 죽게 마련이지만 백성이 신뢰하지 않으면 나라가 존립할 수 없다."

1304 "…上好信則民莫敢不用情…." […] 선생님께서 말씀하셨다. "소인이로구나. 번수(樊須)는! 윗사람이 예를 좋아하면 백성이 감히 불경스럽게 굴지 못하고 윗사람이 의로움을 좋아하면 백성이 감히 복종하지 않을 수 없고 윗사람이 신의를 좋아하면 백성이 감히 성의를 다하지 않을 수 없게 된다. 실로 그렇게만 하면 사방의 백성들이 어린아이를 포대기로 싸 업고 몰려올 텐데 농사짓는 법이 무슨 필요가 있겠느냐?"

1320 子貢問曰, "何如斯可謂之士矣?" 子曰, "行己有恥, 使於四方, 不辱君命, 可謂士矣." 曰, "敢問其次." 曰, "宗族稱孝焉, 鄕黨稱弟焉." 曰, "敢問其次." 曰, "言必信, 行必果, 硜硜然小人哉, 抑亦可以爲次矣." 曰, "今之從政者何如?" 子曰, "噫! 斗筲之人, 何足算也?" 자공(子貢)이 물었다. "어떠하여야 선비라 할 수 있겠습니까?" 선생님께서 말씀하셨다. "자신의 행동에 부끄러워함이 있고 각국에 사신으로 나가 군명을 욕되게 하지 않으면 선비라 할 수 있다." 자공이 말했다. "감히 그다음 되는 것을 묻고자 합니다." 선생님께서 말씀하셨다. "일가친척이 효성스럽다 하고 마을 사람들이 공순하다 하는 것이다." 자

공이 말했다. "감히 그다음 되는 것을 묻고자 합니다."

선생님께서 말씀하셨다. "말을 하면 반드시 믿음성이

있고 행동을 하면 반드시 결과가 있다면 깐깐한 소인

이지만 또한 그다음 되는 것으로 할 수 있다." 자공이

말했다. "오늘날 정치에 종사하는 자들은 어떠합니까?"

선생님께서 말씀하셨다. "에휴, 그 종지 그릇만한 사람

들이야 무슨 셈할 것이나 있겠느냐?"

1506 子張問行. 子曰, "言忠信, 行篤敬, 雖蠻貊之邦, 行矣. 言不
忠信, 行不篤敬, 雖州里行乎哉? 立則見其參於前也, 在
輿則見其倚於衡也, 夫然後行." 子張書諸紳. 자장(子張)

이 행해짐에 대해 묻자 선생님께서 말씀하셨다. "말이

충실하고 미더우며 행동이 극진하고 경건하면 비록 야

만한 나라에서라도 행해질 것이지만 말이 충실하지 않

고 미덥지 않으며 행동이 극진하지 않고 경건하지 않

으면 비록 문명한 곳에선들 행해지겠느냐? 서면 그것

이 바로 앞에 늘어서 있음을 보고 수레에 타면 그것이

멍에에 걸려 있음을 본다면 그런 후에야 행해질 것이

다." 자장이 그 말씀을 띠에 적었다.

1518 "君子義以爲質, 禮以行之, 孫以出之, 信以成之, 君子哉!"

"군자는 의로움을 바탕으로 하여 예로 이를 행하고 겸

손으로 이를 표출하며 믿음으로 이를 이루니 참으로 군

자로구나!"

1706 "^{능 행 오 자 어 천 하 위 인 의}能行五者於天下, 爲仁矣. [⋯] ^{공 관 신 민 혜 공 즉 불 모}恭寬信敏惠. 恭則不侮, ^{관 즉 득 중 신 즉 인 임 언 민 즉 유 공 혜 즉 족 이 사 인}寬則得衆, 信則人任焉, 敏則有功, 惠則足以使人. 자장 (子張)이 공자께 어짊에 대해 묻자 공자께서 말씀하셨 다. "천하에 능히 다섯 가지를 행할 수 있다면 어질다 할 것이다." 자장이 그것을 청하여 묻자 말씀하셨다. "공손함, 관대함, 미더움, 민첩함, 은혜로움이다. 공손하 면 업신여기지 않고 관대하면 민심을 얻고 미더우면 남 들이 신임하고 민첩하면 이룸이 있고 은혜로우면 족히 사람을 부릴 수 있다."

이른바 '인의예지'니 '충효'니 그런 것에 가려서 그렇지 이렇게 늘어놓고 보면 '신信'이라는 것이 그에 못지않은 공자의 가치개념이라는 게 한눈에 들어온다.

그렇다면 공자는 왜 이렇게까지 '믿음'이라는 것을 강 조했을까. 너무나 간단하다. 사람들에게 그 '믿음'이라는 것이 없었고 그게 문제라고 보았기 때문이다. 공자는 철 저하게 '문제'로부터 철학을 했던 사람이다. 사람이, 그 말이, 그 행동이, 그 삶이, 도통 '미덥지 않다'는, '믿을 수 없다'는, 그래서 '믿지 못한다'(不信)는, 그런 가슴 아픈 문 제적 현실이 공자 앞에 펼쳐져 있었던 것이다. 인간들이 오죽했으면 공자가 이렇게까지 '믿음'을 강조했을까. 좀 딱한 생각이 들 지경이다.

그로부터 무려 2,500여 년이 흘렀다. 그럼 지금은 뭐가 좀 나아졌을까? 천만의 말씀이다. 세상 돌아가는 행태를 보면 공자 때보다 더하면 더했지 전혀 나아진 것 같지는 않아 보인다. 저《사랑과 거짓말》이 보여 주는 일상적-개인적인 거짓말들은 그렇다 치자. 삶의 과정에서 우리를 아프게 하는 크고 작은 '배신'들도 봐준다 치자. 적어도 공적인 관계에서는 사람이 사람을 믿어야 할 텐데, 믿을 수 있어야 할 텐데, 요즘 같아서야 순진하게 믿는 사람은 오히려 바보로 치부된다. 각종 선거 때마다 후보들이 외치는 약속들은 판이 끝나자마자 어디론가 슬그머니 사라진다. 내 가까운 후배 중에 이른바 '매니페스토 실천운동'을 수년간 사명감으로 수행해 온 친구가 있는데, 그를 통해 나는 그 허실을 여실히 전해 들은 바가 있다. 대부분 엉터리라는 것이다. 정부의 정책들도 마찬가지다. 발표되는 그걸 그대로 믿고 뭘 기대했다가는 거의 뒤통수를 맞게 된다. 큰 코를 다치게 된다. 정치는 물론, 요즘 사람들은 경찰이나 검찰도 믿지 않고, 심지어 사법부의 판결조차도 신뢰하지 않는다.(무전유죄, 유전무죄!) 그럼 언론은? 교육은? … 묻는 것 자체가 어리석다. 국제관계인들 뭐가 좀 다를까? 우리는 미국이나 중국을 믿어도 되는 걸까? 그러고도 싶지만, 미국은 얄미운 일본을 너무 챙기고 중국은 위험한 북한을 너무 감싼다. 우리의 미래를 의지할 나라는 세상 어디에도 없다. 알아서 나라를 지켜야 한다.

'세상'이란 게 애당초 그런 것인가… '믿을 건 자기 자신밖에 없다'거나 '믿을 건 돈밖에 없다'거나 하는 세간의 저 충고들이 묘한 무게로 가슴에 와 닿기도 한다. 그 틈바구니에서 종교산업은 날로 번창한다. 거기엔 불황도 없다. 경제가 불황일수록 오히려 교회나 사찰은 호황을 누린다. 물론 그런 것들은 기본적으로 좋은 것이고 필요한 것이다. 큰 역할을 한다. 그러나 경우에 따라서는 호화로운 그 말잔치에 과연 예수의 자리와 부처의 자리가 있기나 한 건지 고개가 갸우뚱해 질 때도 없지 않아 있다. 그런 건 함부로 믿을 수가 없다. 내 주변의 적지 않은 성직자들도 그런 종교의 세속화를 우려하고 있다.

그렇다면 우리는 어찌해야 할까. '아무것도 믿을 수 없다' '아무것도 믿지 말라'라는 '회의주의'가 최종적인 답일까? 그럴 수만도 없다. 우리는 어떻게든 믿음을 확보하기 위해 노력해야 한다. 문맥과 방향은 좀 다르지만, 저 예수를 본받아 "믿음이 약한 자들아!" 하고 믿음 자체(진정한 가치에 대한 확고한 신념)에 대한 깃발을 곧추세워야 한다.

먼저 그 가치를 일깨워야 하는 것이다. 그리고 저 공자를 본받아 거듭거듭 그 가치를 강조하고 실천해 보여아 히는 것이다. 때로는 믿을 수 없음에 대한 지탄도 분개도 필요하다.

믿음의 기본은 말의 신뢰성이다. 모든 것은 말에서 시작된다. ('信'이라는 글자 자체가 '사람 인' 변에 '말씀 언' 자로 되어 있다. 모름지기 사람의 말은 믿을 수 있어야 한다는 뜻이겠다.) 한 마디의 말도 함부로 내뱉지 않으려는 자세, 내뱉은 말은 반드시 지키려는 자세, 그런 치열한 내적 노력 없이 '믿음'은 결코 확보되지 않는다. '남아일언중천금南兒一言重千金' 같은 해묵은 말도 다시 꺼내 먼지를 털고 때를 닦아 사람들 입에 올려놔야 한다. '중천금'은커녕, 지금 사람들의 말은 깃털보다도 더 가볍다.

나는 믿고 싶다. 맹렬하게 믿고 싶다. 그러나 믿을 수가 없다. 역시 문맥은 좀 다르지만, "나는 믿는다…"(credo)라고 말했던 중세의 테르툴리아누스와 안셀무스가 부러울 뿐이다. '믿을 신(信) 자여, 그대는 지금 어느 구석에서 초라한 몰골로 그 가련한 신세를 한탄하고 있는가….'

신愼

삼감/신중함에 대하여

"엎질러진 물은 다시 주워 담을 수 없다."(복수불반분覆水不返盆) 낚시 일화로 유명한 강태공의 말이다. 때를 기다리며 낚시로 세월을 낚고 있을 때, 궁핍을 견디지 못하고 떠나 버렸던 그의 부인이 훗날 그가 출세하자 다시 그의 곁으로 되돌아오고 싶어 했다. 그때 그가 물을 엎질러 보이며 했다는 말이다. 신중하지 못하게 경솔한 선택을 했던 그의 부인은 얼마나 후회막급이었을까.

살다가 보면 우리는 경솔함 혹은 조급함으로 인해 취소가 불가능한, 되돌릴 수 없는 선택을 하는 경우가 많이 있다. 그 결과에는 대체로 후회가 뒤따른다. 그럴 때 그 후회 속에서 우리 자신을 나무라며 고개를 드는 가치가 '신중함'이다. 그때 좀 신중했었더라면….

개인들의 경우뿐만 아니라 사회적으로도 우리는 도처에서 이런 경솔함을, 신중하지 못함을 목격한다. 심지어는 국가대사에서도 그렇다. 정부의 정책이 그렇고, 국회의 입법이 그렇다. '조변석개朝變夕改'는 그야말로 다반사다. 내가 종사하고 있는 학계-교육계는 특히 심하다. 이른바 입시제도의 조변석개는 국민과 언론의 지탄을 받는 대표적인 사례다. '돌다리도 두드리고 건넌다'는 속담까지 있지만, 그런 정신을 체현하는 사람은 그다지 많지 많다.

이건 문제다. 취소가 불가능한 만큼, 되돌릴 수 없는 만큼, 후회해도 소용없는 만큼, 이건 보통 문제가 아닌 것이다. 그래서 우리는 이런 경솔함과 신중함을 철학적인 눈으로 들여다보지 않으면 안 된다.

저 공자의 시대도 우리와 크게 다를 바가 없었던 모양이다. 그래서 그도 '신중함'(愼)을 이야기 한다. 공자의 발언에서 특히 눈에 띄는 것은 말(言)과 행동(行)의 신중함이다.

0114 子曰, "君子食無求飽, 居無求安, 敏於事而愼於言, 就有道而正焉, 可謂好學也已." "군자는 먹는 데에 있어서 배부름을 추구하지 않고 지내는 데에 있어서 편안함을 추구하지 않는다. 일에는 민첩하고 말에는 신중하며 도 있는 곳으로 나아가 바르게 처신한다면 배우기를 좋아한다 할 것이다."

이렇게 말하고 있으니, '말을 신중하게 하는 것'(愼於言)이 그의 가치들 중 하나인 것은 틀림없다. 이것은 '군자君子'의 한 조건이기도 하고, '배움을 좋아하는 것'(好學)의 한 조건이기도 하다. 관련된 발언이 하나 더 있다.

0218 子張學干祿. 子曰, "多聞闕疑, 愼言其餘, 則寡尤, 多見闕殆, 愼行其餘, 則寡悔. 言寡尤, 行寡悔, 祿在其中矣." 자장(子張)이 녹을 위해 배우자 선생님께서 말씀하셨다. "많이 들어 의문이 없어졌더라도 나머지를 신중히 말하면 허물이 적을 것이다. 많이 보아 위태로움이 없어졌더라도 나머지를 신중히 행하면 뉘우침이 적을 것이다. 말에 허물이 적고 행동에 뉘우침이 적으면 녹은 그 가운데에 있다."[11]

이 단편에서도 '말을 신중히 하는 것'(愼言)이 가치의

---

11 이 인용에서 '기여其餘'(그 나머지)라는 말은 그 의미를 제대로 해석하는 경우가 드물었는데, 이것은 '다문多聞'과 '다견多見'을 통해 '궐의闕疑'와 '궐태闕殆'가 이루어졌더라도, 즉 많이 듣고 많이 보아 의심과 위험이 해소되었더라도, 모든 경우가 반드시 그 알게 된 바, 안전하게 된 바와 같지는 않을 수도 있으니, 그 나머지(其餘), 즉 그와 '비슷한 경우'라도 성급히 같으려니 경솔하게 속단하여 후회할 허물을 만들지 말고 계속 언행에 신중해야 한다는 뜻이다. 공자의 이런 생각은 너무나 '논리적'이다. 즉 이는 아리스토텔레스식의 연역논리학에서 말하는 이른바 '성급한 일반화의 오류' '부당주연의 오류'를 경계하는 말이기도 하고, 흄이나 포퍼의 철학에서 말하는 '귀납의 한계'를 통찰한 것이기도 하다.

하나로 제시된다. 이것이 '행동 내지 실행을 신중히 하는
것'(愼行)과 하나의 쌍을 이룬다. 그러면 '허물이 적을 것
이고'(寡尤) '후회기 적을 것'(寡悔)이라고 그는 말한다. 더
욱이 그는, 많이 듣고 많이 보아 의심스러움과 위태로움
이 없어졌더라도, 아니 그럴수록, 잘 아는 척 안전한 척
함부로 경솔히 하지 말고, 계속 그 말과 행동을 신중히 해
야 한다고 주의를 촉구한다. 그가 이런 말을 하고 있다
는 것은 그가 이미 사람들의 말과 행동이 신중하지 않다
는 현상과 그 폐단을 날카롭게 꿰뚫어 보고 있다는 방증
이기도 하다. 즉 말에 신중하지 않으면 '허물'이 되고, 행
동 내지 실행에 신중하지 않으면 '후회'가 뒤따른다는 것
이다. 그러니 이런 경솔함만 저지르지 않더라도 훌륭한
공직자가 될 수 있다(祿在其中矣)고 공자는 생각한 것이다.
이건 아마 공자의 확고한 소신이었을 것이고 그래서 평
소에도 주변 사람들에게 이런 말을 많이 했을 것이다. 그
래서 아마 제자인 자공도 비슷한 취지의 이런 말을 했을
것이다.

1925 陳子禽謂子貢曰, "子爲恭也, 仲尼豈賢於子乎?" 子貢曰,
"君子一言以爲知, 一言以爲不知, 言不可不愼也. 夫子之
不可及也, 猶天之不可階而升也. 夫子之得邦家者, 所謂

立之斯立, 道之斯行, 綏之斯來, 動之斯和. 其生也榮, 其
死也哀, 如之何其可及也?" 진자금(陳子禽)이 자공에게

말했다. "당신은 공손하십니다. 중니(仲尼)가 어떻게 당

신보다 더 낫겠습니까?" 자공이 말했다. "군자는 한 마

디로 지혜로워지기도 하고 한 마디로 지혜롭지 못해지

기도 하니 말이란 불가불 신중히 해야 합니다. 선생님

께 미칠 수 없는 것은 마치 사다리를 타고 하늘에 올라

갈 수 없는 것과 같습니다. 선생님께서 나라나 대부의

가家를 맡으셨다면 이른바 세우면 곧 서고 이끌면 곧

가고 편안케 하면 곧 모여오고 움직이면 곧 조화되었

을 것입니다. 그의 삶은 영광스러웠고 그의 죽음은 슬

펐습니다. 어떻게 그에 미칠 수 있겠습니까?"

'말이란 불가불 신중히 해야 합니다'(言不可不愼也)라는

자공의 이 말을 우리는 '말의 신중함'이 공자의 가치였다

는 또 하나의 방증으로 간주해도 좋을 것이다.

아닌 게 아니라 우리는 언행의 경솔함을, 즉 함부로 말

하고 함부로 행동하는 것을 하나의 아픔으로, 하나의 문

제로 경험한다. 그것은 내가 남에게 하는 문제이기도 하

고, 남이 나에게 하는 문제이기도 하다. 우리는 너무 함부

로 말하고 너무 함부로 행동하는 경향이 분명히 있다. 그

것은 상대에게 상처를 줄 수도 있고 일 자체를 그르칠 수도 있다. 말 한마디로 신세를 망칠 수도 있고 말 한마디로 나라를 구할 수도 있다. 행동의 경우는 더욱 그렇다. 내가 아는 한 교사는 신중하지 않은 말 한 마디로 한 학생에게 평생 가슴에 남는 상처를 주기도 했고 또 우리가 아는 한 정치인은 경솔하게 막말을 입에 담았다가 인기의 폭락을 겪기도 했다. 또, 우리가 아는 어떤 종교인은 '나에겐 꿈이 있다'라는 말 한 마디로 전체 흑인들에게 희망의 세계를 열어 주기도 했다. '말 한 마디로 천 냥 빚도 갚는다'고 하지 않는가. 말을 함부로 하지 말아야 할 까닭이 거기에 있다. '말' 자체의 의미 내지 영향이 그만큼 큰 이상 우리는 그 '말'에 경솔할 수가 없다. 신중하지 않을 수가 없는 것이다. 말 자체의 무게가 필연적으로 신중함을 요구한다.

'행위'의 경우는 '말'보다도 더욱 구체적이다. 그것은 현대적으로 말하자면 '실천'이기 때문이다. 실천은 무언가를 결정한다. 무언가를 현실화한다. 내가 때리면 누군가는 아프다. 내가 찌르면 누군가는 죽는다. 내가 해고하면 누군가는 실업자가 된다. 내가 A를 주면 그 학생은 장학금을 받고 F를 주면 그 학생은 낙제를 한다. … 기타 등등 그 사례는 한도 끝도 없다. 그러니 '행'은 어느 것 하나 경솔하게 할 수가 없다. 행에는 엄중한 결과가 뒤따르기 때문이다. 그러니 공자의 '신愼'은 그냥 한 말이 절대 아니다. 그 한 마디에는 엄중하고도 엄중한 현실의 맥락이 있다. 《논어》에 보면 이런 말도 나온다.

0713 子之所愼, 齊, 戰, 疾. 선생님께서 신중히 하신 것은 다스림과 싸움과 미워함이었다.

공자 본인의 직접적인 발언은 아니지만 그에 대한 제자들의 증언이다. 공자는 막연한 '신언愼言' '신행愼行'이 아니라 아주 지극히 구체적인 사안들에 대해 '신중한' 모습을 제자들에게 보였던 것이다. 그 구체적인 사안이라는게 '제齊'와 '전戰'과 '질疾', 즉 다스림과 싸움과 미워함이었다. 이 말들 각각에 대해서는 물론 그 의미가 무엇인지좀 논란의 여지가 있다. 그러나 일단 이 정도로, 즉 다스림, 싸움, 미워함(싫어함)으로 해석해 두는 것이 문맥상 자연스럽고 무리가 없다. 이 행위들의 결과가 지극히 구체적이고 엄중하기 때문이다. 그 경솔함과 신중함의 결과가 너무나 극명하게 달라질 수 있기 때문이다.

그런데 공자는 '신중함'과 관련해 이런 주의를 한 마디남기고 있다.

0802 子曰, "恭而無禮則勞, 愼而無禮則葸, 勇而無禮則亂, 直而無禮則絞. 君子篤於親, 則民興於仁, 故舊不遺, 則民不偷."

"공손히면서 예가 없으면 노고로워지고 신중하면서 예가 없으면 겁약해지고 용맹스러우면서 예가 없으면 세상을 어지럽히고 곧으면서 예가 없으면 냉혹해진다. [⋯]"

'신중하면서 예가 없으면 겁약해진다.'(愼而無禮則葸) 신중함이 예와 결부될 때, 즉 예를 갖출 때 완성에 다가간다는 말이다. 그렇지 않으면 한계랄까 부작용이랄까 문제가 좀 있을 수도 있다는 것이다. 그게 바로 '겁약함'(葸)이다. 두려워하는 것이다. 여기서 '예가 없다'(無禮)라는 것은 그 의미가 좀 불분명해서 철학적 논의가 약간 필요하지만, 일단 '대상을 존중하고 받드는 마음이 없다' '격식을 차려 표현하지 않는다' 정도로 잠정 이해해 두자. 그런 마음과 표현이 없으면 두려워 겁먹으며 아무것도 하지 못하게 된다는 것이다. 예도 차리지 않고 조심만 하는 그런 신중함이라면 상대방에게 혹은 사안에 대해 정작 필요한 무언가를 아무것도 해줄 수가 없게 된다. 그런 건 그것대로 또 문제가 아닐 수 없다.

그러나 아무튼 기본적으로 중요한 것은 경솔하게 함부

로 아무렇게나 말하고 행동해서는 안 된다는 것이다. 무언가를 말하고 행동할 때는 신중하고 또 신중하지 않으면 안 된다는 것이다. 신중? 그러면 어떻게 하는 것이 신중한 거지? 그 결과를 먼저 생각해 보라. 나의 제안이다. 내가 이렇게 말하고 이렇게 행동한다면 그게 어떤 결과를 가져올까, 내 마음속에, 내 머릿속에 그 결과를 미리 그려 보는 것, 그리고 그것이 좋은 것이라고 여겨질 때 비로소 말하고 비로소 행동하는 것, 그게 바로 신중함의 요체인 것이다. 미리 그 결과를 그려 보지 않고서는 찌개에 소금이나 간장을 마구 집어넣지 말라. 재료도 아무거나 닥치는 대로 집어넣지 말라. 생각도 없이 일단 넣고 보는 것이 바로 경솔함이다. 그런 경솔함으로 만든 찌개는 싱겁거나 짜서 먹을 수가 없다. 인간관계도, 사업도, 정책도, 그런 신중함으로 임할 때 비로소 하나의 훌륭한 작품이 될 수 있다. 맛있는 요리가 될 수 있다. '신중함은 우리를 위험에서 한 발짝 멀어지게 한다.'

V

안 安
편안함에 대하여

"여러분 안녕하십니까?" 앵커가 저녁뉴스를 시작했다. 멘트도 아닌 이 인사를 귀담아듣는 사람은 거의 없다. 그런데 한 순간 문득, 그야말로 문득, 이 말이 좀 낯설고 흥미롭게 느껴졌다. 왜 우리는 하필 '안녕'이라는 말로 인사를 할까. 늘 안녕하지 못했던 우리의 구차한 역사가 그 배경에 있다는 설도 있지만 확인할 길은 없다. 언어학자나 역사학자가 아닌 이상 굳이 일부러 확인할 일도 아니다. 어쨌든 현상은 그렇다. 우리는 인사로 '안녕'을 묻는다. 편지를 쓸 때도 우리는 "그간 평안하신지요?" 등의 표현으로 역시 '안녕'을 묻는다. 헤어질 때도 마찬가지다. '안녕~' '안녕히 가세요.' '안녕히 계세요.' 그렇게 우리는 '안녕'을 기원한다.

생각해 보면 이 안녕, 평안을 비롯해 우리의 삶에서는 정말 여러 가지 형태로 '안安'이라는 것이 문제가 된다. 안

전, 안위, 안정, 안온, 위안 ⋯ 뜻밖에 구석구석 스며 있다. 대충 생각해 봐도 이미 명백하지만 이런 것들은 기본적으로 우리에게 긍정적인 가치가 된다. 그것도 아주 대단히 중요한, 꼭 필요한 가치가 된다. 그 반대의 경우를 생각해 보면 더욱 확실해진다. 위험, 불편, 불안 ⋯ 그런 부정적인 것들이 모두 '안'의 반대이다.

'안安'의 핵심은 '편안함'이다. 그리고 무엇보다도 '불편 없음'이 편안함이다. '불편'이라는 것은 우리 누구나가 본능적으로 즉각 알아차린다. 극히 작고 사소할지라도 바로 알아차린다. 몸에 조금만 탈이 나도, 잔소리만 한 마디 들어도 금방 불편을 느끼는 건 말할 것도 없고 손가락에 티끌 같은 가시만 하나 박혀도, 아니, 얼굴에 머리카락 하나만 묻어도, 그리고 누가 기분 나쁘게 쳐다보기만 해도 우리는 바로 '불편'을 느낀다. '불편'이 있으면 우리는 결코 편안할 수 없다. 그런 불편은 우리 인간의 삶의 시작부터 끝까지 온갖 다양한 형태로 우리를 괴롭히며 심신의 '편안'을 방해한다. 아기 시절의 '축축함' '배고픔' '아픔'이라는 3대 불편에서부터 이윽고는 다른 누군가로부터의 그리고 세상으로부터의 직간접적 가해로 그 불편은 증폭돼 간다. 그 불편에 대한 저항 내지 극복의 과정이 곧 삶이기도 하다. 그 과정에서 우리는 그때그때 조그만 '편안'들을 하나의 축복처럼 누리기도 한다. 그중 어떤 것을 우리는 '행복'이라고 부르기도 한다.

그래서 나는 언젠가 "편안함이야말로 인간이 추구해야 할 최고의 철학적 가치 중 하나다"라고 말한 적이 있다. 이를테면 집에서 양말을 벗고 속옷 바람에 그 누구도 신경쓰지 않으며 빌러덩 드러누울 수 있는 편안함도 그런 것이다. 그런데 너무 가깝고 당연해서 그런지 사람들은 보통 이런 것이 갖는 크나큰 가치를 잘 인식하지 못한다.

그런데 저 위대한 공자는 보통 사람들과는 좀 달랐다. 그는 이것을 하나의 명백한 가치로, 심지어 하나의 이상으로 인식하고 지향했다. 《논어》제5장에 보면 이런 장면이 나온다.

0526 顔淵季路侍. 子曰, "盍各言爾志?" 子路曰, "願車馬衣輕裘, 與朋友共, 敝之而無憾." 顔淵曰, "願無伐善, 無施勞." 子路曰, "願聞子之志." 子曰, "老者安之, 朋友信之, 少者懷之." 안연과 계로가 모시고 있는데 선생님께서 말씀하셨다. "각자 자기 뜻을 말해 보지 않겠느냐?" 자로가 말하였다. "수레와 말을 타고 가벼운 가죽옷을 입고 벗들과 더불어 함께 즐기다가 그것들이 못쓰게 되어도 유감이 없기를 원합니다." 안연이 말하였다. "선을

내세움이 없기를, 헛되이 베풂이 없기를 원합니다." 자로가 말하였다. "선생님의 뜻을 듣고 싶습니다." 선생님께서 말씀하셨다. "늙은이들은 편안하게 하고 벗들은 믿게 하고 아이들은 품어 주는 것이다."[12]

공자가 제자들의 포부(志)를 물은 데 이어 자로가 공자의 포부를 묻자 그는 망설임 없이 "늙은이는 편안하게 하고, 벗들은 믿게 하고, 아이들(어린이/젊은이)은 품어주는 것이다."라고 대답했다. 여기에 '안지安之'(편안하게 한다)라는 말이 보이는 것이다. 언뜻 보면 별것 아닌 말처럼 들릴 수도 있다. 그러나 우리는 그의 이 말에서 '노자불안老者不安' '붕우불신朋友不信' '소자불회少者不懷'라는 현실을, 그 가슴 아픈 현실을 읽을 줄 알아야 한다. 늙은이가 편안하지 못하다, 벗들이(같은 또래들이) 서로 믿지 못한다, 아이들(어린이/젊은이)을 품어주지 않는다, 이런 현실에 대한 공

---

12 공자의 포부 내지 의지를 천명한 주목할 만한 이 말은, 연배로 봐서 자기의 위쪽·옆쪽·아래쪽 사람(노자-붕우-소자)에 대한 세 방향을 두루 포괄한다. 결국 모든 '인간'에 대해 꼭-반드시-기필코 '해야 할'(sollen) '하고 싶은'(wollen) 일들을 열거한 것이다. 물론 그 내용인 안安-신信-회懷가 꼭 노老-붕朋-소少에만 특정 혹은 한정되는 것은 아니다. 우리는 이 모든 가치를 모든 대상에 확대 적용할 수 있고 또 확대 적용하지 않으면 안 된다. 특히 가운데 긴 붕우는 꼭 '친구'가 아닌, '사회적 관계의 모든 대상'으로 간주해도 좋다. 횡적인 관계뿐만이 아닌 종적인 관계를 포함해도 공자의 뜻에 어긋나지는 않을 것이다. 표현의 진폭을 감안한 유연한 해석은 고전 읽기의 한 덕목이 된다.

자의 인식이 이 말에는 기본적인 전제로서 그 바탕에 깔려 있는 것이다. 말이야 간단하지만 이건 사실 보통 일이 아니다. 우리 자신이 늙은 나이에 심신이 편안하지 못하다고 생각해 보라. 우리 자신이 주변의 그 누구도 믿을 수 없는 처지라고 생각해 보라. 우리 아이들을 세상의 그 누구도 품어 주지 않는다고 생각해 보라. 어느 것도 심각한 불편 아닌 것이 없다. 그건 쉽게 견디고 쉽게 넘어갈 수 있는 간단한 일이 절대 아니다. 실제로 지금 우리 사회에는 편안은커녕 정신적-신체적-경제적 불편 속에서 그저 무력하게 죽을 날만 기다리는 힘든 늙은이들이 얼마나 많은가. 또, 어려울 때 믿고 의지할 수 있는 친구를 하나라도 가진 복받은 사람이 과연 얼마나 되는가. 아니 믿고 의지하기는커녕 친구라는 이름으로 십수 년간 사기를 치며 친구를 마치 노예처럼 갈취해 온 희대의 사건도 보도되지 않던가. 그리고 당연히 따스한 가슴에 품어져야 할 아이들의 처지는 또 어떠한가. 어린이들은 도처에서 학대를 당하고(교사와 부모에게까지 당하고) 심지어 목숨을 잃고, 젊은이들은 모진 공부와 경쟁의 압박에 시달리다가 취직도 하지 못한 채 삶의 의욕을 상실해간다. 거기에 무슨 '품어줌'이 있는가. 공자는 바로 그런 현실을 개선하고 싶다고 말한 것이다. 이러니 이게 어디 보통 포부인가! 이러니 그가 어디 보통 사람인가! 그는 정말이지 제대로 철학자인 것이다.

편안함이란 그런 가치다. 당연하지만 그건 비단 '늙은이'(老者)에게만 해당하는 제한적인 가치도 물론 아니다. 공자는 이 가치의 대상을 자기가 아닌 '다른 사람'(人) 일반, 나아가 '국민 모두'(百姓)로 설정한다. 그는 말한다.

1442 子路問君子. 子曰, "脩己以敬." 曰, "如斯而已乎?" 曰, "脩己以安人." 曰, "如斯而已乎?" 曰, "脩己以安百姓. 脩己以安百姓, 堯舜其猶病諸" 자로가 군자에 대해 묻자 선생님께서 말씀하셨다. "경敬으로써 자신을 닦는다." 자로가 말했다. "그게 다입니까?" 선생님께서 말씀하셨다. "자신을 닦아 사람들을 편안케 한다." 자로가 말했다. "그게 다입니까?" 선생님께서 말씀하셨다. "자신을 닦아 백성을 편안케 한다. 자신을 닦아 백성을 편안케 하는 것은 요임금과 순임금도 오히려 부심했던 것이다."

'안인安人'과 '안백성安百姓', 즉 사람들을 편안케 하고 백성을 편안케 하는 것, 그런 게 군자가 할 일이고 실제로 요순도 부심했던 일이라고 공자는 설명하는 것이다.

편안함이란 그 정도의 가치인 것이다. 그런데도 그걸

사람들은 잘 모른다. 잘 모를뿐더러 그걸 별것 아닌 것으로 여기기도 한다. 주목도 강조도 않고 아예 별 관심이 없다. 나는 그런 현실이 참 불편하다. 영 편안하지 않다. 아마 공자도 그럴 것이다. 그나 나처럼 의식하지는 못하더라도 이 시대 이 사회의 엄청나게 많은 사람들이 실제로 불편할 것이다. 편안하지 않을 것이다. 불안하기도 할 것이다. 그래서 공자의 철학은 지금도 필요하다.

그런 심정을 담아서 나도 저녁뉴스의 앵커처럼 세상을 향해 나의 철학적인 인사를 건네고 싶다. "여러분 안녕하십니까?" 부디 안녕하시기 바랍니다.

는 자는 어짊을 이롭게 여긴다."

0738 子溫而厲, 威而不猛, 恭而安. 선생님께서는 온화하
면서도 엄격하셨고, 위엄이 있으시지만 사납지는 않
으셨으며, 공손하면서도 편안하셨다.

1601 [···] 孔子曰, "求! 君子疾夫舍曰欲之而必爲之辭. 丘
也聞有國有家者, 不患寡而患不均, 不患貧而患不安.
蓋均無貧, 和無寡, 安無傾. 夫如是, 故遠人不服, 則
脩文德以來之. 旣來之, 則安之. 今由與求也, 相夫子,
遠人不服, 而不能來也, 邦分崩離析, 而不能守也, 而
謀動干戈於邦內. 吾恐季孫之憂, 不在顓臾, 而在蕭
牆之內也." [···] 공자께서 말씀하셨다. "구(求)야, 군
자는 원한다고 말하지 않고 어쩔 수 없다고 말하는
것을 미워한다. 내가 듣기에 '나라를 다스리고 대부
의 가家를 다스리는 자는 백성이 적은 것을 근심하
지 않고 균등하지 못한 것을 근심하며 가난한 것을
근심하지 않고 평안하지 못한 것을 근심한다'고 했
다. 대개 균등하면 가난함이 없고 화목하면 백성 적
음이 문제되지 않으며 평안하면 기울어지지 않는
다. 실로 이러한 까닭에 멀리 있는 사람들이 복속
服屬하지 않으면 문덕文德을 닦아 저절로 오게 하고
이미 오게 하였으면 평안케 하는 것이다. …

1719 宰我問, "三年之喪, 期已久矣. 君子三年不爲禮, 禮必
壞, 三年不爲樂, 樂必崩. 舊穀旣沒, 新穀旣升, 鑽燧
改火, 期可已矣." 子曰, "食夫稻, 衣夫錦, 於女安乎?"

曰, "安." "女安則爲之! 夫君子之居喪, 食旨不甘, 聞
樂不樂, 居處不安, 故不爲也. 今女安則爲之!" 宰我
出. 子曰, "予之不仁也! 子生三年, 然後免於父母之
懷. 夫三年之喪, 天下之通喪也, 予也有三年之愛於
其父母乎!" 재아(宰我)가 물었다. "삼년상은 기간이
너무 깁니다. 군자가 삼 년간 예를 도모하지 않으
면 예가 필경 무너지고 삼 년간 음악을 도모하지
않으면 음악이 반드시 무너질 것입니다. 옛 곡식
이 이미 다하고 새 곡 식이 이미 나오며 나무를 비
벼 불도 새로 바꾸는 만큼 일 년이면 되리라 봅니
다." 선생님께서 말씀하셨다. "쌀밥을 먹고 비단옷
을 입는 것이 너에게는 편안하냐?" 재아가 말했다.
"편안합니다." "네가 편안하다면 그렇게 하여라. 실
로 군자가 상중에 있을 때에는 맛있는 것을 먹어
도 맛있지 않고 음악을 들어도 즐겁지 않으며 집에
서 지내도 편안하지 않은 까닭에 그렇게 하지 않는
것이다. 그러나 지금 네가 편안하다면 그렇게 하여
라." 재아가 나가자 선생님께서 말씀하셨다. "여(予)
는 어질지 못하구나. 자식은 태어나서 삼 년이 지
난 후에야 부모의 품을 벗어나니 실로 삼년상은 천
하 공통의 상례다. 여(予)도 그 부모로부터 삼 년 동
안의 사랑은 받았을 것이다."

애 愛

사랑에 대하여

"사랑해"(I love you, Je t'aime, Ich liebe dich, Te amo, 我愛你, 愛してる) 아마도 사람들이 가장 좋아하는, 가장 듣고 싶은, 가장 하고 싶은 말의 하나일 것이다.

아직 젊은 사람이 이런 이야기를 하는 것은 좀 우습지만 문득 내 지나온 삶을 전체적으로 한번 되돌아보니 무엇보다도 '두 여인'을 만나 '사랑'이라는 것을 하게 된 것이 내 삶의 거의 전부였다는 느낌이 강하게 들었다. 하나는 내 '아내'고 다른 하나는 '철학'이라는, 혹은 '진리'라는 여인이다. (참고로 독일어에는 모든 명사마다 성이 있는데, 철학도 진리도 다 여성이다. 'Die Philosophie' 'Die Wahrheit' 프랑스어도 마찬가지다. 'la philosophie' 'la vérité')

사랑이라는 이 현상은 참으로 오묘해서 애틋하기가 이를 데 없다. 그것이 위대한 힘이 된다. 이것은 거의 존재의 원리라 해도 과언이 아니다. 심지어 2,500년 전의 그리스 철학자 엠페도클레스는 이른바 만유의 '뿌리'인 4원소, 즉 지, 수, 화, 풍의 '결합'의 원리로서 이 '사랑' (philotes)을 제시하기도 했다. 그가 공식적인 효시가 된 이후, 현대의 저 에리히 프롬《사랑의 기술》, 알랭 바디우 《사랑 예찬》, 쥘리아 크리스테바《사랑의 역사》에 이르기까지 사랑은 철학의 단골 메뉴가 되기도 했다. (그 이전에 이것은 문학의 영원한 주제이기도 하다.) 우연이지만 최근에 내가 번역한 책들도 '사랑'을 주제로 한 것이다.[13] 그러니 이것에 대해 철학적으로 하고 싶은 말들을 펼쳐 놓는다면 아마 열 권의 책으로도 모자라겠지만 여기서는 생략할 수밖에 없다.

물론 이것도 이미 상식이지만, '사랑'에도 여러 가지 종류가 있다. 이른바 '아가페' '필리아' '스토르게' '에로스'다. 이것들에 관한 이론적인 '이러쿵저러쿵'도 아쉽지만 생략하자. 그래도 내 삶이 이 '사랑'이었으니, 이것에 대해 한 마디쯤은 해두고 싶다.

이른바 철학을 하는 사람에게 사랑이라고 하면 압도적으로 가장 먼저 떠오르는 것은 단연 예수 그리스도다. ("네 원수까지도 사랑하라.") 이 사랑이 거의 그분의 '트레이

---

13 《레비나스와 사랑의 현상학》,《사랑과 거짓말》

드 마크'라 해도 과언이 아니다. 사도 바울은 이른바 로마서에서 '믿음, 소망, 사랑, … 그중에서도 사랑이 첫째니…'라는 말로써 그 확인 도장을 '꽝' 찍어 준다.

그런데 저 공사가 이 사랑을 언급했다는 사실은 뜻밖에 사람들에게 잘 알려져 있지 않다. 《논어》에 보면 공자도 여러 차례 이 '사랑'을 언급하고 있다. (단, 기대하는 남녀의 연애나 성애는 물론 아니다.) 우선 들어 보자.

0105 子曰, "道千乘之國, 敬事而信, 節用而愛人, 使民以時."

"제후의 나라를 다스림에 있어서는 일을 경건히 하고 신뢰를 쌓을 것이며 절약해 쓰고 사람을 사랑해야 한다. 또 백성을 동원할 경우에는 때를 가려서 해야 한다."

0106 子曰, "弟子, 入則孝, 出則悌, 謹而信, 汎愛衆, 而親仁. 行有餘力, 則以學文." "배우는 이는 집에 들어와서는 효도하고 나가서는 공손해야 하며 신중하고 미더울 뿐더러 널리 뭇사람을 사랑하고 어짊을 가까이할 것이니…"

0317 子貢欲去告朔之餼羊. 子曰, "賜也! 爾愛其羊, 我愛其禮."

자공(子貢)이 곡삭제告朔祭에서 양을 희생으로 쓰는 예법을 없애려 하자 선생님께서 말씀하셨다. "사(賜)야, 너는 그 양을 사랑하지만 나는 그 예를 사랑한다."

1210 子張問崇德辨惑. 子曰, "主忠信, 徙義, 崇德也. 愛之欲其

生, 惡之欲其死. 旣欲其生, 又欲其死, 是惑也.” “자장(子張)이 덕을 숭상하고 미혹 됨을 판별하는 것에 대해 묻자 선생님께서 말씀하셨다. “… 사랑하면 살기를 바라고 싫어하면 죽기를 바라는데, 이미 살기를 바랐으면서 또 죽기를 바란다면 그것이 미혹이다.”

1222 樊遲問仁. 子曰, “愛人.” 問知. 子曰, “知人.” 번지가 인에 대해 묻자 선생님께서 말씀하셨다. “사람을 사랑하는 것이다.” …

1407 子曰, “愛之, 能勿勞乎? 忠焉, 能勿誨乎?” “사랑한다면 애쓰지 않을 수 있겠느냐? 진심으로 생각한다면 깨우쳐 주지 않을 수 있겠느냐?”

1703 子之武城, 聞弦歌之聲. 夫子莞爾而笑曰, “割雞焉用牛刀?” 子游對曰, “昔者偃也聞諸夫子曰, ‘君子學道則愛人, 小人學道則易使也.’” 子曰, “二三者! 偃之言是也. 前言戲之耳.” … 자유가 대답했다. “전에 제가 선생님께 듣기로 ‘군자가 도를 배우면 사람을 사랑하고 소인이 도를 배우면 부리기가 쉽다’고 하셨습니다.” …

공자의 이 언급들을 보면 ‘사랑’(愛)이 공자의 가치들 중 하나라는 것은 너무나 분명해 보인다. 특히 그 유명한 ‘인(仁)’에 대해 그가 드물게 제공하는 설명 중의 하나가 이

'애인愛人'(사람[남]을 사랑함)임에야 더 시비할 여지가 없다. 사랑은 명백히 공자의 핵심 가치 중 하나였다.

그런데 이 언급들에서 확실히 드러나지만 공자의 사랑은 무엇보다도 '사람'에 대한 사랑이었다. 특히 어떤 특정인에 대한 사랑뿐만 아니라 '사람 일반'(衆)에 대한 사랑이었다. 그가 이것을 어짊(仁)의 핵심으로 설명한 것은 예사롭지 않다. 그는 왜 하필 이런 말을 했을까? 우리는 그 이유 내지 배경을 어렵지 않게 짐작할 수 있다. 그것은 '사람이 사람을 사랑하지 않는다'는 것이다. 이 너무나도 당연한 가치가 사람의 세상에서는 그토록 드물기 때문인 것이다. 사람이 사람을 사랑한다면 사람의 아픔과 고통에 대해 사람들이 이토록 무심할 수가 없을 것이다. 사람이 사람을 사랑한다면 사람이 사람에 대해 이토록 모진 해악들을 끼칠 수 없다. 온갖 '수고를 마다하지 않는 것'(能勿勞乎)이 사랑의 본질임을 공자는 적시하지 않았던가. 그런데도 사람들은 어떤가. 억울함을 당하는 사람들을 위해, 고통에 허덕이는 사람들을 위해, 작은 수고도 잘 하려고 하질 않는다. 모든 수고는 오로지 나 자신의 이익과 패거리의 이익에만 집중돼 있다. 심지어 저 수많은 '해악'들은 또 어떠한가. 사랑이 있다면 어떻게 사람이 사람을 속일 수 있고 욕할 수 있고 때릴 수 있고 찌를 수 있고 죽일 수 있는가. 차마 그럴 수 없다. 그런데 세상에는 오히려 미움과 증오가, 그리고 혐오가 넘쳐 난다.

공자의 이야기는 옛날이야기일까? 아니다. 공자 때나 지금이나 한 치도 달라진 것이 없다. 요즘 세상, 요즘 사람을 관찰해 보면, 사람(타인)에 대한 존중과 배려는 너무나도 드물다. 사람이 사람을 대하는 태도는 대개의 경우 '함부로'라는 한 마디로 집약된다. 함부로 말하고, 함부로 상처주고, 함부로 희롱하고, 함부로 사기치고, 함부로 폭행하고, 함부로 겁탈하고, 함부로 죽이기도 한다. 핵폭탄으로 위협을 가하는 것도 전쟁을 일으키는 것도 그저 예사다. 어떤 나라에서는 지참금이 적다고 신부를 불태워 죽이기도 했다고 한다. 어느 하루 이런 '함부로'가 뉴스를 장식하지 않는 날이 거의 없다. 거기에 사랑은 없다.

그러니 어쩔 것인가. 세상 모든 사람이 공자 같은 군자가 될 수는 없고 또 될 리도 없겠지만, 그래도 우리가 인간에 대한, 세상에 대한 희망을 완전히 버릴 수야 없지 않겠는가. 그렇다면 그래도 누군가는 저 공자처럼 (그리고 저 예수처럼) "사람을 사랑하라!"고 외치기라도 해야 할 것이 아니겠는가. 그러면 누군가의 귀는 그 말을 듣게 되지 않을까. 나도 그런 귀들을 위해, 저들의 제자로서, 저들의 저 신성한 발언에 볼륨이라도 좀 높여 보고자 오늘도 나름의 방식으로, 글도 쓰고 강의도 하고 하면서, '수고'(勞)를, 노력을 하고 있다. "사람을 사랑하자!" "그래도 우리는 저 짐승의 대열에 합류하지는 말자."

언言

말에 대하여 1

"말로써 말 많으니 말 말을까 하노라." 많이 듣던 이 말이 거의 하나의 철학이었음을 살면 살수록 실감하게 된다. 나는 비교적 말수가 적은 편이다.

일반인들은 아마 잘 모르겠지만 공자에게는 의외로 만만치 않은 언어철학이 있다. (본격적으로 논하자면 그것만으로 책 한 권은 족히 나올 듯하다.) 그동안 언어를 '인문학적 대기'니 '정신적 대기'니 하며 강조해 온 나로서는 이 부분에 무심할 수가 없다.

그중에서도 특별히 나의 관심을 끄는 대목이 있다.

1717 子曰, "予欲無言." 子貢曰, "子如不言, 則小子何述焉?"
子曰, "天何言哉? 四時行焉, 百物生焉, 天何言哉?" 선생님께서 말씀하셨다. "나는 말이 없었으면 한다." 자공이 말했다. "선생님께서 말씀을 하지 않으시면 저희들이 어떻게 뜻을 전할 수 있겠습니까." 선생님께서 말씀하셨다. "하늘이 어떻게 말하더냐. 사시가 행해지고 만물이 생육하고 있지 않으냐. 하늘이 어떻게 말하더냐."

뜻밖에도 그는 '말없음'(無言)을 말하고 있는 것이다. (자공의 표현으로는 '말하지 않음'[不言]이다.) 그의 이 발언은 그 옛날 젊은 나에게 크나큰 매력으로 다가왔었다. 이건 뭔가 노자의 '불언지교不言之敎'와도 통하는 것 같았고, 불교의 '불립문자不立文字'나 '염화시중拈花示衆의 미소'와도 통하는 것 같았고, 하이데거의 '침묵Schweigen이라는 말함 Sprechen'과도 통하는 것 같았다. 입 밖에 내지 않는 말, 행동으로 결과로 보여 주는 말, 그런 언어의 방식이 있다는 것을 그는 일러 주고 있는 것이다. 사시의 운행과 만물의 생육, 그런 '행' 자체가 하늘의 말하는 방식이라니! 이런 멋있는, 이런 깊이 있는 철학이 어디 흔하겠는가. 공자는 제대로 철학자임에 틀림없다.

공자의 이 말이 언어에 대한 경시를 뜻하는 것은 물론 아니다. 오히려 그 반대로 언어에 대한 중시를 반영한다. 그는 언어를 매우 중시한 사람이었다.

2003 孔子曰, "不知命, 無以爲君子也, 不知禮, 無以立也, 不

^{지 언} ^{무 이 지 인 야}
知言, 無以知人也." "… 말을 모르면 사람을 알 수가
없다."

이렇게까지 말한 적이 있으니 그가 언어의 중요성을
몰랐을 턱이 없다. 말을 들어 보면 그 사람을 알 수가 있
다는 것이다. 지당한 말씀이다.

그런데 그는 왜 굳이 '무언無言'을 소망했을까. 그의 말
들이 대체로 그렇듯이 여기에도 그만한 사정이 있음을
우리는 놓치지 말고 주목해야 한다. 그만한 사정, 그중엔
여러 가지가 있겠지만 우선 눈에 띄는 한 가지가 '말의
폐단'이다.

^{자 왈} ^{교 언 영 색} ^{선 의 인}
0103 1715 子曰, "巧言令色, 鮮矣仁!" "교언(솜씨 있게 잘하는
말)…에는 어짊이 드물다."

^{자 왈} ^{교 언 영 색 족 공} ^{좌 구 명 치 지} ^{구 역 치 지} ^{익 원 이 우}
0525 子曰, "巧言令色足恭, 左丘明恥之, 丘亦恥之. 匿怨而友
^{기 인} ^{좌 구 명 치 지} ^{구 역 치 지}
其人, 左丘明恥之, 丘亦恥之." "교언은 … 나도 이를 부
끄럽게 여긴다…"

^{자 왈} ^{교 언 란 덕} ^{소 불 인} ^{즉 란 대 모}
1527 子曰, "巧言亂德. 小不忍, 則亂大謀." "교언은 덕을 어지
럽힌다. …"

유명한 이 말들도 그런 것, 즉 말의 부정적인 측면에

대한 지적이다. 그는 '교언', 즉 '잘하는 말' '솜씨 있는 말' '번지르르한 말'을 '인이 드물다' '부끄럽게 여긴다' '덕을 어지럽힌다'며 부정적으로 평가하는 것이다. 나처럼 말을 잘 하지 못하는 사람으로서는 공자의 이런 말이 참 고맙기도 하다. 큰 위로가 된다. 저 소크라테스도 자신이 말을 잘 하지 못한다고 한 적이 있으니 아마도 공감을 해줄 것이다. (물론 그는 실제로는 말을 아주 잘한다. 단, 그 '잘함'의 종류가 세인들의 그것과는 좀 다르다. 이 점은 공자도 마찬가지다.)

번지르르하게 말 잘하는 사람들은 지금도 세상에 넘쳐난다. 특히 지식인과 정치인들 중에는 그런 사람이 부지기수로 많다. 그들의 그런 말솜씨는 요즘 인기와 돈으로 그리고 출세로 연결되기도 한다. 요즘 시대에 그런 것을 비판하는 것은 어쩌면 좀 바보 같은 짓일지도 모르겠다. 그러나 적어도 공자가 바보가 아니었음을 우리가 인정한다면 그가 이런 말을 한 취지는 한번쯤 고민해 볼 가치가 있지 않을까.

그는 말의 표면보다 그 이면을, 그 솜씨보다 그 진정한 내용을, 말보다는 '행'을 중시했다. 그는 말에 대해 요구하는 가치들이 있었다. 그것이 '충忠'(충실함)이다. '신信'(미더움)이다. '신愼'(신중함)이다. '예禮'다. '의義다. 말의 성격과 내용에 대한 그의 이런 요구는 《논어》의 여러 곳에서 확인된다.

0114 子曰, "君子食無求飽, 居無求安, 敏於事而愼於言, 就有
道而正焉, 可謂好學也已." "군자는 … 일에는 재빠르고
말에는 신중하다. …"

0218 子張學干祿. 子曰, "多聞闕疑, 愼言其餘, 則寡尤, 多見闕
殆, 愼行其餘, 則寡悔. 言寡尤, 行寡悔, 祿在其中矣." "많
이 들어 의문이 없어졌더라도 그 나머지를 신중히 말하
면 허물이 적고 …"

0424 子曰, "君子欲訥於言而敏於行." "군자는 말에는 어눌하
려 하고 행에는 재빠르려 한다."

1201 顔淵問仁. 子曰, "克己復禮爲仁. 一日克己復禮, 天下歸
仁焉. 爲仁由己, 而由人乎哉?" 顔淵曰, "請問其目." 子曰,
"非禮勿視, 非禮勿聽, 非禮勿言, 非禮勿動." 顔淵曰, "回
雖不敏, 請事斯語矣." "… 예가 아니면 말하지 말고 … "

1427 子曰, "君子恥其言而過其行." "군자는 자신의 말을 부끄
러워 하고 자신의 행동을 허물한다."

1506 子張問行. 子曰, "言忠信, 行篤敬, 雖蠻貊之邦, 行矣. 言
不忠信, 行不篤敬, 雖州里, 行乎哉? 立則見其參於前也,
在輿則見其倚於衡也, 夫然後行." 子張書諸紳. "말이 충
실하고 미더우면 …"

1517 子曰, "羣居終日, 言不及義, 好行小慧, 難矣哉!" "종일토
록 모여 지내면서 말이 의로움에 이르지 않고 소소한
지혜를 행하기만 좋아한다면 참 어렵다!"

1610 孔子曰, "君子有九思, 視思明, 聽思聰, 色思溫, 貌思恭,
言思忠, 事思敬, 疑思問, 忿思難, 見得思義." "… 말함에
있어서는 충실함을 생각한다. …"

　이런 말들이 다 그 증거가 된다. 말이란 모름지기 이런
것들을 말해야 하고 이렇게 말해야 한다고 공자는 말하
고 있다.

　그런데 현실은 어떤가. 주변에서 우리는 충실하지 못
하고 미덥지 못한 말들을, 무례하고 불의한 말들을, 그리
고 말과 행이 따로따로 노는 경우를 너무나 자주 너무나
흔히 목격한다. 경우에 따라서는 말의 훌륭함과 행의 고
약함이 극명하게 대비되기도 한다. 말 잘하는 사람의 행
실이 엉망인 경우도 너무 많고 자기가 내뱉은 말을 손바
닥처럼 뒤집는 경우도 너무 많다. 공자인들 이런 현상을
몰랐을 리가 없다. 그래서 그는 이런 철학을 펼친 것이다.
"말보다는 행!" 혹은 "행이라는 말!" 우리에게 이성이 있다
면, 진정한 선에 대한 지향이 있다면, 거듭 강조해야 할 철
학이 아닐 수 없다. 특히나 말이 홍수처럼 넘쳐 나는 이

시대에, 온갖 화제가 피폐하기 짝이 없는 이 사회에.

언어철학의 대가인 저 비트겐슈타인을 패러디해서 나는 공자 언어론의 끝자락에 이런 말을 한 마디 더 보태고 싶다.

"스스로 행할 수 없는 것에 대해서는, 우리는 침묵해야 한다."

언어

말에 대하여 2

이외에도 공자는 '말'과 관련해 다음과 같은 사상을 피력한다. 참고할 말이 너무 많다. '말이 없었으면 한다'라는 말을 한 양반치고는 '말'에 대해서 좀 '말'이 많다. 하나씩 그 의미를 음미해 보자.

0213 子貢問君子. 子曰, "先行其言而後從之." 자공이 군자에 관해 묻자 선생님께서 말씀하셨다. "먼저 그 말을 행하고 나서 그 말을 좇는다.

여기서는 '행언行言'과 '종언從言'이 대비된다. 말을 행하는 것과 말을 추종하는 것, 이 둘에 공자는 선후를 매긴다. 행언이 선이고 종언이 후라는 것이다. '행行'과 '종從'은 말에 대한, 특히 훌륭한 사람의 훌륭한 말, 이론이나 이념, 그런 것에 대한 사람의 태도다. 보통은 흔히 종언이 선先이 된다. 행언은 후後가 되거나 아예 없기도 한다. 실행 없는 말잔치도 그런 경우다. 공자는 어쩌면 자신의 말을 추종하면서도 그 말대로 실행하지 못하는 제자들에 대한 아쉬움 내지 답답함을 이렇게 표현했는지도 모르겠다. '주여 주여 하는 자마다 다 천국에 들어가는 것은 아니니라'라고 했던 예수가 연상되기도 하는 대목이다.

0422 子曰, "古者言之不出, 恥躬之不逮也." "옛사람들이 말을 하지 않았던 것은 자신의 됨됨이가 그 말에 미치지 못하는 것을 부끄러워했기 때문이다."

여기서는 옛사람들의 '언불출言不出'(말을 하지 않음)이라는 현상을 주목한다. 그 이유를 '자신의 됨됨이가 그 말에 미치지 못하는 것을 부끄러워했기 때문'(恥躬之不逮)이라고 설명한다. '말'(言)과 '자신의 됨됨이'(躬)가 공자에게서는 이렇게 연계된다. 됨됨이가 그 말에 미치느냐 미치지 못하느냐(逮)가 문제되는 것이다. 그리고 그 미치지 못함을 부끄러워하느냐 부끄러워하지 않느냐(恥)가 문제되는 것이다. 공자 때나 지금이나 '요즘 사람들'은 (옛사람과 달리) 자신의 말과 자신의 됨됨이를 연계하지 않는다. 됨됨이와 상관없이 얼마든지 말을 내뱉는다. 그리고 그것을 전혀 부끄러워하지도 않는다.

0510 宰予晝寢. 子曰, "朽木不可雕也, 糞土之牆不可杇也, 於予與何誅?" 子曰, "始吾於人也, 聽其言而信其行, 今吾於人也, 聽其言而觀其行. 於予與改是." 재여(宰予)가 낮잠을 자니 선생님께서 말씀하셨다. "삭은 나무에는 조각을할 수 없고 분토糞土로 된 담장에는 흙손을 댈 수 없다. 여(予)에게 무슨 꾸지람을 하겠느냐?" 선생님께서 말씀하셨다. "처음에는 내가 사람을 대함에 그 말을 듣고 그행동을 믿었으나 지금은 내가 사람을 대함에 그 말을듣고 그 행동을 살핀다. 여(予)로 인하여 이를 고쳤다."

여기서는 사람의 '말과 행동의 관계'가 거론된다. 그것이 그 '사람'에 대한 척도가 됨을 시사하는 것이다. 즉 말의 신뢰성이 문제일 수 있다는 것이다. 그 신뢰성은 그 말에 대한 행동을 보고 판단할 수 있다. 그래서 그 행동을살펴봐야 한다(觀其行)는 말이다. 이는 '언행일치'가 덕임을 전제한다. 역시 말과 행동이 따로 노는 요즘 사람들이, 특히 정치인들이, 좀 찔끔해야 할 발언이다.

0924 子曰, "法語之言, 能無從乎? 改之爲貴. 巽與之言, 能無

說^열乎^호? 繹^역之^지爲^위貴^귀. 說^열而^이不^불繹^역, 從^종而^이不^불改^개, 吾^오末^말如^여之^지何^하也^야已^이
矣^의." "법어法語의 말씀을 좇기야 못하겠냐마는 잘못을
고치는 것이 중요하고 손여巽與의 말씀을 좋아하기야
못하겠냐마는 그것을 풀어보는 것이 중요하다. 좋아하
면서 풀어보지 않고 좇으면서 고치지 않는다면 나도
어떻게 할 수가 없다." ('법어'와 '손여'는 여러 설이 있으나, 규
범 혹은 고문헌으로 추정)

여기서는 '종언從言' 및 '열언說言', 즉 말을 '추종하는
것'과 말을 '좋아하는 것'(기뻐하는 것), 이런 것과 '개지改
之' 및 '역지繹之', 즉 '잘못을 고치는 것'과 '풀어보는 것',
이런 것이 대비된다. 단순히 말을 좋아만 하고 추종만 하
는 폐단을 은근히 꼬집고 있다. 정작 중요(爲貴)한 것은 그
말의 진정한 의미를 자신의 구체적인 상황에서 새겨보는
것(繹之)이고, 그 말에 비추어서 자신의 잘못을 고치는 것
(改之)이다.

1001 孔^공子^자於^어鄕^향黨^당, 恂^순恂^순如^여也^야, 似^사不^불能^능言^언者^자. 其^기在^재宗^종廟^묘朝^조廷^정, 便^편便^편
言^언, 唯^유謹^근爾^이. 朝^조, 與^여下^하大^대夫^부言^언, 侃^간侃^간如^여也^야, 與^여上^상大^대夫^부言^언, 誾^은
誾^은如^여也^야. 君^군在^재, 踧^축踖^적如^여也^야, 與^여與^여如^여也^야. 공자께서 향리에 계
실 때에는 묵묵하신 것이 마치 말을 할 줄 모르는 사람

같았으나 종묘나 조정에 계실 때에는 거침없이 발언하

시되 다만 삼가서 하셨다. 조정에서 하대부와 더불어

말씀하실 때에는 기꺼운 모습이셨고 상내부와 더불어

말씀하실 때에는 화평한 모습이셨으며 임금께서 계실

때에는 공경스러우면서도 떳떳한 모습이셨다.

1003 入公門, 鞠躬如也, 如不容. 立不中門, 行不履閾. 過位, 色
　　　입공문　국궁여야　여불용　입부중문　행불리역　과위　색

勃如也, 足躩如也, 其言似不足者. 攝齊升堂, 鞠躬如也,
발여야　족곽여야　기언사부족자　섭제승당　국궁여야

屛氣似不息者. 出, 降一等, 逞顔色, 怡怡如也. 沒階, 趨
병기사불식자　출　강일등　영안색　이이여야　몰계　추

進, 翼如也. 復其位, 踧踖如也. 궐문에 들어가실 때에는
진　익여야　복기위　축적여야

몸을 구부리시는 것이 마치 문이 좁은 듯이 하셨고 서

계실 때에는 문 가운데를 피하셨으며 다니실 때에는

문지방을 밟지 않으셨다. 임금의 자리 앞을 지날 때에

는 얼굴빛이 상기되었고 발걸음은 빨라지셨다. 그 말은

마치 부족한 사람 같았다. 옷자락을 들고 당에 오를 때

에는 몸을 구부리셨고 숨을 죽이시는 것이 마치 숨 쉬

지 않는 사람 같았다. 나가서 한 계단 내려서서는 안색

을 푸시는 것이 기꺼운 듯하셨다. 계단을 다 내려와서

빨리 걸으실 때에는 날개를 펴신 듯했고 자리에 돌아

오셔서는 공경스러우셨다.

공자 본인의 직접 발언은 아니나 여기서는 제자들의

눈에 비친 공자의 말이 그 상황이나 상대에 따라 달랐음을 알려 준다. 말하는 태도에도 이렇게 여러 가지 양상이 있을 수 있다. '(말을 할 줄 모르는 사람 같은) 묵묵함'(恂恂如) '거침없음(便便) 그러나 삼감(謹)' '기꺼움'(侃侃如) '화평함'(誾誾如) '공경스러움(踧踖如) 그러나 떳떳함(與與如)' '부족한 듯함'(似不足), 참 다양하다. 상대와 상황에 따른 말의 상대성을 알려 준다.

1006 齊^재必^필有^유明^명衣^의布^포, 齊^재必^필變^변食^식, 居^거必^필遷^천坐^좌. 食^식不^불厭^염精^정, 膾^회不^불厭^염細^세. 食^식饐^의而^이餲^애, 魚^어餒^뇌而^이肉^육敗^패, 不^불食^식. 色^색惡^악, 不^불食^식. 臭^취惡^악, 不^불食^식. 失^실飪^임, 不^불食^식. 不^불時^시, 不^불食^식. 割^할不^부正^정, 不^불食^식. 不^부得^득其^기醬^장, 不^불食^식. 肉^육雖^수多^다, 不^불使^사勝^승食^식氣^기. 唯^유酒^주無^무量^량, 不^불及^급亂^란. 沽^고酒^주市^시脯^포不^불食^식. 不^불撤^철薑^강食^식, 不^부多^다食^식. 祭^제於^어公^공, 不^불宿^숙肉^육. 祭^제肉^육, 不^불出^출三^삼日^일. 出^출三^삼日^일, 不^불食^식之^지矣^의. 食^식不^불語^어, 寢^침不^불言^언. 雖^수疏^소食^사菜^채羹^갱, 瓜^과祭^제, 必^필齊^재如^여也^야. 재계하실 때에는 반드시 흰 베옷을 입으셨다. 재계하실 때에는 반드시 음식을 바꾸셨으며 거하시는 자리도 옮기셨다. 밥은 잘 도정된 것을 싫어하지 않으셨고 회는 잘게 썬 것을 싫어하지 않으셨다. 밥이 쉬거나 맛이 변한 것, 생선이 상하거나 고기가 부패한 것은 잡숫지 않으셨다. 색깔이 나쁜 것도 잡숫지 않으셨고, 냄새가 나쁜 것도 잡숫지 않으셨고, 잘 익히지 않은

것도 잡숫지 않으셨고, 제철이 아닌 것도 잡숫지 않으셨고, 바르게 썰지 않은 것도 잡숫지 않으셨고, 간이 맞지 않는 것도 잡숫지 않으셨다. 고기가 비록 많더라도 밥 기운을 누를 정도로는 들지 않으셨다. 오직 술만은 양의 제한이 없었지만 어지러운 지경에는 이르지 않으셨다. 술집에서 파는 술이나 시장에서 파는 마른 고기포는 잡숫지 않으셨다. 생강 잡숫는 것은 끊지 않으셨으나 많이 드시지는 않으셨다. 임금을 도와 제사 드리고 받아 온 고기는 밤을 넘기지 않으셨다. 집안 제사에서 사용한 고기는 사흘을 넘기지 않으셨으며 사흘을 넘기면 잡숫지 않으셨다. 식사 중에는 이야기를 하지 않으셨고 잠자리에서도 말하지 않으셨다. 비록 변변치 않은 밥과 나물국이라도 반드시 고수레를 하셨는데 반드시 재계하듯 하셨다.

1020 升車, 必正立, 執綏. 車中, 不內顧, 不疾言, 不親指. 수레에 오르셔서는 반드시 바로 서서 고삐를 잡으셨고 수레 안에서는 안을 돌아보지 않으셨으며 빠르게 말씀하지 않으셨고 손가락으로 직접 가리키지 않으셨다.

제자들의 눈에 비친 공자의 이런 모습은 확인이 불가하지만 사실로 간주하고 각자 참고로 삼자. 단, '식사 중이나 잠자리에서 말하지 않았다' '수레 안에서 빠르게 말하지 않았다'는 것은 요즘 기준으로 볼 때 꼭 무슨 철학적, 도덕적 의미가 있는 것은 아니다. 이른바 '문화'여도 좋고 '성향'이어도 좋다. 이것으로 공자를 굳이 떠받들 일도 아니고 시비 걸 일은 더욱 아니다. 다만 그 조신한 태도는 참고할 수 있다.

1104 子曰, "回也, 非助我者也. 於吾言無所不說." "회(回)는 나를 도와주는 자가 아니로구나. 내 말에 기뻐하지 않음이 없으니!"

여기서는 말에 대한 '기뻐함'(說)의 반응을 주제화한다. 여기엔 몇 가지 시사점이 공존한다. 즉 말에 기뻐할 만한 말과 그렇지 않은 말이 있을 수 있다는 것, 그런 말에 대해 기뻐할 수도 그렇지 않을 수도 있다는 것, 그리고 내 말에 대해 누군가가 기뻐한다는 것이 반드시 반가운 일만도 아니라는 것 등이다. 보통 사람들은 남이 기뻐할 만한 말을 별로 하지도 않고 남이 기뻐할 만한 말을 했을 때 그것을 평가해 기뻐하지도 않는다. 그리고 자기 말에 누가 기뻐해 주면 그저 속으로 우쭐해 하고 그렇지 않으면 속상해 하지, '그저 기뻐만 해주니 내가 자성하는 데

도움이 안 되는구나' 하고 공자처럼 생각하지도 않는다. (실은 섭섭해 하는 말이 아니라 대견해 하는 말이다.) 요즘 SNS의 댓글에 일희일비하는(특히 '좋아요'에 목매는) 사람들이 깊이 새겨들어야 할 말이다. 자기 말에 대해 누가 기뻐해 주는 것은 실은 주의할 일이기도 하다. (참고로 일본에는 '호메고로시(譽め殺し)'라는 말이 있는데, '칭찬해서 죽이기'라는 뜻이다. 마구 칭찬을 퍼부어 대서 저쪽이 군소리 못하게 만들어 버리는 것이다. '죽인다'는 표현은 좀 섬뜩하지만, 인간 심리의 실상을 잘 반영하는 말이다.)

1114 魯人爲長府. 閔子騫曰, "仍舊貫, 如之何? 何必改作?" 子曰, "夫人不言, 言必有中." 노나라 사람들이 장부長府를 짓자 민자건(閔子騫)이 말하였다. "예전 그대로 두면 어떤가? 굳이 다시 만들어야 하나?" 선생님께서 말씀하셨다. "저 사람은 말을 않지만 말을 하면 반드시 핵심을 찌른다."

여기서는 말에 대한 공자의 은근한 평가기준을 엿볼 수 있다. '불언不言', 즉 말을 별로 하지 않는 것, 그리고 '필유중必有中', 즉 일단 말을 할 경우에는 핵심을 찌르는 것, 이것이다. 공감한다. 쓸데없는 말이 많은 사람들이 너무 많고, 그 많은 말들이 핵심을 비껴 겉도는 경우도 너무 많다.

1203 司馬牛問仁. 子曰, "仁者, 其言也訒." 曰, "其言也訒, 斯
謂之仁已乎?" 子曰, "爲之難, 言之得無訒乎?" 사마우(司
馬牛)가 어짊에 대해 묻자 선생님께서 말씀하셨다. "어
진 자는 그 말이 힘겹다." 사마우가 말했다. "말이 힘겨
우면 어질다 할 수 있습니까?" 선생님께서 말씀하셨다.
"그것을 행하기가 어려운데 그것에 대한 말이 힘겹지
않을 수 있겠느냐?"

여기서는 말의 '힘겨움'(訒)을 거론한다. 특히 어진 사
람이 말을 힘겨워하는 것이다. 여기서 힘겨움이란 말을
쉽게 함부로 하지 못하는 것이다. 그 이유가 무엇인가. 그
말의 내용을 행하기가, 실천하기가 어렵기 때문이다. 포
인트는 좀 다르지만 '책임 못 질 말은 하지를 마라'는 것
도 내용적으로 이 말의 취지와 좀 연결돼 있다. 실천의 어
려움 따위는 아무 상관없이 말을 가볍게 하는 사람들이
새겨들어야 할 말이다. 말의 무게를 알아야 한다.

1212 子曰, "片言可以折獄者, 其由也與." 子路無宿諾. 선생님
께서 말씀하셨다. "몇 마디 말로써 소송을 판결할 수 있

는 자는 곧 유(由)일 것이다." 자로는 대답을 미루는 일
이 없었다.

　여기서는 자로에 대한 평가를 통해 말이 신속 정확 엄
정해야 함을 시사한다. 이 언급은 또한 말의 일부가 이미
전체의 실마리일 수 있다는 것도 알려 준다. 몇 마디만 들
어 봐도 곧바로 그 사람을, 그 사안을 파악할 수 있다는
말이다. 사실 그렇다. '척 하면 삼척'인 경우가 있는 것이
다. '하나를 보면 열을 안다'도 비슷한 경우다. 단, 부분으
로 전체를 섣불리 판단하는 '성급한 일반화의 오류'나 '부
당 주연의 오류'는 주의하지 않으면 안 된다.

1220 子張問, "士何如斯可謂之達矣?" 子曰, "何哉, 爾所謂達
者?" 子張對曰, "在邦必聞, 在家必聞." 子曰, "是聞也, 非
達也. 夫達也者, 質直而好義, 察言而觀色, 慮以下人. 在
邦必達, 在家必達. 夫聞也者, 色取仁而行違, 居之不疑.
在邦必聞, 在家必聞." 자장(子張)이 물었다. "선비는 어
떻게 해야 경지에 이르렀다 할 수 있겠습니까?" 선생님
께서 말씀하셨다. "네가 경지에 이르렀다 하는 것이 무
엇이냐?" 자장이 대답했다. "나라에서도 반드시 이름
이 나고 대부의 가家에서도 반드시 이름이 나는 것입니

다." 선생님께서 말씀하셨다. "그것은 이름이 나는 것이지 경지에 이른 것이 아니다. 실로 일정한 경지에 이르렀다는 것은 성품이 곧고 의를 좋아하며 말을 헤아리고 표정을 살피는가 하면 깊이 생각하여 사람을 다루니 그렇게만 하면 나라에 있어서도 반드시 일정한 경지에 이르고 대부의 가家에 있어서도 반드시 일정한 경지에 이를 것이다. 그러나 이름이 난다는 것은 겉으로는 어진 모습을 취하나 행동은 그와 어긋나게 하며 그런 식으로 사는 데에 아무런 회의도 갖지 않는 것이니 그렇게 하면 나라에 있어서도 필경 이름은 나고 대부의 가家에 있어서도 필경 이름은 나게 될 것이다."

여기서는 '말을 헤아리는 것'(察言)이 '경지에 이르렀음'(達)의 증거 내지 조건의 하나임을 시사한다. 결국 그 핵심은 말을 통해서 그 사람을 판별할 줄 안다는 것이다. 사람의 말이 곧 그 사람됨의 반영임을 공자는 꿰뚫어 보고 있는 것이다.

1303 子路曰, "衛君待子而爲政, 子將奚先?" 子曰, "必也正名乎!" 子路曰, "有是哉, 子之迂也! 奚其正?" 子曰, "野哉, 由也! 君子於其所不知, 蓋闕如也. 名不正, 則言不順, 言

不順^{불순}, 則事不成^{즉사불성}, 事不成^{사불성}, 則禮樂不興^{즉예악불흥}, 禮樂不興^{예악불흥}, 則刑罰^{즉형벌}
不中^{부중}, 刑罰不中^{형벌부중}, 則民無所錯手足^{즉민무소조수족}. 故君子名之必可言也^{고군자명지필가언야},
言之必可行也^{언지필가행야}. 君子於其言^{군자어기언}, 無所苟而已矣^{무소구이이의}." 자로가 말

했다. "위나라 임금이 선생님을 모시고 정치를 하면 선

생님께서는 장차 무엇부터 하시겠습니까?" 선생님께

서 말씀하셨다. "반드시 이름을 바로잡겠다." 자로가 말

했다. "그런 것도 있습니까? 선생님께서는 너무 우원迂

遠하십니다. 그것을 바로잡아 뭐하겠습니까?" 선생님께

서 말씀하셨다. "조야하구나, 유(由)는! 군자는 자기가

알지 못하는 것에 대해서는 비워 두어야 하는 것이다.

이름이 바르지 않으면 말이 조리가 없어지고 말이 조

리가 없으면 일이 이루어지지 못하고 일이 이루어지지

않으면 예악이 일어나지 못하며 예악이 일어나지 않으

면 형벌이 적절해지지 못하며 형벌이 적절하지 않으면

백성들이 손발 둘 데가 없어진다. 그러므로 군자는 무

언가를 명명命名하면 반드시 말할 수 있게 되고 말하면

반드시 행할 수 있게 되니 군자는 그 말에 있어서 구차

함이 없을 따름이다."

여기서는 말에 조리가 있어야 함(順)을 일러 준다. 조리

있는 말은 그 후과랄까 영향이 엄청나게 큼을 공자는 시

사한다. 즉 '일이 이루어짐' '예악이 흥함' '형벌이 적절함' '백성들이 뭘 어찌해야 할지를 앎' 이런 모든 일들이 다 말을 조리 있게 하는 데서 시작된다는 말이다. 또 말과 행위의 관계, 그리고 말의 '구차하지 않음'(無所苟)도 강조한다. (단, 이 단편의 후반['명부정' 이후]은 공자의 말이라기엔 논리 전개가 좀 어수선하고 공자 특유의 설득력도 좀 떨어진다. 위작의 논란이 있음을 참고하기 바란다. 필자도 이 단편의 전반부와 후반부를 최소한 따로 분리해서 생각한다. 필자는 전반부의 이 위대한 '정명正名' 사상을 저 유명한 '군군신신부부자자君君臣臣父父子子'[왕은 왕답게, 신하는 신하답게, 부모는 부모답게, 자식은 자식답게]와 연계된 것으로 해석한다.)

1315 定公問, "一言而可以興邦, 有諸?" 孔子對曰, "言不可以若是其幾也. 人之言曰, '爲君難, 爲臣不易.' 如知爲君之難也, 不幾乎一言而興邦乎?" 曰, "一言而喪邦, 有諸?" 孔子對曰, "言不可以若是其幾也. 人之言曰, '予無樂乎爲君, 唯其言而莫予違也.' 如其善而莫之違也, 不亦善乎? 如不善而莫之違也, 不幾乎一言而喪邦乎?" 정공(定公)이 물었다. "한 마디로 가히 나라를 일으킬 만한 말이 있습니까?" 공자께서 대답하셨다. "말로써는 그렇게 되지 않습니다. 그 가까운 것으로는 '임금 노릇 하기도 어렵

고 신하 노릇 하기도 쉽지 않다'는 사람들의 말이 있습니다. 만약 임금 노릇 하기가 어렵다는 것을 안다면 그것이 한 마디로 나라를 일으키는 말에 가깝지 않겠습니까?" 정공이 말했다. "한 마디로 나라를 잃어버릴 만한 말이 있습니까?" 공자께서 대답하셨다. "말로써는 그렇게 되지 않습니다. 그 가까운 것으로는 '나는 임금이 되어 즐거운 것이 아니라 오직 말을 하면 아무도 거역하지 못하는 것이 즐거움이다' 하는 사람들의 말이 있습니다. 만약 그 말이 옳기에 아무도 거역하지 못한다면 그 또한 좋은 일이 아니겠습니까? 그러나 만약 그 말이 옳지 않은데도 아무도 거역하지 못한다면 그것이야말로 한 마디로 나라를 잃는 말에 가깝지 않겠습니까?"

감탄사가 절로 나오는 멋있는 말이다. 공자는 물론 현실을 안다. 말 한 마디로 나라를 흥하게 하고 망하게 하는 그런 경우는 없다고 인정한다.(言不可以若是其幾也) 그러나 그에 가까운 말은 없지 않다고 알려 준다. '임금 노릇 하기도 어렵고 신하 노릇 하기도 쉽지 않다'는 말과 '나는 임금이 되어 즐거운 것이 아니라 오직 말을 하면 아무도 거역하지 못하는 것이 즐거움이다'라는 말이 그런 것이다. 전자는 나라를 흥하게 할 수도 있는 말이고 후자는 나라를 망하게 할 수도 있는 말이다. 말의 중요성을 실감케 한다. 그러나 이런 말이 국가안위에 실제로 영향을 주려면 조건이 있어야 한다. 즉 왕이 왕 노릇하기 어려움을 '알아야'(知) 한다는 것이고, 왕의 말이 '옳지 않은'(不善) 말인데도 아무도 거역하지 않는다는 것이다. 즉 말 그 자체가 아니라, 말의 의미에 대한 '앎'(知)과 말의 내용의 '옳고 그름'(善不善)이 중요성의 핵심임을 알아야 한다.

1403 子曰, "邦有道, 危言危行, 邦無道, 危行言孫." "나라에 도가 있으면 떳떳이 말을 하고 떳떳이 행동을 할 것이나 나라에 도가 없으면 떳떳이 행동은 하더라도 말은 겸손해야 한다."

여기서는 말이 나라의 정의로움 여부에 따라 달라질 수 있음을 말해 준다. 나라가 유도할 때는 떳떳이 말(危言)을 하고 나라가 무도할 때는 말을 조심해야 한다(言孫)는 것이다. 자기의 행동을 떳떳이 하는 게 중요한 일이지, 조심성 없는 발언으로 설화舌禍를 자초하지는 말라는 뜻이다.

1404 子曰, "有德者必有言, 有言者不必有德. 仁者必有勇, 勇者不必有仁." "덕이 있는 자는 반드시 할 말이 있지만

할 말이 있는 자라고 해서 반드시 덕이 있는 것은 아니다. 어진 자는 반드시 용기가 있지만 용기 있는 자라고 해서 반드시 어진 것은 아니다."

여기서는 덕과 말의 관계가 언급된다. 즉 유덕한 자는 반드시 할 말이 있지만 할 말이 있는 자라고 해서 반드시 유덕자는 아니다. 말이 덕의 본질적 속성은 아니라는 의미이다. '유덕한 자는 반드시 할 말이 있다'는 것은 이를테면 그런 사람은 자신의 덕을 다른 사람에게 반드시 말해 주고 싶어 한다는 것이다. 덕의 영향을 나눠 주고 싶어 한다는 말이다. 이를테면 플라톤의 동굴의 비유에 나오는 족쇄 풀린 자처럼, 진실을 인지한 자는 반드시 동굴로 되돌아와 아직 사슬에 묶인 다른 동료 죄수들에게 그 진실을 알려 주고 싶어 한다는 저 소크라테스의 이야기도 비슷한 경우다. (진실의 인지가 덕이고, 알려주는 것이 말인 셈이다.) 반면 말은 반드시 덕의 징표가 될 수 없다. 사람들이 하고 싶은 말에는 별별 덕스럽지 못한 것들이 다 있기 때문이다. 어쩌면 그런 말들이 더 많을지도 모른다.

1409 或問子産. 子曰, "惠人也." 問子西. 曰, "彼哉! 彼哉!" 問管仲. 曰, "人也. 奪伯氏騈邑三百, 飯疏食, 沒齒無怨言."

누군가가 자산(子産)에 대해 묻자 선생님께서 말씀하셨다. "은혜로운 사람이다." 다시 자서(子西)에 대해 묻자 말씀하셨다. "그딴 사람이야! 그딴 사람이야!" 다시 관중(管仲)에 대해 묻자 말씀하셨다. "인물이다. 백씨(伯氏)로부터 병읍騈邑 삼백 호를 빼앗았지만 백씨는 거친 밥을 먹으면서도 목숨이 다하는 날까지 원망의 말을 하지 않았다."

여기서는 누군가가 무언가를 빼앗기고도 빼앗은 그 사람에게 원망의 말을 하지 않는다면 그 말하지 않음(無怨言)이 빼앗은 그 사람의 훌륭함에 대한 척도가 될 수 있음을 시사한다. 말은, 특히 그 말의 종류는 그 자체로 이미 그 말을 듣는 사람에 대한 하나의 평가임을 알려 준다.

1420 子曰, "其言之不怍, 則爲之也難." "그 말함에 부끄러워함이 없으면 그것을 실천하기란 [기대하기] 어렵다."

여기서는 '말하기를 부끄러워하는 것'(怍)이라는 덕을 거론한다. 그것이 그 말을 실천하는 선행조건이 된다는 것이다. 왜 그럴까. 부끄러워하지 않는다는 것은 실천 여부는 상관없이 잘난 척 떠벌리며 말만 앞세운다는 뜻이다.

그런 식의 말은 실천과는 애당초 거리가 먼 경우가 많다.

1437 子曰, "賢者辟世, 其次辟地, 其次辟色, 其次辟言." "현자
는 세상을 피한다. 그 다음 단계의 사람은 땅을 피하고
그 다음 단계의 사람은 색을 피하고 그 다음 단계의 사
람은 말을 피한다."

여기서는 '피언辟言', 즉 '말을 피한다'는 덕을 거론한다.
'피세辟世' '피지辟地' '피색辟色'에 이어 '현자'의 네 번째 특
징 내지 단계인 듯이 말해지는데, 뭔가 공자의 말이라기
엔 좀 낯설고 이상하다. 위작의 의심도 있으므로 논평을
유보한다.

1508 子曰, "可與言而不與言, 失人, 不可與言而與之言, 失言.
知者不失人, 亦不失言." "함께 말할 만한데도 말하지 않
는 것은 사람을 잃는 것이고 함께 말할 만하지 않은데
도 말하는 것은 말을 잃는 것이다. 지혜로운 자는 사람
을 잃지도 않고 말을 잃지도 않는다."

너무나도 재치 있는 이 말에서 공자는 '실인失人'과 '실
언失言', 즉 '사람을 잃는 일'과 '말을 잃는 일'을 거론한다.

지혜로운 자는 사람도 말도 둘 다 잃지 않는다는 것이다. '실인', 즉 사람을 잃는 일은 '함께 말할 만한데도 말하지 않는 것'(可與言而不與言)이고, '실언', 즉 말을 잃는 일은 '함께 말할 만하지 않은데도 말하는 것'(不可與言而與之言)이다. 말할 상대가 어떤 사람이냐에 따라 그 사람과 말을 할 것인지 말 것인지를 가려야 한다는 말이다. 참으로 무릎을 치게 하는 통찰이자 표현이 아닐 수 없다. 사람들은 이 평범한 진리를 의외로 잘 알지 못한다. 그래서 정작 훌륭한 사람과는 별로 말을 나누지도 않고 훌륭하지 못한 사람과는 마구 떠들어 댄다. 여럿이 모인 휴게실 같은 데서 보면 곧잘 이런 현상이 관찰된다. 보통 훌륭한 사람은 별로 말이 없다. 반면 훌륭하지 못한 사람은 대체로 좀 말이 많다. 그래서 사람들은 곧잘 사람도 잃고 말도 잃는다.

1523　子曰, "君子不以言擧人, 不以人廢言." "군자는 말하는 것을 보고 사람을 기용하지도 않고 사람을 보고 말을 내치지도 않는다."

　여기서도 말과 사람의 관계를 거론한다. 일반적인 생각과는 좀 달리 공자는 '말과 사람'의 상대성을 일러 준다. 즉 말이 사람을 판단하는 절대적 기준이 아니며 사람이 말을 판단하는 절대적 기준이 아니라는 것이다. 그래서 말 때문에 사람을 기용하지도 말고(不以言擧人) 사람 때문에 말을 내치지도 말라(不以人廢言)고 권하는 것이다.[14] 실제로 사람들은 그 사람의 말만 들어 보고서 그 사람을 천거하기도 하고 기용하기도 한다. 그러고서 나중에 실망하고 후회하기도 한다. 또 사람들은 그 사람이 마음에 안 든다고 무조건 그 사람의 말에 귀를 닫아 버리기도 한다. 그러나 내 마음에 안 드는 사람이라도, 심지어 나쁜 사람이라도 그 사람의 말에 귀 기울일 바는 있을 것이다. 공자는 그런 경우도 다 꿰뚫어 보고 이런 말을 하는 것이다. 알면 알수록 공자는 정말 보통 사람이 아니다.

1606 孔子曰, "侍於君子有三愆, 言未及之而言謂之躁, 言及之而不言謂之隱, 未見顔色而言謂之瞽." "군자를 모심에 있어서는 세 가지 잘못이 있을 수 있다. 말이 미칠 수 없는데도 말하는 것을 조급함이라 하고 말이 미칠 수 있는데도 말하지 않는 것을 숨김이라 하며 낯빛을 살피지 않고 말하는 것을 안목 없음이라 한다."

---

14 물론 이와 반대인 경우도 있다. 즉 말을 보고 사람을 기용할 부분도 있고, 사람을 보고 말을 내칠 부분도 있다. 공자가 그것까지 아예 부정하는 것이라고 해석해서는 안 된다. 다만 그 폐단을 지적하는 것이다.

여기서는 군자(훌륭한 사람 혹은 군주)에 대한 말의 자세를 일러 준다. '말이 미치지 않을 때는 말하지 말라' '말이 미칠 수 있을 때는 숨기지 말라' '얼굴빛을 보고서 말하라' 이 세 가지다. 그렇지 못하면 각각 '조급함'(躁) '숨김'(隱) '안목 없음'(瞽)이라는 것이다. 말이 미친다, 미치지 않는다 하는 것은 내가 그 말을 할 만한가 아닌가 하는 문제일 것이다. 할 수 있는 말은 하고, 할 수 없는 말은 안 하고, 더구나 (눈치없이 아무 때나 말하지 말고) 사정을 살펴 가면서 하고, 그런 태도를 일러 주는 것이다.

말에 대한 공자의 말은 이토록 풍요롭다. 그의 이런 말들을 나는 '들을 만한 말'이라고 선전하고 싶다.

참고

다음 단편들은 '언言'이란 말이 단순히 '말한다'는 일상어로 쓰인 용례다. '언'에 대한 주제적 논의는 아니지만 전후 문맥에서는 배울 점이 많다. 참고로 적어 둔다.

0115 子貢曰, "貧而無諂, 富而無驕, 何如?" 子曰, "可也, 未若貧而樂, 富而好禮者也." 子貢曰, "詩云, '如切如磋, 如琢如磨', 其斯之謂與?" 子曰, "賜也, 始可與言詩已矣, 告諸往而知來者."

자공이 말했다. "가난하면서도 비굴하지 않고 부유하면서도 거만하지 않다면 어떻습니까?" 선생님께서 말씀하셨다. "괜찮다. 그러나 가난하면서도 즐거워하고 부유하면서도 예를 좋아하는 것만은 못하다." 사공이 말하였다. "시경에서 '자른 듯, 벼린 듯, 쫀 듯, 간 듯' 한 것은 바로 이를 두고 한 말이겠군요?" 선생님께서 말씀 하셨다. "사(賜)야. 비로소 함께 시를 말할 수 있게 되었구나. 가는 것에 대해 일러 주었더니 오는 것까지 아는구나."

0202 子曰, "詩三百, 一言以蔽之, 曰, '思無邪'." "시 삼백 편을 한마디[말]로 규정하자면 '사악함이 없는 것을 생각하는 것'이다." ('생각에 사악함이 없다'로도 번역할 수 있음.)

0209 子曰, "吾與回言, 終日不違如愚. 退而省其私, 亦足以發, 回也不愚." "내가 회(回)와 더불어 말해 보면 종일토록 한마디 반론도 없는 것이 마치 바보 같다. 그러나 물러난 뒤 그 하는 바를 살펴보면 또한 족히 배운 것을 구현하니 회는 결코 바보가 아니다."

0308 子夏問曰, "'巧笑倩兮, 美目盼兮, 素以爲絢兮.' 何謂也?" 子曰, "繪事後素." 曰, "禮後乎?" 子曰, "起予者商也! 始可與言詩已矣." 자하(子夏)가 물었다. "'짓는 웃음 고와라, 반짝이는 눈매 어여뻐라, 순수한 바탕이 고운 무늬 되었네' 하는 것은 무엇을 말한 것입니까?" 선생님께서 말씀하셨다. "그리는 일은 순수한 바탕[을 갖춘] 뒤라는 뜻이다." 자하가 말하였다. "예가 '뒤'라는 뜻인가요?" 선생님께서 말씀하셨

다. "나를 일깨워 주는 자는 상(商)이다. 비로소 함께 시를 말할 수 있게 되었구나."

0309 子曰, "夏禮吾能言之, 杞不足徵也, 殷禮吾能言之, 宋不足徵也. 文獻不足故也. 足則吾能徵之矣." "하夏나라의 예를 내가 능히 말할 수는 있으나 기杞나라가 그 증거가 되기에는 부족하다. 은殷나라의 예를 내가 능히 말할 수는 있으나 송宋나라가 그 증거가 되기에는 부족하다. 문헌이 부족하기 때문이다. 문헌만 충분하다면 내가 능히 입증할 수 있다."

0508 孟武伯問子路仁乎? 子曰, "不知也." 又問. 子曰, "由也, 千乘之國, 可使治其賦也, 不知其仁也." "求也何如?" 子曰, "求也, 千室之邑, 百乘之家, 可使爲之宰也, 不知其仁也." "赤也何如?" 子曰, "赤也, 束帶立於朝, 可使與賓客言也, 不知其仁也." 맹무백(孟武伯)이 물었다. "자로(子路)는 어진가요?" 선생님께서 말씀하셨다. "모르겠습니다." 또 그가 묻자 선생님께서 말씀하셨다. "유(由)는 제후의 나라에서 병무兵務를 관장시킬 수는 있을 것입니다. 그러나 그가 어진지는 모르겠습니다." "구(求)는 어떻습니까?" 선생님께서 말씀하셨다. "구(求)는 천 호戶의 고을에서 읍재를 맡기거나 백승(百乘)의 가家에서 가재를 맡길 수는 있을 것입니다. 그러나 그가 어진지는 모르겠습니다." "적(赤)은 어떻습니까?" 선생님께서 말씀하셨다. "적(赤)은 허리띠를 매고 조정에 나아가 빈

객과 더불어 담론하게 할 수는 있을 것입니다. 그
러나 그가 어진지는 모르겠습니다."

0526 顔淵季路侍. 子曰,"盍各言爾志?" 子路曰,"願車馬衣
輕裘, 與朋友共, 敝之而無憾". 顔淵曰,"願無伐善, 無
施勞". 子路曰,"願聞子之志". 子曰,"老者安之, 朋友
信之, 少者懷之". 안연과 계로가 모시고 있는데 선
생님께서 말씀하셨다. "각자 자기 뜻을 말해 보지 않
겠느냐?" 자로가 말하였다. "수레와 말을 타고 가벼
운 가죽옷을 입고 벗들과 더불어 함께 즐기다가 그
것들이 못 쓰게 되어도 유감이 없기를 원합니다."
안연이 말하였다. "선을 내세움이 없기를, 헛되이
베풂이 없기를 원합니다." 자로가 말하였다. "선생
님의 뜻을 듣고 싶습니다." 선생님께서 말씀하셨다.
"늙은이들은 편안하게 하고 벗들은 믿게 하고 아이
들은 품어주는 것이다."

0602 仲弓問子桑伯子. 子曰,"可也簡". 仲弓曰,"居敬而行
簡, 以臨其民, 不亦可乎? 居簡而行簡, 無乃大簡乎?"
子曰,"雍之言然". 중궁(仲弓)이 자상백자(子桑伯子)
에 관해 묻자 선생님께서 말씀하셨다. "괜찮다. 단
순하다." 중궁이 말했다. "경敬에 자리하여 단순함
을 행하고 그로써 그 백성을 대한다면야 또한 괜찮
지 않겠습니까? 그러나 단순함에 자리하여 단순함
을 행하면 이는 지나치게 단순한 것이 아니겠습니
까?" 선생님께서 말씀하셨다. "옹의 말이 맞다."

예禮

예/예의/예절에 대하여

이웃나라 일본에서는 '산자루'(さんざる, 三猿)라는 것이 유명하다. '미자루' '키카자루' '이와자루'라는 세 원숭이다. 도쿄 근교 '닛코'(日光)라는 곳에 가면 '도쇼구'(東照宮) 신사(도쿠가와 이에야스를 신으로 모심)가 있는데, 이 건물 일부에 이 세 원숭이가 조각돼 있어 큰 인기를 끌고 있다. 이것들은 각각 눈과 귀와 입을 손으로 가리고 있다. 재미있는 것은 이 말이 각각 '보지 않는다'(視ざる) '듣지 않는다'(聽かざる) '말하지 않는다'(言わざる)라는 일본말과 발음이 같다는 것이다. 그러니까, 이 원숭이들은 각각 그 이름과 일치하는 덕목들을 상징하고 있는 것이다. 원숭이라는 뜻의 '사루'와 아니다라는 뜻의 '자루'가 일본어에서는 발음이 거의 같기에 이런 재치를 부린 것이다. ('사루'가 다른 단어 뒤에 붙어 결합될 때는 '자루'로 발음된다.) 그런데 이 말이 원래 《논어》에 나오는 공자의 말이라는 사실은 일본인들 중에도 모르는 사람이 많다. 원래는 여기에 하나가 더 있어 모두 네 가지였다. '우고카자루'(動かざる), 즉 '움직이지 않는다(행동하지 않는나)'라는 원숭이가 한 마리 더 있어야 되는 셈이다. 공자는 이렇게 말하고 있다.

1201 顏淵問仁. 子曰, "克己復禮爲仁. 一日克己復禮, 天下歸仁焉. 爲仁由己, 而由人乎哉?" 顏淵曰, "請問其目." 子曰, "非禮勿視, 非禮勿聽, 非禮勿言, 非禮勿動." 顏淵曰, "回雖不敏, 請事斯語矣." 안연(顏淵)이 어짊에 대해 묻자 선생님께서 말씀하셨다. "자신을 이겨 내고 예를 되찾는 것이 어짊을 도모하는 것이다. 어느 하루 자신을 이겨 내고 예를 되찾는다면 천하가 어짊에 돌아올 것이다. 어짊을 도모하는 것이 자기에게서 비롯되지 남에게서 비롯되겠느냐?" 안연이 말했다. "그 세목을 여쭙고자 합니다." 선생님께서 말씀하셨다. "예가 아니면 보지 말고 예가 아니면 듣지 말며 예가 아니면 말하지 말고 예가 아니면 움직이지 마라." 안연이 말했다. "제가 비록 불민하나 그 말씀을 잘 받들겠습니다."

실은 엄청 유명한 부분이다. 공자는 이른바 '인仁'을 도모하는 '극기복례克己復禮'의 세목으로서 이 말을 안연에게 들려준 것이다. 남이 아니라 자기를 극복하고 예를 회복하면 온 세상이 인으로 돌아온다는 것인데, 그 '복례復禮'의 세부 실천사항이 바로 이 '물시勿視' '물청勿聽' '물언勿言' '물동勿動', 즉 보지 않고 듣지 않고 말하지 않고 행동하지 않는 것이다. 그런데 여기에는 결정적인 단서가 하나 있다. 즉 '예가 아니면'(非禮)이라는 것이다. 예가 아니면 보지도 말고 듣지도 말고 말하지도 말고 행동하지도 말라는 것이 '천하귀인天下歸仁' '극기복례'를 위한 공자의 처방이랄까, 행동강령이었던 셈이다. 주제는 물론 '인'이지만, 이 말의 핵심에는 '예禮'가 있다. 이른바 예의·예절·예법의 그 '예'다. 이토록 공자가 강조했던 이 '예'의 현주소는 지금 어딜까. 어떤 고마움에 대해 돈 등으로 성의를 표시하는 사례 혹은 답례 이외에 제대로 된 예의·예절은 참 찾아보기가 쉽지 않게 되었다. 반면 이른바 허례허식은 좀처럼 그 뿌리가 마르지 않고, 그리고 무엇보다도 '무례'와 '실례'는 생활 주변 어디에서나 너무나 흔히 목격된다. 예나 지금이나 이건 문제다. 이런 문제가 그대로 좋을 리 없다. '예가 무엇인지'는 물론 전문적인 연구가 필요하겠지만, 우리 같은 보통 사람들이야 거기까지 갈 필요는 없다. 이렇게 생각하면 된다. 기본적으로 예는 사람을 대하는 사람의 태도다. 사람에 대해 사람이 지켜

야 할 정중한 태도다. 존중·공경의 태도다. 그런 태도를
형식을 갖춰 표현하는 것이 예인 것이다. 다시 말해, 사람
에게 지켜야 할 기치를 형식에 담은 표현이 예인 것이다.

이것은 저 위대한 공자의 큰 주제였다. 그는 이것을 소
위 '군자'의 한 덕목으로 꼽기도 했다. '의義' '손孫' '신信'
(의로움, 겸손함, 미더움)이 그 곁에 나란히 함께 선다.

1518 子曰, "君子義以爲質, 禮以行之, 孫以出之, 信以成之. 君
子哉!" "군자는 의로움으로 바탕을 삼고 예로 이를 행하
고 겸손으로 이를 표출하며 신의로 이를 이루니 참으로
군자로구나!"

전해지는 바로는 공자는 어려서부터 이 예법에 관심이
많았고, 또 선대(하·은·주 삼대)의 예법에 대해서도 조예가
대단했다.

0223 子張問, "十世可知也?" 子曰, "殷因於夏禮, 所損益, 可
知也, 周因於殷禮, 所損益, 可知也. 其或繼周者, 雖百世,
可知也." 자장(子張)이 물었다. "십 세 후의 일을 알 수
있겠습니까?" 선생님께서 말씀하셨다. "은나라는 하나
라의 예에 기인하였으니 보태지고 감해진 것을 알 수

있다. 주나라는 은나라의 예에 기인하였으니 보태지고
감해진 것을 알 수 있다. 주나라를 잇는 어떤 나라가 있
다면 비록 백 세 후의 일이라도 알 수 있다."

0309 子曰, "夏禮吾能言之, 杞不足徵也, 殷禮吾能言之, 宋不
足徵也. 文獻不足故也. 足則吾能徵之矣." 선생님께서
말씀하셨다. "하夏나라의 예를 내가 능히 말할 수는 있
으나 기杞나라가 그 증거가 되기에는 부족하다. 은殷나
라의 예를 내가 능히 말할 수는 있으나 송宋나라가 그
증거가 되기에는 부족하다. 문헌이 부족하기 때문이다.
문헌만 충분하다면 내가 능히 입증할 수 있다."

그 조예를 엿보게 하는 대목이다. 선대뿐만이 아니다.
공자는 하여간에 이 예에 대해서 관심이 지대했다. 다음
단편을 통해서도 알 수 있다.

0718 子所雅言, 詩, 書, 執禮, 皆雅言也. 선생님께서 평소 말
씀하신 바는 시詩와 서書와 예법에 관한 것이었으니 이
것들에 대해서는 모두 평소 말씀하셨다.

'시詩' '서書'와 더불어 '예禮'가 그의 평소의 관심사였다
는 말이다.

그렇다면 공자는 왜 이 '예'라는 것에 대해 이토록 관심을 기울이고 강조를 했던 것일까. 그것은 이 '예'에 대한 공자의 평가를 통해 간접적으로 짐작할 수 있다. 공자는 이렇게 말한다.

0808 子曰, "興_{자 왈}於詩, 立於禮, 成於樂." "시를 통해 일어나고 예를 통해 서며 음악을 통해 이룬다."

2003 孔子曰, "不知命, 無以爲君子也, 不知禮, 無以立也, 不知言, 無以知人也." "명命을 모르면 군자가 될 수 없다. 예를 모르면 설 수 없다. 말을 모르면 사람을 알 수 없다."

아주 추상적이기는 하지만 공자는 예를 '서기'(立)를 위한 수단(於, 以)으로 평가한다. '선다'는 것도 막연하기 짝이 없지만 공자가 자신의 저 짧은 자서전에서 '삼십이립 三十而立'(서른에 섰다)이라고 말했던 것을 생각하면 '선다'는 것이 '온전한 한 인간으로서 제대로 구실을 할 수 있게 된 어떤 상태' 혹은 '한 분야에서 자신의 뚜렷한 일가견을 이룬 상태'를 가리키는 것은 틀림없어 보인다. 일종의 '홀로서기'다. 그렇게 되기 위해서 바로 이 '예'를 알아야 한다는 것이다. 좀 과장하자면 오늘날 취직해서 돈을 벌고 경제적으로 독립하는 역할을 공자는 예를 알아서 인간적-도덕적으로 독립하는 것에 견주는 셈이다.

그가 예를 이토록 중요시하는 데는 그만한 이유가 충분히 있다. 이 예가 가져다주는 혹은 가져다줄 '후과'를 생각해 보면 충분히 납득이 간다. 공자는 이렇게 말한다.

0203 子曰, "道之以政, 齊之以刑, 民免而無恥, 道之以德, 齊之以禮, 有恥且格." "정령政令으로 이끌고 형벌로 다스리면 백성들은 면피하려고만 하고 부끄러워할 줄 모르게 된다. 덕으로 이끌고 예로 다스리면 부끄러움과 격이 있게 된다."

0627 1215 子曰, "君子博學於文, 約之以禮, 亦可以弗畔矣夫!" "군자는 문文에 대해 널리 배우고 예로 다잡음으로써 또한 모반하지 않게 할 수 있다."

각각 '제齊'와 '약約', 즉 다스림과 다잡음에 관한 말이지만 그 수단(以)이 '예'다. 예로 다스리고 예로 다잡는 것이다. 그렇게 하면 '부끄러움과 격이 있게 되고'(有恥且格) '모반하지 않게 된다'(弗畔)는 것이다. 백성의 질이 높아지고 국가의 기강에 흔들림이 없게 된다는 말이다. 아마도 예의 후과 중 아주 일부이겠지만, 이것만으로도 엄청나게 중요한 의미가 있다. 예가 있고 없고, 예를 지키고 어기고는 국민의 질적 수준, 그리고 국가 내지 정권의 안위와도 직결되는 것이다. 이것을 거꾸로 뒤집어 읽어 보면 너욱 확실해진다. 이를테면 '예'로 다스리지 않고 '예'로 다잡지 못하면…, (내가 늘 강조하는 '결여가정', 즉 '만일 … 아니라면' '만일 … 없다면') 그러면 어떻게 되는가. 백성에게는 부끄러움과 격이 없어지고 적대세력은 배반·모반으로 국기를 뒤흔드는 것이다. 이 얼마나 큰 일인가. 뿐만 아니다. 공자는 이런 부분을 좀 더 구체적으로 말해 준다.

0802 子曰, "恭而無禮則勞, 愼而無禮則葸, 勇而無禮則亂, 直而無禮則絞." "공손하면서 예가 없으면 노고로워지고 신중하면서 예가 없으면 겁약해지고 용맹스러우면서 예가 없으면 세상을 어지럽히고 곧으면서 예가 없으면 냉혹해진다."

'예'가 없으면, '무례'하면, '노勞' '사葸' '난亂' '교絞'라는 사태가 발생하는 것이다. 즉 노고로워지고, 겁약해지고, 어지럽히고, 냉혹해지는 것이다. 다 부정적인 모습이 아닐 수 없다. 이게 원래는 다 긍정적인 도덕적 가치들이다. '공恭' '신愼' '용勇' '직直'이다. 즉 공손한 것, 신중한 것, 용감한 것, 곧은 것이다. 다 소중한 덕목들이다. 여기서 '예'

라는 것이 빠지면 한순간 이 모든 것이 저 부정적인 가치들로 뒤집히는 것이다. 이러니 예가 중요하지 않을 수 없다. 공자는 이것을 꿰뚫어 보고 있었던 것이다.

예에는 또 이런 면도 있다.

1304 樊遲請學稼. 子曰, "吾不如老農." 請學爲圃. 曰, "吾不如老圃." 樊遲出. 子曰, "小人哉, 樊須也! 上好禮, 則民莫敢不敬, 上好義, 則民莫敢不服, 上好信, 則民莫敢不用情. 夫如是, 則四方之民襁負其子而至矣, 焉用稼?" 번지(樊遲)가 농사짓는 법을 배우고자 청하니 선생님께서 말씀하셨다. "나는 농사짓는 늙은이만 못하다." 밭농사 짓는 법을 배우고자 청하니 말씀하셨다. "나는 밭농사 짓는 늙은이만 못하다." 번지가 나가자 선생님께서 말씀하셨다. "소인이로구나. 번수(樊須)는! 윗사람이 예를 좋아하면 백성이 감히 불경스럽게 굴지 못하고 윗사람이 의로움을 좋아하면 백성이 감히 복종하지 않을 수 없고 윗사람이 신의를 좋아하면 백성이 감히 성의를 다하지 않을 수 없게 된다. 실로 그렇게만 하면 사방의 백성들이 어린아이를 포대기로 싸 업고 몰려올 텐데 농사짓는 법이 무슨 필요가 있겠느냐?"

'윗사람이 예를 좋아하면 백성이 감히 불경스럽게 굴지 못하고' '사방의 백성들이 어린아이를 포대기로 싸 업고 몰려올 텐데'라는 것이 '예'의 후과와 관련된 말이다. '예'는 공경과 불경이라는 사람의 태도 내지 질, 그리고 정치적 성과 내지 국가의 평판과 닿아 있는 것이다.

　이러니 인간에게서 예는 결여될 수 없다. 그런데 도대체 예란 무엇일까. 근본적인 문제가 남아 있다. 공자의 다른 가치개념들이 거의 다 그렇듯, 이 '예'에 대해서도 공자는 분명한 '설명'을 하지 않는다. 의당 아는 것으로 전제하고 말하는 것 같다. 그러나 우리는 그렇지는 못하다. 물론 예라는 말을 지금도 일상적으로 사용하고 있으니 아주 모르는 것도 아니다. 하지만 애매하다. 문맥이 달라도 많이 다르다. 하지만 이 역시 길이 없는 것은 아니다. 그가 하는 말의 문맥에서 적어도 그 일부는 알려질 수 있다.

0205　孟懿子問孝. 子曰, "無違." 樊遲御, 子告之曰, "孟孫問孝於我, 我對曰, 無違." 樊遲曰, "何謂也?" 子曰, "生事之以禮, 死葬之以禮, 祭之以禮." 맹의자(孟懿子)가 효도에 관해 물으니 선생님께서 말씀하셨다. "어기지 않는 것입니다." 번지(樊遲)가 수레를 모는 중에 선생님께서 그

말을 일러 주셨다. "맹손(孟孫)이 나에게 효도에 관해 묻기에 내가 '어기지 않는 것'이라고 말해 주었다." 번지가 말했다. "무엇을 말씀하신 것입니까?" 선생님께서 말씀하셨다. "살아 계실 때에는 예로써 섬기고 돌아가시면 예로써 장사 지내고 예로써 제사 지내야 한다는 말이다."

여기서 우리는 예가 효의 구체적인 실천상의 덕목임을 짐작할 수 있다. 즉 부모님이 살아서 모실 때, 돌아가신 후 장사 지내고 제사 지낼 때, '예로써' 해야 한다는 것이다. 그러나 이것도 예가 구체적으로 어떤 것인지는 말해 주지 않는다.

0304 林放問禮之本. 子曰, "大哉問! 禮, 與其奢也寧儉, 喪, 與其易也寧戚." 임방(林放)이 예禮의 근본을 물으니 선생님께서 말씀하셨다. "크구나, 그 질문이! 예는 사치스러울 바에야 차라리 군색한 것이 낫다. 상을 당해서는 태연할 바에야 차라리 비통해 하는 것이 낫다."

여기서 우리는 비교적 가까운 대답의 일부를 발견한다. 예는 '사치스럽지 않고 차라리 군색한 것'(與其奢也寧

儉) '[상을 당했을 때] 태연하지 않고 차라리 비통해 하는 것'(與其易也寧戚), 그런 태도다. 사람에 대한 사람의 이런 태도, 이게 예의 근본이라고 공자는 답하는 것이다. 사치(奢)와 군색(儉), 태연(易)과 비통(戚)의 대비를 우리는 눈여겨볼 필요가 있다. 각각 전자가 '비례' 후자가 '예'에 해당한다.

0315 子入太廟, 每事問. 或曰, "孰謂鄹人之子知禮乎? 入太廟, 每事問." 子聞之曰, "是禮也." 선생님께서 태묘太廟에 들어가시면 매사에 물으시니 어떤 사람이 말하였다. "누가 추鄹 지방 사람의 아들이 예를 안다고 하였는가? 태묘에 들어서면 매사에 묻기만 하니." 선생님께서 이를 들으시고 말씀하셨다. "그렇게 하는 것이 예다."

여기서 공자는 자신에 대한 비아냥을 역으로 맞받아 아주 드라마틱하게 예가 무엇인지를 말해 준다. 즉 [태묘에서] '매사 묻는 것'(每事問) 그런 태도가 바로 예라는 것이다. 이는 '예란 무엇인가' '어떤 태도가 예인가'에 대한 비교적 구체적인 답이 된다.

0317 子貢欲去告朔之餼羊. 子曰, "賜也! 爾愛其羊, 我愛其禮."

자공(子貢)이 곡삭제告朔祭에서 양을 희생으로 쓰는 예법을 없애려 하자 선생님께서 말씀하셨다. "사(賜)야, 너는 그 양을 사랑하지만 나는 그 예를 사랑한다."

여기서는 곡삭제에서 '양을 희생으로 쓰는 것'(餼羊)이 예의 구체적인 사례임을 알려 준다. 그런 예를 그는 '사랑한다'고까지 말한다. 제사에서 양을 희생으로 바치는 것은 오늘날의 맥락에서는 좀 이해하기가 쉽지 않다. 그러나 이런 예법은 저 성경에서도 보이듯이 고대에서는 동서를 막론하고 아주 일반적이었다. 그 종교적인 의미는 전문가들에게 넘겨 두지만, 적어도 '나에게 소중한 무언가를 (상대에게, 그게 신이든 인간이든) 아낌없이 바침'이라는 의미임은 분명할 것이다. 그런 마음, 그런 자세가 예의 한 핵심일 것이다.

0318 子曰, "事君盡禮, 人以爲諂也." "임금을 섬김에 예를 다하면 사람들은 이를 아첨으로 여긴다."

0319 定公問, "君使臣, 臣事君, 如之何?" 孔子對曰, "君使臣以禮, 臣事君以忠." 정공(定公)이 물었다. "임금은 신하를 부리고 신하는 임금을 섬겨야 하지 않겠습니까?" 공자께서 대답하셨다. "임금은 신하를 예로써 부리고 신하

는 임금을 충심으로써 섬겨야 할 것입니다."

여기서의 예는 석어도 그 예의 구체적인 대상을 지시
해 보여 준다. 그게 왕이다. 그 왕을 섬길 때의 예다. 그리
고 신하다. 그 신하를 부릴 때의 예다. 그 예가 무언지 또
어떤지는 역시 생략돼 있다. 하지만 남들이 '아첨'으로 여
길 만한 그 어떤 것이니까, '최대한 존중하고 신경 쓰며
그 의중을 헤아리는 것, 그를 위해 자신의 모든 정성을 바
치는 것' 정도임은 짐작할 수 있다.

0322 子曰, "管仲之器小哉!" 或曰, "管仲儉乎?" 曰, "管氏有三
歸, 官事不攝, 焉得儉?" "然則管仲知禮乎?" 曰, "邦君樹
塞門, 管氏亦樹塞門. 邦君爲兩君之好, 有反坫, 管氏亦有
反坫. 管氏而知禮, 孰不知禮?" 선생님께서 말씀하셨다.

"관중(管仲)은 그릇이 작구나!" 누군가가 말하였다. "관
중은 검소하였습니까?" 선생님께서 말씀하셨다. "관중
은 세 곳에 저택을 두었고 가신들을 겸직시키지 않았
으니 어찌 검소할 수 있었겠느냐?" "그러면 관중은 예
를 알았습니까?" 선생님께서 말씀하셨다. "임금이 색문
塞門을 세우면 관중도 역시 색문을 세우고 임금이 양 군
주간의 우호를 위해 반점反坫을 두면 관중도 역시 반점

을 두었으니 관중을 두고 예를 안다 하면 누군들 예를
모르겠느냐."

여기서는 '예가 아님' '예를 모름'의 구체적인 사례를
보여 준다. 관중의 경우다. 권력을 자랑해 임금과 동일한
행세를 했다는 것이다.

0326 子曰, "居上不寬, 爲禮不敬, 臨喪不哀, 吾何以觀之哉?"
"높은 자리에 앉아서 너그럽지 않고 예를 차림에 공경
스럽지 않으며 초상이 났는데도 슬퍼하지 않는다면 내
가 무엇을 더 살펴보겠느냐?"

여기서는 '경敬'이 예의 본질적 속성의 일부임을, 그 내
적 핵심의 일부임을 알려 준다. 문맥으로 볼 때, 높은 사
람의 너그러움, 초상에서의 슬퍼함만큼 '공경'은 예의 필
수적 내적 가치가 되는 셈이다. 공경이 빠진 예는 예가
아니다.

0731 陳司敗問, "昭公知禮乎?" 孔子曰, "知禮." 孔子退, 揖巫
馬期而進之, 曰, "吾聞君子不黨, 君子亦黨乎? 君取於吳
爲同姓, 謂之吳孟子. 君而知禮, 孰不知禮?" 巫馬期以告.

子曰, "丘也幸, 苟有過, 人必知之." 진陳나라의 사패(司
敗)가 물었다. "소공(昭公)께서는 예를 아셨습니까?" 공
자께서 말씀하셨다. "예를 아셨습니다." 공자께서 물러
나시자 (사패가) 무마기(巫馬期)에게 읍하며 나아와 말했
다. "내가 듣기로 군자는 제 무리에 치우치지 않는다고
했는데 군자도 역시 제 무리에 치우칩니까? 임금께서
는 오吳나라로부터 부인을 취하셨는데 같은 성씨인지
라 오맹자(吳孟子)라고 불렀습니다. 임금께서 예를 아셨
다면 누군들 예를 모르겠습니까?" 무마기가 이를 말씀
드리니 선생님께서 말씀하셨다. "나는 다행이다. 조금
만 잘못이 있어도 반드시 사람들이 그것을 아니!"

이 대화에서는 당시의 기준으로 구체적인 '비례非禮'
의 한 사례가 언급된다. 전문가에 따르면 "노나라의 소공
은 이름이 희주(姬裯)였고 오나라로부터 얻은 부인도 희
씨였다. 당시는 동성同姓 간의 혼인은 비례非禮였는데 소
공은 이를 숨기려고 오맹자라고 불렀던 것이다. 다만 공
자는 자기 나라 임금이었기 때문에 부득이 예를 안다고
말했다."《새번역 논어》 p.157 참고) 이러니 '동성간의 혼인'이
바로 '비례'고 역으로 '동성간의 비혼'이 '예'의 일부가 될
수도 있다. 좀 비약하자면, 같은 나라 임금인 소공을 편든

(黨) 자신의 잘못을 이렇게 인정한 공자 자신의 태도도 넓은 의미의 '예'에 포함될지도 모르겠다.

0903 子曰, "麻冕, 禮也, 今也純, 儉, 吾從衆. 拜下, 禮也, 今拜乎上, 泰也. 雖違衆, 吾從下." "삼베관을 쓰는 것이 예이지만 요즈음에 와서는 명주관을 쓰는데, 이는 검소한 것이므로 나도 시속時俗을 따르겠다. 당하에서 절하는 것이 예이지만 요즈음에 와서는 당상에서 절하는데, 이는 거만한 짓이므로 비록 시속에 어긋나더라도 나는 당하에서 절하는 것을 따르겠다."

여기서는 예의 더욱 구체적인 모습이 언급된다. '삼베관을 쓰는 것' '명주관을 쓰는 것' 그런 것이다. 그리고 '당하에서 절하는 것' 그런 것이다. 이런 것은 물론 삼베관도 명주관도 당하도 절도 다 사라진 지금에서는 무의미한 예일지도 모르겠다. 그건 그렇다. 하지만 중요한 것은 그 태도다. 공자는 여기서 '검儉'(검소함)과 '태泰'(거만함)를 언급한다. 검소한 것이니 본인도 따르겠고 거만한 것이니 본인은 따르지 않겠다는 것이다. 전례도 시속도 절대적인 기준은 아니다. 기준은 어디까지나 그 태도인 것이다. 그게 예의 핵심이자 본질임을 공자는 여기서 시사한다.

1004 執圭,<ruby>執圭<rt>집규</rt></ruby> <ruby>鞠躬如也<rt>국궁여야</rt></ruby>, <ruby>如不勝<rt>여불승</rt></ruby>. <ruby>上如揖<rt>상여읍</rt></ruby>, <ruby>下如授<rt>하여수</rt></ruby>. <ruby>勃如戰色<rt>발여전색</rt></ruby>, <ruby>足蹜<rt>족축</rt></ruby>
<ruby>蹜如有循<rt>축여유순</rt></ruby>. <ruby>享禮<rt>항례</rt></ruby>, <ruby>有容色<rt>유용색</rt></ruby>. <ruby>私覿<rt>사적</rt></ruby>, <ruby>愉愉如也<rt>유유여아</rt></ruby>. 홀을 잡고 계

실 때에는 몸을 굽히시는 것이 이기지 못하시는 듯했

고 홀을 올릴 때에는 읍하는 높이로 하셨으며 홀을 내

릴 때에는 무엇을 주는 높이로 하셨는데 낯빛이 상기

되는 것이 긴장하신 듯했고 발은 종종걸음을 하는 것

이 발을 끄는 듯하셨다. 예물을 바침에 있어서는 기꺼

운 낯빛을 지으셨고 공식 절차가 끝나고 사적인 만남

에 있어서는 즐거운 듯하셨다.

　여기서도 예와 관련된 구체적인 사례가 묘사된다. 홀

을 잡고 올리고 내리고 하는 것이다. 예물을 바치는 일도

묘사된다. 이것도 지금은 다 의미가 없다. 그러나 여기서

도 예의 본질적인 면은 그 태도와 자세다. '이기지 못하

는 듯 몸을 굽히는 것' '읍하는 높이로 [홀을] 올리는 것'

'무엇을 주는 높이로 [홀을] 내리는 것' '낯빛이 상기되는

것' '긴장한 듯 하는 것' '종종걸음 하는 것' '발을 끄는 듯

하는 것' '기꺼운 낯빛을 짓는 것' '즐거운 듯 하는 것' 이

런 태도, 이런 자세가 '예'의 내적인 모습인 것이다. 실질

이자 본질이자 핵심인 것이다. 즉 정성을 다하는 것, 대충

하지 않는 것, 신중하게 하는 것, 기꺼이 임하는 것, 즐겁

게 대하는 것, 이런 것이 바로 예의 태도인 것이다. 그러니 예란 것이 그저 단순히 어떤 형식만은 아닌 것이다. 그래서 공자는 이런 말을 하는 것이다.

1709 子曰, "禮云禮云, 玉帛云乎哉? 樂云樂云, 鐘鼓云乎哉?"

"예禮, 예禮 하지만 구슬과 비단을 말하겠느냐? 음악, 음악 하지만 종과 북을 말하겠느냐?"

공자가 형식적인 허례허식의 원흉이라는 어이없는 혐의는 이것 한마디로 곧바로 벗어날 수 있다. 결국 방금 전에 말한 것들을 포함한 내적인 가치가 예의 핵심인 것이다. 그중 아마도 가장 큰 것이 저 '인'일 것이다. 어떤 점에서 '인'은 예와 악을 초월한 곳에 존재한다. 더욱 근본적인 것이다. 예는 인의 바탕 위에서 필요한 그 무엇이다.

0303 子曰, "人而不仁, 如禮何? 人而不仁, 如樂何?" "사람이 되어 어질지 못하면 예가 다 무엇이냐? 사람이 되어 어질지 못하면 음악이 다 무엇이냐?"

이 짧은 한마디가 그것을 분명히 말해 준다. 인하지 못하면 예든 뭐든간에 다 무의미하다는 것이다. 다음 말도 기본 취지는 같다.

0308 子夏問曰, "'巧笑倩兮, 美目盼兮, 素以爲絢兮.' 何謂也?"
子曰, "繪事後素." 曰, "禮後乎?" 子曰, "起予者商也! 始
可與言詩已矣." 자하(子夏)가 물었다. "'짓는 웃음 고와
라, 반짝이는 눈매 어여뻐라, 순수한 바탕이 고운 무늬
되었네' 하는 것은 무엇을 말한 것입니까?" 선생님께서
말씀하셨다. "그리는 일은 순수한 바탕[을 갖춘] 뒤라는
뜻이다." 자하가 말하였다. "예가 '뒤'라는 뜻인가요?" 선
생님께서 말씀하셨다. "나를 일깨워 주는 자는 상(商)이
로구나. 비로소 함께 시를 말할 수 있게 되었다."

예는 인간성의 순수한 바탕 '이후'라는 말이다. 예가 최
우선은 아니라는 말이다. 물론 이런 말이 예의 가치나 중
요성을 훼손하거나 폄하하거나 없애지는 않는다. 예의 가
치는 어디까지나 그대로 살아 있다. 이 말은 다만 순수함
이라는, 진지함이라는, 성실함이라는 그리고 사람에 대한
사랑이라는 그런 더 근본적인 가치(素)를 바탕으로 한, 혹
은 내용으로 한, 그런 예(繪事)라야만 진정한 예가 될 수
있다는 그런 말이다. 자하가 이렇게 해석했고 공자는 자
기도 미처 생각지 않았던 이 기발하고 참신한 해석('회사

繪事'를 '예'로 연결시킨 해석)에 무릎을 친 것이다.

그러나 이런 해석이 예라는 가치의 ('인' 등에 대한) 상대적 폄훼나 평가절하가 아닌 것은, 이 가치들이 보는 방향에 따라 그 순서가 뒤바뀔 수도 있다는 것이다. 예컨대 '예'가 이런 가치순서의 최상위(?) 혹은 최종위(?)가 될 수도 있는 것이다. 말하자면 이런 경우다.

1533 子曰, "知及之, 仁不能守之, 雖得之, 必失之. 知及之, 仁能守之. 不莊以涖之, 則民不敬. 知及之, 仁能守之, 莊以涖之, 動之不以禮, 未善也." "앎이 그에 미쳤더라도 어짊이 그것을 능히 지키지 못하면 비록 그것을 얻더라도 반드시 잃고 말 것이다. 앎이 그에 미치고 어짊이 그것을 능히 지키더라도 엄숙하게 그에 임하지 못하면 백성들이 존경하지 않을 것이다. 앎이 그에 미치고 어짊이 그것을 능히 지키며 엄숙하게 그에 임하더라도 예로써 그것을 움직여 나가지 못하면 아직 최선이 못된다."

여기서는 '지知'와 '인仁'과 '장莊'과 '예禮'가 하나의 사슬 속 고리들처럼 서로 연결돼 있다. 이 가치연쇄에서 '예'가 마지막으로 등장한다. 예가 작용하지 않으면, 즉 예로써 이 모든 것을 움직이지 않으면(動之不以禮), 아직 '미선未善'이라니, 예가 작용해야만, 움직여야만, 즉 공경과 형식을 갖춰 구체적으로 표현되어야만 비로소 '최선'이라는 것이다.('그것'이라는 이 대상은 추상적이다. 가치 있는 모든 문제들이 이것에 대입될 수 있다. '선'의 상태다.) 여기서는 예의 이런 '작용성'이 높이 평가되는 것이다. 예는 이렇게 '지'와 '인'과 '장'의 내용을 움직이게 하는 구체적이고 실질적인 힘이다.

예에 관련된 공자의 생각은 대략 이렇다. 물론 아직도 이 예의 정체는 희뿌연 달무리처럼 흐리기만 하다. 그러나 어두운 밤하늘의 밝은 달처럼 그 존재와 방향은 너무나 뚜렷하다. 밤의 어둠이 달의 밝음을 부각시킨다. 예라는 달의 밝음을 부각시키는 밤의 어둠은, 무엇보다도 예의 부재, 예의 결핍, 즉 저 어둠처럼 편재한 '무례'와 '실례'다. 구체적인 양상이야 달랐겠지만 공자도 그런 것을 모르지는 않았다. 그도 그런 것을 '혐오'했다.

1722 子貢曰, "君子亦有惡乎?" 子曰, "有惡, 惡稱人之惡者, 惡居下流而訕上者, 惡勇而無禮者, 惡果敢而窒者." 曰, "賜也亦有惡乎" "惡徼以爲知者, 惡不孫以爲勇者, 惡訐以

爲直^위^직^자者." 자공(子貢)이 말했다. "군자도 역시 혐오하는

것이 있습니까?" 선생님께서 말씀하셨다. "혐오하는 것

이 있다. 남의 나쁜 점을 들추는 자를 혐오하며 속된 경

지에 처해 있으면서 높은 경지를 비방하는 자를 혐오

하며 용기만 있고 무례한 자를 혐오하며 과감하지만

막힌 자를 혐오한다." 자공이 말했다. "저도 역시 혐오

하는 것이 있습니다. 몇 마디 주워들은 것으로 지혜로

운 체하는 자를 혐오하며 불손한 것으로 용기 있는 체

하는 자를 혐오하며 폭로하는 것으로 곧은 체하는 자

를 혐오합니다."

'용기만 있고 무례한 자'(勇而無禮者)를 그는 혐오했다.

혐오할 만한 사례가 어디 이것뿐이겠는가. 이것은 하나의

부분일 뿐이다. 공자의 세계에도 우리의 세계에도 예를

제대로 몸에 익힌 사람은 많지 않았다. 그래서 그런 존재

는 더욱 돋보인다.

0115 ^자^공^왈 ^빈^이^무^첨 ^부^이^무^교 ^하^여 ^자^왈 ^가^야 ^미^약
子貢曰, "貧而無諂, 富而無驕, 何如?" 子曰, "可也, 未若

^빈^이^락 ^부^이^호^례^자^야 ^자^공^왈 ^시^운 ^여^절^여^차 ^여^탁
貧而樂, 富而好禮者也." 子貢曰, "詩云, '如切如磋, 如琢

^여^마 ^기^사^지^위^여 ^자^왈 ^사^야 ^시^가^여^언^시^이^의 ^고^저
如磨', 其斯之謂與?" 子曰, "賜也, 始可與言詩已矣, 告諸

^왕^이^지^래^자
往而知來者." 자공이 말했다. "가난하면서도 비굴하지

않고 부유하면서도 거만하지 않다면 어떻습니까?" 선생님께서 말씀하셨다. "괜찮다. 그러나 가난하면서도 즐거워하고 부유하면서도 예를 좋아하는 자만은 못하다." 자공이 말하였다. "시경에서 '자른 듯, 벼린 듯, 쫀 듯, 간 듯' 한 것은 바로 이를 두고 한 말이겠군요?" 선생님께서 말씀하셨다. "사(賜)야, 비로소 함께 시를 말할 수 있게 되었구나. 가는 것에 대해 일러 주었더니 오는 것까지 아는구나."

그래서 '가난하면서도 즐거워하고 부유하면서도 예를 좋아하는 자'(貧而樂, 富而好禮者)를 자공은 '자른 듯, 벼린 듯, 쫀 듯, 간 듯' 하다고, 즉 '위엄이 있고도 너그러우며 빛나고도 뚜렷하구나'(瑟兮僩兮 赫兮喧兮)라고 할 만한 '끝내 잊지 못할'(終不可諠兮) '아름다운 그분'(有斐君子)이라고 찬탄했고, 공자도 이런 해석을 칭찬한 것이다.[15] 잘 다

---

15 《새번역 논어》의 해설을 참조한다. 《시경詩經》, 〈위풍 기욱편衛風 淇澳篇〉의 한 구절. 인격의 끊임없는 도야를 옥돌 다듬기에 비유한 표현이라 하겠다. 기욱은 위나라 무공(武公)을 찬미한 노래라 하는데 앞부분은 다음과 같다. 瞻彼淇澳첨피기욱/ 綠竹猗猗녹죽의의/ 有斐君子유비군자/ 如切如磋여절여차/ 如琢如磨여탁여마/ 瑟兮僩兮슬혜한혜/ 赫兮喧兮혁혜훤혜/ 有斐君子유비군자/ 終不可諠兮종불가훤혜/기수의 물구비를 바라보니/ 푸른 대나무 우거졌도다/ 아름다운 그분께선/ 자른 듯, 벼린 듯/ 쫀 듯, 간 듯/ 위엄이 있고도 너그러우며/ 빛나고도 뚜렷하구나/ 아름다운 그분을/ 끝내 잊지 못하겠네"

듣어진 이런 사람, 좀 만나 봤으면 좋겠다. 돈을 아는 사람은 너무 많은데, 요령을 아는 사람은 너무 많은데, 예를 아는 사람은 너무 드물다. 하다못해 "실례합니다" "실례가 많았습니다"라는 말이라도 제대로 마음을 담아 할 줄 아는, 그런 사람이라도 좀 가까이에 많았으면 좋겠다. 요즘, 정말이지 사람이 사람에게 예의가 너무 없다. 돈 있고 권력 있는 사람은 특히 그렇다. 차라리 저 눈 가리고 귀 막고 입 막은 원숭이들이 더 나을지도 모르겠다.

예악禮樂에 대한 기록들은 다음과 같다.

1101 子曰, "先進於禮樂, 野人也, 後進於禮樂, 君子也. 如用之, 則吾從先進." "예악에 먼저 나아가는 자는 야인이다. 예악에 나중 나아가는 자는 군자다. 만약 실제로 활용한다면 나는 예악에 먼저 나아가는 쪽을 따르겠다."

1124 子路曾晳冉有公西華侍坐. 子曰, "以吾一日長乎爾, 毋吾以也. 居則曰, '不吾知也!' 如或知爾, 則何以哉?" 子路率爾而對曰, "千乘之國, 攝乎大國之間, 加之以師旅, 因之以饑饉, 由也爲之, 比及三年, 可使有勇, 且知方也." 夫子哂之. "求! 爾何如?" 對曰, "方六七十, 如五六十, 求也爲之, 比及三年, 可使足民.

여기례악　이사군자　　　　적　이하여　　　대왈　　비왈
如其禮樂, 以俟君子.""赤! 爾何如?"對曰, "非曰
능지　원학언　종묘지사　여회동　단장보　원위소상
能之, 願學焉. 宗廟之事, 如會同, 端章甫, 願爲小相
언　　점　이하여　　고슬희　갱이　사슬이작　대왈　왈
焉.""點! 爾何如?"鼓瑟希, 鏗爾, 舍瑟而作, 對曰, "異
호삼자자지찬　자왈　　하상호　역각언기지야　왈
乎三子者之撰."子曰, "何傷乎? 亦各言其志也."曰,
막춘자　춘복기성　관자오륙인　동자육칠인　욕호
"莫春者, 春服旣成, 冠者五六人, 童子六七人, 浴乎
기　풍호무우　영이귀　　부자위연탄왈　　오여점야
沂, 風乎舞雩, 詠而歸."夫子喟然歎曰, "吾與點也!
삼자자출　증석후　증석왈　　부삼자자지언하여
三子者出, 曾晳後. 曾晳曰, "夫三子者之言何如?"
자왈　　역각언기지야이의　부자하신유야　왈
子曰, "亦各言其志也已矣."曰, "夫子何哂由也?"曰,
위국이례　기언불양　시고신지　　유구즉비방어여
"爲國以禮, 其言不讓, 是故哂之.""唯求則非邦也與?"
안견방육칠십여오륙십이비방야자　　유적즉비방
"安見方六七十如五六十而非邦也者""唯赤則非邦
야여　　종묘회동　비제후이하　　적야위지소　숙능
也與?"宗廟會同, 非諸侯而何? 赤也爲之小, 孰能
위지대
爲之大?" 자로(子路)와 증석(曾晳)과 염유(冉有)와 공

서화(公西華)가 선생님을 모시고 앉아 있을 때 선생

님께서 말씀하셨다. "내가 너희들보다 나이가 조금

더 많으나 나를 대함에 있어서 그 점을 개의치 마

라. 평소 말하기를 '나를 몰라준다'고 하는데 만약

누군가가 너희를 알아준다면 어떻게 하겠느냐?"

자로가 불쑥 나서 대답했다. "천승의 나라가 대국

들 사이에 휘말려 군사 정벌에 시달리고 그로 인하

여 기근에 허덕이더라도 제가 힘쓰면 대략 삼 년

안에 용기를 가질 뿐 아니라 그 타개책을 알게 할

수 있습니다."선생님께서 빙긋이 웃으셨다. "구(求)

야, 너는 어떠하냐?" 염유가 대답했다. "사방이 육

칠십 리나 오륙십 리 되는 지역을 대상으로 제가 힘

쓰면 대략 삼 년 안에 백성들의 생활을 풍족하게 할 수 있겠지만 그 예악에 관해서는 군자의 도움을 기다려서 하고자 합니다." "적(赤)아, 너는 어떠하냐?" 적이 대답했다. "무엇을 할 수 있다고 말하지는 못하겠고 배우고 싶을 뿐입니다. 종묘의 일과 제후의 회동 시 예복과 예관을 갖추고 행하는 일에서 작은 보좌역이 되고 싶습니다." "점(點)아, 너는 어떠하냐?" 느리게 비파를 타다가 치렁하게 비파를 내려놓고 일어나 대답했다. "세 사람이 말한 바와는 다릅니다." 선생님께서 말씀하셨다. "무슨 상관이 있겠느냐? 각자 자기 뜻을 말하는 것이다." 점이 말했다. "늦은 봄에 봄옷이 다 되거든 어른 대여섯 명, 동자 예닐곱 명과 더불어 기수沂水에서 목욕하고 무우舞雩에서 바람을 쐬면서 읊조리며 돌아오는 것입니다." 선생님께서 깊이 탄식하며 말씀하셨다. "나는 점(點)과 함께하겠다." 세 사람이 나가니 증석이 뒤에 남아 있다가 말하였다. "저 세 사람의 말이 어떠합니까?" 선생님께서 말씀하셨다. "각자 자기 뜻을 말했을 따름이다." 증석이 말했다. "선생님께서는 어째서 유(由)의 말에 빙긋이 웃으셨습니까?" 선생님께서 말씀하셨다. "나라 일은 예로써 해야 함에도 그 말에 겸양하는 바가 없기에 웃은 것이다." "그러면 구(求)가 말한 것은 나랏일이 아닙니까?" "어떻게 사방이 육칠십 리나 오륙십 리라 하여

나라로 보지 않겠느냐?" "그러면 적(赤)이 말한 것
은 나랏일이 아닙니까?" "종묘와 회동에 관한 것이
니 제후의 일이 아니고 무엇이겠느냐마는 적이 작
은 일을 하면 누가 능히 큰 일을 하겠느냐?"

1412 子路問成人. 子曰, "若臧武仲之知, 公綽之不欲, 卞
莊子之勇, 冉求之藝, 文之以禮樂, 亦可以爲成人矣."
曰, "今之成人者何必然? 見利思義, 見危授命, 久要
不忘平生之言, 亦可以爲成人矣." 자로(子路)가 된사
람에 대해 묻자 선생님께서 말씀하셨다. "장무중(臧
武仲)의 지혜와 공작(公綽)의 욕심 부리지 아니함과
변장자(卞莊子)의 용기와 염구(冉求)의 기예를 갖추
고 그 위에 예악으로 문채를 낸다면 이 또한 된사
람이라 할 수 있다." (자로가) 말했다. "요즈음의 된사
람이야 어떻게 반드시 그렇겠는가? 이로운 것을 보
면 의로운 것인가 생각하고 위급한 것을 보면 목숨
을 바치며 젊었을 때에 한 말을 오래 종요로이 여
겨 잊지 않는다면 이 또한 된사람이라 할 수 있다."

1602 孔子曰, "天下有道, 則禮樂征伐自天子出, 天下無
道, 則禮樂征伐自諸侯出. 自諸侯出, 蓋十世希不失
矣, 自大夫出, 五世希不失矣, 陪臣執國命, 三世希不
失矣. 天下有道, 則政不在大夫. 天下有道, 則庶人不
議." "천하에 도가 있으면 예악禮樂과 정벌征伐이 천
자로부터 나오고 천하에 도가 없으면 예악과 정벌
이 제후로부터 나온다. 제후로부터 나오면 대개 십

세 안에 그것을 잃어버리지 않음이 드물고 대부로
부터 나오면 오 세 안에 잃어버리지 않음이 드물며
대부의 신하가 국명을 좌우하면 삼 세 안에 잃어버
리지 않음이 드물다. 천하에 도가 있으면 정권이 대
부에게 있지 않고 천하에 도가 있으면 일반 백성들
이 나랏일을 논의하지 않는다."

1605 孔子曰, "益者三樂, 損者三樂. 樂節禮樂, 樂道人之
善, 樂多賢友, 益矣. 樂驕樂, 樂佚遊, 樂宴樂, 損矣."

"이로운 세 즐거움이 있고 해로운 세 즐거움이 있
다. 예악으로 조절하는 것을 즐거워하고 남의 좋은
점을 따르는 것을 즐거워하며 훌륭한 벗을 많이 사
귀는 것을 즐거워하면 이롭고, 교만의 쾌감을 즐거
워하고 질탕하게 노는 것을 즐거워하며 향연의 재
미를 즐거워하면 해롭다."

0413 子曰, "能以禮讓爲國乎? 何有? 不能以禮讓爲國, 如
禮何?" "예양으로써 나라를 위할 수 있다면 무엇이
더 필요하겠느냐? 예양으로써 나라를 위할 수 없다
면 온갖 예가 무슨 소용이 있겠느냐?"

1441 子曰, "上好禮, 則民易使也." "윗사람이 예를 좋아하
면 백성들을 부리기가 쉽다."

온 溫

따뜻함에 대하여

'36.5도', 이게 무슨 숫자인지 모를 사람은 거의 없을 것이다. 그렇다, 체온이다. 평균적인 사람의 정상 체온이다. 어딘가 탈이 나서 열이 나면 '뜨거워'지고 완전히 탈이 나서 숨이 멎으면 '차가워'진다. 그러니 이른바 정상일 때 우리는 보통 뜨겁지도 차갑지도 않은 '따뜻함'을 유지한다. 나는 이 체온 현상에 신이 심어 놓은 어떤 비밀의 코드가 있지는 않을까 재미 삼아 유추해 본다. 무릇 '정상의' 인간이라면 모름지기 따뜻해야 한다는 일종의 명령 같은 코드다.

그런데 이런 상상이 만일 진실이라면, 신은 지금 어쩌면 심각한 고민에 빠져 있을지도 모르겠다. '따뜻하라'는 명령을 지키는 정상의 인간이 세상에서 점점 그 자취를 감추고 있기 때문이다.

인간들 자신이 이미 알고 있다. 세상은 냉혹하고 사람

들은 냉정하다는 것을. 지구는 이른바 온난화로 펄펄 끓지만, 사람을 대하는 사람의 태도는 여기저기서 쌀쌀맞기가 그지없다. 그런 쌀쌀맞음이 저 세상의 냉혹함을 위한 냉기를 비축해 가는 것이다. '차가움'은 일차적으로는 '거절'의 형태로 나타난다. 세상에서 삶을 살아가다 보면 누구든 도움이 필요한 상황을 만나게 된다. 그중의 어떤 것들은 절실하거나 절박한 경우도 있다. 그럴 때 우리는 누군가에게 손을 내밀기도 한다. 그런데 그 절실하고 절박한 손을 잡아 주는 '따뜻한 손'은 부모 그리고 가족을 제외하고는 그리 흔하지 않다. 대체로 사람들은 그 손을 매섭게 뿌리치거나 아니면 슬그머니 외면한다. 혹은 마음이 있더라도 여러 가지 여건상 차마 그 손을 잡아 주지 못한다. 보통 그렇다.

'차가움'의 더 적극적인 형태는 '가해'로 나타난다. 그 구체적인 사례는 헤아릴 수도 없이 많다. 무시·멸시·폭언·폭행·절도·사기·강도·강간·살인에 이르기까지 한도 끝도 없다. 그 정점에 테러와 전쟁이 있다. 그 모든 것이 다 인간의 '차가움'에서 비롯된다.

뭘 그렇게 극단적인 말을 하느냐고 불편하게 생각할 사람도 없지 않겠지만, 이런 현상들이 지금 우리 인간세상에서 얼마나 흔하고 얼마나 가까운 보편적 현상인지를 생각해 보면 결코 가볍게 지나칠 사안은 아닌 것이다.

이 모든 것의 시작은 실은 '외면' 내지 '무시'에서 비롯된다. '보지 않음' 혹은 '봐주지 않음'이다. 모든 사람들의 깊은 내면에는 따뜻함이 너무나 간절한 저 '성냥팔이 소녀'의 스산한 추위가 웅크리고 있다. 그런데 그것을 바라봐주는 따뜻한 눈길은, 더구나 그 외로운 손을 잡아 주는 따뜻한 손은 너무나 드물다. 그 밑바닥에는 차갑디 차가운 '이기주의' 내지 '독아주의' 혹은 '자기중심주의'가 도사리고 있다. 남은 안중에 없고 '오로지 나'뿐인 것이다. 혹은 기껏해야 그 좁은 '나'의 연장인 '우리'라는 소아적 패거리만이 나의 시야의 거의 전부다. 요컨대 그런 '차가움'에서 세상의 온갖 문제들이 (그리고 그 흔적인 '상처'들이) 발생하는 것이다.

그래서 우리에게는 '따뜻함'이라는 철학이 필요한 것이다. 이런 것이야말로 '철학'이라고 나는 외치고 싶다. 나의 이런 외침은 실은 고독한 외침은 아니다. '권위 중의 권위'가 이를 뒷받침해 주고 있기 때문이다. 누구보다도 예수 그리스도다. 유명한 산상수훈에서 예수는 "온유한 자는 복이 있나니…"라고 말했다. 온유한 자(the meek)는 따뜻한 사람이다. 그런 사람은 자기 아닌 다른 사람을 바라봐 주고 손을 내밀어 준다. 예수 본인이 그러했다. 그는 따뜻한 사랑의 눈길로 모든 인간을, 죄지은 자를 포함한 모든 인간을 바라봐 줬고, 실제로 병든 자들을 무수히 고쳐 주기도 했다. 예수 자신이, 그의 삶 자체가 곧 따뜻함이었다.

또 하나의 사례로 공자가 있다. 공자와 따뜻함? 그게 연결이 되나? 의아한 사람이 있을지도 모르겠으나, 이게 연결이 된다.《논어》에 보면 이런 말이 보인다.

0738 子溫而厲, 威而不猛, 恭而安. 선생님께서는 따뜻하면서도 엄격하셨고, 위엄이 있었지만 사납지는 않으셨으며, 공손하면서도 편안하셨다.

제자들의 눈에 비친 공자는 '따뜻한' 사람이었던 것이다. 또, 이런 말도 보인다.

1909 子夏曰, "君子有三變, 望之儼然, 卽之也溫, 聽其言也厲." 자하(子夏)가 말했다. "군자는 모습에 세 가지 변화가 있다. 멀리서 바라보면 근엄하고 직접 접해 보면 따뜻하고 그 말을 들어 보면 엄정하다."

여기서 자하가 말하는 군자에 공자의 그림자가 어른거

린다는 것을 부인할 사람은 없을 것이다. 역시 따뜻함을 알려 준다. 자공도 그 증거를 제공한다.

0110 <ruby>子<rt>자</rt></ruby><ruby>禽<rt>금</rt></ruby><ruby>問<rt>문</rt></ruby><ruby>於<rt>어</rt></ruby><ruby>子<rt>자</rt></ruby><ruby>貢<rt>공</rt></ruby><ruby>曰<rt>왈</rt></ruby>, "<ruby>夫<rt>부</rt></ruby><ruby>子<rt>자</rt></ruby><ruby>至<rt>지</rt></ruby><ruby>於<rt>어</rt></ruby><ruby>是<rt>시</rt></ruby><ruby>邦<rt>방</rt></ruby><ruby>也<rt>야</rt></ruby>, <ruby>必<rt>필</rt></ruby><ruby>聞<rt>문</rt></ruby><ruby>其<rt>기</rt></ruby><ruby>政<rt>정</rt></ruby>, <ruby>求<rt>구</rt></ruby><ruby>之<rt>지</rt></ruby><ruby>與<rt>여</rt></ruby>? <ruby>抑<rt>억</rt></ruby><ruby>與<rt>여</rt></ruby><ruby>之<rt>지</rt></ruby><ruby>與<rt>여</rt></ruby>?" <ruby>子<rt>자</rt></ruby><ruby>貢<rt>공</rt></ruby><ruby>曰<rt>왈</rt></ruby>, "<ruby>夫<rt>부</rt></ruby><ruby>子<rt>자</rt></ruby><ruby>溫<rt>온</rt></ruby><ruby>良<rt>량</rt></ruby><ruby>恭<rt>공</rt></ruby><ruby>儉<rt>검</rt></ruby><ruby>讓<rt>양</rt></ruby><ruby>以<rt>이</rt></ruby><ruby>得<rt>득</rt></ruby><ruby>之<rt>지</rt></ruby>. <ruby>夫<rt>부</rt></ruby><ruby>子<rt>자</rt></ruby><ruby>之<rt>지</rt></ruby><ruby>求<rt>구</rt></ruby><ruby>之<rt>지</rt></ruby><ruby>也<rt>야</rt></ruby>, <ruby>其<rt>기</rt></ruby><ruby>諸<rt>저</rt></ruby><ruby>異<rt>이</rt></ruby><ruby>乎<rt>호</rt></ruby><ruby>人<rt>인</rt></ruby><ruby>之<rt>지</rt></ruby><ruby>求<rt>구</rt></ruby><ruby>之<rt>지</rt></ruby><ruby>與<rt>여</rt></ruby>." 자금(子禽)이 자공(子貢)에게 물었다. "선생님께서는 어느 한 나라에 이르시면 반드시 그 나라의 정치 상태를 아십니다. 스스로 그것을 구하신 것입니까? 아니면 누가 얘기해 준 것입니까?" 자공이 말하였다. "선생님께서는 따뜻함과 선량함과 공손함과 검약과 겸양을 기준으로 하여 그것을 얻는 것이오. 선생님께서 구하시는 것은 여느 사람이 구하는 것과는 다를 것이오."

공자는 '따뜻함…으로 그것을 얻었다'(夫子溫…以得之)는 것이다. 그리고 무엇보다도 확실한 증거는 공자 본인의 다음 말에서 확인된다.

1610 <ruby>孔<rt>공</rt></ruby><ruby>子<rt>자</rt></ruby><ruby>曰<rt>왈</rt></ruby>, "<ruby>君<rt>군</rt></ruby><ruby>子<rt>자</rt></ruby><ruby>有<rt>유</rt></ruby><ruby>九<rt>구</rt></ruby><ruby>思<rt>사</rt></ruby>, <ruby>視<rt>시</rt></ruby><ruby>思<rt>사</rt></ruby><ruby>明<rt>명</rt></ruby>, <ruby>聽<rt>청</rt></ruby><ruby>思<rt>사</rt></ruby><ruby>聰<rt>총</rt></ruby>, <ruby>色<rt>색</rt></ruby><ruby>思<rt>사</rt></ruby><ruby>溫<rt>온</rt></ruby>, <ruby>貌<rt>모</rt></ruby><ruby>思<rt>사</rt></ruby><ruby>恭<rt>공</rt></ruby>, <ruby>言<rt>언</rt></ruby><ruby>思<rt>사</rt></ruby><ruby>忠<rt>충</rt></ruby>, <ruby>事<rt>사</rt></ruby><ruby>思<rt>사</rt></ruby><ruby>敬<rt>경</rt></ruby>, <ruby>疑<rt>의</rt></ruby><ruby>思<rt>사</rt></ruby><ruby>問<rt>문</rt></ruby>, <ruby>忿<rt>분</rt></ruby><ruby>思<rt>사</rt></ruby><ruby>難<rt>난</rt></ruby>, <ruby>見<rt>견</rt></ruby><ruby>得<rt>득</rt></ruby><ruby>思<rt>사</rt></ruby><ruby>義<rt>의</rt></ruby>." 공자께서 말씀하셨다. "군자에게는 아홉 가지 생각이 있다. 봄에 있

어서는 밝음을 생각하고 들음에 있어서는 똑똑함을 생각하고 얼굴빛에 있어서는 따뜻함을 생각하고 외모에 있어서는 공손함을 생각하고 말에 있어서는 충실함을 생각하고 일에 있어서는 경건함을(혹은 섬김에 있어서는 공경을) 생각하고 의문 나는 것에 있어서는 물을 것을 생각하고 분노에 있어서는 나중의 어려움을 생각하고 득봄에 있어서는 의로운 것인지를 생각한다."

공자는 '얼굴빛'(色)에서 '따뜻함'(溫)을 '생각하는 것'(思)을 군자의 조건 중 하나로 분명히 제시하고 있는 것이다. 이러니 이게 공자의 가치요 공자의 철학이 아니고 무엇이겠는가. 그의 발언 중에 이런 말이, 즉 따뜻함의 철학이 있다는 것은 참으로 반가운 일이 아닐 수 없다.

세상은 그리고 인간은 지금도 변함없이 냉혹하다. 그러나 극한의 차가움 속에서도 따뜻한 온기를 잃지 않는 예수의 후예, 공자의 후예도 아예 없지는 않다. 내가 좋아하는 최고의 스타 오드리 헵번도 그중 하나다. 생애 후반을 아프리카의 굶주린 아동들을 위해 애쓰다 간 그녀가 죽기 1년 전 크리스마스이브에 아들에게 이런 말을 남겼다. 이 말에서 우리는 그녀의 젊을 적 미모보다도 더욱 아

름다운 그녀의 따뜻함을 느끼게 된다.[16]

아름다운 입술을 갖고 싶으면, 친절한 말을 해라.

사랑스런 눈을 갖고 싶으면, 사람들에게서 좋은 점을 봐라.

날씬한 몸매를 갖고 싶으면, 너의 음식을 배고픈 사람과 나누어라.

아름다운 머리카락을 갖고 싶으면, 하루에 한 번 어린아이가 손가락으로 너의 머리를 쓰다듬게 해라.

아름다운 자세를 갖고 싶으면, 결코 너 혼자 걷고 있지 않음을 명심해라.

사람들은, 물건보다 먼저, 상처로부터 복구되어야 하고, 낡은 것으로부터 새로워져야 하며, 병으로부터 회복되어야 하고, 무지함으로부터 교화되어야 하며, 고통으로부터 구원 받고 또 구원 받아야 한다.

결코 누구도 버려서는 안 된다.

기억해라. 언제든 만약 도움의 손이 필요하다면, 너의 팔 끝에 있는 손을 이용하면 된다.

네가 더 나이가 들면 손이 두 개라는 걸 발견하게 된다.

한 손은 너 자신을 돕는 손이고

다른 한 손은 다른 사람을 돕는 손이다.

---

16 원래는 샘 레벤슨Sam Levenson이라는 미국 시인의 〈세월이 일러 주는 아름다움의 비결Time Tested Beauty Tips〉라는 시인데 책 《In One Era&Out the Other》에 나오는 오드리 헵번의 인용을 통해 더욱 유명해졌다.

For attractive lips, speak words of kindness.

For lovely eyes, seek out the good in people.

For a slim figure, share your food with the hungry.

For beautiful hair, let a child run his or her fingers through it once a day.

For poise, walk with the knowledge that you'll never walk alone.

People, even more than things, have to be restored, renewed, revived, reclaimed and redeemed; never throw out anyone.

Remember, if you ever need a helping hand, you'll find one at the end of each of your arms.

As you grow older, you will discover that you have two hands, one for helping yourself, the other for helping others.

VI

외畏

두려워함에 대하여

"진주를 돼지에게 던지지 마라." 마태복음에 나오는 예수의 유명한 말이다. 진짜 돼지들이 들으면 좀 억울할지도 모르겠지만 그들이 '진주'의 가치를 알아보지 못한다는 것은 어쨌거나 부인할 수 없는 진실임에 틀림없다. 이 말을 들으며 우리는 '진주'와 '돼지'의 관계, 내지는 '진주'에 대한 '돼지'의 태도에 대해 좀 생각해 보지 않으면 안 된다.

우리가 사는 이 세상에는 분명히 그 '진주'에 해당하는 것들이 있다. 특히 이런 비유에 합당한 사람들이 있다. 그런 한편 그 '돼지'에 해당하는 것들도 있다. 특히 이렇게 불러도 지나칠 게 없는 사람들이 있다. 살아 보면 알지만 상당히 많다. 돼지는 오로지 먹는 것에만 관심이 있다. 그들은 탐욕의 상징이다. 먹거리를 향한 그들의 탐욕은 끝이 없다. 음식은 기본이니 차라리 열외다. 그들이 탐하는 먹거리로는 이른바 부귀공명, 돈과 지위와 실적과 명예가 대표적이다. 대부분의 인간과 대부분의 삶이 대개 그렇다. 그렇게 본다년 인간의 세상은 곧 돼지의 세상이라고 해도 크게 틀린 말이 아니다. 대개가 그렇다면 '다 그런 거지 뭐' 하며 좀 뻔뻔해 질 수도 있다. (이런 식으로 돼지를 변호하자면 할 말이 적은 것도 아니다.) 그러나 인간이란 게 참 묘해서 어쩐 일인지 우리 인간은 이런 돼지의 삶만으로 만족하지 못한다. 그래서 어떤 인간들은 그 돼지우리를 벗어난다. 거기에 '진주'가 있다. 그것이 보통의 꿀꿀이죽과는 전혀 다른 차원의 먹거리를 제공한다. 이른바 가치의 세계다. 거기에 배고픈 소크라테스도 있다. 그래서 존 스튜어트 밀 같은 이는 "배부른 돼지보다는 배고픈 소크라테스가 낫다"고 말했다.[17] 그런 일군의 사람들이 기나긴 역사를 통해 우리의 이 인간세상을 돼지우리 이상의 그 어떤 숭고한 것으로 만들어 왔다. 그들 중에 우리의 공자가 있고 석가모니 부처님이 있고 소크라테스가 있고 그리고 저 예수 그리스도가 있다.

공자 식으로 생각해 보면, 돼지들은 진주를 가치 있는

---

17 원형은, "It is better to be a human being dissatisfied than a pig satisfied; better to be Socrates dissatisfied than a fool satisfied."(만족한 돼지보다 불만족한 인간이 되는 편이 낫고, 만족한 바보보다 불만족한 소크라테스가 되는 편이 낫다.) — 존 스튜어트 밀John Stuart Mill

어떤 것으로 여기지 않는다. 그의 표현으로 하자면 '두려 워함'(畏)이 없다. '두려워하지 않는다'(不畏也). 그런 이들 을 그는 '소인小人'이라고 불렀다. 반면에 '진주'의 가치를 아는 이들, 그것을 '두려워하는' 이들을 그는 '군자君子'라 고 불렀다.《논어》제16장에서 공자는 이렇게 말한다.

1608 孔子曰, "君子有三畏, 畏天命, 畏大人, 畏聖人之言. 小人 不知天命而不畏也, 狎大人, 侮聖人之言." "군자에게는 세 가지 두려움이 있다. 천명天命을 두려워하고 훌륭한 사람을 두려워하며 성인의 말씀을 두려워한다. 소인은 천명을 알지 못해 두려워하지도 않고 훌륭한 사람도 함부로 대하며 성인의 말씀도 업신여긴다."

여기서 진주에 대한 '돼지'(소인)의 태도와 '소크라테스' (군자)의 태도가 극명하게 대비된다. 공자는 '두려워함'(畏) 을 그 기준으로 삼는다. 그는 여기서 그 '진주'의 구체적 인 모습을 적시한다. '천명天命'과 '대인大人'과 '성인지언 聖人之言'이다. 군자는 이런 것들을 두려워한다. 소인들은 이런 것들을 알지 못하고 두려워하지 않는다.(不知而不畏) 심지어는 '함부로 대하며'(狎) '업신여기기'(侮)까지 한다. 그게 그들의 태도다. 천명과 대인과 성인지언에 대해서는 물론 더 생각해 봐야 한다. 특히 천명은 공자 본인도 오십이 되어서야 비로소 '알았다'(知天命)고 하는 것이다. 그러나 우리가 그것을 선혀 모르지는 않는다. 하이데거 식으로 말하자면 우리는 그것에 대해 '전존재론적인 막연한 이해' '선이해'를 지니고 있다. 그것을 해석학적으로 철저화시켜 나가면 된다. 하지만 그 이전에도 하나 분명한 것은, 우리가 만일 단순한 돼지 이상의 존재이기를, 탐욕 이상의 삶을 원한다면, 삶의 과정에서 한번쯤은 '두려운 자세로' 이 '천명'이나 '훌륭한 사람'이나 '성인의 말씀' 쪽으로 몸을 틀고 시선을 보내고 귀를 기울여 볼 필요가 있다는 것이다.

천명, 대인, 성인지언, 그런 것은 현실적으로 존재한다. 실제로 어떤 이들은 천명에 따라 한평생 고난의 가시밭길을 걷고, 혹은 철저하게 이타적인 봉사의 삶을 산다. 오로지 자기밖에, 자기의 욕심밖에 모르는 좀생이 소인배들과 달리 온갖 사람, 온갖 입장을 포용하는 품이 큰 대인배들도 없지 않다. 성인지언은 저 인류 4성, 공자, 부처, 소크라테스, 예수의 말씀들만 하더라도 이미 주체할 수 없을 정도로 많이 있다. 그분들의 한 마디 한 마디가 다 보석같이 찬란한 것들이다. 그게 다 저 '진주'에 다름 아닌 것이다. 내가 이 책에서 짚어 보고 있는 것들도 다 그런 진주 알갱이 같은 것들이다. 인간을 위해 하나같이 소중하고 또 소중한 것들이다. 우리는 이런 것들에 대해 두려운 심정으로 옷깃을 여미지 않으면 안 된다.

(단, 이런 두려움의 대상이 사람일 경우, 그게 반드시 나이와 비례하지는 않는다. 즉 연륜은 사람의 크기에 대한 조건이 되지 않는다. 그래서 공자는 이렇게 말했다.

0923 子曰, "後生可畏, 焉知來者之不如今也? 四十五十而無聞焉, 斯亦不足畏也已." 선생님께서 말씀하셨다. "후배들도 두려워할 만하다. 어떻게 새로 등장할 자들이 지금만 못하리라고 단정할 수 있겠는가? 그러나 사십, 오십이 되어도 세상에 알려지지 않는다면 그 또한 두려워할 바가 못 된다."

아닌 게 아니라 그건 그렇다. 내가 여러 번 말했지만, 예수 그리스도도 30대에 이미 위대했고 석가모니 부처도 30대에 이미 득도했었다. 지금의 나보다도 한참 어린 나이다. 나이로만 보면 '후생'이다. 어찌 후생가외라 아니할 수 있겠는가.)

그런데 저 '돼지' 같은 소인배들은 그것을 모른다. 두려워하지 않는다. 심지어 함부로 하고 업신여긴다. 오죽했으면 저 위대한 예수가 그런 격한 표현까지 동원했겠는가. "진주를 돼지에게 던지지 말라." 그렇다. 진주가 어울리는 아름다운 손과 아름다운 목을 가진 미인도 이 세상에는 틀림없이 있을 것이다. 그런 미인들에게 나는 '철학'이라는 니의 진주 목걸이를 걸어 주려 한다. 그들에게는 잘 어울리고, 또한 예쁠 것이다.

('두려워할 만한 사람'에 대해 한 마디 덧붙여 두자. 이른바 '위이불맹威而不猛'과 관련한 "군자는 자신의 의관을 바르게 하고 그 시선을 존엄히 하면 장중하여 남들이 우러르고 두려워하니 이것이 또한 위엄이 있지만 사납지는 않은 것이 아니겠느냐?" 라는 공자의 말을 나는 주목한다.

2002 子張問於孔子曰, "何如斯可以從政矣?" 子曰, "尊五美, 屛四惡, 斯可以從政矣." 子張曰, "何謂五美?" 子曰, "君子惠而不費, 勞而不怨, 欲而不貪, 泰而不驕, 威而不猛." 子張曰, "何謂惠而不費?" 子曰, "因民之所利而利之, 斯不亦惠而不費乎? 擇可勞而勞之, 又誰怨? 欲仁而得仁, 又焉貪? 君子無衆寡, 無小大, 無敢慢, 斯不亦泰而不驕乎? 君子正其衣冠, 尊其瞻視, 儼然人望而畏之, 斯不亦威而不猛乎?" […]" 자장(子張)이 공자께 물었다. "어떻게 하여야 가히 정사에 종사할 수 있겠습니까?" 선생님께서 말씀하셨다. "다섯 가지 아름다움을 존중하고 네 가지 나쁜 점을 물리치면 가히 정사에 종사할 수 있다." 자장이 말했다. "무엇이 다섯 가지 아름다움입니까?" 선

생님께서 말씀하셨다. "군자가 혜택을 주지만 헛수고는 하지 않으며 애를 쓰지만 원망하지 않으며 바라지만 탐하지는 않으며 당당하지만 교만하지는 않으며 위엄이 있지만 사납지는 않은 것이다." […] "백성이 이로운 바에 따라 이롭게 하는 것이 곧 혜택을 주지만 헛수고는 하지 않는 것이 아니겠느냐? 애쓸 만한 것을 택하여 애쓰니 또한 누가 원망할 것이냐? 어짊을 바라 어짊을 얻었는데 또 무엇을 탐하겠느냐? 군자는 사람이 많든 적든 사람됨이 크든 작든 감히 오만하게 대함이 없으니 이 또한 당당하지만 교만하지 않은 것이 아니겠느냐? 군자는 자신의 의관을 바르게 하고 그 시선을 존엄히 하면 장중하여 남들이 우러르고 두려워하니 이것이 또한 위엄이 있지만 사납지는 않은 것이 아니겠느냐?"

이미 논했듯이 '안으로 자신을 바르게 가다듬고 밖으로 가치 있는 대상에 눈길을 보내는 사람', 그런 사람을 공자는 두려워할만한 사람으로 평가하는 것이다. 백 퍼센트 공감한다. 살면서 수많은 사람을 겪어봤지만, 이런 사람, 참 흔치가 않다. 세상은 대체로 돼지우리다.)

욕 欲

하고자함/의욕에 대하여

벌써 한 40년 전이다. 대학 3학년이었던가? 여름방학 때였다. 계속되는 더위에 지쳐 아무것도 할 수 없는 상태로 늘어져 있었다. 며칠을 그러고 있자니 좀 한심한 생각이 들었다. 그래서 장난처럼 노트에 끼적였다. "I will, therefore I am."(나는 의욕한다, 고로 존재한다.) 물론 데카르트의 패러디다. 그걸 실천하겠다고 난생 처음 배를 타고 난생 처음 제주도 여행을 떠났었다.

《논어》를 읽다가 한 구절에서 문득 그때 그 말이 다시 떠올랐다. 제20장에서 공자는 정치와 관련한 군자의 다섯 가지 미덕을 거론하며 그중 하나로 '욕이불탐欲而不貪'(하고자 하되 탐하지 않는 것)을 언급한다.

2002 子張問於孔子曰, "何如斯可以從政矣?" 子曰, "尊五美, 屛四惡, 斯可以從政矣." 子張曰, "何謂五美?" 子曰, "君子惠而不費, 勞而不怨, 欲而不貪, 泰而不驕, 威而不猛."
子張曰,"何謂惠而不費?"子曰,"因民之所利而利之, 斯
不亦惠而不費乎? 擇可勞而勞之, 又誰怨? 欲仁而得仁,
又焉貪? […]" 자장(子張)이 공자께 물었다. "어떻게 하
여야 가히 정사에 종사할 수 있겠습니까?" 선생님께서
말씀하셨다. "다섯 가지 아름다움을 존중하고 네 가지
나쁜 점을 물리치면 가히 정사에 종사할 수 있다." 자장
이 말했다. "무엇이 다섯 가지 아름다움입니까?" 선생
님께서 말씀하셨다. "군자가 혜택을 주지만 헛수고는
하지 않으며 애를 쓰지만 원망하지 않으며 바라지만
탐하지는 않으며 당당하지만 교만하지는 않으며 위엄
이 있지만 사납지는 않은 것이다." […] 선생님께서 말
씀하셨다. " […] 어짊을 바라 어짊을 얻었는데 또 무엇
을 탐하겠느냐? […]"

다른 네 가지와 달리 이건 무슨 뜻인지 곧바로 이해되
지가 않았다. '욕欲'은 무엇보다도 '욕심' 혹은 '탐욕'이라
는 [부정적인] 말로 우리에게 익숙한데 이게 어째서 군자
의 미덕이 되는 걸까. 이것저것 한참을 생각해 보았다. 그
러다가 그 'I will…'이 퍼뜩 떠오른 것이다. 뭔가를 '하려
고 하는' 것, 의욕하는 것, 그게 공자가 말하는 그 '욕'이

아닐까. 그러면 좀 가까이 다가간다. 내게 익숙한 일본어로는 '欲する'(홋스루)라고 하는데 그걸로 생각하면 더 확실해진다. 무언가를 하려고 마음에 품고 적극적으로 의도하는 것, 그게 '욕'이다. 이건 단순한 '욕망' 이상의, 아니 그 이전의 그 무엇이다.

그 반대를 생각해 보면 더 명확해진다. '아무것도 하고자 하지 않는 것'이다. 그런 경우가, 그런 사람들이, 실제로 있다. 적지 않다. 학생들 중에도 있고 자식들 중에도 있다. 특히 정치하는 사람들, 공무원들의 경우를 생각해 보라. 이들은 뭔가를 해야만 하는 사람들이다. 국민을 위해 국가를 위해 뭔가를 해야만 하는 사람들이다. 그러라고 혈세로 월급도 준다. 이들에게는 노자의 이른바 '무위지위無爲之爲'(아무것도 하지 않고서 해냄) 내지 '무위지치無爲之治'(아무것도 하지 않고서 다스림)가 통하지 않는다. 그런데 그들은 그 해야 할 일들을 아무것도 하지 않고 아예 하려고도 하지 않는다. 할 생각이, 할 마음이, 할 의향이 애당초 없다. 뉴스를 통해 우리는 이런이런 경우에 꼭 필요한 무슨무슨 법안이 몇 년째 국회에서 계류 중이다, 자동폐기되었다, 어떻다 하는 이야기를 너무나 많이 들어 왔다. 그리고 '복지부동伏地不動'(땅에 납작 엎드려 꼼짝도 하지 않는다)이니 '복지안동伏地眼動'(땅에 납작 엎드려 눈알만 굴린다)이니 하는 말도 너무나 많이 들어왔다. 우리는 적어도 그런 것이 정치하는 사람의, 혹은 행정하는 사람의 '미덕'이 아님을 확실히 안다. 아니 명백한 '부덕'임을 뼈저리게 안다. 그러니 그 반대인 '욕'이 미덕이 될 수 있는 것이다. 이 정도면 일단 '납득'이다.

그런데 공자는 꼭 한 가지 토를 단다. '욕이불탐欲而不貪', 즉 하고자 하되 '탐貪'하지 말아야 한다고 주의하는 것이다. '불탐', 즉 탐욕스럽지 않아야 한다고 그는 '욕'과는 다른 '탐'을 경계하는 것이다. 탐이란, 마구잡이로 욕심내는 것이다. 엉뚱한 것을, 하지 말아야 할 것을 욕심내는 것도 탐이다. 개중에는 내 것이 아닌 남의 것을 욕심내는 경우도 있다. 빼앗아서라도 내 욕심을 채우려는 것이다. 그런 게 '탐'이다. 저 석가모니 부처는 그것을 사람을 망치는 '3독三毒'(탐貪, 진瞋, 치痴/욕심, 화냄, 어리석음)의 하나로 꼽기도 했다. 공자도 부처도 인간의 진실을, 특히 그 어두운 밑바닥을 너무나 잘 알고 있었던 것이다. 그런 경향성을 공자는 이런 형태로 지적하고 경계하는 것이다.

아하, 그래서 '욕이불탐'이 군자의 미덕이구나, 조금 더 수월히 이해된다. 그래도 아직 뭔가 개운치 않다. 그는 언제나 뭔가 중요한 말을 툭 던지고 (특히 제자들이 질문할 경우) 뭔가 설명을 하긴 하는데 그게 도무지 친절한 설명

은 아니다. 이 '욕이불탐'의 경우도 마찬가지다. 설명이랍
시고 그가 보태는 말이 '욕인이득인, 우언탐欲仁而得仁, 又
焉貪?'(어짊을 원해서 어짊을 얻으니 또한 어찌 탐이겠느냐)이다.
친절한 설명은 못되지만 설명이 아니라고도 할 수 없다.
'욕'의 방향 내지 내용을 명시해 주기 때문이다. 무릇 군
자가 하고자 하는 것, 바라는 것, 원하는 것, 마음에 품는
것은 다름 아닌 '인', 즉 어짊이어야 한다는 것이다. '인'
같은 그런 것을 목표 삼아서 그런 것을 성취한다면 그건
절대로 '탐'이 아니라는 말이다. 욕심이 아니라는 말이다.
그런 건 얼마든지 욕심내도 좋다는 말이다. 욕심내야 한
다는 말이다. 하고자 해야 한다는 말이다.

　이런 말을 하고 있으니 내가 공자를 좋아하지 않을 도
리가 없다. 물론 '인'이 어떤 것이냐 하고 따져 묻는다면
그건 또 간단한 문제가 아니다. 그건 우리가 별도로 한번
제대로 짚어볼 필요가 있다. 그런 주제다. 하지만 일단 그
게 '가치로운 어떤 일'임은 틀림없다. 그 핵심은 '애인愛人',
즉 '사람을 사랑하는 것'이기 때문이다. 군자는 '인'을, 즉
'사람을 사랑하는 일'을 하려고 해야 한다. '사람(=남)'을 사
랑하고자 한다면 '나'의 사적인 욕심 내지 탐욕은 경계해
야 한다. 그런 고귀한 뜻이 공자의 이 말에는 깔려 있다.

　물론 좀 더 근본적으로 생각해 보면 이 '욕'에는 '욕망'

이나 '욕심'이 당연히 포함된다. 특히 프로이트나 라캉의 철학이 말하는 바도 다 포함된다. 내가 《인생의 구조》에서 말한 바 있는 온갖 '싶음'(하고 싶음, 갖고 싶음, 되고 싶음)도 다 거기에 포함된다. 욕심, 욕구, 꿈, 바람, 소망, 희망, 희원, 대원, 대망…까지도 다 그 욕망의 일환들이다. 그런데 이 '욕'은 결국은 내 '마음'이라 다루기가 까다로워서 절대 만만치가 않다. 우리가 이 욕망을 추구하다 보면 걸 핏하면 그것이 정도를 벗어나게 된다. 즉 '탐'이 되기가 쉬운 것이다. 그래서 우리는 끊임없이 그런 경향을 경계하면서 우리를 내심 다잡아나가지 않으면 안 된다. 그것은 결코 도달하기가 쉽지 않은 경지다. 공자조차도 인생의 막바지인 일흔이 되어서야 겨우 그런 경지에 도달했다. 제2장의 "칠십이종심소욕, 불유구七十而從心所欲, 不踰矩"(일흔에는 마음이 하고자 하는 바를 따라도 법도에 어긋나지 않았다)라는 저 유명한 말이 그런 사정을 잘 알려 준다. 이런 경지에 도달하기까지 그도 얼마나 치열하게 자신의 마음을 다잡았을까. 짐작이 된다. 그의 저 유명한 말에서도 나는 그의 그런 치열한 내적 노력의 한 자락을 발견한다.

0405 子曰, "富與貴, 是人之所欲也, 不以其道得之, 不處也. 貧與賤, 是人之所惡也, 不以其道得之, 不去也. 君子去仁,

是." 君子無終食之間違仁, 造次必於是, 顛沛必於
是."
"부귀는 모든 사람이 바라는 바이지만 정도로 하는 것이 아니면 처하지 않는다. 가난하고 천한 것은 모든 사람이 싫어하는 바이지만 정도로 하는 것이 아니면 떠나지 않는다. 군자가 어짊을 떠나서야 어떻게 이름을 이루겠느냐? 군자는 잠시 동안도 어짊에 어긋남이 없어야 하니 위급한 경우에도 반드시 이에 의하고 파탄의 경우에도 반드시 이에 의해야 한다."

'군자'의 덕인 '욕欲'은 '인仁'과, 인은 '도道'(정도) 내지 '구矩'(법도)와, 이렇게 다 연결돼 있다. 자, 그런데 어떤가. 우리는 과연 어떤가. 정치를 한다는 사람들은 과연 어떤가. 그들은 뭔가를 '하고자 하고' 있는가? 천만다행으로 그런 게 있다면, 그것이 '사람에 대한 사랑' 혹은 '가치로운 일'과 연관된 것인가? 혹 그들의 개인적인 욕심 내지 탐욕과 연결된 것은 아닌가? 정도, 법도, 즉 정의를 벗어난 것은 아닌가? 눈을 똑바로 뜨고 현실을 한번 되살펴보자. 밥 먹을 동안에도 이런 가치에 어긋나서는 안 된다고 (無終食之間違仁), 반드시 그래야 한다고(必於是), 심지어 내게 큰 불이익이 닥치더라도(造次, 顛沛) 그래야 한다고, 그렇게까지 지독하게 말하고 있으니, 지금 세종시 어딘가에서 김영란법을 지탄하며 업자로부터 5만 원짜리 밥을 얻어먹으며 부정한 청탁을 받고 있는 어떤 공무원은 저 공자가 꼴보기 싫을지도 모르겠다. 그런 것을 가르치는 철학 따윈 대학에서 불필요하다고, 철학과를 없애자고 입안하고 싶을지도 모르겠다. 그런 이들을 위해서라도 우리는 다시금 공자를 우리의 현실로 불러내지 않으면 안 된다. 인간과 세상을 꿰뚫어 보는, 그만한 철학자도 정말 흔치 않다.

참고

다음 단편들은 공자 본인이 무엇을 '하고자' 했는지, 무엇을 '원했는지'를 구체적으로 보여 준다. 인간 공자를 이해하는 데 중요한 자료가 된다.

0204 子曰, "吾十有五而志于學, 三十而立, 四十而不惑, 五十而知天命, 六十而耳順, 七十而從心所欲不踰矩."

"나는 열다섯에 배움에 뜻을 두었고 서른에 정립되었으며 마흔이 되어서는 현혹되지 않았고 쉰이 되어 천명을 알게 되었고 예순이 되어서는 귀에 거슬림이 없었으며 일흔이 되어서는 마음이 하고 싶은 대로 따르더라도 법도를 넘지 않았다."

0310 子曰, "禘自旣灌而往者, 吾不欲觀之矣." "체제(禘祭)를 지낼 때 술을 부어 강신(降神)을 빈 이후의 절차는 나

는 보고 싶지 않다."

0424 子曰, "君子欲訥於言而敏於行." "군자는 말에는 서
투르고 실천에는 민첩하기를 원한다."

0606 子謂仲弓曰, "犁牛之子, 騂且角, 雖欲勿用, 山川其
舍諸?" 선생님께서 중궁(仲弓)에게 말씀하셨다. "얼
룩소의 새끼가 붉고 뿔이 반듯하다면 비록 쓰지 않
으려 하더라도 산천의 신이 그를 버리겠느냐?"

0630 子貢曰, "如有博施於民而能濟衆, 何如? 可謂仁乎?"
子曰, "何事於仁! 必也聖乎! 堯舜其猶病諸! 夫仁者,
己欲立而立人, 己欲達而達人. 能近取譬, 可謂仁之
方也已." 자공(子貢)이 말했다. "만약 백성들에게 널
리 베풀어서 많은 사람을 구제할 수 있다면 어떠합
니까? 가히 어질다 할 수 있겠습니까?" 선생님께서
말씀하셨다. "어떻게 어진 정도이겠느냐? 필시 성
인의 경지일 것이니 요임금과 순임금도 그 문제만
은 부심했었다. 실로 어진 자는 스스로 서기를 바
라서 남을 세우고 스스로 통달하기를 바라서 남을
통달시키며 가까운 데서 능히 예例를 드니 그것이
어짊의 비결이라 할 수 있다."

0730 子曰, "仁遠乎哉? 我欲仁, 斯仁至矣." "어짊이 멀리 있
겠느냐? 내가 어질고자 하면 이 어짊이 다가온다."

0914 子欲居九夷. 或曰, "陋如之何? 子曰, "君子居之, 何
陋之有?" 선생님께서 동쪽 오랑캐 땅에서 지내고
자 하시니 누군가가 말했다. "누추하실 텐데 어떻게

하시겠습니까?" 선생님께서 말씀하셨다. "군자가
지냄에 있어 무슨 누추함이 있겠느냐?"

1202 仲弓問仁. 子曰, "出門如見大賓, 使民如承大祭. 己
所不欲, 勿施於人. 在邦無怨, 在家無怨." 仲弓曰, "雍
雖不敏, 請事斯語矣." 중궁(仲弓)이 어짊에 대해 묻
자 선생님께서 말씀하셨다. "문을 나서기를 귀한
손님을 맞는 것처럼 하고 백성을 부리기를 큰 제사
를 올리는 것처럼 하여라. 자기가 하고자 하지 않
는 바를 남에게 베풀지 마라. 나라에 있어서도 원
망하지 말고 대부의 가家에 있어서도 원망하지 마
라." 중궁이 말했다. "제가 비록 불민하나 그 말씀을
잘 받들겠습니다."

1210 子張問崇德辨惑. 子曰, "主忠信, 徙義, 崇德也. 愛之
欲其生, 惡之欲其死. 旣欲其生, 又欲其死, 是惑也."
자장(子張)이 덕을 숭상하고 미혹됨을 판별하는 것
에 대해 묻자 선생님께서 말씀하셨다. "충실과 신뢰
를 주로 하고 의로운 데로 나아가는 것이 덕을 숭
상하는 것이다. 사랑하면 살기를 바라고 싫어하면
죽기를 바라는데, 이미 살기를 바랐으면서 또 죽기를
바란다면 그것이 미혹이다."

1218 季康子患盜, 問於孔子. 孔子對曰, "苟子之不欲, 雖
賞之不竊." 계강자(季康子)가 도둑을 걱정하여 공자
에게 묻자 공자께서 대답하셨다. "단지 당신께서 욕
심 부리지만 않는다면 설혹 상을 준다 하더라도 훔

치지 않을 것입니다."

1219 季康子問政於孔子曰, "如殺無道, 以就有道, 何如?"
孔子對曰, "子爲政, 焉用殺? 子欲善而民善矣. 君子
之德風, 小人之德草. 草上之風, 必偃." 계강자가 공
자께 정치에 대해 물었다. "만약 무도無道한 자를 죽
여 백성들로 하여금 유도有道한 데로 나아가게 한
다면 어떻겠습니까?" 공자께서 대답하셨다. "당신
이 정치를 하신다면서 어떻게 죽이는 방법을 쓰십
니까? 당신이 선하고자 하면 백성들도 선해집니다.
군자의 덕은 바람이고 소인의 덕은 풀이라서 풀 위
로 바람이 불면 풀은 반드시 눕게 됩니다."

1317 子夏爲莒父宰, 問政. 子曰, "無欲速, 無見小利. 欲速,
則不達, 見小利, 則大事不成." 자하(子夏)가 거보莒父
의 읍재邑宰가 되어 정치에 대해 묻자 선생님께서
말씀하셨다. "빨리 하려 하지 말고 작은 이익에 집
착하지 마라. 빨리 하려 하면 목표에 이르지 못하고
작은 이익에 집착하면 큰 일이 이루어지지 못한다."

1412 子路問成人. 子曰, "若臧武仲之知, 公綽之不欲, 卞
莊子之勇, 冉求之藝, 文之以禮樂, 亦可以爲成人矣."
曰, "今之成人者何必然? 見利思義, 見危授命, 久要
不忘平生之言, 亦可以爲成人矣." 자로(子路)가 된사
람에 대해 묻자 선생님께서 말씀하셨다. "장무중(臧
武仲)의 지혜와 공작(公綽)의 욕심 부리지 아니함과
변장자(卞莊子)의 용기와 염구(冉求)의 기예를 갖추고

그 위에 예악으로 문채를 낸다면 이 또한 된사람이
라 할 수 있다." (자로가) 말했다. "요즈음의 된사람
이야 어떻게 반드시 그렇겠는가? 이로운 것을 보면
의로운 것인가 생각하고 위급한 것을 보면 목숨을
바치며 젊었을 때에 한 말을 오래 종요로이 여겨
잊지 않는다면 이 또한 된사람이라 할 수 있다."

1425 蘧伯玉使人於孔子. 孔子與之坐而問焉, 曰, "夫子何
爲?" 對曰, "夫子欲寡其過而未能也." 使者出. 子曰,
"使乎! 使乎!" 거백옥(蘧伯玉)이 공자께 사람을 보내
자 공자께서 그와 더불어 앉아 물으셨다. "그분께
서는 무엇을 하고 계십니까?" 그가 대답했다. "나리
께서는 당신의 잘못을 적게 하려 하시나 아직 능히
그리하지 못하십니다." 심부름꾼이 나가자 선생님
께서 말씀하셨다. "훌륭한 심부름꾼이다. 훌륭한 심
부름꾼이다."

1444 闕黨童子將命. 或問之曰, "益者與?" 子曰, "吾見其
居於位也, 見其與先生並行也. 非求益者也, 欲速成
者也." 궐(闕) 마을의 아이가 말 심부름을 하고 있을
때 어떤 사람이 물었다. "더 나아지려 하는 아이입
니까?" 선생님께서 말씀하셨다. "나는 그가 어른들
의 자리에 앉아 있는 것을 보았고 연장자들과 나
란히 걸어가는 것을 보았다. 더 나아지기를 구하는
아이가 아니라 빨리 이루어지기를 바라는 아이다."

1510 子貢問爲仁. 子曰, "工欲善其事, 必先利其器. 居是邦

也, ^사事^기其^대大^부夫^지之^현賢^자者, ^우友^기其^사士^지之^인仁^자者." 자공(子貢)이

어젊을 추구하는 것에 대해 묻자 선생님께서 말씀

하셨다. "장인이 자기 일을 잘하려면 반드시 먼저

자신의 연장을 벼리듯이 어느 한 나라에 거하게 되

면 그 나라 대부 중에서 현명한 자를 섬기고 그 나

라 선비 중에서 어진 자를 벗해야 한다."

1524 ^자子^공貢^문問^왈曰, "^유有^일一^언言^이而^가可^이以^종終^신身^행行^지之^자者^호乎?" ^자子^왈曰, "^기其

^서恕^호乎! ^기己^소所^불不^욕欲, ^물勿^시施^어於^인人." 자공(子貢)이 물었다. "한

마디 말로서 일생 동안 행할 만한 것이 있습니까?"

선생님께서 말씀하셨다. "그것은 서(恕)다. 자기가

하고자 하지 않는 바를 남에게 베풀지 마라."

1601 ^계季^씨氏^장將^벌伐^전顓^유臾. ^염冉^유有^계季^로路^현見^어於^공孔^자子^왈曰, "^계季^씨氏^장將^유有^사事^어於

^전顓^유臾." ^공孔^자子^왈曰, "^구求! ^무無^내乃^이爾^시是^과過^여與? ^부夫^전顓^유臾, ^석昔^자者^선先

^왕王^이以^위爲^동東^몽蒙^주主, ^차且^재在^방邦^역域^지之^중中^의矣, ^시是^사社^직稷^지之^신臣^야也. ^하何

^이以^벌伐^위爲?" ^염冉^유有^왈曰, "^부夫^자子^욕欲^지之, ^오吾^이二^신臣^자者^개皆^불不^욕欲^야也." ^공孔

^자子^왈曰, "^구求! ^주周^임任^유有^언言^왈曰, '^진陳^력力^취就^열列, ^불不^능能^자者^지止.' ^위危^이而

^부不^지持, ^전顚^이而^불不^부扶, ^즉則^장將^언焉^용用^피彼^상相^의矣? ^차且^이爾^언言^과過^의矣, ^호虎

^시兕^출出^어於^합柙, ^귀龜^옥玉^훼毀^어於^독櫝^중中, ^시是^수誰^지之^과過^여與?" ^염冉^유有^왈曰, "^금今

^부夫^전顓^유臾, ^고固^이而^근近^어於^비費. ^금今^불不^취取, ^후後^세世^필必^위爲^자子^손孫^우憂." ^공孔

^자子^왈曰, "^구求! ^군君^자子^질疾^부夫^사舍^왈曰^욕欲^지之^이而^필必^위爲^지之^사辭. […]" 계

씨(季氏)가 전유(顓臾)나라를 치려 하자 염유(冉有)와

계로(季路)가 공자를 찾아뵙고 말했다. "계씨께서 전

유 나라에 대해 장차 일을 벌이려 합니다." 공자께

서 말씀하셨다. "구(求)야, 네가 이러는 것은 잘못이

아니냐? 실로 전유나라는 옛날 선왕께서 동몽東蒙의 제주祭主로 삼으셨고 또 나라 한가운데에 있으니 곧 사직의 신하다. 어찌하여 치려 하느냐?" […] "구(求)야, 주임(周任)이 한 말에 '힘을 펼쳐 관직에 나아가되 그럴 수 없는 자는 그만 둔다'는 것이 있다. 위태로운데 붙잡아 주지 않고 넘어지는데 부축하여 주지 않는다면 그런 신하를 장차 어디에 쓸 것이냐? 또 너의 말이 잘못인 것이 범이나 외뿔소가 우리에서 뛰쳐나오고 귀갑龜甲이나 보옥寶玉이 상자 안에서 깨진다면 이는 누구의 잘못이냐?" […] "구(求)야, 군자는 원한다고 말하지 않고 어쩔 수 없다고 말하는 것을 미워한다. …"

1717 子曰, "予欲無言." 子貢曰, "子如不言, 則小子何述焉?" 子曰, "天何言哉? 四時行焉, 百物生焉, 天何言哉?" 선생님께서 말씀하셨다. "나는 말이 없었으면 한다." 자공(子貢)이 말했다. "선생님께서 말씀을 하지 않으시면 저희들이 어떻게 뜻을 전할 수 있겠습니까." 선생님께서 말씀하셨다. "하늘이 어떻게 말하더냐. 사시가 행해지고 만물이 생육하고 있지 않으냐. 하늘이 어떻게 말하더냐."

용 勇

용감함/용기있음에 대하여

'용기 있는 자만이 미인을 차지할 수 있다.'(None but the brave deserves the fair) 17세기 영국 극작가 존 드라이든의 장편시 〈Alexander's Feast〉에 나오는 말이다. 빅토리아 시대 배우 길버트와 설리번의 극중 대사에서는 '겁쟁이는 미인을 얻을 수 없다'(Faint heart never won fair lady)라고도 하는데 그게 그거다. 이왕이면 알려진 대로 적극적인 표현이 더 나을지도 모르겠다. '용기 있는 자가 미인을 얻는다.' 하긴 그렇다. 마음속에 그 어떤 애틋한 사랑을 품고 있더라도 실제로 그녀에게 다가가, 글이든 말이든 혹은 장미 한 송이든, 그 마음을 표현하지 않는다면 그 미인이 '나의 그녀'가 될 가능성은 거의 제로에 가깝다. 로미오도 줄리엣에게 용기있게 다가갔고 무령왕도 선화공주에게 용기있게 다가갔다. 심지어 파리스와 메넬라오스는 헬레네를 얻기 위해 전쟁까지도 불사했다. 그런

다가감이, 실제로 '함'이, 그게 바로 용기다.

비단 미인만이 아니다. 무릇 우리가 소중한 무언가를, 가치 있는 무언가를, 이뤄 내기 위해서는 '용기'를 내지 않으면 안 된다. 용감해지지 않으면 안 된다. 왜냐하면 모든 가치 있는 것의 성취 앞에는 실패의 가능성이 엄존하고 있고 그리고 우리의 가슴속에는 그 실패에 대한 두려움이 항상 도사리고 있기 때문이다. 그런 두려움의 극복이 용기의 요체다. 그런 용기가 가치 있는 그 무언가를 이룰 수 있고 또 실제로 많은 것들을 이루어 냈다.

그러나 말이야 간단하지만 그런 두려움을 극복하고 과감하게 용기를 낸다는 것이 그리 간단한 일만은 아니다. 대부분의 인간은 대체로 용렬한 편이다. 겁쟁이다. 혹은 심한 경우에 비겁하기도 하다. 얼마나 많은 순진한 소년들이 그 용기의 결핍으로 인해 사랑하는 소녀를 그냥 떠나보냈는지를 생각해 보라. 또 얼마나 많은 젊은이들이 불의에 맞설 용기가 없어, 혹은 위험이 두려워, 부정과 불의로부터 눈을 돌려 버렸는지를 생각해 보라. 인간의 진실은 대개 그렇다.

저 소크라테스의 수많은 가치들 중에 '용기'가 있다는 것도 우연이 아니다. 그 용기라는 게 인간을 제대로 인간답게 하는 '훌륭한' 그 무엇이기 때문이다. (소크라테스의 용감함을 묘사해주는 크세노폰의 책 《소크라테스의 회상》은 대단히 인상적이다. 전투에 임하는 소크라테스는 그 누구보다도 용감무쌍한 그야말로 임전무퇴의 군인이었다.) 그리고 저 공자의 경우도 마찬가지다. 군자나 도덕이나 인의예지만 들어본 사람에게는 좀 뜻밖일지도 모르겠지만, 공자는 이 '용감함'[용기 있음](勇)에 대해 적지 않은 발언을 남기고 있다. 제14장의 발언이 대표적이다.

1428 子曰, "君子道者三, 我無能焉, 仁者不憂, 知者不惑, 勇者不懼." 子貢曰, "夫子自道也." "군자의 도道 세 가지가 있으나 나는 능히 해내지 못한다. 어진 자는 잘난 체하지 않고 아는 자는 미혹되지 않으며 용기 있는 자는 두려워하지 않는다." 자공이 말했다. "선생님 자신의 도지요."

여기서 공자는 '용勇'을 '인仁'과 '지知'와 더불어 이른바 '군자도君子道'의 세 가지 중 하나로 꼽고 있다. 심지어는 자기 자신도 이것을 '능히 해내지 못한다'(無能)고 겸손을 떤다. 물론 가까이서 공자를 잘 아는 제자 자공은 그게 '선생님 자신의 도'라고 평가한다.

여기서 공자는 '용감한[용기 있는] 사람은 두려워하지 않는다'(勇者不懼)고 말한다. 이는 '용감함'[용기 있음]

이라는 것에 대한 설명이 된다. 설명에 인색한 공자로서는 이 정도만 해도 큰 설명이다. '용감함'은 일단 '두려워하지 않음'(不懼)인 것이다. 우리의 주변 사람들이 실제로 보여 주는 '두려워함'이라는 현상에서 우리는 그것을 확인한다. 보통 사람들은 두려워한다. 그러나 용기 있는 사람은 두려워하지 않는다. 예컨대 보통 사람들은 크레바스 앞에서 두려워 주저앉는다. 그러나 용기 있는 사람은 과감히 그것을 뛰어넘는다. 보통 사람들은 일이 조금만 어려워 보여도 몸을 사리거나 꽁무니를 뺀다. 그러나 용기 있는 사람은 조금만 가능성이 있어도 과감히 목표에 도전한다. 실제 사례를 찾자면 한도 끝도 없다. 두려워함과 용감함, 그 결과는 너무나 다르게 나타난다. 전자는 아무 것도 이루지 못하고 후자는 뭔가를 이루어 낸다.

그 뭔가가 별것 아닌 뭔가일 경우야 그런가 보다 할 수도 있겠지만, 그 뭔가가 너무나도 소중한, 반드시 필요한 뭔가일 경우는 이 '용기'라는 가치가 절실히 필요해진다. 공자의 경우는 '의로움'(義, 요즘 식으로는 정의) 같은 것이 그런 것이었다.

0224 子曰, "非其鬼而祭之, 諂也. 見義不爲, 無勇也." "자기에 게 해당하는 귀신이 아닌데도 제를 올리는 것은 아첨하

는 짓이다. 옳은 일을 보고도 행하지 않는 것은 용기가 없음이다." (여기서의 '귀鬼'는 요즘 우리가 생각하는 무서운 악귀가 아니라 죽어서도 존숭의 대상이 되는 조상의 영혼 같은 것)

'의를 보고도 하지 않음'(見義不爲) 그것을 공자는 '용기 없음'(無勇)이라고 단정한다. 뒤집어 읽으면, 의를 보면 실천'하는'(爲) 것이 곧 '용기 있음'인 것이다. 용기가 있어야만 의를 보고 '할' 수가 있는 것이다. 정의를 위해서 '나서는' 일은, 즉 정의를 실천하는 일은 절대 쉬운 일이 아니다. 용기 있는 자만이 그 일을 할 수 있다. 멀리서 찾을 것도 없다. 저 일제강점기 동안 모든 것을 바쳐, 심지어 목숨까지 바쳐 일제의 악랄한 불의에 맞선 투사들을 우리는 알고 있다. 안중근, 윤봉길 그리고 유관순을 비롯한 만세의 주역들…. 그들의 그 '행동함'이, 그 저격과 그 폭탄투척과 그 만세가 곧 '용기'였던 것이다. 그리고 또 엄청난 희생을 치르면서도 불의에 맞서 끝내는 민주주의를 성취한 1960년과 1980년과 1987년의 투사들, 그들도 우리는 알고 있다. 엄청난 두려움, 심지어 죽음의 두려움에도 불구하고 불의에 맞선 그들의 용기를 우리는 자랑스런 역사의 한 장면으로 간직하고 있는 것이다. 용기는 그렇게 '의'와 짝을 이룬다.

그뿐만이 아니다. 공자철학의 한 가지 흥미로운 점은 이런 인간적-윤리적 가치들이 서로 중첩되고 서로 얽혀 궁극적으로는 하나의 완성된 선을 지향한다는 것이다. 그게 곧 훌륭한 인간이며 그곳이 바로 살 만한 세상이다.

그렇게 용기는 다른 가치들과 얽혀 있다. '인仁' '예禮' '학學' '의義'도 그런 것이다. 들어 보자.

0802 子曰, "恭而無禮則勞, 愼而無禮則葸, 勇而無禮則亂, 直而無禮則絞. 君子篤於親, 則民興於仁, 故舊不遺, 則民不偸." "공손하면서 예가 없으면 노고로워지고 신중하면서 예가 없으면 겁약해지고 용감하면서 예가 없으면 세상을 어지럽히고 곧으면서 예가 없으면 냉혹해진다."

0810 子曰, "好勇疾貧, 亂也. 人而不仁, 疾之已甚, 亂也." "용감한 것을 좋아하면서 가난을 싫어하면 세상을 어지럽힌다. 사람이 어질지 못함을 너무 심하게 싫어하면 세상을 어지럽힌다."

1404 子曰, "有德者必有言, 有言者不必有德. 仁者必有勇, 勇者不必有仁." "덕이 있는 자는 반드시 할 말이 있지만 할 말이 있는 자라고 해서 반드시 덕이 있는 것은 아니다. 어진 자는 반드시 용기가 있지만 용기 있는 자라고 해

서 반드시 어진 것은 아니다."

1707 子曰, "由也! 女聞六言六蔽矣乎?" 對曰, "未也." "居! 吾
語女. 好仁不好學, 其蔽也愚, 好知不好學, 其蔽也蕩, 好
信不好學, 其蔽也賊, 好直不好學, 其蔽也絞, 好勇不好
學, 其蔽也亂, 好剛不好學, 其蔽也狂." "유(由)야, 너는 여
섯 가지 말과 여섯 가지 폐단에 대해 들어본 적이 있느
냐?" 자로가 대답했다. "없습니다." "앉아라. 내가 너에
게 말해 주겠다. 어진 것을 좋아하고 배우기를 좋아하
지 않으면 그 폐단은 어리석음이다. 지혜를 좋아하고
배우기를 좋아하지 않으면 그 폐단은 독선獨善이다. 신
의를 좋아하고 배우기를 좋아하지 않으면 그 폐단은 도
적의 무리를 이루는 것이다. 곧음을 좋아하고 배우기를
좋아하지 않으면 그 폐단은 가혹함이다. 용기를 좋아하
고 배우기를 좋아하지 않으면 그 폐단은 세상을 어지럽
히는 것이다. 굳세기를 좋아하고 배우기를 좋아하지 않
으면 그 폐단은 과격함이다."

1721 子路曰, "君子尙勇乎?" 子曰, "君子義以爲上, 君子有勇
而無義爲亂, 小人有勇而無義爲盜." 자로(子路)가 말했
다. "군자는 용기를 숭상합니까?" 선생님께서 말씀하셨
다. "군자는 의로움을 가장 높이 여긴다. 군자가 용기만
있고 의로움이 없으면 난을 일삼고 소인이 용기만 있고

의로움이 없으면 도둑질을 일삼는다."

1722 子貢曰, "君子亦有惡乎?" 子曰, "有惡, 惡稱人之惡者, 惡居下流而訕上者, 惡勇而無禮者, 惡果敢而窒者." … 자공(子貢)이 말했다. "군자도 역시 혐오하는 것이 있습니까?" 선생님께서 말씀하셨다. "혐오하는 것이 있다. 남의 나쁜 점을 들추는 자를 혐오하며 속된 경지에 처해 있으면서 높은 경지를 비방하는 자를 혐오하며 용기만 있고 무례한 자를 혐오하며 과감하지만 막힌 자를 혐오한다." …

좀 길지만 그 핵심을 추려 보면 대략 이렇다. '용감하면서 예가 없으면 세상을 어지럽힌다.'(勇而無禮則亂) '용감한 것을 좋아하면서 가난을 싫어하면 세상을 어지럽힌다.'(好勇疾貧, 亂也) '어진 자는 반드시 용기가 있지만 용기 있는 자라고 해서 반드시 어진 것은 아니다.'(仁者必有勇, 勇者不必有仁) '용기를 좋아하고 배우기를 좋아하지 않으면 그 폐단은 세상을 어지럽히는 것이다.'(好勇不好學, 其蔽也亂) '군자가 용기만 있고 의로움이 없으면 난을 일삼는다.'(君子有勇而無義爲亂) '용기만 있고 무례한 자를 미워한다.'(惡勇而無禮者)

공자의 이 발언들을 좀 유심히 보면 한 가지 특이한 사실이 눈에 띈다. 용기[용감함]라는 것이 다른 가치들, 즉 '인仁' '예禮' '학學' '의義'와 결부되지 않으면, 혹은 그에 기반하지 않으면, 그 자체만으로는 한계가 있을뿐더러(不必有仁), 심지어 큰 부작용이 있을 수도 있다는 것이다. 즉 '세상을 어지럽힌다'(亂)는 것이다. 그런 '용감함'은 차라리 없느니만 못하다. 우리는 없느니만 못한 그런 '용감함'도 잘 알고 있다. 우리가 역사의 과정에서 무수히 당해 왔던 저 '침략'들이 다 그런 것이다. '한漢'도 '수隋'도 '거란'도 '몽고'도 '여진'도 '왜倭'도 다 용맹하기는 했다. 그러나 그들에게는 인, 의, 예, 학, 아무것도 없었다. 그 결과는 오직 '난'이었다. 공자는 그런 것을 참 날카롭게도 꿰뚫어 보고 있었다. 그래서 그는 "용기만 있고 무례한 자를 혐오한다"고까지 했던 것이다.

그런 이상한 용기, 잘못된 용기, 가치에 기반하지 않은 용기는 지금도 도처에서 그 힘자랑을 하고 있다. 일상 속 맥락에서의 소소한 사례들은 말할 것도 없고 지금 세계를 경악케 하는 저 극악한 테러들도 결국은 그런 것이다. 참된 인간, 참된 세상을 생각한다면 우리는 그런 것을 경계하고 또 경계해야 한다. 깊이 명심해 두자. "무식한 자는 용감하다"는 것을. 그리고 우리는 물어야 한다. 우리 앞의 이 용기가 "무엇을 위한 용기인가"를.

0507 子曰, "道不行, 乘桴浮于海. 從我者其由與." 子路聞
之喜. 子曰, "由也好勇過我, 無所取材." 선생님께서
말씀하셨다. "도道가 행해지지 않아 뗏목을 타고 바
다 위에 떠도는 것 같구나. 나를 따를 자는 바로 유
(由)일 게다." 자로(子路)가 그 말을 듣고 기뻐하자
선생님께서 말씀하셨다. "유(由)는 용기를 좋아하는
것은 나보다 더 하나 뗏목감을 구할 바가 없구나."

1412 子路問成人. 子曰, "若臧武仲之知, 公綽之不欲, 卞莊
子之勇, 冉求之藝, 文之以禮樂, 亦可以爲成人矣." …
자로(子路)가 된사람에 대해 묻자 선생님께서 말씀
하셨다. "장무중(臧武仲)의 지혜와 공작(公綽)의 욕심
부리지 아니함과 변장자(卞莊子)의 용기와 염구(冉
求)의 기예를 갖추고 그 위에 예악으로 문채를 낸다
면 이 또한 된사람이라 할 수 있다." …

의 義

의로움/정의에 대하여

오랜만에 셰익스피어의 작품 《베니스의 상인》을 보았다. 뭔가 한방 먹은 것 같은 느낌이 들었다. 거기엔 이를테면 '돈이 다가 아니라는 것' '남녀간의 진정한 사랑' '친구간의 진한 우정' '법의 엄정함' '지혜로움' '정의로움' … 그런 이른바 '인간적 가치들'이 재치 있고 품격 있는 표현들 속에 기막히게 잘 버무려져 있었다. 이러니 영국인들이 셰익스피어를 인도와도 바꾸지 않겠다고 했지…, 탄복할 수밖에 없었다. 저들은 이런 과정을 거치면서 발전을 해왔던 것이로구나, 부럽기도 했다.

오늘날 우리에게는 (돈, 지위, 성과, 명성 같은 대표적인 통속적 가치들 말고) 이른바 '진정한 인간적 가치'라는 것에 대한 어떤 지향이 남아 있는 것일까… 그런 의문이 들기도 했다. 이를테면 정의로움(義) 같은 그런 것들.

어린 시절을 잠깐 뒤돌아봤다. 그때 우리들의 정신세

계에는 예컨대 의적 홍길동, 의적 일지매, 혹은 의병장 곽재우, 의사 안중근 그리고 잊을 수 없는 만화 속 영웅 라이파이, 삐빠 그리고 또 슈퍼맨, 배트맨, 스파이더맨, 원더우먼…. 그런 '정의의 사도'들이 분명히 살아 있었고 일정 부분 그 확고한 지분을 갖고 있었다. 그들에게는 공통적으로 '의로움' 내지 '정의로움'이라는 것이 있었다. 그것은 악과 불의에 용감하게 맞서는 것이었고 우리가 지향해야 할 지표이기도 했다. 물론 지금이라고 그런 것이 없기야 하겠는가. 누군가는 여전히 그런 것에 인생을 걸기도 할 것이다. 마이클 샌델의 강의 '정의란 무엇인가'가 우리 사회에서 선풍적인 인기를 끌었던 것도 아직은 그런 가치에 대한 지향이 남아 있다는 증거일 것이다. 나는 그렇게 믿고 싶다.

인간세상은 대체로 험하다. 사람들은 대체로 정의롭지 못하다. 언제나 그렇다. 그 점에서는 동서고금이 따로 없다. 그런데 생각해 보면 참 묘하다. 그런데도 불구하고 인간세상에는 항상 의로움을 지향하는 사람들이 없지 않았고 지금도 존재한다. 그런 사람들이 크건 작건 어떤 세력을 이루면서 이 삭막한 세상에 어떤 오아시스를 형성해오고 있는 것이다. 세상에는 그런 양면이 분명히 있다. 그것을 저 아우구스티누스는 '하느님의 나라'(civitas Dei)와

'지상의 나라'(civitas terrena)라 불렀고 나는 그것을 '훌륭한 세력'과 '고약한 세력'이라고 부른다. 그런 훌륭한 영역에 저 위대한 공자가 있고 그의 '군자'가 있다. 《논어》에서 공자는 '의義'와 '이利'로써 그것을 판별한다.

0416 子曰, "君子喩於義, 小人喩於利." "군자는 의로움에 밝고 소인은 이익에 밝다."

(맹자도 비슷한 취지의 말을 한다. 맹자가 양나라 혜왕을 만났을 때 혜왕이 "선생께서 불원천리하고 오셨으니 역시 우리나라를 이롭게 하실 게 있으십니까"(叟不遠千里而來 亦將有以利吾國乎) 하고 묻자 맹자는 "왕께서는 왜 하필 이익을 말씀하십니까. 인의가 있을 따름입니다."(王何必曰利 亦有仁義而已矣) 하고 대답했었다. 맹자에게도 이렇게 의로움에 대한 지향이 있었던 것이다. 이것이 공자의 이 말에 그 기원을 두고 있음은 부인할 수 없다.)

그런데 《논어》의 관련 부분을 좀 자세히 읽어 보면 한 가지 이상한 점이 눈에 띈다. 공자가 여러 차례 이 '의'를 언급하면서도 그것이 무엇인지, 무엇이 그것인지, 저 서양의 마이클 샌델이나 존 롤스처럼 설명을 해주지 않는다는 것이다. 공자는 그냥 이것이 좋은 것이고 필요한 것

임을 전제로 하고 그 부재를 탓하거나 경계하며 그 존재
를 칭찬하거나 권유하고 있다. 다음의 인용들이 다 그것
을 보여 준다.

0716 子曰, "飯疏食飲水, 曲肱而枕之, 樂亦在其中矣. 不義而
富且貴, 於我如浮雲." "… 의롭지 않고서 부하고 귀한
것은 내게는 뜬구름과 같다."

0224 子曰, "非其鬼而祭之, 諂也. 見義不爲, 無勇也." "… 의로
운 일을 보고도 행하지 않는 것은 용기가 없음이다."

0410 子曰, "君子之於天下也, 無適也, 無莫也, 義之與比." "군
자가 천하를 대함에 있어서는 절대적으로 '이것이다'
하는 것도 없고 절대적으로 '이것은 아니다' 하는 것도
없다. (매사를) 의로움(義)에 견줄 따름이다."

0516 子謂子産, "有君子之道四焉, 其行己也恭, 其事上也敬,
其養民也惠, 其使民也義." "그(자산)는 군자의 도道 네 가
지를 갖추고 있었다. 자기를 표출함에 있어서는 공손했
고 윗사람을 섬김에 있어서는 공경스러웠으며 백성을
돌봄에 있어서는 은혜로웠고 백성을 부림에 있어서는
의로웠다."

0622 樊遲問知. 子曰, "務民之義, 敬鬼神而遠之, 可謂知矣."
問仁. 曰, "仁者先難而後獲, 可謂仁矣." 번지(樊遲)가 앎

에 대해 묻자 선생님께서 말씀하셨다. "백성을 의롭게 하는 일에 힘쓰고 귀신을 공경하면서도 멀리하면 안다 할 수 있을 것이다." 어짊에 대해 묻자 말씀하셨다. "어진 사람은 어려움을 먼저 겪고 나중에 그 결과를 얻으니 그리하면 어질다 할 수 있을 것이다."

0703 子曰, "德之不脩, 學之不講, 聞義不能徙, 不善不能改, 是吾憂也." "덕이 닦아지지 않는 것, 배움이 논의되지 않는 것, 의로운 일을 듣고도 능히 나아가지 못하는 것, 선하지 못한 점을 능히 고치지 못하는 것, 이것이 나의 근심이다."

1210 子張問崇德辨惑. 子曰, "主忠信, 徙義, 崇德也. 愛之欲其生, 惡之欲其死. 旣欲其生, 又欲其死, 是惑也." 자장(子張)이 덕을 숭상하고 미혹됨을 판별하는 것에 대해 묻자 선생님께서 말씀하셨다. "충실과 신뢰를 주로 하고 의로운 데로 나아가는 것이 덕을 숭상하는 것이다. 사랑하면 살기를 바라고 싫어하면 죽기를 바라는데, 이미 살기를 바랐으면서 또 죽기를 바란다면 그것이 미혹이다."

1220 子張問, "士何如斯可謂之達矣?" 子曰, "何哉, 爾所謂達者?" 子張對曰, "在邦必聞, 在家必聞." 子曰, "是聞也, 非達也. 夫達也者, 質直而好義, 察言而觀色, 慮以下人. 在邦必達, 在家必達. 夫聞也者, 色取仁而行違, 居之不疑.

在邦必聞, ^{재방필문} 在家必聞." 자장(子張)이 물었다. "선비는 어떻게 해야 경지에 이르렀다 할 수 있겠습니까?" 선생님께서 말씀하셨다. "네가 경지에 이르렀다 하는 것이 무엇이냐?" 자장이 대답했다. "나라에서도 반드시 이름이 나고 대부의 가家에서도 반드시 이름이 나는 것입니다." 선생님께서 말씀하셨다. "그것은 이름이 나는 것이지 경지에 이른 것이 아니다. 실로 일정한 경지에 이르렀다는 것은 성품이 곧고 의를 좋아하며 말을 헤아리고 표정을 살피는가 하면 깊이 생각하여 사람을 다루니 그렇게만 하면 나라에 있어서도 반드시 일정한 경지에 이르고 대부의 가家에 있어서도 반드시 일정한 경지에 이를 것이다. 그러나 이름이 난다는 것은 겉으로는 어진 모습을 취하나 행동은 그와 어긋나게 하며 그런 식으로 사는 데에 아무런 회의도 갖지 않는 것이니 그렇게 하면 나라에 있어서도 필경 이름은 나고 대부의 가家에 있어서도 필경 이름은 나게 될 것이다."

1304 樊遲請學稼. 子曰, "吾不如老農." 請學爲圃. 曰, "吾不如老圃." 樊遲出. 子曰, "小人哉, 樊須也! 上好禮, 則民莫敢不敬, 上好義, 則民莫敢不服, 上好信, 則民莫敢不用情. 夫如是, 則四方之民襁負其子而至矣, 焉用稼?" 번지(樊遲)가 농사짓는 법을 배우고자 청하니 선생님께서 말씀

하셨다. "나는 농사짓는 늙은이만 못하다." 밭농사 짓는
법을 배우고자 청하니 말씀하셨다. "나는 밭농사 짓는
늙은이만 못하다." 번지가 나가자 선생님께서 말씀하셨
다. "소인이로구나. 번수(樊須)는! 윗사람이 예를 좋아하
면 백성이 감히 불경스럽게 굴지 못하고 윗사람이 의
로움을 좋아하면 백성이 감히 복종하지 않을 수 없고
윗사람이 신의를 좋아하면 백성이 감히 성의를 다하지
않을 수 없게 된다. 실로 그렇게만 하면 사방의 백성들
이 어린아이를 포대기로 싸 업고 몰려올 텐데 농사짓
는 법이 무슨 필요가 있겠느냐?"

1517 子曰, "群居終日, 言不及義, 好行小慧, 難矣哉!" "하루 종
일 모여 지내며 화제가 의로움에 이르지 않고 조그마한
지혜나 구사하기를 좋아한다면 참으로 난감한 일이다."

1518 子曰, "君子義以爲質, 禮以行之, 孫以出之, 信以成之. 君
子哉!" "군자는 의로움을 바탕으로 하여 예로 이를 행하
고 겸손으로 이를 표출하며 믿음으로 이를 이루니 참으
로 군자로구나!"

1610 孔子曰, "君子有九思, 視思明, 聽思聰, 色思溫, 貌思恭,
言思忠, 事思敬, 疑思問, 忿思難, 見得思義." "군자에게
는 아홉 가지 생각이 있다. 봄에 있어서는 밝음을 생각
하고 들음에 있어서는 똑똑함을 생각하고 얼굴빛에 있

어서는 따뜻함을 생각하고 외모에 있어서는 공손함을 생각하고 말에 있어서는 충실함을 생각하고 일에 있어서는 경건함을(혹은 섬김에 있어서는 공경을) 생각하고 의문 나는 것에 있어서는 물을 것을 생각하고 분노에 있어서는 나중의 어려움을 생각하고 득봄에 있어서는 의로운 것인지를 생각한다."

1611 孔子曰, "見善如不及, 見不善如探湯. 吾見其人矣, 吾聞其語矣. 隱居以求其志, 行義以達其道. 吾聞其語矣, 未見其人也." "선한 것 보기를 미치지 못한 듯이 하고 선하지 못한 것 보기를 끓는 물에 손을 대듯 한다. 나는 그런 사람을 보았고 그런 말도 들었다. 숨어 삶으로써 그 뜻을 구하고 의로움을 행함으로써 그 도에 이른다. 나는 그런 말은 들었으나 그런 사람은 보지 못하였다."

1721 子路曰, "君子尙勇乎?" 子曰, "君子義以爲上, 君子有勇而無義爲亂, 小人有勇而無義爲盜." 자로(子路)가 말했다. "군자는 용기를 숭상합니까?" 선생님께서 말씀하셨다. "군자는 의로움을 높이 여긴다. 군자가 용기만 있고 의로움이 없으면 난을 일삼고 소인이 용기만 있고 의로움이 없으면 도둑질을 일삼는다."

단, 우리는 그의 발언들을 통해 이 '의'라는 것이 어떤 맥락에 놓여 있는 것인지 그 가치론적 좌표를 확인할 수는 있다. 예컨대 그것은 이른바 소인들의 '이익' 지향과 대척점에 있다. 그것은 이른바 부귀의 정당함에 대한 기준이 된다. (의롭지 못한 방법으로 부귀를 누리는 것은 의미가 없다.) 의는 '행'해야 하는 것이고 그것을 행하기 위해서는 '용기'가 필요하다. 의는 군자가 세상에 대해 그렇듯이 '적합함'(適)도 없고 '부적함'(莫)도 없다. 의는 백성을 부림(使民), 백성을 힘쓰게 함(務民)에 있어 고려해야 할 가치이다. 의는 나아가야(徙) 할 방향이지만 그러기가 쉽지 않다. (이것이 공자의 걱정이었다.) 또한 의는 '덕을 숭상하는 것'(崇德)과 통하는 것이다. 의는 좋아하기(好)가 쉽지 않은 일이며 의를 좋아한다는 것은 일정한 경지에 도달했다(達)는 것이다. 특히 윗사람이 의를 좋아하면, 아랫사람에게, 특히 정치인이 의를 좋아하면, 백성들에게, 그 긍정적인 영향(莫敢不服)이 미친다. 의는 훌륭한 사람(군자)이 그 바탕(質)으로 삼아야 하는 것이다. (혹은 훌륭함의 바탕이 된다는 것이다.) 의는 사람들의 화제가 되어야 할 것이고 잔꾀(잔재주) 부리기를 좋아하는 것(好行小慧)과 대척점에 있는 것이다. 의는 득 되는 것을 취하는 가치기준이다. 득 되는 것도 불의하게 취해서는 안 된다. 의는 행하는 것이고 의를 행하는 것은 곧 도의 경지다. (공자의 경우 의는 '도와 통한다. 0405 子曰, "富與貴, 是人之所欲也, 不以其道得之, 不處也. 貧與賤, 是人之所惡也, 不以其道得之, 不去也. 참고 0716 子曰, "飯疏食飮水, 曲肱而枕之, 樂亦在其中矣. 不義而富且貴, 於我如浮雲."와 그 문맥을 비교할 때, 의와 도는 상통하는 것임이 드러난다.) 의는 훌륭한 사람이 높이 여기는 것이다. 인간들이 지향하는 가치에는 '상하'(높고 낮음)가 있고 의는 '상'에 해당한다. 의는 '용기'와 결부되는 가치다. 용기는 반드시 의로움과 짝을 이루어야 하는 것이다. 그렇지 않으면, 즉 의로움이 없고 용기만 있으면, 위험 내지 문제(爲亂, 爲盜)가 발생할 수 있다.

이렇듯 비록 의로움에 대한 설명은 없지만 그 문맥을 통해 우리는 그것이 어떤 것인지를 간접적으로 파악할 수 있다. 공자는 아마 많은 사람들을 통해서 그 '불의'를 보았을 것이다. 정의롭지 못하게 (수단방법을 가리지 않고 남에게 피해를 주고서라도) 이익을 취하고, 이득을 얻고, 부귀를 누리고, 용기가 없어 알면서도 의를 행하지 않고 의로 나아가지 않고, 혹은 의를 생각함이 없이 용기만 있어서 난을 일으키고 도둑질을 하고, 백성들을 함부로 혹사하고, 의를 좋아하지 않고, 바탕으로 삼지도 않고, 화제로 삼지도 않고, 높이 보지도 않고, 잔재주만 부리는, 그런 사람들을 그는 보았을 것이다.

지금이라고 무엇이 그리 달라졌을까. 정의는 여전히 별로 인기가 없다. 반면에 부정과 불의는 세상에 넘쳐 난다. '부, 귀, 공, 명' 어느 세계에서도 부정과 불의는 끝없이 사건을 만들고 그것은 하루가 멀다 하고 언론에 보도된다. (이를테면, 분식회계, 탈세, 리베이트, 뇌물, 부정선거, 횡령, 표절, 표지갈이, 연줄, 위선 등 끝이 없다.) 사람들은 그런 불의를 눈앞에 보면서도 용기가 없어서 외면하거나 지나친다. 그래서 정의는 오늘도 누군가에 의해서 외쳐지지 않으면 안 되는 것이다.

공자는 비록 그 설명을 생략했지만 '의'의 핵심은 사람과 사람의 이해관계가 충돌할 때 바로 그것이 주장과 양보의 기준이어야 한다는 것이다. 오늘날 우리는 그것에 관한 적지 않은 이론들을 가지고 있다. 서양철학의 역사에는 (플라톤에서 롤스에 이르기까지) 그런 것들이 첩첩이 쌓여 있다. 그러나 공자는 어쩌면 그런 이론들조차도 불필요하다고 생각했는지 모르겠다. 우리들의 이성은 무엇이 의로운지를 선천적으로, 직관적으로 이미 이해하고 있다고 그는 생각했는지도 모르겠다. 그렇다면 중요한 것은, 우리가 그것을 바탕으로 삼는 것이고, 그것을 높이 보는 것이고, 그쪽으로 향해 나아가는 것이고, 그것을 행하는 것이고, 그것을 위한 용기를 갖는 것이고, 그리고 설혹 이익이 눈앞에 있더라도 그것을 덥석 취하기 전에 그것을 취하는 것이 과연 의로운 것인지를 한번이라도 멈추어 고민해 보는 것, 그런 것이 아닐까.

　나의 이익을 위해 남의 이익을 함부로 짓밟아 버리지 않는 것, 그것만 해도 '의에 가깝다'(近義)고 나는 공자를 패러디해 그를 보완하고 싶다. 물론 그것도 쉽지는 않은 일이다. 하지만 의에 가까워지려고 신경을 쓰는 것만 해도 이미 용기고 그것을 무시하는 것만 해도 이미 죄에 가깝다. 그런데 불의한 자들은 스스로 그 불의를 인지하지 못한다. 그것은 죄에 더 가깝다. 문득 최근에 어느 드라마에서 본 명대사 한 마디가 떠올라 그것과 겹쳐진다. "알고서 지은 죄 백 가지. 모르고서 지은 죄 천 가지, 만 가지." 의로움의 부재, 불의는 그렇게 '죄'와도 통한다. 한 번밖에 없는 소중한 인생인데 죄짓고 살지는 말아야겠다. 의를 무시하지는 말아야겠다.

인仁

어짊에 대하여 1

　개인적으로 만난 적은 없지만 내 '친구의 친구의 아들' 중에 김어진이라는 아이가 있다. 그 친구의 친구도 순 한글 이름이라 아마 아들에게도 그런 이름을 지어 줬을 것이다. 그 아이가 자기 이름에 만족하고 있는지는 잘 모르겠다. 그리고 그가 과연 '어진' 사람으로 성장했는지도 잘 모르겠다.

　그런데 만일 그 '친구의 친구의 아들'을 만날 기회가 있다면 그가 과연 '어진 사람'이 어떤 사람인지를 알고는 있는지 한번 물어보고 싶다. 꼭 그가 아니라도, 우리 한국 사람들 중에 과연 이 '어질다'는 것이 어떤 것인지 제대로 명쾌하게 설명해 줄 사람이 있다면 누구에게라도 한번 그 설명을 들어보고 싶다. '어질다'는 것이 분명히 한국 말이기는 하지만 요즘 사실상 우리의 생활주변에서 사라져 버린 사어 같은 느낌이 강하게 들기 때문이다. 말이 사라졌다는 것은 그 말의 내용(어짊, 어진 사람)이 사라졌다는 뜻이기도 하다. '누구누구는 참 어질다'는 말은 이제 어떤 맥락에서도 듣기가 어렵고 그런 사람을 실제로 만나는 것은 더욱 어렵다. 아마도 비슷한 뜻일 '인자하다'는 것도 마찬가지다.[18] 말은 그 흔적이 남아 있지만 그 내용이랄까 실체는 어디론가 슬그머니 사라져 이제는 그 얼굴조차도 희미한 상태가 되어버렸다.

다들 알다시피 이 '인仁'(어짊)이라는 것은 저 위대한 공자의 가장 유명한 핵심가치 중 하나였다. 아닌 게 아니라 《논어》에는 이 '인'이라는 글자가 무려 백 하고도 아홉 차례나 등장한다. 그래서 '인'이라고 하면 우리는 대개 가장 먼저 공자를 떠올린다. 아닌 게 아니라 공자는 분명히 이 '인'을 하나의 가치로 내세우고 있다.

0706 子曰, "志於道, 據於德, 依於仁, 遊於藝." "도道에 뜻을 두고 덕을 바탕으로 삼고, 어짊에 의지하며 예藝에 노닐어라."

---

18 '어질다'와 '인자하다'는 분명히 닿아있지만 완전히 일치하지는 않는다. 그리고 이 말들의 원천인 저 '인仁'은 더욱 그렇다. 정확한 의미파악이 간단치가 않다. 국어사전의 설명도 인을 이해하는 데 별 도움은 되지 않는다. 제대로 이해하려면 공자 자신의 말을 직접 들어 보는 것이 가장 좋다.

'인'에 기대라는 것이다. 권유사항 혹은 요구사항이다. 그가 이런 말을 했다는 것은 그 자신도 이러했다고 해석해도 좋다. 인은 공자의 가치가 분명히 맞다. 그리고 그는 이런 인 내지 인한 사람과 가까이하라고도 권한다.(親仁, 友仁)

0106 子曰, "弟子, 入則孝, 出則悌, 謹而信, 汎愛衆, 而親仁. 行有餘力, 則以學文." "배우는 이는 집에 들어와서는 효도하고 나가서는 공손해야 하며 신중하고 미더울 뿐더러 널리 뭇사람을 사랑하고 어짊을 가까이할 것이니 이를 행하고도 남은 힘이 있으면 글을 배울 것이다."

1510 子貢問爲仁. 子曰, "工欲善其事, 必先利其器. 居是邦也, 事其大夫之賢者, 友其士之仁者." 자공(子貢)이 어짊을 행하는 것에 대해 묻자 선생님께서 말씀하셨다. "장인이 그 일을 잘하려면 반드시 먼저 그 연장을 벼리듯이 어느 한 나라에서 지내게 되면 그 나라 대부 중에서 현명한 자를 섬기고 그 나라 선비 중에서 어진 자를 벗해야 한다."

어디 권할 뿐인가. 이것은 또한 '해쳐서는 안 될', 즉 '지켜야 할' 것이기도 하고 '이루어야 할' 것이기도 하다.

1509 子曰, "志士仁人, 無求生以害仁, 有殺身以成仁." "뜻있는
선비와 어진 사람은 목숨을 구걸하기 위해 어짊을 해
치는 일이 없으며 제 몸을 희생시켜서라도 어짊을 이
룬다."

그 유명한 '살신성인殺身成仁'이라는 말이 바로 여기에
있다. 공자에게 있어 '인'은 목숨이 위험하더라도, 목숨을
걸고서라도, 지키고 이루어야 할 어떤 것으로 설정되어
있는 것이다. 이러니 당연히 그것은 그 누구에게도, 심지
어 스승에게도 양보할 수 없다.

1536 子曰, "當仁, 不讓於師." "어짊에 관해서는 스승에게도
양보하지 않는다."

그가 인에 대해, 실로 대단한 평가와 애착을 지니고 있
었음을 이런 말들을 통해 확인할 수 있다.

그런데 한 가지 이상한 점이 있다. 이렇게까지 말하고
있는데도 불구하고, 그리고 인에 관한 제자들의 수많은
질문이 있고 공자의 수많은 답변이 있는데도 불구하고,
제자들은 공자가 인에 대해 '말하는 일이 드물었다'(罕言)

고 술회하는 것이다.

0901 子罕言利與命與仁. 선생님께서는 이익과 천명과 어짊
에 대해서는 좀처럼 말씀하지 않으셨다.

뭔가 착오가 있는 것일까? 그건 아닐 것이다. 뭔가 사
정이 있을 것이다. 그건 우리가 그의 발언들을 직접 들어
보면 어느 정도 이해가 되기도 한다. 공자의 많은 발언들
은 대개 주변을 맴돌 뿐 좀처럼 '인이란 이런 것이다'라고
속 시원히 그 정곡을 찔러주는 일이 드물다. 적어도 제자
들의 입장에서는 그렇게 느껴진다. 실제로 인에 관한 공
자의 많은 언급들이 누군가에 대한 평가의 맥락에서 나
왔다. 살펴보자. 상당히 많다. 그러나 우리는 이 대화들
속에서 '인'에 대한 공자의 생각을 여러 각도로 엿볼 수가
있다.

0505 或曰, "雍也仁而不佞." 子曰, "焉用佞? 禦人以口給, 屢憎
於人. 不知其仁, 焉用佞?" 어떤 사람이 말하였다. "옹(雍)
은 어질기는 하나 말재간이 없습니다." 선생님께서 말
씀하셨다. "말재간이야 무슨 소용이 있겠습니까? 능란
한 구변으로 남을 제압하면 남에게 미움만 쌓게 되니

다. 그가 어진지는 모르겠지만 말재간이야 무슨 소용이
있겠습니까?”

여기서는 ‘인’이 일단 ‘말재간’(佞) 내지 ‘능란한 구변’
(口給)과는 아무 상관이 없음을 알려 준다.

0508 孟武伯問子路仁乎? 子曰, “不知也.” 又問. 子曰, “由也,
千乘之國, 可使治其賦也, 不知其仁也.” “求也何如?” 子
曰, “求也, 千室之邑, 百乘之家, 可使爲之宰也, 不知其
仁也.” “赤也何如?” 子曰, “赤也, 束帶立於朝, 可使與賓
客言也, 不知其仁也.” 맹무백(孟武伯)이 물었다. “자로(子
路)는 어진가요?” 선생님께서 말씀하셨다. “모르겠습니
다.” 또 그가 묻자 선생님께서 말씀하셨다. “유(由)는 제
후의 나라에서 병무兵務를 관장시킬 수는 있을 것입니
다. 그러나 그가 어진지는 모르겠습니다.” “구(求)는 어
떻습니까?” 선생님께서 말씀하셨다. “구(求)는 천 호戶
의 고을에서 읍재를 맡기거나 백승百乘의 가家에서 가
재를 맡길 수는 있을 것입니다. 그러나 그가 어진지는
모르겠습니다.” “적(赤)은 어떻습니까?” 선생님께서 말
씀하셨다. “적(赤)은 허리띠를 매고 조정에 나아가 빈객
과 더불어 담론하게 할 수는 있을 것입니다. 그러나 그

가 어진지는 모르겠습니다."

여기서는 '인'이 일단 '병무를 관장하는 것'(治其賦), 고을이나 대부가의 '책임'(宰)를 맡는 것, 조정에서 빈객과 담론하는 것(與賓客言), 그런 것과는 거리가 있음을 알려준다.

0519 子張問曰, "令尹子文三仕爲令尹, 無喜色, 三已之, 無慍色. 舊令尹之政, 必以告新令尹. 何如?" 子曰, "忠矣." 曰, "仁矣乎?" 曰, "未知, 焉得仁?" "崔子弑齊君, 陳文子有馬十乘, 棄而違之. 至於他邦, 則曰, '猶吾大夫崔子也.' 違之. 之一邦, 則又曰, '猶吾大夫崔子也.' 違之. 何如?" 子曰, "淸矣." 曰, "仁矣乎?" 曰, "未知, 焉得仁?" 자장(子張)이 물었다. "영윤이었던 자문(子文)은 세 번 벼슬하여 영윤이 되었으나 기뻐하는 기색이 없었고 세 번 그만두었으나 섭섭해하는 기색이 없었으며 영윤으로 있었던 동안의 정사를 반드시 신임 영윤에게 알려주었으니 그 사람됨이 어떠합니까?" 선생님께서 말씀하셨다. "충성스럽다." 자장이 말하였다. "어질지는 않습니까?" 선생님께서 말씀하셨다. "모르겠다. 어떻게 어짊을 얻었겠느냐?" "최자(崔子)가 제齊나라 임금을 시해하자 진문

자(陳文子)는 가지고 있던 말 십 승을 버리고 제나라를 떠나 다른 나라에 이르러 말하기를 '우리나라 대부 최자와 같다' 하고 거기를 떠나 또 다른 나라로 가서 역시 말하기를 '우리나라 대부 최자와 같다' 하고 떠났으니 그 사람됨이 어떠합니까?" 선생님께서 말씀하셨다. "맑다." 자장이 말하였다. "어질지는 않습니까?" 선생님께서 말씀하셨다. "모르겠다. 어떻게 어짊을 얻었겠느냐?"

여기서는 '충忠'(충성스러움)과 '청淸'(맑음)조차도 아직 '인'(어짊)에는 미치지 못함을 일러 준다. 벼슬을 하고도 기뻐하지 않고 그만두고도 섭섭해하지 않는 것, 정사를 후임에게 잘 인계하는 것, 그런 훌륭함도 아직은 인이 아니며, 임금을 시해한 자를 떠나고 비판하는 훌륭함도 아직 인의 경지는 아니라는 것이다.

0607 子曰, "回也, 其心三月不違仁, 其餘則日月至焉而已矣."
자왈 회야 기심삼월불위인 기여즉일월지언이이의

"회(回)는 그 마음이 석 달 동안 어짊을 어기지 않는다. 그 나머지 제자들은 한동안에 불과할 따름이다."

여기서는 긍정적인 평가가 등장한다. 공자가 가장 아

겼던 제자 회(回), 즉 안연에 대한 평가다. 그는 '인'한 인물이라는 것이다. 그러나 그 인의 내용에 대한 언급은 없다. 회의 언행에 관한 다른 단편들을 참조하면 그 내용이 자연스럽게 드러난다. (방침에 따라 구체적인 제시는 여기서는 생략한다.)

0715 冉有曰, "夫子爲衛君乎?" 子貢曰, "諾, 吾將問之." 入曰, "伯夷叔齊何人也?" 曰, "古之賢人也." 曰, "怨乎?" 曰, "求仁而得仁, 又何怨? 出曰, "夫子不爲也." 염유(冉有)가 말하였다. "선생님께서는 위나라 임금을 도와주실까?" 자공이 말하였다. "그래, 내가 여쭤어 보지." 자공이 들어가 물었다. "백이숙제는 어떤 사람입니까?" 선생님께서 말씀하셨다. "옛 현인이다." 자공이 말하였다. "원망하였습니까?" 선생님께서 말씀하셨다. "어짊을 구해서 어짊을 얻었는데 또 무엇을 원망했겠느냐?" 자공이 나와서 말했다. "선생님께서는 도와주지 않으실 것이네."

여기서는 인에 대한 생각이 살짝 엿보인다. '구해서 얻게 되는 어떤 것'(求而得) '그것이면 더 이상 원망할 게 없는 것'(何怨?), 그런 어떤 것이 인이라는 것이다. (2002의 "欲

仁而得仁, 又焉貪?" [어짊을 바라 어짊을 얻었는데 또 무엇을 탐하겠느냐?]도 참조)

1416 子路曰, "桓公殺公子糾, 召忽死之, 管仲不死." 曰, "未仁乎?" 子曰, "桓公九合諸侯, 不以兵車, 管仲之力也. 如其仁, 如其仁." 자로(子路)가 말했다. "환공(桓公)이 공자공자규(糾)를 죽였을 때 소홀(召忽)은 따라 죽었으나 관중(管仲)은 죽지 않았습니다. 어질지 못해서가 아니겠습니까?" 선생님께서 말씀하셨다. "환공이 아홉 번이나 제후들을 규합하면서 군사력으로 하지 않은 것은 관중의 힘이었다. 그만하면 어질지 않으냐? 그만하면 어질지 않으냐?"

여기서도 인에 대한 생각이 살짝 엿보인다. '제후들을 규합하면서 군사력으로 하지 않는 것'(不以兵車), 그런 것이 인이라는 것이다. 또한 따라서 죽음으로 의사표시를 하는 것(能死)은 인과 무관하다는 것도 일러 준다.

1417 子貢曰, "管仲非仁者與? 桓公殺公子糾, 不能死, 又相之." 子曰, "管仲相桓公, 霸諸侯, 一匡天下, 民到于今受其賜. 微管仲, 吾其被髮左衽矣. 豈若匹夫匹婦之爲諒也, 自經

於溝瀆而莫之知也^{어 구 독 이 막 지 지 야}?" 자공(子貢)이 말했다. "관중(管仲)은
어진 자가 아니지 않겠습니까? 환공(桓公)이 공자 규(糾)
를 죽였을 때 능히 따라 죽지 못했고 오히려 환공을 도
왔습니다." 선생님께서 말씀하셨다. "관중이 환공을 도
와 제후들의 패자가 되게 함으로써 크게 한 번 천하를
바로잡으니 백성들이 오늘날에 이르기까지 그 혜택을
입고 있다. 만약 관중이 없었더라면 우리는 머리를 풀
어헤치고 옷깃을 왼쪽으로 여미고 있을 것이다. 어떻게
이름 없는 남녀들의 서로 생각하여줌과 같겠느냐? 스
스로 개천에 목을 매어 죽는다 하더라도 아무도 알아주
는 사람이 없을 것이다."

여기서는 '천하를 바로잡고'(匡天下) '백성들이 혜택을
입는 것'(民受其賜), 즉 사람과 나라를 큰 틀에서 생각하여
주는 것, 이렇게 하는 것이 인의 한 모습임을 간접적으로
시사한다. 적어도 인의 방향이 천하와 백성, 이런 쪽으로
향하고 있음을 알 수 있다.

1719 宰我問, "三年之喪, 期已久矣. 君子三年不爲禮, 禮必壞,
三年不爲樂, 樂必崩. 舊穀旣沒, 新穀旣升, 鑽燧改火, 期
可已矣." 子曰, "食夫稻, 衣夫錦, 於女安乎?" 曰, "安." "女

安則爲之! 夫君子之居喪, 食旨不甘, 聞樂不樂, 居處不
安, 故不爲也. 今女安則爲之!"宰我出. 子曰, "予之不仁
也! 子生三年, 然後免於父母之懷. 夫三年之喪, 天下之
通喪也, 予也有三年之愛於其父母乎!"재아(宰我)가 물

었다. "삼년상은 기간이 너무 깁니다. 군자가 삼 년간

예를 도모하지 않으면 예가 필경 무너지고 삼 년간 음

악을 도모하지 않으면 음악이 반드시 무너질 것입니

다. 옛 곡식이 이미 다하고 새 곡식이 이미 나오며 나무

를 비벼 불도 새로 바꾸는 만큼 일 년이면 되리라 봅니

다." 선생님께서 말씀하셨다. "쌀밥을 먹고 비단옷을 입

는 것이 너에게는 편안하냐?" 재아가 말했다. "편안합니

다." "네가 편안하다면 그렇게 하여라. 실로 군자가 상

중에 있을 때에는 맛있는 것을 먹어도 맛있지 않고 음

악을 들어도 즐겁지 않으며 집에서 지내도 편안하지 않

은 까닭에 그렇게 하지 않는 것이다. 그러나 지금 네가

편안하다면 그렇게 하여라." 재아가 나가자 선생님께서

말씀하셨다. "여(予)는 어질지 못하구나. 자식은 태어나

서 삼 년이 지난 후에야 부모의 품을 벗어나니 실로 삼

년상은 천하 공통의 상례다. 여(予)도 그 부모로부터 삼

년 동안의 사랑은 받았을 것이다."

여기서는 '부모님의 사랑을 제대로 알지 못하는 것'(즉 불효)은 인이 아니라는 것을 비교적 구체적으로 언급해 일러 준다.

1801 微子去之, 箕子爲之奴, 比干諫而死. 孔子曰, "殷有三仁焉." 미자(微子)는 떠나고 기자(箕子)는 노예가 되고 비간(比干)은 간하다가 죽었다. 공자께서 말씀하셨다. "은나라에는 세 명의 어진 이가 있었다."

여기서는 불의에 대해 함께하지 않아 떠나고(去), 굴하지 않아 차라리 노예가 되고(爲奴), 간하다가 죽는 것(諫而死), 이런 태도와 이런 행동이 곧 인의 한 모습임을 구체적으로 알려 준다.

사람의 평가와 관련된 인용이 너무 길었나? 하여간 이런 식이다. 이러니 제자들은 인을 드물게 말했다고 느꼈을 수도 있다. 그러나 꼭 그런 것만도 아님을 우리는 공자의 다른 발언들을 통해서 확인할 수 있다. 적어도 몇 번은 이 '인'에 대해 아주 구체적이고 명쾌한 설명을 해주기도 한다. 이를테면 이런 것이다. 특히 중요한 말이니 하나씩 꼼꼼히 들여다보자.

0630 　子貢曰, "如有博施於民而能濟衆, 何如? 可謂仁乎?" 子
曰, "何事於仁! 必也聖乎! 堯舜其猶病諸! 夫仁者, 己欲
立而立人, 己欲達而達人. 能近取譬, 可謂仁之方也已."

자공(子貢)이 말했다. "만약 백성들에게 널리 베풀어서
많은 사람을 구제할 수 있다면 어떠합니까? 가히 어질
다 할 수 있겠습니까?" 선생님께서 말씀하셨다. "어떻
게 어진 정도이겠느냐? 필시 성인의 경지일 것이니 요
임금과 순임금도 그 문제만은 부심했었다. 실로 어진
자는 스스로 서기를 바라서 남을 세우고 스스로 다다
르기를 바라서 남을 다다르게 하며 가까운 데서 능히
비유를 취할 수 있으니 그것이 어짊의 비결이라 할 수
있다."

　여기서 공자는 '백성들(民)에게 널리 베풀어서(施) 많
은 사람(衆)을 구제하는(濟) 것', 이것이 인의 구체적인 모
습임을 시사한다. 단, 이것은 '성스러운' 일, 즉 '인 이상의
인'이라고 할 만한 그런 것이라고 평가한다. ('성聖'이라고
해서 인 아닌 것은 아니다. 방향이 같다.) 그리고 '스스로 서기를
바라서 남을 세우고 스스로 다다르기를 바라서 남을 다
다르게 하는 것'(己欲立而立人, 己欲達而達人)이 또한 인임을
일러 준다. 그리고 '가까운 데서 비유(譬)를 취할 수 있음'

이 또한 인의 비결(方)임을 말한다. 여기서 우리는 정신이 번쩍! 들어야 한다. 두 눈을 동그랗게! 떠야 한다. 이것은 인에 관한 결정적이고도 중요한 설명이 되기 때문이다. 우리는 그의 이 말을 유심히 새겨야 한다. 인은 결국 남을 세우고(立人) 남을 다다르게(達人) 하는 일이다. 여기에 '남'(人)이라는 존재가 등장한다. 인은 그 '남'에 대한 태도요 행동이다. 더욱이 그 남을 어떤 좋은 상태로 되게 하는 태도다. 즉 서게 하고 다다르게 하는 것이다. 그것은 그 남이 바라는 바다. 그것을 이루게 해주는 것이 '인'인 것이다. 더욱이 그것은 바로 자기 자신이 바라는 바이기도 하다.(己欲) 자기가 바라는 그 서기와 다다르기를 남에게도 해주는 것이 다름 아닌 인이다. (아주 쉽게 정리하자면 남을 자기처럼 생각해 주고 도와주고 베풀어 주는 인격이 곧 인이다.) 여기서 우리는 어떤 데자뷔(기시감)를 느낀다. 그렇다. 바로 예수다. '네가 남에게 대접받고자 하는 대로 남을 대하라.' 이 말과 그 정신 내지 구조가 너무나 흡사한 것이다. 특히 중요한 것은 '나처럼 남을'이라는 그 구조다. '나의 바람(혹은 바라지 않음)'이 기준이 된다. 내가 바라는 것을 남에게도 해주는 것이 인인 것이다. '가까이에서 비유를 취한다'(能近取譬)는 그 가까움(近)은 내게 가까운 것이고 그중에서도 가장 가까운 것이 바로 나 자신(己)이다. 내가 잘 아는 것, 내가 원하는 것, 그것을 기준으로 삼아 남을 대한다는 것이 바로 인의 핵심인 것이다. 이는 결코 과도한 해석이나 비약이 아니다. 유명한 다음 단편이 이를 더욱 확고히 뒷받침해준다.

1202 仲弓問仁. 子曰, "出門如見大賓, 使民如承大祭. 己所不欲, 勿施於人. 在邦無怨, 在家無怨." 仲弓曰, "雍雖不敏, 請事斯語矣." 중궁(仲弓)이 어짊에 대해 묻자 선생님께서 말씀하셨다. "문을 나서기를 귀한 손님을 맞는 것처럼 하고 백성을 부리기를 큰 제사를 올리는 것처럼 하여라. 자기가 하고자 하지 않는 바를 남에게 베풀지 마라. 나라에 있어서도 원망하지 말고 대부의 가家에 있어서도 원망하지 마라." 중궁이 말했다. "제가 비록 불민하나 그 말씀을 잘 받들겠습니다."

여기 바로 그 유명한 '기소불욕 물시어인己所不欲, 勿施於人'이 등장한다. '자기가 하고자 하지 않는 바를 남에게 베풀지 마라'는 것이다. 이는 예수의 저 말과 그리고 방금 본 '기욕립 이립인己欲立而立人…'과 그 표현이 뒤집혀 있을 뿐 내용은 일치한다. 바로 이것이 인에 대한 공자의 대답인 것이다. 이 말들에서 보이는 '기己'와 '인人', 즉 자기와 타인, 나와 남이라는 두 마디를 우리는 충분히 주목하지 않으면 안 된다. 공자가 생각하는 인이란, 그 자기를 미루어 짐작해 자기가 원하는 바를 남에게도 해주는 것이고, 자기가 원하지 않는 것을 남에게 하지 않는 것, 바로 그런 마음인 것이다. 즉 두(二) 사람(人) 사이에서 꼭 필요한 덕목, 바로 그것이 인(二)인 것이다. (仁이란 글자 자체가 사람 인 변에 두 이자, 즉 두 사람, 사람 둘이란 의미를 본질적으로 지니고 있음을 주목하자. 이 둘은 나와 남이고 그 '남'은 경우에 따라 남'들'일 수도 있다.) 이런 결정적인 언급에 덧붙여 공자는 또한 인의 자세를 아주 구체적인 표현으로 일러주기도 한다. 즉 '문밖에서 만나게 되는 사람'(즉 남)에 대해, 그리고 '백성'에 대해, '귀한 손님을 맞는 것처럼'(如見大賓) 그리고 '큰 제사를 올리는 것처럼'(如承大祭) 그렇게 대하는 것이 인이라는 것이다. 또한 덧붙여 '나라'에서나 '대부가'에서나 '원망하지 않는 것'(無怨), 이것이 인임도 일러준다. '원怨'이란 기본적으로 남 탓을 하는 것이다. 따라서 '무원'이란 '남 탓을 하지 않음'이다. 약간 비약하자면 우리가 많이 듣던 말, 즉 '내 탓이요' 하는 것이 또한 인인 것이다. 역시 인은 사람을 대하는 사람의 바람직한 태도다. 마땅한 태도다. 결정적인 언급을 우리는 하나 더 들을 수 있다.

1222 樊遲問仁. 子曰, "愛人." 問知. 子曰, "知人." 樊遲未達. 子曰, "擧直錯諸枉, 能使枉者直." 樊遲退, 見子夏曰, "鄕也吾見於夫子而問知, 子曰, '擧直錯諸枉, 能使枉者直', 何謂也?" 子夏曰, "富哉言乎! 舜有天下, 選於衆, 擧皐陶, 不仁者遠矣. 湯有天下, 選於衆, 擧伊尹, 不仁者遠矣." 번지(樊遲)가 어짊에 대해 묻자 선생님께서 말씀하셨다. "사람을 사랑하는 것이다." 앎에 대해 묻자 선생님께서 말씀하셨다. "사람을 아는 것이다." 번지가 미처 이해하지 못하자 선생님께서 말씀하셨다. "곧은 것을 들어 굽은 것 위에 놓으면 능히 굽은 것을 곧게 할 수 있다." 번지가 물러나와 자하를 보고 말했다. "아까 내가 선생님을 뵙고 앎에 대해 묻자 선생님께서 '곧은 것을 들어 굽은 것 위에 놓으면 능히 굽은 것을 곧게 할 수 있다'고 하셨는데 무엇을 말씀하신 것이지요?" 자하가 말했다. "뜻깊은 말씀이군요. 순임금은 천하를 다스리게 됨에 뭇사람 중에서 골라 고요(皐陶)를 등용하시니 어질지 못한 자들이 멀어져 갔고 탕임금은 천하를 다스리게 됨에 뭇사람 중에서 골라 이윤(伊尹)을 등용하시니 어질지 못한 자들이 멀어져 갔지요."

결정적이고 또 결정적이다. 이것은 인에 대한 공자의

가장 직접적이고도 핵심적인 대답이자 설명이다. '애인愛
人', 즉 '사람을 사랑하는 것'이다. 그게 인이다. 어짊이란
사람에 대한 사랑인 것이다. 더 이상 무슨 중언부언이 필
요하겠는가. '사랑' 한 마디면 이미 충분하지 않은가. 적
어도 이 점에 있어서 공자는 예수와 일치한다. 놀라운 일
이 아닐 수 없다. 우리는 잠시라도 좀 엄숙해지지 않으
면 안 된다. 네 원수까지도 사랑하라는 예수, 그리고 원망
하지 말고 남을 사랑하라는 공자! 이 말들 앞에서 우리는
한동안 침묵해도 좋다. 생각해 보라. 사람들은 얼마나 남
탓을 하고 얼마나 남을 원망하고 얼마나 사랑에 인색한
가! 얼마나 남을 함부로 대하는가! 그것이 얼마나 많은 문
제들을 생산해내고 있는가! 이 분들은 바로 그 쓰디쓴 현
실 속에서 이토록 달콤한 말을 우리에게 던져주고 있는
것이다. 더욱이 말만이 아니라 몸으로 삶으로 그것을 실
천해 보여 줬다. 그래서 이들은 '성인'인 것이다.

또한 공자는 '사람을 알아보는 것'이, 그리고 '인한 사
람을 등용하는 것'이, 곧 '불인한 사람을 멀어지게 하는
것'이라고 앎과 인의 관계에 대해서도 친절한 보충설명
을 덧붙인다. 사람을 사랑하는 것은 사람을 알아보고 알
아주고 써주는 것과도, 그리고 그리해서 불인을 멀게 하
는 것과도 연결돼 있는 것이다. 우리의 현실은 대체로 이

와 반대다. 인한 사람은 좀처럼 잘 등용되지 않고 따라서
요직에는 대개 불인한 사람들이 앉아 활개를 친다.

1201 顔淵問仁. 子曰, "克己復禮爲仁. 一日克己復禮, 天下歸
仁焉. 爲仁由己, 而由人乎哉?" 顔淵曰, "請問其目." 子曰,
"非禮勿視, 非禮勿聽, 非禮勿言, 非禮勿動." 顔淵曰, "回
雖不敏, 請事斯語矣." 안연(顔淵)이 어짊에 대해 묻자 선
생님께서 말씀하셨다. "자신을 이겨 내고 예를 되찾는
것이 어짊을 도모하는 것이다. 어느 하루 자신을 이겨
내고 예를 되찾는다면 천하가 어짊에 돌아올 것이다.
어짊을 도모하는 것이 자기에게서 비롯되지 남에게서
비롯되겠느냐?" 안연이 말했다. "그 세목을 여쭙고자
합니다." 선생님께서 말씀하셨다. "예가 아니면 보지 말
고 예가 아니면 듣지 말며 예가 아니면 말하지 말고 예
가 아니면 움직이지 마라." 안연이 말했다. "제가 비록
불민하나 그 말씀을 잘 받들겠습니다."

인에 대한 직접적이고 구체적인 대답이 여기 하나 더
있다. 즉 '극기복례克己復禮'다. '자기를 극복하고 예를 회
복하는 것'이다. '예禮'는 따로 검토하지만, 그것이 기본적
으로 '남'에 대한 태도임은 상기할 필요가 있다. 남을 존

중하고 대접하는 것, 그것을 '되찾는 것'(復)이 인이라는
것이다. 더욱이 '극기克己'가 그 전제로 되어 있다. 즉 자기
를 극복하는 것이다. 자기만 아는 것, 나만 생각하는 것,
각자 나만 옳다는 것(各於其黨), 그런 잘못(過)을 극복하는
것이 '극기'인 것이다. 여기서도 역시 '나와 남' '두 사람'
이 등장하고 있음을 우리는 간과해서는 안 된다. 그래서
극기복례가 인, 즉 사람 둘 사이의 덕목인 것이다. 사람
'인人'과 어질 '인仁'의 발음이 동일한 '인'인 까닭이 거기
에 있다. (그 극기복례의 구체적인 실천방안이 곧 '물시勿視 물청勿
聽 물언勿言 물동勿動'인데 이는 '예禮'의 항목에서 따로 음미한다.)

1319 樊遲問仁. 子曰, "居處恭, 執事敬, 與人忠. 雖之夷狄, 不
可棄也." 번지(樊遲)가 어짊에 대해 묻자 선생님께서 말
씀하셨다. "일상생활에 있어서는 공손하고 일을 수행함
에 있어서는 경건하며 사람을 대함에 있어서는 충실해
야 하니 이는 비록 오랑캐의 땅에 가더라도 버릴 수 없
는 것이다."

이것도 인에 대한 구체적인 설명의 하나로 간주할 수
있다. '일상생활(居處)에 있어서는 공손하고 일을 수행함
(執事)에 있어서는 경건하며 사람을 대함(與人)에 있어서

는 진심을 다하는 것' 이것이 곧 발현된 인의 한 모습인 것이다. '거처居處' '집사執事' '여인與人'은 구체적이고 실질적인 상황이다. 우리의 실제 삶의 일부분이다. 거기서 취할 태도로서 공자는 '공恭' '경敬' '충忠'을 말하는 것이다. 이 덕목들은 각각 따로 논하지만 이것이 모두 '나', 즉 자기가 취할 태도이고 '거처 집사 여인'에는 각각 '남'의 존재가 전제돼 있음을 우리는 또한 간과해서는 안 된다.

1705 子張問仁於孔子. 孔子曰, "能行五者於天下爲仁矣." "請問之." 曰, "恭寬信敏惠. 恭則不侮, 寬則得衆, 信則人任焉, 敏則有功, 惠則足以使人." 자장(子張)이 공자께 어짊에 대해 묻자 공자께서 말씀하셨다. "천하에 능히 다섯 가지를 행할 수 있다면 어질다 할 것이다." 자장이 그것을 청하여 묻자 말씀하셨다. "공손함, 관대함, 미더움, 민첩함, 은혜로움이다. 공손하면 업신여기지 않고 관대하면 민심을 얻고 미더우면 남들이 신임하고 민첩하면 이룸이 있고 은혜로우면 족히 사람을 부릴 수 있다."

여기서는 역시 인의 세목들이 제시되고 있다. '공관신민혜恭寬信敏惠' 공손함, 관대함, 미더움, 민첩함, 은혜로움 다섯 가지가 그것이다. 이것들도 각각 따로 논한다. 그러나 이 모든 것이 또한 어떤 상대방, 즉 '남'에 대한, 남에게 잘해주기 위한 '나'의 태도임은 기억해 둘 필요가 있다. 그래서 '인'인 것이다.

1327 子曰, "剛毅木訥近仁." "강인함, 의연함, 질박함, 어눌함은 어짊에 가깝다."

이 네 가지 덕목들도 비록 인 그 자체는 아니지만 '인에 가깝다'고 말하고 있으니 참고의 대상에서 빠질 수는 없다. 그 본격적인 음미는 일단 미뤄둔다.

어떤가. 공자의 이런 말들을 곱씹어보면 우리는 더 이상 '인'에 대한 공자의 언급이나 설명이 부족하다고 투덜거릴 수가 없다. 이것만으로도 이미 충분하다. 모자라는 것은 오직 그의 말들에 대한 우리의 주목과 이해와 그리고 실천 뿐이다.

이제 우리는 왜 '인'이라는 것이 공자를 대표하는 가치가 되었는지를 이해할 수 있다. 사람에게 사람을 사랑하는 것보다 더 소중한 가치가 있겠는가. 남을 자기처럼 생각해 주는 것은 그 얼마나 큰 가치인가. 오로지 자기밖에 없는, 자기밖에 모르는 요즘 사람들을 보면 이 인의 가치는 더욱 돋보인다. 인은, 인자는 지금 어디 있는가. 그런 사람이 과연 있기는 한가. 나는 주변을 그리고 세상을 한 번 둘러본다. 뭔가 마음이 아득해진다. 인자는 드물고 불인자는 넘친다. 그러나 포기하고 싶지는 않다. 인이 드물수록 인에 대한 지향은 더욱 간절해진다. 공자도 아마 그랬을 것이다. 그래서 인을 말했을 것이다. 인을 되찾고 인을 세우는 일은 아마 불가능하지는 않을 것이다. 희망을 갖자. 그것은 결국 사람의 문제다. 사람이 마음먹기에 달린 문제다. 하고자 하면 될 수가 있다. 그래서 공자도 이런 말을 했다.

0730 子曰, "仁遠乎哉? 我欲仁, 斯仁至矣." "어짊이 멀리 있겠느냐? 내가 어질고자 하면 이 어짊이 다가온다."

그의 이 간절한 말을 들어 주는 귀들이 있었으면 좋겠다. 좀 많았으면 좋겠다. 어딘가에는 있을 거라고 믿고 싶다. 내 친구의 친구의 아들인 그 김어진이도 그중의 한 사람이기를 기대한다.

인仁

어짊에 대하여 2

그런데 인에 관한 설명이 이상으로 전부인가? 그것도 아니다. 공자는 다양한 각도에서 다양한 방식으로 '인'이라고 하는 이 거대 가치를 조명해 밝힌다. 어느 한 마디도 놓치기가 아까운 말들이라 다소 길어지더라도 하나씩 그 말을 음미해 보자. 일종의 '보완부'라고 해도 좋겠다.

0103 1715 子曰, "巧言令色, 鮮矣仁!" "솜씨 있는 말과 권위적인 모습이 어짊인 경우는 드물다."

여기서 공자는 '교언巧言'과 '영색令色'이 인과 거리가 있음을 일러 준다. 교언도 영색도 겉보기에는 뭔가 좋은 것으로 보이는 그런 가치들이다. 그런데 그게 '인'인 경우는 드물다는 것이다. 이 교언과 영색에 대해서는 해석이 분분하지만 나는 이것을 각각 '솜씨 있는 말'과 '권위적인 모습'으로 이해한다. 내가 현실에서 느낀 실제사정(가다머 해석학에서 말하는 이른바 해석자의 지평)이 그랬기 때문이다. 탄복할 만큼 솜씨 있게 말 잘하는 (그리고 글 잘 쓰는) 사람과 움츠러들 만큼 근엄하고 권위적인 느낌을 주는 인물은 많이 봤지만, 그런 사람이 남을 아끼고 사랑하고 배려하는 경우는 정말 거의 본 적이 없다. 공자의 이 말에 적어도 나는 백번 공감한다.

0303 子曰, "人而不仁, 如禮何? 人而不仁, 如樂何?" "사람이 되어 어질지 못하면 예가 다 무엇이냐? 사람이 되어 어질지 못하면 음악이 다 무엇이냐?"

여기서 공자는 인이 '예禮'나 '악樂'보다 우선임을, 그 근저에 기본 조건으로서 놓여 있어야 함을 말하고 있다. 사람에 대한 사랑과 배려 없이는 예도 악도 다 무의미하다는 말이다. 그럴 수밖에 없다. 사람에 대한 사랑이 없는 그런 예라면 그야말로 형식적인 허례나 거짓에 불과할 것이고 사랑이 없는 그런 음악이라면 그건 단지 소음에 불과할 것이다. (원천적으로 그런 음악은 사람의 귀와 마음에 닿을 수도 없다. 물론 공자의 음악론은 따로 숙고가 필요한 부분이다.) '먼저 사람이 돼야지…' '사람이 남 생각도 해야지…' 그런 정신이 이 언급의 바탕에는 깔려 있다.

0401 子曰, "里仁爲美. 擇不處仁, 焉得知?" "어짊에 터 잡는 것이 아름다운 것이다. 어짊을 선택하여 그에 자리 잡지 않는다면 어찌 앎을 얻겠느냐?"

　여기서는 인을 아름다움(美)과 앎(知)이라는 또 다른 가치와 연결해 준다. 인에 터잡는 것(里), 인에 처하는 것(處), 그러기를 선택하는 것(擇), 그런 것이 아름다움이고 앎이라는 말이다. 앎이라는 것도 기본적으로는 '사람을 아는 것'(知人)이었음을 상기해야 한다.

0402 子曰, "不仁者不可以久處約, 不可以長處樂. 仁者安仁, 知者利仁." "어질지 못한 자는 자신을 다잡은 상태에 오래 머무르지 못하고 즐거움에도 길게 머무르지 못한다. 어진 자는 어짊을 평안히 여기고 아는 자는 어짊을 이롭게 여긴다."

　여기서는 인한 사람과 인하지 못한 사람의 특징을 일러 준다. '자신을 다잡은 상태에 오래 머무른다'(久處約) '즐거움에 길게 머무른다'(長處樂) '인을 평안히 여긴다'

(安仁) '인을 이롭게 여긴다'(利仁)는 것이 그것이다. 좀 넓게 해석하자면 이런 것들도 다 인의 모습에 속한다고 이해해도 지장이 없다. 사람들은 보통 이런 것들을 잘 하지 못한다. 자신을 좀 다잡았다 해도 작심삼일이고, 어떤 즐거움에도 쉽게 싫증을 내고, (심지어 사랑에도 곧잘 싫증을 내고) '돈도 없이 어진 것' 따위는 사람들의 마음에 결코 평안을 주지 못하고, 인은 이롭기는커녕 '그까짓 돈도 안 되는 것…' 하며 불편하게 여긴다.

0403 子曰, "唯仁者能好人, 能惡人." "오직 어진 자만이 남을 좋아할 수도 있고 남을 싫어할 수도 있다."

공자가 왜 이런 말을 하는지 잘 이해가 안 되는 사람들도 많겠지만, 인이 근본적으로 사람(남)을 사랑하는 일임을 감안하면 이해가 안 될 것도 없다. 사람(남)을 사랑한다면 그 '사람'에 좋은 사람과 나쁜 사람이 있다는 것도 알아야 한다. 그 사람들에 대한 태도가 일률적으로 같을 수는 없다. 좋은 사람은 좋아하고 나쁜 사람은 싫어하는 것이 정상이다. 진정으로 '인'한 사람, 즉 사람을 사랑하는 사람은 사람의 그런 차이(좋아할 사람과 싫어할 사람)를 구별할 줄 안다. '호인好人' '오인惡人'이라는 말로써 공자는 그 점을 일러주는 것이다. (1324 子貢問曰, "鄕人皆好之, 何如?" 子曰, "未可也." "鄕人皆惡之, 何如?" 子曰, "未可也, 不如鄕人之善者好之, 其不善者惡之." 참조. 이 단편에서도 '호好'와 '오惡'의 구별이 보인다.)

0404 子曰, "<ruby>苟<rt>자</rt></ruby><ruby>志<rt>왈</rt></ruby><ruby>於<rt>구</rt></ruby><ruby>仁<rt>지</rt></ruby><ruby>矣<rt>어</rt></ruby>, <ruby>無<rt>인</rt></ruby><ruby>惡<rt>의</rt></ruby><ruby>也<rt>무</rt></ruby>." "진실로 어짊에 뜻을 둔다면 악은 없다."

이 말은 거두절미되어 있다. 액면 그대로 해석하자면 이 말은 인의 결과를 알려 준다. '악이 없다'는 것이다. 엄청난 결과다. 악이 없는 세상을 머리에 그려 보자. 더 이상 바랄 게 없을 것이다. 온갖 미움도 다툼도 상처주기도 그리고 온갖 죄악들도 다 사라질 것이다. 테러도 전쟁도 없을 것이다. 단, 조건이 있다. '진실로 인에 뜻을 둔다면…'(苟志於仁)이다. '진실로 사람이 사람을 사랑한다면…'이다. 거의 불가능한 조건이기는 하다. 그러나 공자는 이것들을 기대한다. 그의 지평은 이토록 넓다.

0405 子曰, "富與貴, 是人之所欲也, 不以其道得之, 不處也. 貧與賤, 是人之所惡也, 不以其道得之, 不去也. 君子去仁, 惡乎成名? 君子無終食之間違仁, 造次必於是, 顚沛必於

^시
是." "부귀는 모든 사람이 바라는 바이지만 유도^{有道}한
가운데에서 얻은 것이 아니면 처하지 않는다. 가난하고
천한 것은 모든 사람이 싫어하는 바이지만 유도한 가
운데에서 얻은 것이 아니면 떠나지 않는다. 군자가 어
짊을 떠나서야 어떻게 이름을 이루겠느냐? 군자는 잠
시 동안도 어짊에 어긋남이 없어야 하니 위급함의 경
우에도 반드시 이에 의하고 파탄의 경우에도 반드시
이에 의해야 한다."

여기서 공자는 이른바 군자에게 인이라는 조건을 부과
한다. 어질어야 비로소 군자라는 이름에 합당하다는 것
이다.(成名) 잠시라도(無終食之間), 어떤 상황에서도(造次, 顚
沛), 인을 벗어나면(去仁, 違仁) 제대로 군자라고 할 수가 없
다는 것이다.

1406 子曰, "^{자 왈 군 자 이 불 인 자 유 의 부 미 유 소 인 이 인 자 야}君子而不仁者有矣夫, 未有小人而仁者也." "군자
이면서 어질지 않은 자는 있었어도 소인이면서 어진 자
는 없었다."

흥미로운 발언이다. 군자와 인의 외연이 완벽히 겹치
지는 않는 것이다. 어질지 못한 군자[군주]도 있다는 말

이다. 단, 이 말은 '군자'의 개념에 관한 좀 더 전문적인 연구를 요한다. 그것은 일단 전문가에게 미뤄둔다. 소인과 인의 외연은 완전히 구별된다. 군자는 인의 부분집합 내지 교집합인 반면 소인은 인과 완전히 별개의 집합인 것이다. 조금이라도 인하다면 그는 이미 소인은 아니다. 소인은 사람을 사랑하지 않는다. 세워 주지 않는다. 가게 하지 않는다.

0406 子曰, "我未見好仁者, 惡不仁者. 好仁者, 無以尙之, 惡不仁者, 其爲仁矣, 不使不仁者加乎其身. 有能一日用其力於仁矣乎? 我未見力不足者. 蓋有之矣, 我未之見也." "나는 어진 것을 좋아하는 자나 어질지 못한 것을 싫어하는 자를 본 적이 없다. 어진 것을 좋아하는 자라면 더할 나위가 없지만 어질지 못한 것을 싫어하는 자도 그로써 어짊을 위하는 것이니 어질지 못한 자가 자신에게 영향을 끼치지 못하도록 하기 때문이다. 하루라도 어짊에 힘을 쓸 수 있는 자가 있는가? 나는 힘이 부족한 사람은 보지 못하였다. 아마 그런 사람이 있겠지만 나는 아직 그런 사람을 보지 못하였다."

여기서 공자는 인과 불인에 대한 '호好'와 '오惡'를, 즉 좋아함과 싫어함을 이야기한다. 인을 좋아하는 것을 '더 할 나위 없다'(無以尙之)고 평가하고, 불인을 싫어하는 것도 '인을 위함'(爲仁)이라고 평가한다. 최소한 '불인이 자기에게 영향을 주지 못하게 하기 때문'(不使不仁者加乎其身)이라고 그 이유도 설명한다. 불인을 싫어하는 것만도 큰 의미가 있다는 것이다. 좀 확대해석하자면 인을 싫어하지 않는 것도 인을 위함일 수 있다. 이 대목에서 우리는 '우리를 반대하지 않는 자는 우리를 위하는 자니라'라고 말한 예수를 잠깐 떠올린다.

0407 子曰, "人之過也, 各於其黨. 觀過, 斯知仁矣." "사람의 잘못이란 각자 자기의 옳음(정당함)에 사로잡혀 있는 것이다. 이 잘못을 보는 것이 곧 어짊을 아는 것이다."

공자의 이 말은 신중한 숙고와 해석을 요한다. 여기서 그는 인을 아는 것(知仁)에 대해 말해 준다. 즉 잘못을 보는 것(觀過)이 곧 인을 앎이다. 그 잘못이 무엇인가. 그게 '각어기당各於其黨'이다. 바로 이 잘못을 볼 줄 아는 것이 인을 아는 일이라는 것이다. 그런데 '각어기당'이 좀 문제다. 보통은 이것을 '사람이 각자 자기 무리를 짓는 것' '그 무리에, 즉 소속에 치우치는 것'이라고 해석한다. 물론 사람에게는 그런 문제도 그런 잘못도 분명히 있다. 그런데 그렇게 읽어서는 도무지 의미가 통하지 않는다. 그런 무리지음과 '인'의 내적 연결성이 없는 것이다. 나는 각어기당의 이 '黨'을 '讜'으로, 혹은 '當'으로, 즉 각자 자기가(자기 말이) '옳다' '마땅하다' '정당하다'(부당하지 않다)는 것으로 이해한다.[19] (아닌게 아니라 사람들은 모두 다 각자 자기가 옳다고 생각한다. 그런 생각에 사로잡혀 자기의 정당성을 고집하고 주장한다. 어른은 어른대로 아이는 아이대로, 부모는 부모대로 자식은 자식대로, 우파는 우파대로 좌파는 좌파대로, 가진 자는 가진 자대로 못 가진 자는 못 가진 자대로, 남자는 남자대로 여자는 여자대로, 경영자는 경영자대로 노동자는 노동자대로, 시어머니는 시어머니대로 며느리는 며느리대로 … 모두 다 자기만 옳다고 생각한다.) '자기위주' '자기본위' '자기정당성'이 사람의 잘못인 것이다. 그게 다른 사람(남)에 대해 모든 문제의 원천이 된다. 온갖 문제를 야기하는 것이다. 거기엔 사람(남)에 대한 사랑이 없다. 인정이 없고 존중이 없고 배려가 없다. 즉 인이 없는 것이다. 그러니 그 각어기당이라는 사람의 잘못(人之過)을 보는 것(觀過)이 인을 앎(知仁)이 되는 것이다.

---

19 이 단편을 기록한 제자 누군가가 공자의 이 말을 잘못 이해하고 이렇게 '黨'으로 잘못 적었을 가능성을 배제할 수 없다. 그 확인은 지금으로서는 불가능하다. 오직 해석의 문제로 남겨진다.

0622 樊遲問知. 子曰, "務民之義, 敬鬼神而遠之, 可謂知矣."
問仁. 曰, "仁者先難而後獲, 可謂仁矣." 번지(樊遲)가 앎
에 대해 묻자 선생님께서 말씀하셨다. "백성을 의롭게
하는 일에 힘쓰고 귀신을 공경하면서도 멀리하면 안다
할 수 있을 것이다." 어짊에 대해 묻자 말씀하셨다. "어
진 사람은 어려움을 먼저 겪고 나중에 그 결과를 얻으
니 그리하면 어질다 할 수 있을 것이다."

여기서는 '선난후획先難後獲'이라는 인의 모습을 알려
준다. '어려움을 먼저 겪고 나중에 그 결과를 얻는 것'이
인이라는 것이다. '난難'(어려움)과 '획獲'(얻음)의 내용이 무
엇인지는 분명치 않다. 그러나 분명한 것은 '난'이 선先이
고 '획'이 후後라는 것이다. 그 내용이 인 자체이든 다른
무엇이든 그것을 얻기 위해 어려움을 마다하지 않는 것,
피해가지 않는 것, 그런 태도가 인이라는 것이다.

0623 子曰, "知者樂水, 仁者樂山. 知者動, 仁者靜. 知者樂, 仁
者壽." "아는 자는 물을 즐기고 어진 자는 산을 즐긴다.
아는 자는 움직이고 어진 자는 고요하다. 아는 자는 즐
거워하고 어진 자는 오래 산다."

지자와 인자가 대비되는 이 단편은 공자의 말이라기엔 아주 낯선 느낌인데, 이게 무슨 뜻인지, 혹 후대의 위작은 아닌지, 일단 판단을 유보한다. 전문가에게 위탁한다.

0626 宰我問曰, "仁者, 雖告之曰, '井有仁焉.' 其從之也?" 子曰, "何爲其然也? 君子可逝也, 不可陷也, 可欺也, 不可罔也." 재아(宰我)가 물었다. "어진 자는 비록 함정 속에 어짊이 있다고 일러 주더라도 그 말을 따르겠군요." 선생님께서 말씀하셨다. "어찌 그렇기야 하겠느냐? 군자는 (함정 쪽으로) 가게 할 수는 있지만 (함정에) 빠지게 할 수는 없으며 속일 수는 있지만 어리석게 만들 수는 없다."

여기서는 인자 내지 군자가 '함陷'(빠짐)이나 '망罔'(어리석음)과는 무관함을 말하고 있다. 달콤하고 그럴듯한 말로 유혹을 하고 속여도 넘어갈 만큼 어리석은 바보 멍청이는 아니라는 말이다. 이는 인이 현명함과 연결돼 있음을 시사한다.

0734 子曰, "若聖與仁, 則吾豈敢? 抑爲之不厭, 誨人不倦, 則可謂云爾已矣." 公西華曰, "正唯弟子不能學也." "성인의

경지와 어짊의 단계라면 내가 어떻게 감히 이르렀겠느냐. 다만 그것을 추구함에 싫증을 내지 않고 사람을 가르침에 지치지 않는다고 말할 수 있을 따름이다." 공서화(公西華)가 말하였다. "바로 그것을 우리 제자들은 능히 배우지 못하겠습니다."

여기서는 인에 대한 공자 자신의 태도 내지 자세를 밝혀 준다. '그것을 추구함에 싫증을 내지 않고 사람을 가르침에 지치지 않는다'(爲之不厭, 誨人不倦)는 것이다. 말이 그렇지 이게 어디 쉬운 일인가. 요즘 돈이라면 몰라도 인과 같은 도덕적 가치를 이렇게 생각하는 사람이 어디 있는가. 나도 그렇게는 못한다. 여행이나 글쓰기라면 또 몰라도….

0802 子曰, … 君子篤於親, 則民興於仁, 故舊不遺, 則民不偸."
군자가 친족들에게 극진히 하면 백성들이 어질어지고 옛 신하를 함부로 버리지 않으면 백성들이 박정해지지 않을 것이다. (《새번역 논어》에서는 앞부분과 구별해 0803으로 분절)

여기서는 군자(정치지도자)의 도덕적 솔선수범이(특히 친족들에게 극진히 함[篤於親]이) 백성들의 어질어 짐(民興於仁)에 영향을 줌을 일러 준다. 백성들의 '홍인興仁'이(동대문/홍인지문의 그 홍인이) 공자의 관심사였음을 엿보게 한다.

0810 子曰, "好勇疾貧, 亂也. 人而不仁, 疾之已甚, 亂也." "용감한 것을 좋아하면서 가난을 싫어하면 세상을 어지럽힌다. 사람이 어질지 못함을 너무 심하게 싫어하면 세상을 어지럽힌다."

여기서는 '불인不仁'과 '질지疾之'와 '난亂'의 연관성이 언급되고 있는데 이는 어떤 의미일까. 앞부분, 즉 가난을 싫어하는 용감한 사람이 난을 일으키는 것(예컨대 역사상의 온갖 반란들, 농민반란, 프롤레타리아 혁명, 그리고 노동쟁의 등의 사회 혼란)뿐만 아니라, 어질지 못한 사람, 즉 인간적으로 문제가 있는 사람을 너무 심하게 싫어하는 것도 또 다른 문제를 일으킬 소지가 있다는 것이다. 0216의 "공호이단 사해야이攻乎異端, 斯害也已"(다른 입장을 공박하는 것, 이는 해로울 뿐이다)와도 연관지어 생각해 볼 수 있다.

0929 子曰, "知者不惑, 仁者不憂, 勇者不懼." "아는 자는 미혹되지 않고 어진 자는 잘난 체하지 않으며 용기 있는 자

는 두려워하지 않는다."

子曰, "君子道者三, 我無能焉, 仁者不憂, 知者不惑, 勇者
不懼." 子貢曰, "夫子自道也." 선생님께서 말씀하셨다.

"군자의 도道 세 가지가 있으나 나는 능히 해내지 못한
다. 어진 자는 잘난 체하지 않고 아는 자는 미혹되지 않
으며 용기 있는 자는 두려워하지 않는다." 자공이 말했
다. "선생님 자신의 도지요."

여기서는 인이 '우憂'와 대비되는 가치임을 시사한다.
지知가 혹惑과, 용勇이 구懼와 대비되는 것처럼. 단, 이 '우
憂'를 어진 사람은 '근심하지 않는다'로 해석하면 이 말이
어떤 의미인지 잘 납득이 되지 않는다. '지知'와 '혹惑', '용
勇'과 '구懼'처럼 그 대비가 전혀 선명하지도 않고 또 대비
의 논리적 필연성도 거의 없다. 그래서 나는 '우憂'라는 이
말을 '우優'의 잘못으로 간주한다. 스스로 우수(우월)하다고
생각하는 것이다. 인자는 (자기가 남보다) 우수(우월)하다고
여기지 않는다. 즉, '어진 자는 잘난 체하지 않는다.' 이렇
게 읽으면 비로소 그 의미가 통한다. 비로소 공자답다. 왜
냐하면 인은 (잘난 자기 자신이 아니라) 남을 사랑하는 것이기
때문이다. (역시 확인은 불가능하지만 이것을 기록한 이가 공자 혹
은 전언한 자공의 말을 잘못 이해하고 이렇게 적었을 가능성을 배제

할 수 없다.)

1203 <ruby>司<rt>사</rt></ruby><ruby>馬<rt>마</rt></ruby><ruby>牛<rt>우</rt></ruby><ruby>問<rt>문</rt></ruby><ruby>仁<rt>인</rt></ruby>. <ruby>子<rt>자</rt></ruby><ruby>曰<rt>왈</rt></ruby>, "<ruby>仁<rt>인</rt></ruby><ruby>者<rt>자</rt></ruby>, <ruby>其<rt>기</rt></ruby><ruby>言<rt>언</rt></ruby><ruby>也<rt>야</rt></ruby><ruby>訒<rt>인</rt></ruby>." <ruby>曰<rt>왈</rt></ruby>, "<ruby>其<rt>기</rt></ruby><ruby>言<rt>언</rt></ruby><ruby>也<rt>야</rt></ruby><ruby>訒<rt>인</rt></ruby>, <ruby>斯<rt>사</rt></ruby>
<ruby>謂<rt>위</rt></ruby><ruby>之<rt>지</rt></ruby><ruby>仁<rt>인</rt></ruby><ruby>已<rt>이</rt></ruby><ruby>乎<rt>호</rt></ruby>?" <ruby>子<rt>자</rt></ruby><ruby>曰<rt>왈</rt></ruby>, "<ruby>爲<rt>위</rt></ruby><ruby>之<rt>지</rt></ruby><ruby>難<rt>난</rt></ruby>, <ruby>言<rt>언</rt></ruby><ruby>之<rt>지</rt></ruby><ruby>得<rt>득</rt></ruby><ruby>無<rt>무</rt></ruby><ruby>訒<rt>인</rt></ruby><ruby>乎<rt>호</rt></ruby>?" 사마우(司馬牛)가 어짊에 대해 묻자 선생님께서 말씀하셨다. "어진 자는 그 말이 힘겹다." 사마우가 말했다. "말이 힘겨우면 어질다 할 수 있습니까?" 선생님께서 말씀하셨다. "그것을 행하기가 어려운데 그것에 대한 말이 힘겹지 않을 수 있겠느냐?"

여기서는 인자의 말이 힘겨움(訒)을 일러 준다. 그 말을 행하기가 어렵기(難) 때문이다. 행하기가 어려운 일을 쉽게 함부로 말할 수는 없다는 것이다. 정작 실행하기는 어려운데 말은 너무나 간단히 쉽게 내뱉는 요즘 사람들이 새겨들을 말이다.

1220 <ruby>子<rt>자</rt></ruby><ruby>張<rt>장</rt></ruby><ruby>問<rt>문</rt></ruby>, "<ruby>士<rt>사</rt></ruby><ruby>何<rt>하</rt></ruby><ruby>如<rt>여</rt></ruby><ruby>斯<rt>사</rt></ruby><ruby>可<rt>가</rt></ruby><ruby>謂<rt>위</rt></ruby><ruby>之<rt>지</rt></ruby><ruby>達<rt>달</rt></ruby><ruby>矣<rt>의</rt></ruby>?" <ruby>子<rt>자</rt></ruby><ruby>曰<rt>왈</rt></ruby>, "<ruby>何<rt>하</rt></ruby><ruby>哉<rt>재</rt></ruby>, <ruby>爾<rt>이</rt></ruby><ruby>所<rt>소</rt></ruby><ruby>謂<rt>위</rt></ruby><ruby>達<rt>달</rt></ruby>
<ruby>者<rt>자</rt></ruby>?" <ruby>子<rt>자</rt></ruby><ruby>張<rt>장</rt></ruby><ruby>對<rt>대</rt></ruby><ruby>曰<rt>왈</rt></ruby>, "<ruby>在<rt>재</rt></ruby><ruby>邦<rt>방</rt></ruby><ruby>必<rt>필</rt></ruby><ruby>聞<rt>문</rt></ruby>, <ruby>在<rt>재</rt></ruby><ruby>家<rt>가</rt></ruby><ruby>必<rt>필</rt></ruby><ruby>聞<rt>문</rt></ruby>." <ruby>子<rt>자</rt></ruby><ruby>曰<rt>왈</rt></ruby>, "<ruby>是<rt>시</rt></ruby><ruby>聞<rt>문</rt></ruby><ruby>也<rt>야</rt></ruby>, <ruby>非<rt>비</rt></ruby>
<ruby>達<rt>달</rt></ruby><ruby>也<rt>야</rt></ruby>. <ruby>夫<rt>부</rt></ruby><ruby>達<rt>달</rt></ruby><ruby>也<rt>야</rt></ruby><ruby>者<rt>자</rt></ruby>, <ruby>質<rt>질</rt></ruby><ruby>直<rt>직</rt></ruby><ruby>而<rt>이</rt></ruby><ruby>好<rt>호</rt></ruby><ruby>義<rt>의</rt></ruby>, <ruby>察<rt>찰</rt></ruby><ruby>言<rt>언</rt></ruby><ruby>而<rt>이</rt></ruby><ruby>觀<rt>관</rt></ruby><ruby>色<rt>색</rt></ruby>, <ruby>慮<rt>여</rt></ruby><ruby>以<rt>이</rt></ruby><ruby>下<rt>하</rt></ruby><ruby>人<rt>인</rt></ruby>. <ruby>在<rt>재</rt></ruby>
<ruby>邦<rt>방</rt></ruby><ruby>必<rt>필</rt></ruby><ruby>達<rt>달</rt></ruby>, <ruby>在<rt>재</rt></ruby><ruby>家<rt>가</rt></ruby><ruby>必<rt>필</rt></ruby><ruby>達<rt>달</rt></ruby>. <ruby>夫<rt>부</rt></ruby><ruby>聞<rt>문</rt></ruby><ruby>也<rt>야</rt></ruby><ruby>者<rt>자</rt></ruby>, <ruby>色<rt>색</rt></ruby><ruby>取<rt>취</rt></ruby><ruby>仁<rt>인</rt></ruby><ruby>而<rt>이</rt></ruby><ruby>行<rt>행</rt></ruby><ruby>違<rt>위</rt></ruby>, <ruby>居<rt>거</rt></ruby><ruby>之<rt>지</rt></ruby><ruby>不<rt>불</rt></ruby><ruby>疑<rt>의</rt></ruby>.
<ruby>在<rt>재</rt></ruby><ruby>邦<rt>방</rt></ruby><ruby>必<rt>필</rt></ruby><ruby>聞<rt>문</rt></ruby>, <ruby>在<rt>재</rt></ruby><ruby>家<rt>가</rt></ruby><ruby>必<rt>필</rt></ruby><ruby>聞<rt>문</rt></ruby>." 자장(子張)이 물었다. "선비는 어

떻게 해야 경지에 이르렀다 할 수 있겠습니까?" 선생님 께서 말씀하셨다. "네가 경지에 이르렀다 하는 것이 무 엇이냐?" 자장이 대답했다. "나라에서도 반드시 이름 이 나고 대부의 가家에서도 반드시 이름이 나는 것입니 다." 선생님께서 말씀하셨다. "그것은 이름이 나는 것이 지 경지에 이른 것이 아니다. 실로 일정한 경지에 이르 렀다는 것은 성품이 곧고 의를 좋아하며 말을 헤아리 고 표정을 살피는가 하면 깊이 생각하여 사람을 다루 니 그렇게만 하면 나라에 있어서도 반드시 일정한 경 지에 이르고 대부의 가家에 있어서도 반드시 일정한 경 지에 이를 것이다. 그러나 이름이 난다는 것은 겉으로 는 어진 모습을 취하나 행동은 그와 어긋나게 하며 그 런 식으로 사는 데에 아무런 회의도 갖지 않는 것이니 그렇게 하면 나라에 있어서도 필경 이름은 나고 대부 의 가家에 있어서도 필경 이름은 나게 될 것이다."

　여기서는 '겉으로 어진 체하는 것'(色取仁)과 '그 행동이 어긋남'(而行違)을, 그리고 그렇게 하고도 '아무런 회의를 갖지 않고 지내는 것'(居之不疑)을 공자는 경계한다. 그런 식으로 '이름이 나는 것'(聞)은 '경지에 이른 것'(達)이 못 된다는 것이다.

1312 子曰, "如有王者, 必世而後仁." "만약 왕자王者가 나타난
다면 필경 한 세대 후에는 세상이 어질어질 것이다."

여기서는 인의 가능성 내지 희망을 말해 준다. 만일
'왕자王者'가 있다면, 그렇다면 한 세대 후에 어짊이 구현
되리라는 것이다. '왕자'에 대해서는 역시 전문적인 고찰
이 필요하겠지만, 일단은 '왕다운 왕' 정도로 이해해 둔
다. 훌륭한 정치적 지도자다. 세상과 인민을 위한 정치의
중요성을 공자는 너무도 잘 알고 있었다. '정치'는 공자철
학의 확고한 한 축이다. 또 '한 세대 후'라는 말은 인의 구
현이 하루아침에 쉽게 이루어지지 않음을, 호흡이 긴 노
력과 기다림이 필요한 일임을 시사한다.

1401 … "克伐怨欲不行焉, 可以爲仁矣?" 子曰, "可以爲難矣,
仁則吾不知也." '남을 꺾는 일, 자기를 내세우는 일, 원
망하는 일, 욕심 부리는 일을 하지 않으면 그것으로써
어짊이 될 수 있겠습니까?' 선생님께서 말씀하셨다. "그
렇게 하는 것이 어려운 일은 되겠지만 어짊이 되는지는
나는 모르겠다." (《새번역 논어》에서는 생략한 앞부분과 구별
해 1402로 분절)

여기서는 '극克, 벌伐, 원怨, 욕欲'이라는 네 가지 악을 행하지 않는 것, 이것만 가지고는 아직 인이라고 할 수 없다는 판단 내지 평가를 제시한다. '남을 꺾는 일(克), 자기를 내세우는 일(伐), 원망하는 일(怨), 욕심 부리는 일(欲)' 어느 것 하나도 쉬운 일은 없다. 어려운 일들이다. 사실 이런 것만 안 하더라도 대단한 일임에는 틀림없다. 그런데도 공자는 인에 대해 더 이상의 것을 요구하는 것이다. 왜 그럴까. 이런 것들이 아직 '인', 즉 '사람에 대한, 남에 대한 사랑'은 아니기 때문이다. 남을 세워 주고 다다르게 해 주는 것은 아니기 때문이다. 여기서 말하는 네 가지 악의 불시행은 소극적, 간접적인 가치임에 비해 인은 적극적이고 직접적인 가치이기 때문이라고 해석할 수도 있다.

1404 子曰, "有德者必有言, 有言者不必有德. 仁者必有勇, 勇者不必有仁." "덕이 있는 자는 반드시 할 말이 있지만 할 말이 있는 자라고 해서 반드시 덕이 있는 것은 아니다. 어진 자는 반드시 용기가 있지만 용기 있는 자라고 해서 반드시 어진 것은 아니다."

여기서는 '인仁'과 '용勇', 어짊과 용기의 관계를 일러 준다. 인은 용을 포함하지만 용은 반드시 인을 포함하지 않는다. 용기만 있고 어질지 못한 사람이 있다는 말이다. 그런가? 그렇다. 그런 사람은 우리 주변에도 많이 있다. 무엇을 위한, 어디로 향한 용기인가가 중요한 것이다. 엉뚱한 일을 위해, 심지어 나쁜 일을 위해 용감한 사람도 적지 않다. 한편 인자가 반드시 용기있다는 말은 무거운 말이다. 용기가 있다는 말은 모든 '그럼에도 불구하고'를 다 포함한다. 돈과도 상관없고 권력과도 명성과도 그리고 그어떤 이익과도 상관없지만, 심지어 불이익과 위험이 닥칠수도 있지만, '그럼에도 불구하고' 사람을 사랑하는 것이 '인'인 것이다. 그게 인이 지닌 용기다. 여기서 우리는 사랑의 실천을 위해 십자가에 매달린 저 예수를 떠올리지 않을 수 없다. '인의 용기'의 가히 결정판이다.

1533 子曰, "知及之, 仁不能守之, 雖得之, 必失之. 知及之, 仁能守之. 不莊以涖之, 則民不敬. 知及之, 仁能守之, 莊以涖之, 動之不以禮, 未善也." "앎이 그에 미쳤더라도 어짊이 그것을 능히 지키지 못하면 비록 그것을 얻더라도 반드시 잃고 말 것이다. 앎이 그에 미치고 어짊이 그것을 능히 지키더라도 엄숙하게 그에 임하지 못하면 백성들이 존경하지 않을 것이다. 앎이 그에 미치고 어짊이 그것을 능히 지키며 엄숙하게 그에 임하더라도 예로써

그것을 움직여 나가지 못하면 아직 최선이 못된다."

여기서는 '선善'에 이르기 위한 여러 가치들, 즉 '지知, 인仁, 장莊, 예禮'(앎, 어짊, 엄숙, 예) 중의 하나로 '인'이 언급된다. 추상적인 대상으로서의 '그것'이 구체적으로 무엇인지는 불명이나 그게 무엇이든, 인은 그것을 지키는 어떤 가치로서 언급된다. 이 가치의 연쇄에서 인이 왜 '장'과 '예'보다 아래에 언급되는지는 이 발언만으로는 잘 이해할 수 없다. 단, 이렇게 경우에 따라 다르게 순서가 언급된다는 것은 이들 가치 자체에 특정의 서열이 있는 것은 아니라는 사실을 말해 준다고 이해할 수도 있다. 확인은 불가능하고 또 큰 의미도 없다. 공자의 가치들은 각각 그 자체로서 이미 충분한 의미가 있다.

1535 子曰, "民之於仁也, 甚於水火. 水火, 吾見蹈而死者矣, 未見蹈仁而死者也." "백성들에게 있어서 어짊이란 물이나 불보다 더 심하니 물이나 불에는 뛰어들어 죽는 사람을 내가 보았으나 어짊에 뛰어들어 죽는 사람은 보지 못하였다."

여기서는 인에 대한 백성들의 태도를 아쉬운 심정으로

언급한다. 사람들이 좀처럼 인에 적극적으로 (즉 목숨을 걸고) 뛰어들지 않는다는 것이다. 물이나 불보다 더 꺼리고 피한다는 것이다. 공자의 '그때 거기'나 우리의 '지금 여기'나 진정으로 소중한 가치는 보통 사람들에게 참 인기가 없는 것 같다. 유대도 아마 비슷했기에 저 예수는 아마도 '좁은 문'으로 들어가라고 권했을 것이다. 물불보다도 사람들이 더 안 밟으려 하니 인은 좁은 문임에 틀림없다. 우리 시대에는 지금 과연 누가 이 좁은 문 앞에 서 있을까. 잠시 테레사 수녀님이 떠오른다.

1701 陽貨欲見孔子, 孔子不見, 歸孔子豚. 孔子時其亡也, 而往拜之. 遇諸塗. 謂孔子曰, "來! 予與爾言." 曰, "懷其寶而迷其邦, 可謂仁乎?" 曰, "不可." "好從事而亟失時, 可謂知乎?" 曰, "不可." "日月逝矣, 歲不我與." 孔子曰, "諾, 吾將仕矣." 양화(陽貨)가 공자를 만나려 하였으나 공자께서 만나지 않으시자 공자께 돼지를 선물로 보냈다. 공자께서 그가 없을 때를 틈타 사례하러 갔는데 길에서 그를 만나게 되었다. 그가 공자에게 말했다. "오시오. 내 당신과 할 말이 있소." 그가 말했다. "보배로운 것을 품고 있으면서도 나라를 혼미하게 내버려 둔다면 어질다 할 수 있겠소?" 그가 말했다. "할 수 없을 것이오. 나랏일에 간

여하기를 좋아하면서도 자주 기회를 놓친다면 지혜롭다 할 수 있겠소?" 그가 말했다. "할 수 없을 것이오. 해와 달은 가고 세월은 나와 함께하지 않소." 공자께서 말씀하셨다. "알겠습니다. 내 장차 관직을 맡겠습니다."

공자가 아닌 양화의 말이니 그냥 참고로 적어둔다. 인에 대한 그의 생각의 일단을 보여 준다.

1707 子曰, "由也! 女聞六言六蔽矣乎?" 對曰, "未也." "居! 吾語女. 好仁不好學, 其蔽也愚, 好知不好學, 其蔽也蕩, 好信不好學, 其蔽也賊, 好直不好學, 其蔽也絞, 好勇不好學, 其蔽也亂, 好剛不好學, 其蔽也狂." 선생님께서 말씀하셨다. "유(由)야, 너는 여섯 가지 말과 여섯 가지 폐단에 대해 들어본 적이 있느냐?" 자로가 대답했다. "없습니다." "앉아라. 내가 너에게 말해 주겠다. 어진 것을 좋아하고 배우기를 좋아하지 않으면 그 폐단은 어리석음이다. 지혜를 좋아하고 배우기를 좋아하지 않으면 그 폐단은 독선이다. 신의를 좋아하고 배우기를 좋아하지 않으면 그 폐단은 도적의 무리를 이루는 것이다. 곧음을 좋아하고 배우기를 좋아하지 않으면 그 폐단은 가혹함이다. 용기를 좋아하고 배우기를 좋아하지 않으면 그 폐단은 세상

을 어지럽히는 것이다. 굳세기를 좋아하고 배우기를 좋
아하지 않으면 그 폐단은 과격함이다."

여기서는 '인'과 '학學', '호인好仁'과 '호학好學'의 결합을
강조한다. 어짊도 배움도 함께 좋아해야 한다는 것이다.
그렇게 하지 않을 경우, 즉 인은 좋아하지만 배움을 좋아
하지 않으면 '어리석음'(愚)이라는 폐단이 생긴다고 그는
일러 준다. 둘 다 좋아하지는 않더라도 인이든 배움이든
어느 하나라도 좋아하는 사람이 있다면 그것만 해도 나
로서는 대견할 것 같다. 아무리 둘러봐도 지금 그런 것을
좋아하는 사람은 적어도 내 눈에는 별로 띄지 않는다. 반
면에 돈과 권력과 명성을 좋아하는 사람은, 특히 그 모든
것을 한꺼번에 다 좋아하는 사람은 어디에서나 쉽게 눈
에 띈다.

공자여! 지금 21세기의 한국에서는 인의 처지가 대략
이렇습니다. 그래서 나는 이런 글을 쓰며 당신의 숨결을
되살려 보고자 안간힘을 씁니다. 내가 보기에 당신은 인
의 상징입니다.

VII

절 節

아낌/절약에 대하여

"아이고 아깝게 이런 멀쩡한 걸 왜 버리나…" 아파트 입구에 버려진 낡은 등나무 의자를 보며 지나던 한 할머니가 끌끌 혀를 찼다. 저녁 때 보니 그 의자는 그 자리에 없었다. 어릴 때 귀에 딱지가 앉도록 들었던 '근검절약'이라는 말이 떠올랐다. 구멍 난 양말을 기워 신던 일, 몽당연필을 볼펜대에 끼워 끝까지 쓰던 일도 생각이 났다. 크레파스도 우리는 그렇게 끝까지 다 문질러 썼다. '아껴서 쓴다'는 것은 당연한 가치의 하나였다.

그런데 이제는 '소비가 미덕'인 시대가 되었다. 지갑을 열지 않는다고 온통 난리다. 심지어 '헤프게 쓰기'가 장려되기도 한다. 경제가 돌아가게 하기 위해서란다. 시장의 옷가게 상인도 자동차 회사도 휴대폰 회사도 그것을 애타게 바란다. 절약은 그럼 이제 완전히 '악덕'인 건가? 그건 아닐 것이다.

저 위대한 철인 공자를 참고해보자. 《논어》에 보면 초반부에서 '절용이애인節用而愛人'이라는 말이 눈길을 끈다.

0105 子曰, "道千乘之國, 敬事而信, 節用而愛人, 使民以時."
"제후의 나라를 다스림에 있어서는 일을 경건히 하고 신뢰를 쌓을 것이며 절약해 쓰고 사람을 사랑해야 한다. 또 백성을 동원할 경우에는 때를 가려서 해야 한다."

글자 그대로 직역하자면 '아껴서 (혹은 알맞게) 쓰고 사람을 사랑하라'는 뜻이다. 어려운 말은 한 마디도 없고 따라서 이 뜻을 모를 사람도 아무도 없다. 그런데 그런 뻔한 소리를 공자는 왜 한 것일까. 공자라는 사람은 사유적으로나 언어적으로나 행위적으로나 정말 대단한 사람이기에 그의 말 한 마디 한 마디에는 사람과 삶과 세상에 대한 절절한 통찰이 묻어 있다. 잘난 척 그냥 해보는 말이 절대로 아닌 것이다. 나의 입장은 그가 한 말의 현학적 문구해석이 아니라 그 밑바닥에 숨은 깊은 철학적 의미를 '뒤집어' 읽어 보는 것이기에 나는 이 말을 최대한 '해석학적'으로 새겨보았다. 그의 문제지평과 해석자인 나의 문제지평을 견주어 보아 그 지평의 일치 내지 융합, 즉 철학적 의미에서의 '이해'를 시도한 것이다. 그 결론은 대략 이런 것이다.

　그의 이 말에는 '아껴서 (혹은 알맞게 적합하게) 쓰지 않고 사람을 사랑하지 않는' 현실 내지 세태, 그것에 대한 우려 내지 비판 그리고 그 해결 내지 개선의 지향이 깔려 있다. (특히 그는 나라를 다스리는[道…國]' 맥락에서 이 이야기를 한다.) 이런 문제는 2,500년 전의 중국 노나라나 지금의 한국이나 전혀 다를 바가 없다. 시간과 공간을 초월한 인간 세상의 보편적 문제라는 뜻이다. 아껴서 (혹은 알맞게) 쓴다, 그렇지 않다 하는 것은 기본적으로 물건·물자·돈 등에 대해 적용된다. 이것이 왜 문제가 되는지, 하나의 가치가 되는지, 하나의 철학이 되는지는 (소비의 미덕과는 별도로) 엄청난 '낭비'라는 현실에 비추어 보면 곧바로 이해된다. 우리나라만 하더라도 각 정부 부처별로 거대한 예산이 편성된다. 2017년의 경우, 총 400조가 넘는 데다 추경예산만 해도 11조가 넘는 천문학적인 규모다. 조 단위는 이제 당연한 것이다. 그런데 그 엄청난 돈들이 (국민의 피땀 어린 세금이) 도대체 어떻게 사용되는지를 엄정하게 한 번 점검해보라. 그 집행과정에서 마치 허술한 수도관에서 물이 새듯 줄줄 흘러 나가는 돈은 얼만가. 잘못된 정책 사업으로 쓴 천문학적인 돈이 오히려 국가의 위기로 되돌아온 일은 없었던가. 또 손님도 없는 지방공항에 쏟아

부은 돈은 얼만가. 내가 아는 한, 정부가 대학에 쏟아 붓는 수십 수백억 원의 사업비들도 그중 상당 부분이 본질적 성과와 무관하게 별 의미도 없이 낭비된다. 심지어 연구비 횡령 같은 말도 안 되는 사건이 터지기도 한다. 대다수 국민들이 생각하듯이 그중에서도 가장 아까운 것은 아마 불출석에 싸움질만 하고 법안 제출도 없는 몇몇 의원들의 세비와 그들의 선심공약을 위해 '허비'되는 예산일 것이다. 이런 낭비와 허비를 하나하나 짚어보자면 그야말로 한도 끝도 없다. (그들에게는 '사용'(用)에 대한 두려움이 없다. 국가의 예산은 절대 눈먼 돈이 아니다. 그것은 원래 국민들의 피땀이었음을 알아야 한다.) 그러면 '절용節用'이라는 것은 너무나 절실한 철학적 가치로서 아주 자연스럽게 우리에게 부각돼 온다.

하지만 이런 것이 다는 아니다. 이를테면 시간에 대해서도 기회에 대해서도 능력에 대해서도 '아낌'은 문제가 되고 그리고 무엇보다 '사람'에 대해서도 문제가 된다. 좀 확대해석일 수도 있겠지만 '절용'의 바로 뒤에 '이애인而愛人'(그리고 사람을 사랑하라)이라는 말이 계속되는 걸 보면 공자가 '사람'에 대해서 이 말을 했다고 해석하더라도 전혀 엉뚱한 비약은 아닐 것이다. 사람을 아껴서 (혹은 알맞게) 쓰지 않는 것과 사람을 사랑하지 않는다는 것이 연결되는 것이다. 그렇다. 한번 생각해 보자.

주변을 둘러보면 사람을 (특히 그 사람의 능력과 노력을) 전혀 아껴서 (소중히) 쓰지 않고 아깝게 낭비하는 일들이 너무나 많이 눈에 띈다. 아예 무시하고 쓰지 않거나 아무렇게나 함부로 써버리는 경우가 많아도 너무 많다. 인재가 적재적소에 (알맞게) 배치되지 않는 경우도 마찬가지다. 새우 같은 사람을 바다 같은 곳에서 놀게 하는 것이나 고래 같은 사람을 연못 같은 곳에서 놀게 하는 것도 그런 경우다. 그리고 대규모의 청년실업 사태는 인재 낭비의 가히 극치다.

생각해 보라. 얼마나 아까운 노릇인가. 한 사람의 인재가 그런 인재로 자라는 것은 절대로 쉬운 일이 아니다. 인재란 본인과 그 가족이 엄청난 물적 심적 노력을 투자해 죽을힘을 다해 도달한 지점인 것이다. '한 사람의 인재가 자라기 위해 최소한 30년의 세월이 걸린다'는 말도 있다. 과장이 아니다. 누군가는 60년이 걸려 겨우 어떤 경지에 올라선다. 그런데 지금 우리 사회는 어떠한가. 전혀 그런 것을 알아주지 않고 써주지도 않는다. 거기에 사람에 대한 '사랑' 같은 것은 있을 리도 없다.

벌써 좀 전이지만 내 후배 중 하나가 스스로 세상을 등진 일이 있다. 아무도 그를 알아주지 않았다. 살기가 힘들었다. 그는 외국에서 박사학위를 받은 인재였고 유럽의 학문을 우리나라에 소개하는 대단히 우수한 연구와 번역 등을 잇달아 세상에 내놓았다. 내가 보기에 그것은 아무나 할 수 있는 수준이 아니었다. 그 수준에 도달하기 위해 그가 기울인 노력은 얼마만한 것이었을까. 충분히 짐작이 간다. 그것이 깡그리 사라져 버린 것이다. 누군가가 그의 그 수준에 도달해 다시 그만한 일을 하기 위해서는 또 다시 최소한 30년을 투자해야 한다.

또 다른 내 지인은 미국에서 그리고 중국에서 두각을 나타내고 평가 받던 학자인데, 스스로 그 평가를 뒤로하고 그리운 조국으로 돌아왔다. 그러나 여기서는 아무도 그의 그 능력을 알아주지 않았다. 그는 지금 지방에 칩거하며 이 한심한 사회에서 스스로 한 발짝 물러나 있다. 얼마나 아까운 노릇인가. 이 거대한 낭비! 이것이 우리 사회의 엄연한 현실이다.

그 모든 것을 알아주고 적절히 써주고 하더라도 어차피 우리는 늙어 자리를 떠나야 하고 그 능력을 고이 접어야 한다. 더러 은퇴 후에도 그것을 발휘할 기회가 있다 하더라도 언젠가는 죽음으로써 그 모든 것을 반납하게 된다. 모든 것이 0000, 즉 원점으로 리셋되고 마는 것이다. 너무너무 아깝다. 아낌은 이런 아까움의 인식에서 비로소 진정한 것이 된다.

나 자신도 요즘 그런 것을 피부로 느낀다. 한 30년 동안 학교에서 나름 열심히 공부하고 가르치고 하다 보니 어느새 제법 아는 것도 많아졌다. 제법 재미있는 수업도 할 수 있게 되었다. 그런데 이것을 알아주는 사람은 별로 없다. 나는 좀 낭비되고 있다. 그간의 노력과 그 결과가 좀 아깝다는 느낌이 없지 않아 있다. 주변에도 그런 비슷한 경우가 하나둘이 아니다. 우수한 인재의 우수한 능력은 적절히 잘 사용되기보다 묻히거나 밟히는 경우가 훨씬 더 많다. 너무 아깝다.

공자도 필시 이와 똑같은 것을 느꼈을 것이라고 나는 짐작한다. 엄청난 재목이었지만 그는 열국주유를 하는 내내 제대로 쓰임 받지 못하고 결국은 아쉽게 노나라로 돌아갔다. 그래도 그의 그 내적 결과물들은 소중한 철학으로 제자들에게, 그리고 그 제자들에 의해 후대의 사람들에게 전수되었고, 2,500년 후까지 이렇게 한국의 한 학자에 의해 활용되고 있으니 결과적으로는 '절용'에 해당될지도 모르겠다. 절용의 근저에는 언제나 '소중한 가치'에 대한 평가가 전제되어 있다. 공자는 앞으로도 계속, 인간 세상이 지속되는 한 무궁토록, 아끼고 또 아껴 써야 할 소중한 자산이 아닐 수 없다.

정正
바름/바로잡음에 대하여

  "똑바로 못해?" 생활 속에서 무수히 듣는 이 말은 살아
오면서 거의 나의 '철학'이 되고 말았다.

  나는 이름 탓인지 뭐든 '똑바른'(正) 것을 좋아한다. 누
가 건드렸는지 연구실 책상 위의 노트북이 약간 '삐딱'하
게 놓여 있기에 무심결에 '똑바로' 잡아 각을 맞추어 놓
았다. 그 순간 뜬금없이 기억 속에 있는 줄도 몰랐던 어린
시절의 한 장면이 떠올랐다. 어느 날 아버지가 무슨 이야
긴가를 하시다가 동네 이웃집 할아버지를 들먹이며 "그
양반 참 별나기도 하시지. 글쎄 그 양반은 방구석에 있는
요강의 난초 그림도 정면으로 똑바로 보이게 돌려놔야만
직성이 풀린단다. 헛허허…" 하고 껄껄 웃으셨다. 그 할아
버지도 어쩌면 나하고 비슷한 계통이셨는지 모르겠다.

  그런데 저 위대한 철학자 공자라면 나나 그 할아버지
의 이런 면모를 어떻게 품평했을까. 어쩌면 묘한 미소를

지으며 흐뭇하게 봐주었을지도 모르겠다.

《논어》에 보면 공자의 평소 모습을 전하는 제자들의 증언 중에 이런 것이 있다.,

1006 … 割不正, 不食. 바르게 썰지 않은 것은 잡숫지 않으셨다.

1007 … 席不正, 不坐. 자리가 바르지 않으면 앉지 않으셨다.

1012 … 君賜食, 必正席先嘗之. 왕이 음식을 하사하시면 반드시 자리를 바로 하시고 먼저 맛을 보셨다.

1020 … 升車, 必正立, 執綏. 수레에 오르셔서는 반드시 바로 서서 고삐를 잡으셨다.

내 친한 친구의 입버릇 같은 우스개 표현을 빌리자면, "뭘 그렇게까지…" 하는 느낌이 없지 않아 있다. 하지만 이런 증언들은 매사에 올바르고자 하는 그의 태도, 자세, 그런 것을 여실히 보여 준다.

아닌 게 아니라 '바름'(正)에 대한 이런 집착은 공자의 분명한 가치 중의 하나였다. 아니, 나는 개인적으로 이 '정正'이야말로 공자의 가치체계의 핵심 중의 핵심이라고 평가한다. 어쩌면 그 유명한 '인仁'보다도 더 근본적인, 혹은 더 궁극적인 가치가 아닐까, 그렇게도 평가한다. 이렇게 말할 만한 근거가 없는 것도 아니다.

역시 《논어》에 보면 이런 말도 있다.

0114 子曰, "君子 … 就有道而正焉, …" "군자는 도 있는 데로
나아가 바르게 하고, …"

2002 子曰, "…君子正其衣冠, …" "군자는 그 의관을 바르게
하고, …"

'바름' 내지 '바르게 함'(한자의 특성상 '정正'은 명사로도 형
용사로도 자동사로도 타동사로도 쓰임)이 이른바 '군자'의 면
모로서 요구되는 것이다. 또한

0915 子曰, "吾自衛反魯, 然後樂正, 雅頌各得其所." "내가 위衛
나라에서 노魯나라로 돌아온 후에야 음악이 바르게 되
었고 아雅와 송頌이 각각 제 자리를 잡게 되었다."

라는 말을 보면 이 '바름'이 음악과 같은 구체적 사안
들에 대한 그의 지향점의 하나임도 분명히 드러난다. 그
리고 또

1415 子曰, "晉文公譎而不正, 齊桓公正而不譎." "진나라의 문

공(文公)은 간지奸智를 쓰며 정도正道를 따르지 않았고 제나라의 환공(桓公)은 정도를 따르고 간지를 쓰지 않았다."

이런 걸 보면 그가 실제로 이 '바름'을 현실 정치인에 대한 엄중한 '평가의 기준'으로 삼았음도 알 수가 있다.

'정과 부정' '바름과 바르지 못함', 이는 실은 '정치'를 평가하는 공자의 절대적 기준이기도 했다. 아니, 정치 그 자체를, 그 본질을, 그 핵심을 그는 '바로잡는 것'(正)이라고 이해했다.

1217 季康子問政於孔子. 孔子對曰, "政者, 正也. 子帥以正, 孰敢不正?" 계강자가 공자에게 정치를 물었다. 공자가 대답해 말씀하셨다. "정치는 바로잡는 것입니다. 군께서 바름으로 솔선하신다면 누가 감히 바르지 않겠습니까?"

'정치는 바로 잡는 것이다' 참으로 멋있는 정치철학이 아닐 수 없다. 더욱이 그는 이 '바름'의 솔선수범도 이야기하지 않는가. 그러면 바로잡힌다지 않는가. 모범을 보이기는커녕 자기가 어떤지는 돌아보지도 않고 살벌한 비판에만 능숙한 한국의 정치를 배경에 놓고 보면 이런 정치철학은 마치 밤하늘의 보름달처럼 빛이 난다.

1306 子曰, "其身正, 不令而行, 其身不正, 雖令不從." 그 자신이 올바르면 명령하지 않아도 행해지고, 그 자신이 올바르지 않으면 명령해도 따르지 않는다.

1313 子曰, "苟正其身矣, 於從政乎何有? 不能正其身, 如正人何?" 진실로 자기 자신을 바르게만 한다면 정치를 함에 있어서 무엇이 더 필요하겠느냐? 자기 자신을 바르게 하지 못한다면 어떻게 남을 바르게 하겠느냐?

자기를 바로잡고(正其身) 남을 바로잡는다(正人). 너무도 당연한 가치가 아닐 수 없다. '나는 바담 풍 해도 너는 바람 풍 해야지'라는 말로는 그 '바담'을 바로잡기가 난망인 것이다.

그런데 정말 흥미로운 사실이 하나 있다. 공자는 정치의 핵심인 이 '바름' 내지 '바로잡음'의 지극히 구체적인 방안을 제시하고 있다는 것이다. 그것이 바로 '이름을 바로잡는 것', 이른바 '정명正名'이다.

1303 子路曰, "衛君待子而爲政, 子將奚先?" 子曰, "必也正名

^호 ^{자로왈} ^{유시재} ^{자지우야} ^{해기정} ^{자왈} ^{야재}
乎!" 子路曰, "有是哉, 子之迂也! 奚其正?" 子曰, "野哉,
^{유야} ^{군자어기소부지} ^{개궐여야}
由也! 君子於其所不知, 蓋闕如也. …" 자로가 말했다.

"위나라의 왕이 선생님을 모시고 정치를 하겠답니다.

선생님은 무엇을 먼저 하시겠습니까" 선생님이 말씀하

셨다. "반드시 이름을 바로잡겠다!" 자로가 말했다. "그

런 것도 있습니까? 선생님께서는 너무 우원迂遠하십니

다. 그것을 바로잡아 뭐하겠습니까?" 선생님이 말씀하

셨다. "조야하구나, 유(由)는! 군자는 자기가 알지 못하

는 것에 대해서는 비워 두어야 하는 것이다. …" (뒷부분

은 후대 위작의 가능성이 있으므로 일단 생략)

철학의 역사에 등장하는 참으로 감동적인 장면 중의

하나이다. 정치의 기회가 생기면 공자는 가장 먼저 '정명'

을 하겠다고 선언하는 것이다. 제자인 자로는 아마도 공

자의 이런 철학을 제대로 이해하지 못했던 것 같다. 제나

라의 경공은 그나마 자로보다는 좀 나았던 것 같다.

^{제경공문정어공자} ^{공자대왈} ^{군군} ^{신신} ^{부부} ^{자자}
1211 齊景公問政於孔子. 孔子對曰, "君君, 臣臣, 父父, 子子."
^{공왈} ^{선재} ^{신여군불군} ^{신불신} ^{부불부} ^{자불자} ^{수유}
公曰, "善哉! 信如君不君, 臣不臣, 父不父, 子不子, 雖有
^속 ^{오득이식저}
粟, 吾得而食諸?" 제나라의 경공이 공자에게 정치를 물

었다. 공자가 대답했다. "왕은 왕답게, 신하는 신하답게,

부모는 부모답게, 자식은 자식답게 하는 것입니다." 경공이 말했다. "좋군요! 진실로 왕이 왕답지 않고, 신하가 신하답지 않고, 부모가 부모답지 않고, 자식이 자식답지 않다면 비록 먹을 게 있더라도 내 어찌 그걸 얻어 먹겠습니까?"

(물론 전문가의 이야기를 들어보면 경공은 실제로 그렇게 훌륭한 왕이 아니었다고 평가되니, 현실 정치와 이상은 어디서나 괴리를 피할 수는 없는 건지도 모르겠다.)

공자가 하고 싶었던 정치는 바로 이런 것이었다. '이름을 바로잡는 것'(正名), 즉 각자가 각자의 자리에서 각자의 역할을 충실히 해서 그 이름값을 똑바로 하는 것이다. 왕은 왕답게, 신하는 신하답게, 부모는 부모답게, 자식은 자식답게, 모두가 각자 그 이름의 본질을 구현하도록 만드는 것이다. 바로잡는 것은 바로 그런 것이다.

그러니 이 바를 '정'자 하나만 제대로 실천해도 세상은 바로 선다. 그런데 현실은 어떤가. 사람들은 올바로 그 이름값을 하고 있는가? 세상은 똑바로 서 있는가? 세상은 온통 '바르지 못함' '부정不正'으로 가득 차 있다. 모든 것들이 엉망진창으로 뒤틀려 있다. 이름과 실제는 거의 대부분 따로 논다. 사람의 이름, 직책의 이름 뿐만 아니다.

온갖 구호들도 그저 허울 좋은 '소리'로서만 겉돌고 있다. 물론 그 이름값을 제대로 하고 있는 사람이 어딘가에 아예 없지는 않겠지만, 그런 이는 거의 희귀종, 혹은 거의 멸종위기동물에 속하는 지나 아닌지 모르겠다.

사람이, 세상이, 올바르지 못하고 부정이 넘쳐 나는 한, 공자의 철학은 끊임없이 되풀이 외쳐지지 않으면 안 된다.

아, 우선은 벽에 걸린 저 삐딱한 액자부터 좀 바로잡아야겠다.

정貞

올곧음/꼿꼿함에 대하여

　"좀 봐주세요.""적당히 좀 넘어가지 그래.""그럴 수도 있지 뭐." 우리의 생활 주변에서 너무나도 자주 듣는 말이다. 실제로 입이나 귀에 존재하지 않더라도 우리의 가슴속 어딘가에는 이런 마음이 반드시 있다. 이른바 한국인의 '적당주의'(적당적당)도 이런 말들 속에 녹아 있다. 철학자 하이데거가 논하는 이른바 '세인'(das Man)의 3대 특징, '수다'(조잘조잘) '호기심'(기웃기웃) '애매성'(대충대충)의 그 '애매성'도 이와 무관하지 않다.

　이런 것이 경우에 따라서는 원만함이나 유연성 혹은 융통성이라는 말로 평가되기도 한다. 강물의 흐름 속에서 모가 깎인 둥글둥글한 자갈돌이나 해변의 몽돌이 그런 인격 내지 인품의 상징처럼 이야기되기도 한다. 바람에 따라 유연하게 흔들리는 수양버들도 때로는 그 상징이 된다.

그런데 나는 체질적으로 이런 것이 영 불편하다. 물론 나도 할 것은 다 한다. 인정상 봐주기도 하고 적당히 넘어가기도 한다. 또 그러기를 바라기도 한다. 누군가는 그런 것을 무난하다고, 혹은 심지어 훌륭하다고 평하기도 한다. 그런데도 뭔가 편치가 않다. 나는 그런 경향이 '좀 별난 것인가?' 생각하기도 했다. 그러나 아니다. 아니라고 일단은 생각해야 한다. 최소한 그 '봐줌' '넘어감'의 긍정적인 면과 부정적인 면을 구별할 줄은 알아야 한다. '봐주는' 것에, '적당히 넘어가는' 것에 부정적인 면이 분명히 있기 때문이다. 예컨대 음주운전을 하다가 적발이 되었다 치자. 그건 아무리 불가피한 사정이 있었다 하더라도 적당히 봐줘서는 안 될 일이다. 대리출석을 하는 것도 컨닝을 하는 것도 탈세를 하는 것도 비자금을 조성하는 것도 결코 적당히 넘어가서는 안 될 일이다. 그런데 현실에서는 그런 일들이 적당히 넘어가는 경우가 많다. 많아도 너무 많다. 그런 게 문제인 것이다.

공자도 아마 그런 현실을 아프게 느꼈을 것이다. 그래서 그는 이런 말을 남겼다.

1537 子曰, "君子貞而不諒." "군자는 올곧으며 적당히 봐주지 않는다."

앞뒤 문맥은 잘려 있다. 설명도 없다. 심지어 '올곧다' (貞)는 말은 《논어》에서 딱 한 번밖에 등장하지 않는다. '량諒'도 딱 네 번이다. 그렇다고 그 의미가 절대 가볍지는 않다. '정貞'이란 '원칙을 지키며 적당히 넘어가지 않는다' 는 것이다. '원칙주의'다. 공자에게서 이런 말을 듣게 되는 것은 반갑고 다행한 일이다. 나 같은 사람이 '별난' 사람이 아님을 그의 도덕적 권위가 뒷받침해 줄 수 있기 때문이다.

그의 이 말에서는 '정貞'과 '량諒'이라는 것이 가치적으로 대비된다. 그의 전형적인 어법상 '정'은 긍정적 가치고 '량'은 부정적 가치다. (단, '량'은 다른 경우에 대체로 긍정적인 의미로 말해진다. 양면이 있음을 주의해야 한다.)

'정'을 일단 '올곧음'이라고 번역했지만 그 의미는 사실 현대 한국어로 옮기는 것이 간단치 않다. 그러나 어렴풋이 그 의미에 근접할 수는 있다. 이 말은 '정절'이나 '정조'라는 말로 지금도 쓰인다. (아니, 그것도 이미 옛말인가? 이미 더 이상 현재적인 가치는 아닌 것 같다. '정숙貞淑'이라는 말도 사어가 된지 오래다.) 이것은 주로 여인이나 선비의 꿋꿋한 절개를 가리킨다. 지켜야 할 소중한 가치를(그것이 남편이든 군주든) 굳건히 지조있게 지켜 나가는 것이 이 '정'이라는 '올곧음'인 것이다. 흔들리지 않는 것이고 변하지 않는 것이다. 그래서 그것은 '맑은' 것이기도 하다. 음주운전이 해서는 안 될 일이라면 목에 칼이 들어와도 안 된다는 것, 그런 자세, 그런 태도가 바로 '정'(올곧음)이다.

'량'은 '적당히 봐줌'이라고 번역했는데, 이게 최선이라고 생각한다. '무조건 양해하지 않는다'는 번역도 있는데 '무조건'이라는 것이 좀 걸리지만 그래도 의미상 나쁘지는 않다. 주자는 "옳고 그름을 가리지 않고 무조건 신뢰하는 것"(不擇是非, 而必於信)이라 풀었는데 '신뢰'라는 표현이 좀 걸리기는 하지만 '옳고 그름을 가리지 않고'라는 것은 그의 날카로운 탁견이다. 한편 '맹목적으로 완고하지 않다'는 옛 번역은 권하기가 힘들다. '량'은 '양해'하는 것이니, '그래, 그럴 수도 있지 뭐' 하는 그런 태도다. 그렇게 봐주는 것이고 그렇게 적당히 넘어가는 것이다. 그게 '량'이다. 그렇게 사정을 봐주는 것은 진정한 '헤아림', 진정한 '알아줌'이 아니다. 공자는 그런 것을 경계한 것이다. 이는 자기 자신뿐 아니라 타인에게도 해당된다. (사람들의 기준은 자기 자신에게 대해 특히 더 무르다. '남이 하면 불륜, 내가 하면 로맨스'라는 농담도 그런 경우다. 나쁜 의미의 '량'[봐줌]의 대표적인 경우다.)

'정이불량貞而不諒'에는 그 핵심에 '지켜야 할 가치'가 있다. 그런 '내용'이 있는 것이다. 그것이 진정으로 지킬

만한 것인지 어떤지를 우리는 면밀히 따져보지 않으면
안 된다. '무조건'은 아니다. 주자식으로 말하자면 그 '시
비'를 택해야 하는 것이다.(擇是非) 그 내용이, 그 가치가
죽음을 불사하고라도 꿋꿋이 지켜야 할 것이라면 지금도
우리는 '올곧음'을 견지해야 한다. 예컨대 역사상의 저 무
수한 순교자들은 그런 의미에서 '올곧은' 군자였다. 소크
라테스-보에티우스-뵈메-모어 등도 '올곧은' 군자였다.
일제 강점기, 죽음을 불사하고 '조선' 내지 '대한'을 지키
려 한 독립투사들도 그런 군자였다. 반면 '뭐 어쩔 수 없
지' 하고 양해해 버린, 그렇게 적당히 넘어가 버린 친일파
들은 올곧은 군자가 아니었다.

우리가 견지해야 할 그런 가치들은 무수히 많다. 교통
법규 준수나 쓰레기 처리에서부터 민주주의나 국가의 수
호에 이르기까지, 그런 가치들은 한도 끝도 없다. 지켜져
야 할 원리나 원칙도 그런 것이다. 그런 것들은 끝내 기어
이 지켜져야 한다. 그러나 그 내용이 무엇인지 '묻지도 따
지지도 않고' 그냥 적당히 봐주고 적당히 넘어가서는 안
된다. 봐줄 게 따로 있고 봐주지 말아야 할 게 따로 있다.
어떤 변명이 있더라도 봐줄 수 없는, 봐주지 말아야 할,
그런 가치에 대한 올곧음은 견지돼야 한다. 그런 견지는
이른바 소통과 불통의 문제로 접근할 수 없다. 단순한 고

집의 문제로도 폄하될 수 없다. 제대로 된 올곧음은 '가치'라는 것을 기어이 지켜낸다. 그런 것이 우리의 인간세상을 비로소 빛나게 한다. 기억해 두자. '군자는 올곧으며 적당히 봐주지 않는다.'

종 從

따름에 대하여

　격의 없는 어릴 적 친구들이 오랜만에 모여 수다를 떨다가 한 친구가 마누라의 잔소리를 투덜대자 다른 한 친구가 이런 말을 했다. "야, 너 '신삼종지도新三從之道'도 모르냐?" "에? 그게 뭔데?" "인생에 탈이 없으려면 어릴 때는 엄마를 따라야 하고 결혼하면 마누라를 따라야 하고 늙으면 딸을 따라야 한다, 남자가 지켜야 할 도리지." 하하하 모두들 웃었다. "마누라 말씀에 무조건 복종하라는 거군, 진리다 진리." 한 친구는 무릎을 치며 고개도 끄덕였다.

　물론 저 이른바 '삼종지도'를 패러디한 거다. '어릴 땐 아버지를 따르고 결혼하면 남편을 따르고 늙으면 아들을 따른다'는 유교적 도덕이었다. 조선시대에 정말로 이런 윤리 도덕이 지배되고 있었는지, 그리고 중국에서도 실제로 그랬는지 가서 살아 보지 않고서 확인하기는 쉽지 않다. 그러나 우리가 주워들은 지식들을 종합해 보면 전혀 그렇지 않았다고도 할 수 없다. 나는, 페미니스트까지는 아니지만, 개인적으로 이런 도덕을 좀 야만적이라고 생각하는 편이다. 남녀사이에 이런 우열관계가 전제되어서는 안 된다. 남자와 여자는 인간이라는 점에서 기본적으로 동등한 존재다.

그런데 잘 모르는 사람은 이런 몹쓸 '삼종지도'의 원흉이 공자라고 생각한다. 하지만 아니다. 《논어》의 어디를 보더라도 공자가 이런 말을 한 흔적은 없다. 터무니없는 오해인 셈이다. 공자는 억울하다. 물론 딱 한 번 '여자'에 대한 언급이 있기는 하다.

1723 子曰, "唯女子與小人爲難養也, 近之則不孫, 遠之則怨."

"오직 여자와 소인은 돌보기가 어렵다. 가까이하면 불손하고 멀리하면 원망한다."

여자를 소인과 나란히, 그것도 부정적으로 평가하고 있으니 페미니스트라면 격분해서 공자를 성토할 만하다. 그러나 이 단편은 후대의 위작이라는 설도 있어 이게 공자의 진짜 발언인지는 확인이 어렵다. 일단은 판단을 유보한다.

그러나 삼종지도의 그 '종從'이라는 것이 공자의 철학

에 포함되어 있다는 것은 분명한 사실이다. 특별히 유명한 부분도 아니고 화제가 되는 일도 드물지만 틀림없다. 《논어》에는 여러 차례 이 '종'이라는 말이 등장한다. 그의 말을 직접 들어 보자. 이 언급들을 들여다보면 우리는 공자로부터 소중한 철학을 얻을 수가 있다.

0314 子曰, "周監於二代, 郁郁乎文哉! 吾從周." "주周나라는 하夏, 은殷, 이대二代를 거울삼았으니 찬란하구나, 그 문화여! 나는 주를 따르겠다."

0507 子曰, "道不行, 乘桴浮于海. 從我者其由與." 子路聞之喜. 子曰, "由也好勇過我, 無所取材." 선생님께서 말씀하셨다. "도道가 행해지지 않아 뗏목을 타고 바다 위에 떠도는 것 같구나. 나를 따를 자는 바로 유(由)일 게다." 자로(子路)가 그 말을 듣고 기뻐하자 선생님께서 말씀하셨다. "유(由)는 용기를 좋아하는 것은 나보다 더 하나 뗏목감을 구할 바가 없구나."

0712 子曰, "富而可求也, 雖執鞭之士, 吾亦爲之. 如不可求, 從吾所好." "부유하고도 구할 수만 있다면 비록 채찍 잡는 선비라도 나 또한 할 것이다. 그러나 만약 (부유하고는) 구할 수 없다면 내가 좋아하는 바를 따르겠다."

0722 子曰, "三人行, 必有我師焉, 擇其善者而從之, 其不善者

^{이 개 지}
而改之." "세 사람이 가면 반드시 나의 스승이 있다. 그

중 선한 사람을 택해서는 그 선한 점을 따르고 선하지

못한 사람을 택해서는 그 선하지 못한 점을 고친다."

^{자 왈 개 유 부 지 이 작 지 자 자 아 무 시 야 다 문 택 기 선 자 이}
0728 子曰, "蓋有不知而作之者, 我無是也. 多聞, 擇其善者而
^{종 지 다 견 이 식 지 지 지 차 야}
從之, 多見而識之, 知之次也." "알지 못하면서도 지어내

는 사람이 있는 모양이나 나는 그렇지 않다. 많이 들어

서 그중 좋은 것을 택하여 따르고 많이 보아서 그것을

파악하니 이는 아는 것에 버금가는 것이다."

^{자 왈 마 면 예 야 금 야 순 검 오 종 중 배 하 예 야 금 배}
0903 子曰, "麻冕, 禮也, 今也純, 儉, 吾從衆. 拜下, 禮也, 今拜
^{호 상 태 야 수 위 중 오 종 하}
乎上, 泰也. 雖違衆, 吾從下." "삼베관을 쓰는 것이 예

이지만 요즈음에 와서는 명주관을 쓰는데, 이는 검소

한 것이므로 나도 시속時俗을 따르겠다. 당하에서 절하

는 것이 예이지만 요즈음에 와서는 당상에서 절하는데,

이는 거만한 짓이므로 비록 시속에 어긋나더라도 나는

당하에서 절하는 것을 따르겠다."

^{자 왈 법 어 지 언 능 무 종 호 개 지 위 귀 손 여 지 언 능 무}
0924 子曰, "法語之言, 能無從乎? 改之爲貴. 巽與之言, 能無
^{열 호 역 지 위 귀 열 이 불 역 종 이 불 개 오 말 여 지 하 야 이}
說乎? 繹之爲貴. 說而不繹, 從而不改, 吾末如之何也已
^의
矣." "법어法語의 말씀을 좇기야 못하겠냐마는 잘못을

고치는 것이 중요하고 손여巽與의 말씀을 좋아하기야

못하겠냐마는 그것을 풀어 쓰는 것이 중요하다. 좋아하

면서 풀어 쓰지 않고 좇으면서 고치지 않는다면 나도

어떻게 할 수가 없다."

1101 子曰, "先^자進^진於^어禮^례樂^악, 野^야人^인也^야, 後^후進^진於^어禮^례樂^악, 君^군子^자也^야. 如^여用^용之^지,
則^즉吾^오從^종先^선進^진." "예악에 먼저 나아가는 자는 야인이다. 예

악에 나중 나아가는 자는 군자다. 만약 실제로 활용한

다면 나는 예악에 먼저 나아가는 쪽을 따르겠다."

1102 子曰, "從^자我^아於^어陳^진蔡^채者^자, 皆^개不^불及^급門^문也^야." "진나라와 채나라에

서 나를 좇던 자들은 모두 문에도 이르지 못했다."

1122 季^계子^자然^연問^문, "仲^중由^유冉^염求^구可^가謂^위大^대臣^신與^여?" 子曰, "吾^오以^이子^자爲^위異^이之^지
問^문, 曾^증由^유與^여求^구之^지問^문. 所^소謂^위大^대臣^신者^자, 以^이道^도事^사君^군, 不^불可^가則^즉止^지. 今^금
由^유與^여求^구也^야, 可^가謂^위具^구臣^신矣^의." 曰, "然^연則^즉從^종之^지者^자與^여?" 子曰, "弑^시
父^부與^여君^군, 亦^역不^부從^종也^야." 계자연(季子然)이 물었다. "중유(仲由)

와 염구(冉求)는 큰 신하라 할 수 있습니까?" 선생님께서

말씀하셨다. "나는 당신께서 다른 질문을 하실 줄 알았

는데 겨우 유(由)와 구(求)에 관한 질문이군요. 이른바 큰

신하란 도로써 임금을 섬기다가 더 이상 섬길 수 없으면

그만 둡니다. 지금 유(由)와 구(求)는 부화附和하는 신하

라 할 수 있을 것입니다." 계자연이 말했다. "그러면 맹

종하는 자들입니까?" 선생님께서 말씀하셨다. "아비나

임금을 죽이는 일에는 그래도 따르지 않을 것입니다."

1306 子曰, "其^기身^신正^정, 不^불令^령而^이行^행, 其^기身^신不^부正^정, 雖^수令^령不^부從^종." "그 자신

이 바르면 명령하지 않더라도 행하고 그 자신이 바르

지 않으면 비록 명령한다 하더라도 따르지 않는다."

0626 <ruby>宰<rt>재</rt></ruby><ruby>我<rt>아</rt></ruby><ruby>問<rt>문</rt></ruby><ruby>曰<rt>왈</rt></ruby>, "<ruby>仁<rt>인</rt></ruby><ruby>者<rt>자</rt></ruby>, <ruby>雖<rt>수</rt></ruby><ruby>告<rt>고</rt></ruby><ruby>之<rt>지</rt></ruby><ruby>曰<rt>왈</rt></ruby>, '<ruby>井<rt>정</rt></ruby><ruby>有<rt>유</rt></ruby><ruby>仁<rt>인</rt></ruby><ruby>焉<rt>언</rt></ruby>.' <ruby>其<rt>기</rt></ruby><ruby>從<rt>종</rt></ruby><ruby>之<rt>지</rt></ruby><ruby>也<rt>야</rt></ruby>?" <ruby>子<rt>자</rt></ruby><ruby>曰<rt>왈</rt></ruby>,
"<ruby>何<rt>하</rt></ruby><ruby>爲<rt>위</rt></ruby><ruby>其<rt>기</rt></ruby><ruby>然<rt>연</rt></ruby><ruby>也<rt>야</rt></ruby>? <ruby>君<rt>군</rt></ruby><ruby>子<rt>자</rt></ruby><ruby>可<rt>가</rt></ruby><ruby>逝<rt>서</rt></ruby><ruby>也<rt>야</rt></ruby>, <ruby>不<rt>불</rt></ruby><ruby>可<rt>가</rt></ruby><ruby>陷<rt>함</rt></ruby><ruby>也<rt>야</rt></ruby>, <ruby>可<rt>가</rt></ruby><ruby>欺<rt>기</rt></ruby><ruby>也<rt>야</rt></ruby>, <ruby>不<rt>불</rt></ruby><ruby>可<rt>가</rt></ruby><ruby>罔<rt>망</rt></ruby><ruby>也<rt>야</rt></ruby>."

재아(宰我)가 물었다. "어진 자는 비록 함정 속에 어짊이
있다고 일러 주더라도 그 말을 따르겠군요." 선생님께서
말씀하셨다. "어찌 그렇기야 하겠느냐? 군자는 (함정 쪽
으로) 가게 할 수는 있지만 (함정에) 빠지게 할 수는 없으
며 속일 수는 있지만 어리석게 만들 수는 없다."

이 단편들에서 공자는 '종주從周'(주나라를 따르는 것) '종
아從我'(나[공자]를 따르는 것) '종소호從所好'(좋아하는 바를 따
르는 것) '종선자從善者'(선한 사람을 따르는 것)(좋은 것을 따르는
것) '종중從衆'(시속을 따르는 것) '종하從下'(이는 좀 특수한 문맥
으로 거만한 짓은 시속에 어긋나더라도 따르지 않겠다는 것) '종언
從言'(말을 따르는 것) '종선진從先進'(예악으로 먼저 나아가기를
따르는 것) '종대부從大夫'(대부를 따르는 것) 등을 말하고 있
다. 그런 한편으로 '부종不從'(따르지 않음)도 언급한다. '부
종시부여군不從弑父與君'(아비나 임금을 죽이는 일을 따르지 않
음) '부종령不從令'(명령을 따르지 않음—그 자신이 바르지 않을
경우) '불가함不可陷' '불가망不可罔' 등이다.
  이런 말들을 통해 공자는 그 가치관을 여실히 드러낸

다. 이것이 그의 철학이 된다. 이 발언들은 보다시피 비교적 구체적인 세목을 제시하고 있다. 무엇을, 어떤 것을, 따르고 따르지 않을 것인지를 그는 분명히 밝히고 있다.

그는 (하夏와 은殷, 2대를 계승한) 주周나라의 찬란한 문화를 따르고자 한다. 잘 알려져 있듯이 이 간단한 한 마디에는 요-순-우-탕-문-무-주공이라는 이른바 성군들의 이상적인 정치에 대한 그의 평가와 존경과 지향과 추종이 압축적으로 스며있다. '종'이라는 한 글자가 그 모든 것을 대변하는 것이다. 그래서 '종'은 하나의 철학이 된다.

또 그는 자기를 따르는 자를 언급한다. 물론 '그들은 모두 문에도 이르지 못했다'(不及門)고 아쉬움을 감추지 않는다. 자로에 대해서는 칭찬 같은 말을 하기도 하나 은근히 그 한계를 지적하기도 한다. 그러나 이 말의 행간에는 '따름'이라는 객관적인 현상의 지적과 '진정한 따름'에 대한 공자의 기대가 깔려 있다. 따를 만한 사람에게는 사람이 따라야 하고 또 제대로 이해하고 따라야 한다는 것이다.

또, 그는 자기가 좋아하는 바를 따르겠다고 천명한다. 이 말에는 맥락이 있다. '부富'와 '구求'라고 하는 대비되는 혹은 대치되는 가치의 상충이 조건으로 놓여 있는 것이다. 부유하고서도 구할 수 있다면 무슨 일이라도 하겠지만, 부유하고서는 구할 수 없다면 (그 부를 포기하고서) 자기가 좋아하는 것을 추구하겠다는 것이다. (물론 여기서 '구'의 대상은 생략돼 있다. 그러나 문맥상 '추구할 만한 것' '추구해야 할 것' 이를테면 공자가 실제로 지향했던 모든 것, 도, 덕, … 그런 것이라고 해석해도 무방할 것이다.) 그러니 여기서 '종소호從所好'는 곧 자기가 가치 있다고 믿는 소신의 관철일 것이다. 그런 점에서 이 '종'은 가치에 대한 추종이다. (선량하지만 부를 포기할 수 없어 예수를 따르지 못한 저 마태복음 19장 24절[및 마가복음 10장 25절]의 부자와 대비되는 대목이다. 예수의 말대로 "낙타가 바늘 구멍을 통과하는 것이 부자가 천국에 들어가는 것보다 쉽다"가 보통이건만 공자는 부보다도 자신이 좋아하는 바, 즉 가치를 따르겠다고 천명하는 것이다.)

또, 그는 '선한 사람'을 택해 그를 따른다고 말한다. 따름의 대상이 '선한 사람', 그리고 결국 그가 지닌 '선'인 것이다. 많이 들어서 그중 '좋은 것'도 따름의 내용이 된다. 그의 '따름'의 방향이 분명한 셈이다.

또, 그는 '검소함' '거만하지 않음'도 따름의 내용으로 거론한다. 따름의 내용이 다수 대중의 지지를 받는 것인지 어떤지는 적어도 공자에게는 결정적인 요인이 되지 못한다.

또, 그는 선인의 말을 따르되 무조건적인 맹종이 능사

가 아님을 시사한다. 고칠 것이 있으면 고치고 풀이할 것이 있으면 풀이하는 것이 옳은 일임을 비교적 강한 어조로 이야기한다. '열이불역說而不繹'(좋아만 하고 풀이하지 않는다) '종이불개從而不改'(따르기만 하고 고치지 않는다)면 '나도 어떻게 할 수가 없다'는 것이다. '종의 철학'이 여기서 그 폭을 넓히고 있다.

또, 그는 '예악'에 먼저 나아가는 것이 비록 '야인'이라 하더라도, 그렇게 하는 것이 군자가 아니라 하더라도, 실제 활용에 있어서는 자신은 예악으로 먼저 나아가는 '선진'을 따르겠다고 입장을 밝힌다. 예악에 대한 그의 평가와 지향이 드러난다.

이런 한편으로 그는 '따르지 않음'(不從)도 곁들여 이야기한다. 계자연과의 대화에서 공자는 중유와 염구를 논평하며 '부종시부여군不從弑父與君'(아비나 임금을 죽이는 일을 따르지 않음)을 가치로 내세운다. 설혹 감이 안 되는 왕에게 맹종하는 신하라 하더라도 '아비나 임금을 죽이는 일' 같은 것은 따라서는 안 된다는 것이다. 공자의 분명한 가치관이다.

또, 그는 '따름'(從)을 '바름'(正) 및 '바르지 않음'(不正)과 연관시킨다. 자신이 바르면 (상대가 혹은 사람들이) 따르고, 바르지 않으면 (비록 명하더라도) 따르지 않는다는 것이다.

바름은 따름의 원인이 되고 따름은 바름의 결과가 된다. 바름이 문제인 것이지 '명령'은 따름(행함)의 결정적인 요인이 되지 못한다. 역시 공자다운 가치관이 아닐 수 없다.

또, 그는 좋은 말이라고 해서 확인도 없이 무조건 맹종하는 것을 또 한번 경계한다. 아무리 어진사람(仁者)이라도 우물에 인이 있다고 해서 우물에 빠지지는 않는다는 것이다. 또 빠져서는 안 된다는 것이다. 빠트릴 수는 있지만 빠지지는 않는 것, 속일 수는 있지만 속지는 않는 것, 공자의 '따름'이란 그런 지혜를 전제로 한 '따름'이지, 어리석은 맹종은 절대 아닌 것이 여기서 드러난다.

이러한 공자의 철학은 오늘을 사는 우리에게도 의미있는 시사를 제공한다. 오늘날 우리에게는 과연 '따름'이라고 하는 인간적 가치가 존재하는가? 있다고 하면 우리는 도대체 무엇을, 어떤 것을, 누구를 따르며, 그리고 어떻게 따르고 있는가. 무릇 원래 그리고 애당초 따른다는 것은 나보다 나은, 나에게 없는, 그런 무언가를 그런 누군가를 따르는 것이다. 그를, 그것을 추종하고 뒤따르는 것이다. 받아들이는 것이다. 수용하는 것이다. 그렇게 할 만한 무언가에 대한 윤리적 태도가 바로 '따름'인 것이다. 그런데 어떤가. 우리는 이를테면 공자 같은 사람을, 그의 말들을, 그의 가치를, 그의 사상을 따르고 있는가? 부처는, 소크라테스는, 예수는 어떤가. 물론 표방하는 사람은 없지 않다. 아니, 많다. 그러나 공자 자신이 그들을 본다면 아마도 '모두 문에도 이르지 못했다'(皆不及門也)고 말하지 않을까. 오늘날 우리에게는 공자적 지향이 없다. 가치와 철학은, 더 이상 '따름'의 고려 대상이 되지 못한다. 꼭 공자가 아니더라도 그럴 만한 '인물'들도 우리의 주변에서는 거의 눈에 띄지 않는다. 따르고 싶어도 따를 만한 사람이 없다. 등대도 꺼지고 세상이라는 바다는 온통 암흑천지다.

수많은 사람들이 오직 이익을 위해 패거리와 계파를 만들고 그 각각의 보스를 추종한다. 그런 것은 어디에서나 넘쳐 난다. 어떤 사람들은 심지어 말도 안 되는 정치체제를 추종하기도 한다. 게다가 극악무도한 테러집단을 추종하는 이들도 엄존한다. 탈레반에서 IS로 이어지며 그들은 가공할 세력을 구축했다. 그들은 전 세계와 전 인류를 공공연하게 위험으로 몰아간다. 그런 따름 혹은 그런 추종은 곧 악에 다름 아니다. 그런데 그것이 전부인 것도 아니다. 가장 무서운 것은 이제 온 인류가 오로지 하나, '돈'을 절대적인 가치로 추종한다는 것이다. 오늘날 돈은 거의 '군주'이고 거의 '신'이다. '면종복배' 같은 것도 있으련만 돈에게는 그런 것도 해당 없어 보인다. 거의 모두가 '절대복종'에 근접해 있다. 그래도 우리가 인간인데 그냥 이대로 갈 수는 없다. 그래서 나는 공자를 다시 불러낸다. 그리고 그의 '종'을 다시금 헤집어 본다. 거기서 작은 빛을 발견한다. "나는 내가 좋아하는 바를 따르겠다." "선을 따르겠다."

내가 무슨 선동가나 혁명가는 아니지만 기분만은 그렇게 선두에서 서서 한번 외쳐 보고 싶다. "시대를 염려하는, 그리고 인간을 염려하는 선한 자들아. 모두들 일어나 공자를 따르자!"

참고

《논어》에는 '종從'에 관해 다음과 같은 말들도 발견된다. 의미의 맥락이 이상과는 조금씩 다르다. 상론하지 않지만 도움 될 게 많으니 참고 바란다.

0204 子曰, "吾十有五而志于學, 三十而立, 四十而不惑, 五十而知天命, 六十而耳順, 七十而從心所欲不踰矩."
"나는 열다섯에 배움에 뜻을 두었고 서른에 정립되었으며 마흔이 되어서는 현혹되지 않았고 쉰이 되어 천명을 알게 되었고 예순이 되어서는 귀에 거슬림이 없었으며 일흔이 되어서는 마음이 하고 싶은 대로 따르더라도 법도를 넘지 않았다."

0213 子貢問君子. 子曰, "先行其言而後從之." 자공이 군자에 관해 묻자 선생님께서 말씀하셨다. "먼저 그

말을 행하고 나서 그 말을 좇는다."

0323 子^자語^어魯^로大^대師^사樂^악, 曰^왈, "樂^악其^기可^가知^지也^야, 始^시作^작, 翕^흡如^여也^야, 從^종
之^지, 純^순如^여也^야, 皦^교如^여也^야, 繹^역如^여也^야, 以^이成^성." 선생님께서 노
나라의 악사장에게 말씀하셨다. "음악은 알 수 있
습니다. 처음 시작할 때에는 흩어진 것들이 모이는
듯하고 따르다 보면 조화가 이루어지고 명료해지
고 찬연해지니 이로써 이루어지는 것입니다."

0418 子^자曰^왈, "事^사父^부母^모幾^기諫^간, 見^견志^지不^부從^종, 又^우敬^경不^불違^위, 勞^노而^이不^불怨^원."
"부모를 섬김에 있어서는 간곡히 건의하고 수용하
지 않으려 하시더라도 여전히 존경하고 거스르지
않아야 하며 애는 쓰되 원망하지는 말아야 한다."

0608 季^계康^강子^자問^문, "仲^중由^유可^가使^사從^종政^정也^야與^여?" 子^자曰^왈, "由^유也^야果^과, 於^어
從^종政^정乎^호何^하有^유?" 曰^왈, "賜^사也^야可^가使^사從^종政^정也^야與^여?" 曰^왈, "賜^사也^야達^달,
於^어從^종政^정乎^호何^하有^유?" 曰^왈, "求^구也^야可^가使^사從^종政^정也^야與^여?" 曰^왈, "求^구也^야
藝^예, 於^어從^종政^정乎^호何^하有^유?" 계강자가 물었다. "중유(仲由)에
게 정사를 맡길 수 있겠습니까?" 선생님께서 말씀
하셨다. "유는 과단성이 있습니다. 정사를 맡는 데
에 무슨 문제가 있겠습니까?" 계강자가 물었다. "사
(賜)에게 정사를 맡길 수 있겠습니까?" 선생님께서
말씀하셨다. "사는 능란합니다. 정사를 맡는 데에
무슨 문제가 있겠습니까?" 계강자가 물었다. "구
(求)에게 정사를 맡길 수 있겠습니까?" 선생님께서
말씀하셨다. "구는 재능이 많습니다. 정사를 맡는 데
에 무슨 문제가 있겠습니까?"

2002 　子張問於孔子曰, "何如斯可以從政矣?" 子曰, "尊五
美, 屛四惡, 斯可以從政矣." 子張曰, "何謂五美?" 子
曰, "君子惠而不費, 勞而不怨, 欲而不貪, 泰而不驕,
威而不猛." 子張曰, "何謂惠而不費?" 子曰, "因民之
所利而利之, 斯不亦惠而不費乎? 擇可勞而勞之, 又
誰怨? 欲仁而得仁, 又焉貪? 君子無衆寡, 無小大, 無
敢慢, 斯不亦泰而不驕乎? 君子正其衣冠, 尊其瞻視,
儼然人望而畏之, 斯不亦威而不猛乎?" 子張曰, "何
謂四惡?" 子曰, "不敎而殺謂之虐, 不戒視成謂之暴,
慢令致期謂之賊, 猶之與人也, 出納之吝謂之有司."

자장(子張)이 공자께 물었다. "어떻게 하여야 가히
정사에 종사할 수 있겠습니까?" 선생님께서 말씀
하셨다. "다섯 가지 아름다움을 존중하고 네 가지
나쁜 점을 물리치면 가히 정사에 종사할 수 있다."
자장이 말했다. "무엇이 다섯 가지 아름다움입니
까?" 선생님께서 말씀하셨다. "군자가 혜택을 주지
만 헛수고는 하지 않으며 애를 쓰지만 원망을 하지
않으며 바라지만 탐하지는 않으며 당당하지만 교
만하지는 않으며 위엄이 있지만 사납지는 않은 것
이다." 자장이 말했다. "어떤 게 혜택을 주지만 헛수
고는 하지 않는다는 것입니까?" 선생님께서 말씀
하셨다. "백성이 이로운 바에 따라 이롭게 하는 것
이 곧 혜택을 주지만 헛수고는 하지 않는 것이 아
니겠느냐? 애쓸 만한 것을 택하여 애를 쓰니 또한

누가 원망할 것이냐? 어짊을 바라 어짊을 얻었는데 또 무엇을 탐하겠느냐? 군자는 사람이 많든 적든 사람됨이 크든 작든 감히 오만하게 대함이 없으니 이 또한 당당하지만 교만하지 않은 것이 아니겠느냐? 군자는 자신의 의관을 바르게 하고 그 시선을 존엄히 하면 장중하여 남들이 우러르고 두려워하니 이것이 또한 위엄이 있지만 사납지는 않은 것이 아니겠느냐?" 자장이 말했다. "무엇이 네 가지 나쁜 점입니까?" 선생님께서 말씀하셨다. "가르치지 않고 죽이는 것을 일컬어 잔학함이라 하고 미리 계고 戒告하지 않고 잘된 결과만 보려는 것을 일컬어 횡포함이라 하며 허술히 지시해 놓고 기한을 독촉하는 것을 일컬어 괴롭힘이라 하고 똑같이 나누어 주는 일에서도 출납을 인색하게 하는 것을 일컬어 유사有司라 한다."

1313 子曰, "苟正其身矣, 於從政乎何有? 不能正其身, 如正人何?" "진실로 자기 자신을 바르게만 한다면 정치에 종사함에 있어 무엇이 더 필요하겠느냐? 자기 자신을 바르게 하지 못한다면 어떻게 남을 바르게 하겠느냐?"

주 周

아우름에 대하여

    우리 같은 교수들에게는 이른바 '전공'이라는 것이 있다. 대개는 박사학위 논문의 주제로 그것을 말하곤 한다. 그렇게 보면 나는 현상학 내지 하이데거철학으로 학위논문을 썼으니 '서양 현대철학'이 전공인 셈이다. 그런데 나는 요즘 대학원에서 《논어》를 텍스트로 삼아 공자의 철학을 강의한다. 전공과는 정반대인 '동양 고대철학'을 하고 있는 것이다. 이 재미가 여간 쏠쏠한 게 아니다. 다행히 원생들도 이것을 엄청 좋아해 주고 있는 것 같아 고마울 따름이다.

    사실 나는 거의 전천후로 공부하고 그리고 가르치는 편이다. 심지어는 '인생론' 같은 과목도 가르친다. 거기서는 철학은 물론 문학과 역사도 건드린다. 영화와 드라마도 오케이다. 불교와 기독교도 당연히 포함된다. 의미 있는 거의 모든 것을 아우르는 셈이다. 만일에 전공인 '서양 현대철학'에만 치우친다면 그 모든 의미들을, 그 아까운 것들을 다 놓치고 말 것이다.

그런데 이런 일에 대해 눈에 쌍심지를 돋우는 사람도 없지 않다. 자기의 좁은 틀에 갇혀 그 바깥을 도무지 인정하려 들지 않는다. 내가 종사하는 '철학'만 하더라도, 자기의 분야와 다른 철학은 아예 철학으로 인정조차 않으려는 경향마저 있다. 독불의 형이상학과 영미의 분석철학도 서로 그렇게 상대를 인정하지 않고 으르렁댄다. 내가 보기에는 전자도 후자도 다 제각각 고유한 의미가 있다. 나는 둘 다를 철학으로 인정하고 아우른다. 하얀 백합과 빨간 장미는 너무도 다르지만 둘 다 결국은 똑같이 아름다운 꽃이 아니던가. 어느 하나만 꽃이라면 다른 하나는 아깝게 버려진다.

조금 낯설지 모르겠지만 공자에게도 이러한 '아우름'의 철학이 있다. 엥? 그런 게 있어? 있다. 《논어》 제2장의 저 유명한 말이 바로 그렇다.

0214 子曰, "君子 周而不比 小人 比而不周" "군자는 두루 아우르며 치우쳐 가리지 않는다. 소인은 치우쳐 가리며 두루 아우르지 않는다."

홀륭한 인간인 '군자'와 고약한 인간인 '소인'을 대비시키는 전형적인 공자식 발언이다. 이 발언에서 핵심은 '주周'와 '비比'다. 공자는 '주'를 높이 보고 '비'를 낮게 본다. 당연하지만 그의 이 발언은 '주'를 장려하고 '비'를 경계한다. 이것이 그의 윤리학인 것이다. 아우름의 철학이다. 그런데 정작 중요한 것은 이 '주'와 '비'의 의미다. 도대체 '주'와 '비'는 어떤 상태를 말하는 것일까. 전후 맥락은 단절돼 있고 설명도 없다. 의미는 불분명하다. '주'는 주변, 주위, 주지 등의 형태로 지금도 그 의미가 통용된다. '비'는 비교·비례·비견 등의 형태로 그 의미가 살아 있다. 그런데 '주'는 일단 기본적으로 '두루'라는 의미가 맞지만, '비'가 좀 문제다. 지금 통용되는 것처럼 '견준다'는 의미로는 문맥이 자연스럽게 통하지를 않는 것이다. 그래서 나는 그 옛날 학생시절부터 이 말의 해석으로 고민을 많이 했다. 이런저런 책들을 봐도 완전히 만족할 만한 해석은 별로 없었다. 그래서 서양철학 전공답게 가다머의 이른바 '해석학'을 참고하면서 저 유명한 '지평융합'(Horizontverschmelzung)으로서의 '이해'를 시도해봤다. (그 자세한 설명은 아쉽지만 생략한다.) 그 결과 나는 이 글자를 '치우침'으로 풀이하기로 했다. 그러면 의미가 통한다. '비'라는 글자 자체가 애당초 양쪽을 다 갖추지 못하고 한쪽으로만 치우쳐 있는 모양새다. 지금의 상황에서도 이런 문제적 현상은 어디에서나 눈에 띈다.

'주'는 두루 아우르는 것이고 '비'는 치우쳐 가리는 것이다. 그러므로 일부 해석에서 보이는 '총체적' '편파적'이라는 것은 타당한 표현이 될 수 있다. 단, 일부 해석에서 보이는 것처럼 이것이 사람을 사귀는 것에만 국한되지는 않는다. 그런 설명은 공자의 발언 어디에도 없다. 그러니 그렇게 함부로 의미를 축소시켜서는 안 된다. 생각이나 발언이나 행위나 공부나 하여간 삶의 태도 전반에 걸쳐 이 말은 해당된다.

공자는 인간(들)의 '문제적 상태'를 인식하며 그것을 시정하고자 애썼던 철학자였다. (군자는 그 대치점에 있는 인간의 이상형이다.) 이 발언도 그런 맥락이다. 그는 '치우쳐 가리는' 소인배들의 삶의 모습을 문제로서 지적한 것이다. 그렇게 살지 말고 군자답게 '두루 아우르는' 삶을 살아야 한다는 윤리를 강조한 것이다. "군자는 두루 아우르고 소인은 치우쳐 가린다."

지금 우리의 현실은 어떤가. 사람들은 거의 대부분 너무나 소인적이다. 한쪽으로만 기울어 있고 치우쳐 있고 쏠려 있다. 자기와 다른 반쪽은 '둘레' 안에 넣어 주지를 않는다. 두루 아우르지 않는다. 나머지 반쪽은 '그들'이고 '우리'가 아니다. 아니, 아예 '적'이다. '원수'다. 그렇게 으르렁댄다. 그 나머지 반쪽에 대한 차별과 배제는 거의 보편적 현상이 되어버렸다. 그렇게 우리는 지금 남북이 대결하고 있고 동서가 대결하고 있고 상하가 대결하고 있고 좌우가 대립하고 있고 이젠 남녀도 노소도 대결하고 있다. 계파나 파당의 대립은 거의 망국적이다. 인간관계의 작은 그룹에서도 이런 치우침과 기울어짐과 편가르기는 발견된다. 그것이 다 공자가 말한 저 '비比'인 것이다. ('주'파가 아닌 '비'파는 저 베이컨이 말한 '동굴의 우상'[idola specus]을 섬기고 있다. 그런 그들이 바로 저 '왕따'나 '이지메' 같은 문제도 일으킨다. '치우침'은 위험하다. 배도 하중이 한쪽으로 치우치면 기울어 가라앉고, 영양도 편식해 한쪽으로 치우치면 결국 건강을 해친다. '두루두루' '골고루'는 그래서 가치가 되는 것이다. 개인뿐만 아니라 정치에서도 마찬가지다.)

이런 편가르기와 치우침은 비단 우리나라만의 문제도 아니다. 외국인들 혹은 국가간인들 그런 게 없겠는가. 그러나 우리는 참고해야 한다. 20세기 후반의 현대 프랑스 철학에서는 이른바 '2분법'의 지적과 그 극복이 하나의 공통된 기류를 형성했었다. 여기서는 간단히밖에 설명할 수 없지만, 이를테면 레비스트로스는 '문명과 야만'의 이분법, 푸코는 '정상과 비정상'의 이분법, 데리다는 '중심과 주변'의 이분법, 리오타르는 '거대서사와 소서사'의 이분법(보드리야르는 '원본과 사본'의 이분법, 세르는 '숙주와 기식자'의 이분법)을 날카롭게 지적하고 그 해체와 극복을 설파했다. 치우치지 말고 아우르자는 것이다. 배제하지 말고 품자는 것이다. 최소한 한쪽으로 문제가 있다는 것이다. 2,500년의 시간을 넘어 공자와 포스트모더니즘은 이렇게 통하고 있다. (15세기의 저 니콜라우스 쿠자누스가 말한 '대립자의 일치'[coincidentia oppositorum]도 같은 취지에서 서로 통할 수 있다.)

생각도 언어도 행위도 삶도 우리는 '두루 아울러야' 한다. 두루 아우른다는 것은 작은 혹은 좁은 의미의 '나'나 '우리'의 바깥에 있는 사람들, 그들을 이해하고 품어서 테두리(周) 안에 넣어 주는 것을 말한다. 이쪽이나 저쪽이나, 어찌 장점이 없고 단점이 없겠는가. 사람이 신이 아닌데 어찌 완벽할 수 있겠는가. 그 장점가능성과 단점가능성을 다 인정하고 서로 존중하고 함께 하는 것이 공자의 저 '주이불비周而不比'에 다름 아닌 것이다.

놀랍게도 공자의 이런 철학의 최고 실천자는 저 예수 그리스도와 석가모니 부처다. 알다시피 그리스도는 유대 선민에만 치우치지 않고 선한 자에게만 치우치지도 않고 이방인과 세리와 도둑 같은 죄인까지도 다 끌어안았다.

심지어 '온 인류'의 죄를 대속하기 위해 십자가에서 피를 흘렸다. 이만한 '주周'가 또 어디 있는가. 그리고 역시 알다시피 부처는 '모든 중생'을 구제하고자 대자대비심을 품고 마하야나(대승, 큰 수레)를 굴렸다. 이런 주이불비! 그런데 현실은 어떤가. '두루'는커녕 심지어 이런 훌륭한 분들조차도 아우르지 못하고 (자신의 좁은) 굴레 바깥으로 밀어내는 '편파적인' '치우친' '기울어진' '쏠려 있는' 사람들이 우리 주변에는 너무나 많지 않은가. 심지어 히틀러 같은 이는 이런 치우침으로 세계대전까지도 일으키지 않았던가.

어쩌면 나의 이런 해석조차도 아우르지 못하고 어떤 치우친 공자학자는 '어허, 서양철학을 한 자가 쥐뿔도 모르고 감히…' 하며 지탄을 할지도 모르겠다.

VIII

重重 및 위威

무거움/진중함 및 위엄/권위에 대하여

"영원회귀가 가장 무거운 짐이라면 우리의 삶은 모든 즐거운 가벼움 속에서 그것에 맞설 수 있어. 그렇지만 진정 무거움은 비참하고, 가벼움은 즐거운 것일까?"

한때 우리나라에서도 크게 화제가 되었던 밀란 쿤데라의 소설,《참을 수 없는 존재의 가벼움》이 던지는 결코 가벼울 수 없는 철학적 화두다. 이 화두는 젊은 시절의 나에게도 때때로 짙은 그림자를 드리우곤 했었다. 나는 지금도 그것을 기억한다. 그런데 오랜 기간 철학에 종사해 오면서, 그리고 여러 쉽지 않은 입장들의 대립을 경험하면서, 내가 나름대로 도달한 하나의 지점이 있다. 나는 그것을 '철학적 공화주의'라 부르곤 한다. 대립되는 입장 각각의 고유한 긍정적 의미를 지적하며 그 양자를 동시에 인정하는 것이다. 비록 그것들이 서로 모순된다 할지라도 살벌한 투쟁과 어느 일방의 피흘림으로 끝나는 절멸보다는 모순의 평화적 공존과 그런 가운데서 지칠 때까지 토론하며 이성적 해결 혹은 조정을 도모하는 깃이 차라리 낫다고 나는 보았기 때문이다. 이른바 성선설과 성악설, 창조론과 진화론, 관념론과 실재론, 자유론과 결정론, … 등을 나는 그렇게 넘어섰다.

'무거움과 가벼움'에 대해서도 나는 그런 공존을 지지하는 편이다. 그 어떤 삶이 무겁기만 하고 가볍기만 할 수 있겠는가. 또 그 삶을 영위하는 사람이 어찌 무겁기만 하고 가볍기만 할 수 있겠는가. 누군가는 무겁고 누군가는 가볍고, 또 어떤 때는 무겁고 어떤 때는 가볍다. 또 어느 부분은 무겁고 어느 부분은 가볍다. 그게 진실이다. 또 그래야만 한다. 그게 당위다. 이것도 나의 '철학적 공화주의'다.

그러나 '참을 수 없는 존재의 가벼움'이라는 쿤데라의 표현은 그 자신의 논의 내용와 무관하게 '철학적 공화주의'라는 일종의 모범답안에서 우리의 사유를 한 걸음 더 나아가게 만든다. 현실에는 '참을 수 없는 가벼움' 그런 것도 명백히 존재하기 때문이다. '참을 수 없는' 것이기 때문에 그 어떤 '가벼움'은 그것대로 논의되고 그리고 극복될 필요가 있다.

'사람의 가벼움'이 그 대표적인 것 중 하나다. 다이어트 이야기는 물론 아니다. '생각과 언행과 삶의 가벼움'이 그런 것이다. '지知-정情-의意 혹은 인품의 가벼움'이 그런 것이다. '무거움'이 완전히 실종된 그런 가벼움이다. 그런 사람이 있다. 아니 많다. 그게 우리의 시대적 특징이기도 하다. 이른바 '사람의 무게'가 사라진 가벼움, 그런 가벼움은 분명 문제가 있다.

물론 '가벼움'의 본질이 무엇인지는 그리 쉬운 주제만은 아니다. 그러나 일단 '무거움'의 결여는 기본으로 지적되지 않으면 안 된다. 무거움은 사람의 한 덕목으로서 요구된다. 저 유명한 공자도 이것을 언급한 적이 있다. 《논어》 제1장에서 그는 이렇게 말한다.

0108 子曰, "君子不重則不威. 學則不固. 主忠信. 無友不如己者. 過則勿憚改." "군자는 무겁지 않으면 위엄이 없다. …"

"군자 부중즉불위君子不重則不威, …"(군자는 무겁지 않으면 위엄이 없다…)라고 그는 단언한다. 무겁다는 의미의 '중重'은 공자의 발언으로서는 《논어》 전편을 통틀어 딱 한 번 등장한다. 그러나 딱 한 번이라고 그의 이 말이 덜 무거운 것은 아니다. '군자'는 물론 그가 거듭거듭 강조하는 이상적인 인간상이다. 그런데 정작 그 무거움이 어떤 것인지에 대해서는 별 설명이 없다. 다짜고짜 이렇게 말한다. 군

자는 무거워야 한다…. '무겁지 않으면 위엄이 없다'는 것
이다. 그러니 그가 말하는 무거움은 '위엄'(威)(혹은 권위)이
라는 것과 연관돼 있다. 군자는 위엄이 있어야 하고 그러
기 위해 무게가 있어야 한다는 말이다. 그렇다면 위엄이
란 또 무엇인가. 다른 곳에서 그는 이것을 '사나움'(猛)이
라는 것과 대비시키고 있다. 이른바 '위이불맹威而不猛'이
다. '위엄이 있으나 사납지는 않다'는 것이다. 이것은 제자
들의 눈에 비친 공자 자신의 모습이기도 했던 것 같다.

0738 子溫而厲, 威而不猛, 恭而安. 선생님께서는 온화하면서
도 엄격하셨고, 위엄이 있었지만 사납지는 않으셨으며,
공손하면서도 편안하셨다.

　　이건 대체 어떤 모습일까. 요즘 식으로는 일단 '권위가
있으나 권위적이지는 않다' 정도로 이해해도 좋을 것 같
다. 위엄과 사나움, 이 두 가지는 언뜻 비슷해 보이지만
실은 전혀 다르다는 말이다. 공자는 이런 식의 대비를 아
주 즐겨한다. 그런 대비를 통해 진정으로 중요한 가치를
강조하고 그 역을 경계하는 것이 전형적인 그의 어법이
다. 그렇다면 '위엄이 있되 사납지 않다'는 것은 어떤 뜻
인가. 그는 이렇게 설명한다.

2002 子張問於孔子曰, "何如斯可以從政矣?" 子曰, "尊五美,
屏四惡, 斯可以從政矣." 子張曰, "何謂五美?" 子曰, "君
子惠而不費, 勞而不怨, 欲而不貪, 泰而不驕, 威而不猛."
子張曰, "何謂惠而不費?" 子曰, "因民之所利而利之, 斯
不亦惠而不費乎? 擇可勞而勞之, 又誰怨? 欲仁而得仁,
又焉貪? 君子無衆寡, 無小大, 無敢慢, 斯不亦泰而不驕
乎? 君子正其衣冠, 尊其瞻視, 儼然人望而畏之, 斯不亦
威而不猛乎?" […] 자장(子張)이 공자께 물었다. "어떻게

하여야 가히 정사에 종사할 수 있겠습니까?" 선생님께

서 말씀하셨다. "다섯 가지 아름다움을 존중하고 네 가

지 나쁜 점을 물리치면 가히 정사에 종사할 수 있다."

자장이 말했다. "무엇이 다섯 가지 아름다움입니까?"

선생님께서 말씀하셨다. "군자가 혜택을 주지만 헛수고

는 하지 않으며 애를 쓰지만 원망을 하지 않으며 바라

지만 탐하지는 않으며 당당하지만 교만하지는 않으며

위엄이 있지만 사납지는 않은 것이다." 자장이 말했다.

"어떤 게 혜택을 주지만 헛수고는 하지 않는다는 것입

니까?" 선생님께서 말씀하셨다. "[…] 군자는 자신의 의

관을 바르게 하고 그 시선을 존엄히 하면 장중하여 남

들이 우러르고 두려워하니 이것이 또한 위엄이 있지만

사납지는 않은 것이 아니겠느냐?" […]

'사람들이 우러르고 두려워하는 것'(人望而畏之)을 그는 아마도 가치 있는 일로 여겼던 것 같다. '위이불맹威而不猛'이면 그렇게 된다는 것이다. 이런 가치관에 시비를 걸자면 걸릴 수도 있겠으나, 요즘처럼 사람이 사람을 우러르기는커녕 내리 깔보고, 두려워하기는커녕 함부로 대하는 것을 고려하면 우러르고 두려워하는 것이 가치가 아니라고는 말할 수 없다. 그런 가치를 위해서 그가 제시하는 조건이 '정기의관正其衣冠'(의관을 바르게 하는 것)과 '존기첨시尊其瞻視'(시선두기를 높이 하는 것)이다. '위엄'과 얽힌 문맥상으로 볼 때 이것이 '무거움'과 무관하지는 않아 보인다. 더욱이 '무거움'에 대한 직접적인 설명이 전혀 없으니 비슷한 맥락에서 언급되는 이것을 우리는 아쉬운 대로 무거움의 설명으로 삼을 수가 있다. 그런데 왜 하필 '정기의관'이고 '존기첨시'일까. 왜 이것이 무거움과 연결되는 것일까. 나의 해석은 이렇다. 정기의관은, 실은 자기 자신의 내면의 자세를 올바르게 가다듬는 것이다. 그것의 상징이다. 삐딱하게 아무렇게나 함부로, 그렇게 생각하지 않고 그렇게 말하지 않고 그렇게 행동하지 않고 그렇게 살지 않는 것이다. 그게 정기의관이다. 단순히 옷차림새만 말하는 게 아닌 것이다. 한편 존기첨시는, 자기 바깥의 존귀한 (가치 있는) 그 무언가를 바라보는 것이다. 고귀한 일에 관심을 두는 것이다. 그것을 그는 '시선두기를 드높인다 (높이 한다)'고 표현하는 것이다. 말하자면 정기의관은 자기의 안에 대한 태도고 존기첨시는 자기의 바깥에 대한 태도다. 공자의 이런 발언에 우리는 탄복하지 않을 수가 없다.

우리가 자기 스스로를 어떻게 다잡는가, 우리의 시선이 무엇을 바라보는가, 바로 이것이 한 인간의 무거움을, 무게를, 위엄을, 권위를 결정하는 것이다. 공자의 눈에 비친 당시의 사람들은 아마도 무겁지 못했을 것이다. 그래서 그는 이런 말을 했을 것이다. 경박하고 천박한 사람들이 그득했을 것이다. 그렇다면 지금은 어떤가. 우리는 자기 자신의 모습이 올바른지 어떤지 관심이나 있는 걸까? 틈만 나면 거울을 보지만 거기에 자신의 내면을 비쳐 보는 경우는 과연 얼마나 될까? 또 지금 우리는 도대체 무엇을 보고 있는 걸까? 어디에 우리의 시선을 두고 있는 걸까? 먹는 것, 입는 것, 재미있는 것, 돈 되는 것, (그런 것이 의미없는 것은 물론 아니지만) 그런 것 말고 다른 어떤 것에 우리는 관심을 두고 있는 걸까? 일상을 넘은 어떤 고귀한 것, 이를테면 오랜 세월 인간의 정신에 영양을 공급해온 이른바 인문학, 문학-역사-철학 그런 것에 시선을 보내는 이는 지금 도대체 어떤 처지에 놓여 있는 걸까?

그 모든 것이 요즘은 거의 깃털처럼 가볍게 취급된다. 시대의 거의 모든 눈길이 이제 그런 것을 외면하고 있다. 대학에서조차 그런 것들의 신세는 처량하기가 짝이 없다. '존기첨시'라는 말은 마치 비눗방울처럼 가볍게 떠돌다가 흔적도 없이 사라진다. 그 결과가… 지금 우리가 주변 어디에서나 목도하고 있는 '사람의 가벼움'이다. 참을 수 없는 사람의 가벼움이다. 이런 시대의 연장선에는 또 어떤 기상천외한 장면이 우리 인류를 기다리고 있을까? 위엄 있는 군자까지야 바랄 수도 없겠지만 그래도 최소한 '인간'으로서 보아야 할 가치들을 바라보려는, 바라볼 줄 아는 그런 시선들을 위해 나는 오늘도 공자를 들먹이며 '가치'의 깃발을 흔들어 본다.

지 知

알아줌에 대하여

"날 좀 보소오, 날 좀 보소오, 날 조옴 보소오오, …" 이 노래처럼 사람들은 누구나 남이 자기를 봐주기를, 알아주기를, 바라고 있다.

페이스북(facebook)이라는 것이 있다. 나는 개인적으로 이것을 별로 좋아하지 않으나[20] 이것이 21세기 초반의 한 문화적-사회적 현상임은 부인할 수 없어 보인다. 거의 전 세계를 장악하고 있다. 거기에 '좋아요'(I like)라는 버튼이 있다. 그 클릭 횟수에 목을 매는 사람이 하나둘이 아니다. 자기가 올린 글 하나, 사진 하나에 사람들이 반응해주는 것을 거의 삶의 의미로 여기기도 한다. 또 그 댓글에 따라 일희일비한다. 남(들)이 나를 '알아주기'를 바라는 심리가 그 핵심에 있다. 사람이 사람을 알아준다는 것, 알아주지

---

20 '유튜브Youtube'는 엄청 좋아하고 엄청 높이 평가한다. IT와 등진 인간은 아니다.

않는다는 것, 거기에 어떻게 반응해야 하는가 하는 것, 그 것은 하나의 철학적 주제가 된다. 특히 '내가 남을', '남이 나를' 알아주는 문제는 더욱 그렇다. 그 행간에 하나의 주 목할 만한 가치가 숨어 있다.

공자는 이런 문제를 날카롭게 들여다본 철학자였다. 그가 한 말 중에 이런 것이 있다.

0101 子曰, "學而時習之, 不亦說乎? 有朋自遠方來, 不亦樂乎? 人不知而不慍, 不亦君子乎?" "배워서 때에 따라 익히니 또한 기쁘지 않으냐? 벗이 있어 멀리서 찾아오니 또한 즐겁지 않으냐? 남이 알아주지 않아도 붉히지 않으니 또한 군자가 아니냐?"

또, 《논어》에 보면 유사한 발언들이 여럿 눈에 띈다.

0116 子曰, "不患人之不己知, 患不知人也." "남이 자기를 알 아주지 않음을 (마음) 아파할 게 아니라, 내가 남을 알지 못하는 것을 아파할 일이다."

0414 子曰, "不患無位, 患所以立. 不患莫己知, 求爲可知也." "위상이 없음을 아파하지 말고 어떻게 하면 설 것인가 를 아파하여라. 아무도 나를 알아주지 않음을 아파하지

말고 알아줄 만큼 되기를 구하여라."

1430 子曰, "不患人之不己知, 患其不能也." "남이 나를 알아주지 않음을 아파할 게 아니라 자신이 능히 그리하지 못함을 아파하여라."

1519 子曰, "君子病無能焉, 不病人之不己知也." "군자는 자신의 무능함에 대해 부심할 뿐 남이 나를 알아주지 않는 것에 대해 부심하지 않는다."

알 만한 사람은 다 아는 유명한 이야기다. 그러나 과연 우리는 그의 이 말을 제대로 아는 걸까? 그의 다른 말들이 거의 다 그렇듯이 이 말의 진정한 철학적 의미를 제대로 새겨보는 사람은 그다지 많지 않다. 말 자체야 무엇 하나 어려운 것이 없다. "남이 알아주지 않아도 붉히지 않으니 또한 군자가 아니냐!" 그런 뜻이다. '군자'란 설명하자면 길어지지만 일단 '제대로 훌륭한 사람' 정도로 정리해 두자. 이건 인간에 대한 공자의 이상이었고 지향점이기도 했다. 그는 사람들이 이런 군자가 되기를 희망했고 권고했다. 그런데 내가 늘 강조해서 하는 말이지만, (이 말을 뒤집어 읽어 보면) 그가 그토록 이 말을 거듭 강조했다는 사실 자체가 그만큼 세상에 군자라고 할 만한 사람이 없었다는 방증이기도 하다. 그렇다면 대체 어떤 사람이 그런 '제대로 훌륭한 사람'인가. 공자의 요구사항은 이것저것 많다. 논어의 이곳저곳에 나오는 군자 관련 말들이 다 어떤 식으로든 그 요구사항 내지 조건들인 셈이다. 그중 하나가 바로 이 말, 즉 '남이 알아주지 않아도 붉히지 않는 것'이다. ('불역不亦'[또한 … 아니냐]이란 말이 바로 이것이 그 '여러' 조건 중의 하나임을 지시한다.)

그렇다면 한번 생각해 보자. 공자는 왜 이것을 군자의 조건으로 제시한 것일까. 나에게는 그의 안타까운 마음이 훤히 보인다. 그는 아마도 남이 알아주지 않는다고 해서 붉히는 사람, 속으로 화를 내는 사람, 그런 사람을 여럿 보았을 것이다. 세상에는 그런 사람이 넘쳐 난다. 지금이라고 다를 바가 있을까? 천만에. 공자 때보다 더하면 더했지 덜할 것이 없다. 길거리에서 남이 무시하는 표정으로 자기를 쳐다봤다고 화를 못 참아 주먹질을 하고 칼부림을 하고 심지어 불을 지르는 사람들도 드물지 않다. 요즘 뉴스의 단골메뉴가 되는 이른바 보복운전도 다 그런 부류다. 저 여의도의 정치하는 분들도 다 그 '이온而慍'(붉힌다)의 모범사례다. 이른바 정치보복은 그 전형 중의 하나다. 공자는 그런 한심한 행태를 군자가 지양해야 할 악덕의 하나로 꼽았다. 물론, 보통 사람의 입장에서 보면 공자의 이런 기준은 좀 지나치게 높을 수도 있다. 남이 알아주지 않으면 붉히는 것이 (최소한 섭섭해 하는 것이) 인지상정 아닌가. 그건 그렇다.

하지만 이 말 속에는 하나의 숨은 뜻이 있다. 우리가 무엇을 하든 그 기준을 '남'에게 두지 말고, 나 자신 혹은 객관적인 그 무엇에다 두라는 공자의 권고인 것이다. '무소의 뿔처럼 혼자서 가라'는 말도 같은 부류다. 재미삼아 좀 속된 표현을 쓰자면 '쪼대로' '꿋꿋이' 그런 정신이 군자에게는 필요한 것이다. 거기엔 자기에 대한 확고한 신념이 전제가 된다. 그럴 때는 '남의 평가' '남의 알아줌' 여부에 좌우되지 않는 것이다. 그러면 붉힐 여지도 없는 것이다. 붉히기는커녕 소신을 위해 실제 목숨까지 걸었던 소크라테스, 보에티우스, 모어, 뵈메 등이 다 그런 존재들이다. 예수 그리스도는 그 정점에 있다. 우리가 어떤 식으로든 '제대로 훌륭함'이라는 것을 포기하지 않는다면 진지하게 고려해 볼 인물들이 아닐 수 없다.

그런데 공자의 이 말에는 또한 이런 사정도 숨어 있다. 즉 사람이 사람을 알아주지 않는 안타까움이 현실 속에 있다는 것이다. 이것을 나는 '아까움' '아낌'이라는 주제로 따로 논했다. 알아줄 만한 사람, 알아주어야 할 사람을 알아주지 않는 이 사회적 현상은 동서고금을 막론하고 거의 보편적이다. 공자의 노나라도 우리의 한국도 예

외가 아니다. 공자는 그것이 얼마나 안타까웠을까. 오죽
하면 그는 이런 말을 제자들에게 남겼을까. 공지씩이나
되는 인물도 사람들은 그다지 '알아주지' 않았다. (어떤 왕
들도 그를 제대로 등용하지 않았을 뿐 아니라, 어떤 사람은 심지어
그의 초라한 몰골을 '상갓집 개'[喪家之狗] 같다고도 묘사했다.) 이
시대의 수많은 인재들도 사람들은 '알아주지' 않는다. 무
시하고 흉도 보고 방해도 하고 심지어 해코지도 한다. 공
자와 문맥은 좀 다를지 몰라도 나는 이 '알아줌'이라는 것
도 하나의 도덕적 가치로 사람들에게 호소하고 싶다.

알아준다는 것은 나뿐만이 아니라 삶의 맥락에서 관계
를 갖게 되는 '상대방'을, 즉 타자를 내 행동의 내부에서
'고려' 혹은 '배려'한다는 것이다. 거기엔 타자에 대한 근
본적인 '존중'이 깔려 있다. 그의 마음을 들여다보는 것,
그의 상황 내지 사정을 들여다보는 것, 그의 능력을 들여
다보는 것, 그리고 무엇보다도 그의 아픔을 들여다보는
것, 그것이 곧 '알아줌'에 다름 아닌 것이다. 우리가 이것
을 나의 '도덕'으로 체화한다면, '붉히는' 일이 원천적으
로 있을 수 없고 나아가서는 온갖 다툼과 사건도 일어날
수 없다.

지금 우리에게는 이런 도덕에 대한 연습이 너무나 안
되어 있다. 모든 인간들의 가슴속에는 오로지 '나'만, '나

의 이익'만 있지, '남'의 존재는 아예 들어갈 틈도 없는 것 같다. '알아줌'이라는 꽃이 피어날 토양이 아예 없는 것이다. 그러면 우리의 마음도 우리의 세상도 삭막할 수밖에 없다.

'알아줌'이라는 이 아름다운 꽃을 우리는 어떻게 다시 사람들의 내면에 피워낼 수 있을까. 부모가 자식을 알아주고, 자식이 부모를 알아주고, 친구가 친구를 알아주고, 선생이 제자를, 제자가 선생을, 아내가 남편을, 남편이 아내를, 사장이 사원을, 사원이 사장을, 권력자가 국민을 국민이 권력자를, 소비자가 판매자·생산자를, 생산자·판매자가 소비자를… 그렇게 서로 알아주는 세상은 얼마나 아름다운 세상일까.

나 또한 이런 세상을 꿈꾸면서 오늘도 자판을 두드려 본다. 함께 깃발을 들어 줄 이 시대의 공자는 지금 어디서 무엇을 하고 있는 것일까. 그런 사람이 너무 그리운 요즈음이다.

참고

1124 子路曾晳冉有公西華侍坐. 子曰, "以吾一日長乎爾,
毋吾以也. 居則曰, '不吾知也!' 如或知爾, 則何以
哉?" 子路率爾而對曰, "千乘之國, 攝乎大國之間, 加

지이사려　인지이기근　유야위지　비급삼년　가사
之以師旅, 因之以饑饉, 由也爲之, 比及三年, 可使

유용　차지방야　부자신지　구　이하여　대왈　방
有勇, 且知方也. 夫子哂之. "求! 爾何如?" 對曰, "方

육칠십　여오륙십　구야위지　비급삼년　가사족민
六七十, 如五六十, 求也爲之, 比及三年, 可使足民.

여기예악　이사군자　적　이하여　대왈　비왈능
如其禮樂, 以俟君子." "赤! 爾何如?" 對曰, "非曰能

지　원학언　종묘지사　여회동　단장보　원위소상언
之, 願學焉. 宗廟之事, 如會同, 端章甫, 願爲小相焉."

점　이하여　고슬희경이　사슬이작　대왈　이호삼
"點! 爾何如?" 鼓瑟希, 鏗爾, 舍瑟而作, 對曰, "異乎三

자자천　자왈　하상호　역각언기지야　왈　막춘
子者之撰." 子曰, "何傷乎? 亦各言其志也." 曰, "莫春

자　춘복기성　관자오륙인　동자육칠인　욕호기　풍
者, 春服既成, 冠者五六人, 童子六七人, 浴乎沂, 風

호무　영이귀　부자위연탄왈　오여점야　삼자자
乎舞雩, 詠而歸." 夫子喟然歎曰, "吾與點也!" 三子者

출　증석후　증석왈　부삼자자지언하여　자왈　역
出, 曾晳後. 曾晳曰, "夫三子者之言何如?" 子曰, "亦

각언기지야이의　왈　부자하신유야　왈　위국이
各言其志也已矣." 曰, "夫子何哂由也?" 曰, "爲國以

례　기언불양　시고신지　유구즉비방야여　안견
禮, 其言不讓, 是故哂之." "唯求則非邦也與?" "安見

방육칠십여오륙십이비방야자　유적즉비방야여
方六七十如五六十而非邦也者?" "唯赤則非邦也與?"

종묘회동　비제후이하　적야위지소　숙능위지대
"宗廟會同, 非諸侯而何? 赤也爲之小, 孰能爲之大?"

자로(子路)와 증석(曾晳)과 염유(冉有)와 공서화(公西華)가 선생님을 모시고 앉아 있을 때 선생님께서 말씀하셨다. "내가 너희들보다 나이가 조금 더 많으나 나를 대함에 있어서 그 점을 개의치 마라. 평소 말하기를 '나를 몰라준다'고 하는데 만약 누군가가 너희를 알아준다면 어떻게 하겠느냐?" 자로가 불쑥 나서 대답했다. "천승의 나라가 대국들 사이에 휘말려 군사 정벌에 시달리고 그로 인하여 기근에 허덕이더라도 제가 힘쓰면 대략 삼 년 안에 용기를 가질 뿐 아니라 그 타개책을 알게 할 수 있습니다." 선생님께서 빙긋이 웃으셨다. "구(求)야, 너는 어떠하냐?" 염유가 대답했다. "사방이 육칠십 리나 오륙십 리 되는 지역을 대상으로 제가 힘쓰면 대략 삼년 안에 백성들의 생활을 풍족하게 할 수 있겠지만 그 예악에 관해서는 군자의 도움을 기다려서 하고자 합니다." "적(赤)아, 너는 어떠하냐?" 적이 대답했다. "무엇을 할 수 있다고 말하지는 못하겠고 배우고 싶을 뿐입니다. 종묘의 일과 제후의 회동 시 예복과 예관을 갖추고 행하는 일에서 작은 보좌역이 되고 싶습니다." "점(點)아, 너는 어떠하냐?" 느리게 비파를 타다가 치렁하고 비파를 내려놓고 일어나 대답했다. "세 사람이 말한 바와는 다릅니다." 선생님께서 말씀하셨다. "무슨 상관이 있겠느냐? 각자 자기 뜻을 말하는 것이다." 점이 말했다. "늦은 봄에 봄옷이 다 되거든 어른 대여섯 명, 동자 예닐곱 명과 더불어 기수沂水에서 목욕하고 무우舞雩에서 바람을 쐬면서 읊조리며 돌아오는 것입니다." 선생님께서 깊이 탄식하며 말씀하셨다. "나는 점(點)과 함께하겠다." 세 사람이 나가니 증석이 뒤에 남아 있다가 말하였다. "저 세 사람의 말이 어떠합니까?" 선생님께서 말씀하셨다. "각자 자기 뜻을 말했을 따름이다." 증석이 말했다. "선생님께서는 어째서 유(由)의 말에 빙긋이 웃으셨습니까?" 선생님께서 말씀하셨다. "나랏일은 예로써 해야 함에도 그 말에 겸양하는 바가 없기에 웃은 것이다." "그러면 구(求)가 말한 것은 나랏일이 아닙니까?" "어떻게 사방이 육칠십

리나 오륙십 리라 하여 나라로 보지 않겠느냐?" "그러면 적(赤)이 말한 것은 나랏일이 아닙니까?" "종묘와 회동에 관한 것이니 제후의 일이 아니고 무엇이겠느냐마는 적이 작은 일을 하면 누가 능히 큰 일을 하겠느냐?"

1435 子曰, "莫我知也夫! 子貢曰, "何爲其莫知子也?" 子曰, "不怨天, 不尤人, 下學而上達. 知我者其天乎!" 선생님께서 말씀하셨다. "아무도 나를 알지 못하는구나!" 자공(子貢)이 말했다. "어찌 선생님을 알지 못하기야 하겠습니까?" 선생님께서 말씀하셨다. "하늘을 원망하지 않았고 사람을 탓하지 않았으며 아래로 배워 위에 달했다. 나를 아는 자는 저 하늘일 것이다!"

1439 子擊磬於衛, 有荷蕢而過孔氏之門者, 曰, 有心哉, 擊磬乎! 旣而曰, 鄙哉, 硜硜乎! 莫己知也, 斯己而已矣. 深則厲, 淺則揭. 子曰, 果哉! 末之難矣. 선생님께서 위나라에서 경磬을 치실 때 어떤 자가 삼태기를 지고 공씨의 집 문 앞을 지나가면서 말했다. "마음이 담겨 있구나, 경 치는 것이!" 얼마 있다가 또 말했다. "비속하구나. 저 깐깐한 소리! 아무도 자기를 알아주지 않아도 자기만으로 그치고 마는구나. '깊으면 옷을 입은 채로 건너고 얕으면 옷을 걷고 건넌다'고 하지 않았는가?" 선생님께서 말씀하셨다. "과감하구나! 어려움이 없겠다."

지知

앎/지혜에 대하여 1

"너 자신을 알라."(gnothi seauton) 소크라테스의 말이다.[21] "아는 것은 힘이다."(scientia est potentia) 프랜시스 베이컨의 말이다. 웬만한 사람은 다 아는 유명한 말이다. 하지만 이 말의 의미를 새겨보는 사람은 그다지 많지 않다. 두 사람 다 '앎'을 말하고 있다. 소크라테스는 앎의 대상 내지 내용을, 베이컨은 앎의 효용을 말한다. 각각 이 한마디 만으로 논문 한 편, 책 한 권을 쓸 만한 주제이지만 그쪽으로의 상론은 일단 좀 자제한다. '앎'이라는 것 자체를 한번 생각해 보기로 하자.

'앎'이라는 이 현상은 실은 인간들 누구나에게 보편적으로 있는 것, 그리고 요구되는 것이지만 사람들은 의외

---

21 소크라테스가 직접 이렇게 말한 것은 아니고 델포이 신전 벽에 누군가 적어 놓았던 현자 킬론의 말을 그가 언급하고 실천하였으므로 그의 말처럼 알려지게 되었다.

로 그 중요성을 잘 '알지' 못한다. 무릇 '아는 것'과 '모르는 것'은 천지 차이다. 그것은 사람과 삶의 질 내지 수준을 하늘과 땅 차이로 갈라놓는다. 아느냐 모르느냐는, 좀 과장하자면, 인간의 운명을 갈라놓기도 하고 심지어 인간의 목숨을 좌우하기도 한다. 예컨대 내가 이 시험문제를 아느냐 모르느냐는 성적은 물론 대입의 당락과 입사의 당락을 결정한다. 내가 그녀의 마음을 아느냐 모르느냐는 결혼과 일생을 좌우할 수도 있다. 내가 이 폭발물의 뇌관 제거법을 아느냐 모르느냐는 그야말로 생사를 결정한다. 이런 일이 어디 한두 가지겠는가. 내가 영어를 아느냐 모르느냐, 내가 길을 아느냐 모르느냐, 내가 컴퓨터나 스마트폰의 사용법을 아느냐 모르느냐, 내가 그 친구의 연락처를 아느냐 모르느냐 … 짚어 보자면 정말 한도 끝도 없다. 인간의 삶은 매순간 '지금 이것'을 (그것이 무엇이든 간에) 아느냐 모르느냐에 따라 그 이후의 향방이 완전히 달라진다. 그만큼 중요하다는 말이다.

아마도 그중 일부에 해당하겠지만, 저 위대한 공자도 이 '앎'의 중요성을 충분히 인식하고 있었다. (그것은 물론 이른바 '지혜'도 포괄한다.) 《논어》의 도처에서 이 '지知'(앎)라는 글자가 등장하는 것만 봐도 알 수가 있다. (무려 118개나 등장한다.) 직간접적으로 '지'를 언급하는 단편만 최소한

50개가 넘는다. 그런데 공자의 '지론知論'은 좀 특이하다. 잘 읽어 보면 그가 알아야 한다고 강조하는 내용 내지 대상이 보통 사람들의 관심과는 좀, 아니 상당히 다르기 때문이다. 그는 무엇에 대한 앎을 주목하고 있는 걸까. 결국 '무엇'을 알라고 하는 걸까. 일관된 체계성은 없지만 우선 그 대상이 비교적 뚜렷하게 드러나는 언급들을 하나씩 짚어 가며 그의 메시지를 포착해보기로 하자.

0115 子貢曰, "貧而無諂, 富而無驕, 何如?" 子曰, "可也, 未若貧而樂, 富而好禮者也." 子貢曰, "詩云, '如切如磋, 如琢如磨', 其斯之謂與?" 子曰, "賜也, 始可與言詩已矣, 告諸往而知來者." 자공이 말했다. "가난하면서도 비굴하지 않고 부유하면서도 거만하지 않다면 어떻습니까?" 선생님께서 말씀하셨다. "괜찮다. 그러나 가난하면서도 즐거워하고 부유하면서도 예를 좋아하는 것만은 못하다." 자공이 말했다. "시경에서 '자른 듯, 벼린 듯, 쫀 듯, 간 듯' 한 것은 바로 이를 두고 한 말이겠군요?" 선생님께서 말씀하셨다. "사(賜)야. 비로소 함께 시를 말할 수 있게 되었구나. 가는 것에 대해 일러주었더니 오는 것까지 아는구나."

여기서 공자는 자공을 칭찬하며 '가는 것'(往)과 '오는 것'(來)을 앎(知)의 내용으로 언급한다. 단, 이는 추상적이고 상징적인 것으로 구체적인 내용을 지시하는 것은 아니다. 가르친 것 이상을 미루어 앎, 즉 하나를 가르치면 둘을 안다는 것과 같은 취지다. (0509 子謂子貢曰, "女與回也孰愈? 對曰, "賜也何敢望回? 回也聞一以知十; 賜也聞一以知二." 子曰, "弗如也, 吾與女弗如也." 선생님께서 자공(子貢)에게 말씀하셨다. "너 자신과 회(回)를 비교할 때 누가 낫다고 보느냐?" 자공이 대답하였다. "제가 어떻게 감히 회를 넘보겠습니까? 회는 하나를 들으면 열을 알지만 저는 하나를 들으면 둘을 알뿐입니다." 선생님께서 말씀하셨다. "그만 못하다. 나와 너는 그만 못하다.")

0204 子曰, "吾十有五而志于學, 三十而立, 四十而不惑, 五十而知天命, 六十而耳順, 七十而從心所欲不踰矩." "나는 열다섯에 배움에 뜻을 두었고 서른에 정립되었으며 마흔이 되어서는 현혹되지 않았고 쉰이 되어 천명을 알게 되었고 예순이 되어서는 귀에 거슬림이 없었으며 일흔이 되어서는 마음이 하고 싶은 대로 따르더라도 법도를 넘지 않았다."

여기서는 공자 자신이 스스로의 삶을 회고하여 나이

오십에 '천명'을 알았다고 술회한다. 앎의 내용이 '천명'인 것이다. 그 천명의 내용이 무엇인지는 오직 공자만이 안다. 아마도 그 이후의 그의 실제 삶으로 그것을 어느 정도 짐작할 수는 있을 것이다. 어쨌거나 그것이 우리가 여기서 짚어 보는 이 인간적 가치들의 실현과 무관하지는 않을 것이다.

0211 子曰, "溫故而知新, 可以爲師矣." "옛것을 되살려 새로운 걸 안다면 그것으로 스승을 삼을 수 있다."

여기서는 '새로운 것'(新)이 앎의 대상이다. 역시 추상적이고 상징적이다. 단, 이것은 '옛것'(故)에 대비돼 있고 그것의 의미를 되살려 활성화시킴(溫)으로써 얻을 수 있는 어떤 것이다. 따라서 이 새로운 것은 이미 옛것에 포함돼 있는 것이고 '고故-신新'이 별개가 아닌 같은 것이므로 결국 '보편적'인 것이다. 따라서 '진리'에 해당할 수 있다.

0217 子曰, "由! 誨女知之乎! 知之爲知之, 不知爲不知, 是知也." "유(由)야, 너에게 아는 것을 가르쳐 주마! 아는 것을 아는 것으로 하고 모르는 것을 모르는 것으로 하는 것, 그것이 바로 아는 것이다."

옛날 서당에서 '지지배배 장구'로 회자된 너무나 유명한 이 발언은 결국 '지知'와 '부지不知', 즉 '앎'과 '알지 못함/모름' 그 자체, 그 사실 내지 상태 자체가 앎의 대상임을 일러 준다. 저 소크라테스의 이른바 '무지의 지' 그리고 니콜라우스 쿠자누스의 '유식한 무지'(docta ignorantia)와 비슷한 취지다. 이 '지'의 내용은 포괄적인 혹은 생략적인 상태이나 그런 만큼 오히려 돋보이는 철학적 '지론'이라 아니 할 수 없다. 소크라테스의 경우처럼, 이 발언에는 어설픈 그리고 문제적인 '아는 체함' 혹은 '무지에 대한 무지'라는 현상이 그 바탕에 깔려 있다.

0222 子曰, "人而無信, 不知其可也. 大車無輗, 小車無軏, 其何以行之哉?" "사람이 미더움이 없으면 그가 가한지를 알수 없다. 큰 수레에 수레채잡이가 없고 작은 수레에 끌채잡이가 없다면 무엇으로 그 수레를 나아가게 할 수 있겠느냐?"

여기서는 '사람의 가함'(可)('됐다'고 할 만한 사람, 믿고서 뭔가를 맡길 만한 사람인가 하는 점)이 앎의 대상으로 언급된다. 그 기준이 무엇보다 '신信', 즉 미더움이라고 공자는 생각한다. 그러니까 확대해석하자면 앎은 사람에 대한 앎이고 그 신뢰성에 대한 앎이다.

0223 子張問十世可知也. 子曰, "殷因於夏禮, 所損益, 可知也, 周因於殷禮, 所損益, 可知也. 其或繼周者, 雖百世, 可知也." 자장(子張)이 물었다. "십 세 후의 일을 알 수 있겠습니까?" 선생님께서 말씀하셨다. "은나라는 하나라의 예에 기인하였으니 보태지고 감해진 것을 알 수 있다. 주나라는 은나라의 예에 기인하였으니 보태지고 감해진 것을 알 수 있다. 주나라를 잇는 어떤 나라가 있다면 비록 백 세 후의 일이라도 알 수 있다."

여기서는 '십세十世' '백세百世', 즉 '먼 훗날' 내지 '미래'가, 그 미래의 상태가 앎의 대상으로 언급된다. 문맥을 보면 구체적으로는 국가의 상태 내지 현실, 더 구체적으로는 '예禮'와 관련된 상태다. 더 구체적으로는 그 '보태고 감해진 바'(所損益)다. '미래 예측'은 칼 포퍼의 철학에서는 부정되지만, 공자에서는 긍정되는 셈이다. 미래학자들이 좋아할 지도 모르겠다. 공자가 미래를 '알 수 있다'고 말한 근거는 문맥을 볼 때 과거를 참고 내지 모델로 삼은 (因) 계승과 미래로의 전승 내지 역사 자체의 연속성이라고 해석될 수 있다. 즉 과거 〉현재 〉미래로 이어지는 영향관계다. 우리가 과거를 공부하는 까닭도 바로 여기에 있다. 그런데 우리는 지금 과거를 '돌아보고' 미래를 '내다보는' 그런 지적 노력을 하고 있는지 모르겠다.

0311 或問禘之說. 子曰, "不知也, 知其說者之於天下也, 其如示諸斯乎!" 指其掌. 어떤 사람이 체제禘祭의 이치를 물으니 선생님께서 말씀하셨다. "모릅니다. 그 이치를 아는 자에게 있어서 천하란 여기에 올려놓고 보여 주는 것과 같을 것입니다" 하고 자신의 손바닥을 가리키셨다.

여기서는 '체제의 이치'(禘之說)[22]가 앎의 대상으로 언급된다. 그 앎은 '천하를 손바닥 위에서 보여 주는 것'과 맞먹는 것이라고까지 평가한다. 공자 자신에게도 그런 앎은 없다(不知)고 고백한다. 공자는 이렇듯 자신의 앎에 대해서 곧잘 스스로 선을 긋는다. 즉 한계를 인정한다. 그가

---

22 체제의 이치가 무엇인지는 전문가의 몫으로 넘긴다. 《새번역 논어》에는 다음과 같은 설명이 붙어 있다. 참고 바란다. 《예기》〈제통祭統〉 편에 나오는 다음과 같은 설명을 참고할 수 있다. "체제禘祭와 상제嘗祭의 의미가 커서 나라를 다스리는 근본이 되니 알지 않으면 안 된다. 그 의미를 밝히는 자는 임금이요 그 일을 능히 행하는 자는 신하다. 그 의미를 밝히지 못하면 임금 노릇이 온전치 못할 것이요 그 일을 능히 행하지 못하면 신하 노릇이 온전치 못할 것이다." (禘嘗之義大矣, 治國之本也, 不可不知也. 明其義者君也. 能其事者臣也. 不明其義, 君人不全, 能其事, 爲臣不全.)

결코 전지전능은 아닌 것이다. 인간적 한계 내에서의 앎, 그게 오히려 공자의 매력이기도 하다.

0315 子入太廟, 每事問. 或曰, "孰謂鄹人之子知禮乎? 入太廟, 每事問." 子聞之曰, "是禮也." 선생님께서 태묘太廟에 들어가시면 매사에 물으시니 어떤 사람이 말하였다. "누가 추鄹 지방 사람의 아들이 예를 안다고 하였는가? 태묘에 들어서면 매사에 묻기만 하니." 선생님께서 이를 들으시고 말씀하셨다. "그렇게 하는 것이 예다."

여기서는 비록 타인의 표현이기는 하지만 '예禮'가 앎의 대상으로 언급된다. 공자는 '매사에 묻는 것이 예다'라고 말함으로써 그 사람의 비판적인 비아냥에도 불구하고 예에 대한 자신의 앎을 간접적으로 인정한다.

0323 子語魯大師樂, 曰, "樂其可知也, 始作, 翕如也, 從之, 純如也, 皦如也, 繹如也, 以成." 선생님께서 노나라의 악사장에게 말씀하셨다. "음악은 알 수 있습니다. 처음 시작할 때에는 흩어진 것들이 모이는 듯하고 따르다 보면 조화가 이루어지고 명료해지고 찬연해지니 이로써 이루어지는 것입니다."

여기서는 '음악'(樂)이 앎의 대상으로 언급된다. 음악에 대한 공자의 식견과 애착은 제법 유명한데 여기서는 아주 구체적인 그의 음악론까지 전개된다. (翕翕, 종從, 순純, 교皦, 역繹) 순임금의 음악인 '소韶'에 대한 극찬, 무왕의 음악인 '무武'에 대한 제한적 평가, 정나라의 음악인 '정성鄭聲'에 대한 비판과 함께 그 상론은 전문가의 몫으로 넘긴다.

0407 子曰, "人之過也, 各於其黨. 觀過, 斯知仁矣." "사람의 잘못이란 각자 자기의 옳음에 사로잡혀 있는 것이다. 이 잘못을 보는 것이 곧 어짊을 아는 것이다."

여기서는 '인仁', 즉 '어짊'이 앎의 대상이다. 공자는 '관과觀過', 즉 '잘못을 꿰뚫어 보는 것'이 어짊을 아는 것(知仁)이라고 풀이한다. 그 잘못은 사람의 잘못이고 그 구체적인 내용은 '각어기당各於其黨', 즉 '각자가 자기의 옳음 내지 정당함에 사로잡혀 있다'는 것이다. 즉 다른 사람(人)에 대한 인정·존중·사랑이 없는 것이다. '애인愛人', 즉 '다른 사람에 대한 사랑'이 인仁이었다. 고로 잘못을 아는 것이, 즉 다른 사람에 대한 사랑이 없음을 아는 것이, 즉 자기밖에 모름을 아는 것이, 그것이 곧 어짊에 대한 앎이 되는 것이다.

0421　子曰, "父母之年, 不可不知也. 一則以喜, 一則以懼." "부

　　　모의 나이는 알고 있지 않으면 안 되니 한편으로는 그

　　　로써 기뻐하고 한편으로는 그로써 두려워한다."

　여기서는 '부모님의 나이'(父母之年)가 앎의 대상이다.

아직 이렇게 젊으시구나, 벌써 이렇게 늙으셨구나, 젊으

신데도 약하시구나, 늙으셨는데도 건강하시구나, 기뻐하

고 두려워하고, 관심을 가져야 한다는 말이다. 부모에게

아예 관심도 없는 요즘 사람들이 귀담아 들어야 할 앎의

도덕이 아닐 수 없다.

0522　子在陳, 曰, "歸與! 歸與! 吾黨之小子狂簡, 斐然成章, 不

　　　知所以裁之." 선생님께서 진나라에 계실 때 말씀하셨다.

　　　"돌아가야겠구나! 돌아가야겠어! 나를 따르는 젊은이들

　　　은 과격하고 단순하여 찬란하게 기치는 세웠으나 그것

　　　을 어떻게 마름질해 나가야 할지는 알지 못하는구나!"

　여기서는 '내세운 찬란한 기치를 어떻게 마름질해나가

야 할지'(所以裁之)가 앎의 대상으로 언급된다. 이는 진나

라에서 자신을 따르던 젊은이들이 과격하고 단순해서 훌

륭한 이념은 내세우지만(斐然成章) 그걸 구체적으로 어떻

게 실행해나가야 할지를 도무지 알지 못함을 한탄하는 말이다. 이런 현실은 오늘날에도 그대로 유효하다. 젊은이뿐만 아니라 어른들의 경우도, 특히 정치인들의 경우도 다 마찬가지다. 빤히 보이는 길조차도 알지 못하고 가지 않는다. 답답한 노릇이 아닐 수 없다.

0622 樊遲問知. 子曰, "務民之義, 敬鬼神而遠之, 可謂知矣."
問仁. 曰, "仁者先難而後獲, 可謂仁矣." 번지(樊遲)가 앎에 대해 묻자 선생님께서 말씀하셨다. "백성을 의롭게 하는 일에 힘쓰고 귀신을 공경하면서도 멀리하면 안다 할 수 있을 것이다." 어짊에 대해 묻자 말씀하셨다. "어진 사람은 어려움을 먼저 겪고 나중에 그 결과를 얻으니 그리하면 어질다 할 수 있을 것이다."

여기서는 앎의 직접적인 대상은 그 언급이 생략돼 있다. 그 대신 그 조건 내지 내용이 구체적으로 제시된다. 그게 '백성의 의로움에 힘쓰는 것'이고 '귀신[23]을 공경하되 멀리하는 것'(務民之義, 敬鬼神而遠之)이다. 이 내용이 이

---

23 《새번역 논어》의 설명을 인용한다. "귀신鬼神: 鬼는 사람이 죽은 후에 남는다고 여겨지는 음기, 神은 산천의 온갖 정령. 즉 귀신은 인격적, 비인격적 정령으로 오늘날과 달리 부정적이거나 무서운 존재가 아니었다."

를테면 '뭐 좀 아네', 할 때의 그 '뭐'에 해당하는 것이다. '알아야 할 어떤 가치 있는 것'이다.

0731 _{진사패문 소공지례호 공자왈 지례 공자퇴 읍무}
陳司敗問. "昭公知禮乎?" 孔子曰, "知禮." 孔子退, 揖巫
_{마기이진지 왈 오문군자부당 군자역당호 군취어오}
馬期而進之, 曰, "吾聞君子不黨, 君子亦黨乎? 君取於吳
_{위동성 위지오맹자 군이지례 숙부지례 무마기이고}
爲同姓, 謂之吳孟子. 君而知禮, 孰不知禮?" 巫馬期以告.
_{자왈 구야행 구유과 인필지지}
子曰, "丘也幸, 苟有過, 人必知之." 진陳나라의 사패(司敗)
가 물었다. "소공(昭公)께서는 예를 아셨습니까?" 공자
께서 말씀하셨다. "예를 아셨습니다." 공자께서 물러나
시자 (사패가) 무마기(巫馬期)에게 읍하며 나아와 말했다.
"내가 듣기로 군자는 제 무리에 치우치지 않는다고 했
는데 군자도 역시 제 무리에 치우칩니까? 임금께서는
오吳나라로부터 부인을 취하셨는데 같은 성씨인지라
오맹자(吳孟子)라고 불렀습니다. 임금께서 예를 아셨다
면 누군들 예를 모르겠습니까?" 무마기가 이를 말씀드
리니 선생님께서 말씀하셨다. "나는 다행이다. 조금만
잘못이 있어도 반드시 사람들이 그것을 아니!"

여기서 언급되는 앎의 내용은 두 가지다. '예禮'와 '잘
못'(過)이다. 직접적인 강조나 권고는 아니지만, 문맥상 이
것에 대한 간접적인 가치평가로 해석하는 것도 불가능하

지는 않다. 역시 예도 잘못도 모르는 요즘 사람들이 귀담아 들어야 할 말이다.

0816 子曰, "狂而不直, 侗而不愿, 悾悾而不信, 吾不知之矣."

"과격하면서 곧지 않은 것, 어수룩하면서 순진하지 않은 것, 우둔하면서 미덥지 않은 것을 나는 알지 못한다."

여기서 공자는 '알지 못한다'(不知)는 표현으로 앎의 부정적 대상, 즉 '과격하면서 곧지 않은 것, 어수룩하면서 순진하지 않은 것, 우둔하면서 미덥지 않은 것'을 언급함으로써 간접적으로 우리가 알아야 할 대상들을 시사 내지 지시한다. 그것이 곧 '직直'과 '원愿'과 '신信', 즉 '곧음'과 '순진함'과 '미더움'이다. 요즘 우리들은 과연 이런 것을 알고 싶어 하는가. 물어볼 필요가 있다.

0923 子曰, "後生可畏, 焉知來者之不如今也? 四十五十而無聞焉, 斯亦不足畏也已." "후배들을 두려워할 만하다. 어떻게 새로 등장할 자들이 지금만 못하리라고 알 수 있겠는가? 그러나 사십, 오십이 되어도 세상에 알려지지 않는다면 그 또한 두려워할 바가 못 된다."

표현은 좀 꼬여 있어도 이 발언에서 공자가 결국 말하고 싶은 앎의 내용은 '후생가외後生可畏'다. 후배가, 새로 등장해 올 자가 지금만 못하리라는 법은 없다는 걸 알아야 한다는 것이다. 사람의 훌륭함과 그렇지 못함은 나이 순서나 부임 순서나 그런 것과는 직접 상관이 없다는 시사다. 소위 짬밥이 판치는 군대나 다선의원이 행세하는 국회 같은 데서 참고해 볼 말이다. 물론 후배라고 다 기대될 인물만 있지 않고 세월이 다 가도록 별 볼일 없는 사람도 얼마든지 있음을 공자는 또한 꿰뚫어 보고 있다.(亦不足畏也)

0928 子曰, "歲寒然後知松柏之後彫也." "계절이 추워진 다음에야 소나무, 잣나무가 늦게 시드는 것을 알게 된다."

여기서 공자가 문학적-비유적으로 말하고 있는 것은 '소나무, 잣나무가 늦게 시드는 것', 즉 '어려운 상황 속에서도 꿋꿋하게 소신을 지키며 버티는 지조 있는 사람들의 존재 및 가치'를 알아야 한다는 것이다. 그런 사람들은 평소에는 특별히 두드러지지 않는다. 잘 알지 못한다. 그러나 정말로 혹독한 상황이 생기면 그 가치가 비로소 돋보인다. 쉽게 꺾이지 않는 그런 사람들과 조그만 시련에

도 금방 꺾여 버리는 그런 사람들을 우리는 함께 알아야
할 것이다.

1112 季路問事鬼神. 子曰, "未能事人, 焉能事鬼?" 曰, "敢問
死." 曰, "未知生, 焉知死?" 계로(季路)가 귀신 섬기는 일
에 대해 묻자 선생님께서 말씀하셨다. "사람도 아직 섬
기지 못하는데 어떻게 귀신을 섬길 수 있겠느냐?" 계로
가 말했다. "감히 죽음에 대해 여쭙겠습니다." 선생님께
서 말씀하셨다. "삶도 아직 알지 못하는데 어떻게 죽음
을 알겠느냐?"

엄청 유명한 부분이다. 여기서는 알아야 할 것으로
서 '삶'(生)이 시사된다. 대척점의 '죽음'(死)은 그 대상에
서 일단 배제된다. 공자의 우선적 관심사가 삶의 문제임
을 여기서 확인할 수 있다. 문맥상 그것은 '사람을 섬기
는 것'(事人)과도 연관된다. 우리는 과연 삶에 대해, 사람
을 섬기는 일에 대해, 얼마나 알고 있는가. 그런 것을 과
연 알려고나 하고 있는가.

1222 樊遲問仁. 子曰, "愛人." 問知. 子曰, "知人." 樊遲未達. 子
曰, "擧直錯諸枉, 能使枉者直." 樊遲退, 見子夏曰, "鄕也

吾見於夫子而問知, 子曰, '擧直錯諸枉, 能使枉者直', 何
謂也?"子夏曰, "富哉言乎! 舜有天下, 選於衆, 擧皐陶,
不仁者遠矣. 湯有天下, 選於衆, 擧伊尹, 不仁者遠矣." 번

지(樊遲)가 어짊에 대해 묻자 선생님께서 말씀하셨다.

"사람을 사랑하는 것이다." 앎에 대해 묻자 선생님께서

말씀하셨다. "사람을 아는 것이다." 번지가 미처 이해하

지 못하자 선생님께서 말씀하셨다. "곧은 것을 들어 굽

은 것 위에 놓으면 능히 굽은 것을 곧게 할 수 있다." 번

지가 물러나와 자하를 보고 말했다. "아까 내가 선생님

을 뵙고 앎에 대해 묻자 선생님께서 '곧은 것을 들어 굽

은 것 위에 놓으면 능히 굽은 것을 곧게 할 수 있다'고

하셨는데 무엇을 말씀하신 것이지요?" 자하가 말했다.

"뜻깊은 말씀이군요. 순임금은 천하를 다스리게 됨에

뭇사람 중에서 골라 고요(皐陶)를 등용하시니 어질지

못한 자들이 멀어져 갔고 탕임금은 천하를 다스리게 됨

에 뭇사람 중에서 골라 이윤(伊尹)을 등용하시니 어질

지 못한 자들이 멀어져 갔지요."

1302 仲弓爲季氏宰, 問政. 子曰, "先有司, 赦小過, 擧賢才."
曰, "焉知賢才而擧之?"曰, "擧爾所知. 爾所不知, 人其舍
諸?" 중궁(仲弓)이 계씨(季氏)의 가재家宰가 되어 정사에

대해 묻자 선생님께서 말씀하셨다. "관리들을 먼저 바

로잡되 작은 잘못은 용서하고 훌륭한 인재를 등용하여
라.” 중궁이 말했다. “훌륭한 인재인지를 어떻게 알고
등용합니까?” 선생님께서 말씀하셨다. “네가 아는 사람
을 등용하여라. 네가 알지 못하는 사람이라 해도 다른
사람들이 그를 내버려두겠느냐?”

1514 子曰, “臧文仲其竊位者與! 知柳下惠之賢而不與立也.”
<small>자왈 장문중기절위자여 지류하혜지현이불여립야</small>

“장문중(臧文仲)은 그 지위를 훔친 자라 하겠다. 그는 유
하혜(柳下惠)가 현명하다는 것을 알고도 그와 함께 서지
않았다.”

여기서는 앎의 대상으로 ‘사람’(人)이 명시적으로 언급
된다. 단, 문맥을 보면 이게 그냥 막연한 ‘사람’이 아니라
‘훌륭한 인재 내지 인물’(賢才)임을 알 수가 있다. 특히 굽
은 사람이 아닌 곧은 사람(直), 고요나 이윤 같은 ‘어진 사
람’(仁者), 유하혜 같은 ‘현명한 사람’(賢者)을 가리킨다. 그
런 인물을 ‘알아볼’ 줄 알아야 한다고 공자는 말하는 것이
다. 이런 사람을 제대로 알아보고 제대로 기회를 주는 사
람은 얼마나 적은가.

1315 定公問, “一言而可以興邦, 有諸?” 孔子對曰, “言不可以
<small>정공문 일언이가이흥방 유저 공자대왈 언불가이</small>
若是其幾也. 人之言曰, ‘爲君難, 爲臣不易.’ 如知爲君之
<small>약시기기야 인지언왈 위군난 위신불이 여지위군지</small>

難也, 不幾乎一言而興邦乎?" 曰, "一言而喪邦, 有諸?"

孔子對曰, "言不可以若是其幾也. 人之言曰, '予無樂乎爲

君, 唯其言而莫予違也.' 如其善而莫之違也, 不亦善乎?

如不善而莫之違也, 不幾乎一言而喪邦乎?" 정공(定公)이

물었다. "한 마디로 가히 나라를 일으킬 만한 말이 있

습니까?" 공자께서 대답하셨다. "말로써는 그렇게 되지

않습니다. 그 가까운 것으로는 '임금 노릇 하기도 어렵

고 신하 노릇 하기도 쉽지 않다'는 사람들의 말이 있습

니다. 만약 임금 노릇 하기가 어렵다는 것을 안다면 그

것이 한 마디로 나라를 일으키는 말에 가깝지 않겠습니

까?" 정공이 말했다. "한 마디로 나라를 잃어버릴 만한

말이 있습니까?" 공자께서 대답하셨다. "말로써는 그렇

게 되지 않습니다. 그 가까운 것으로는 '나는 임금이 되

어 즐거운 것이 아니라 오직 말을 하면 아무도 거역하

지 못하는 것이 즐거움이다' 하는 사람들의 말이 있습

니다. 만약 그 말이 옳기에 아무도 거역하지 못한다면

그 또한 좋은 일이 아니겠습니까? 그러나 만약 그 말이

옳지 않은데도 아무도 거역하지 못한다면 그것이야말

로 한 마디로 나라를 잃는 말에 가깝지 않겠습니까?"

여기서는 앎의 대상으로 '왕 노릇 하기의 어려움'(爲君

之難)이 언급된다. 공자는 이것을 아는 게 '나라를 일으키는'(興邦) 일이라고까지 강조한다. 많은 이야기들이 생략되고 압축된 대화이지만, '왕'이 곧 정치의 최고 책임자이고 그 왕의 정치가 공자의 주된 관심사의 하나였음을 감안할 때, 그 어려움을 제대로 인식하고 그것을 (공자의 권유대로) 헤쳐 나간다면 '흥방興邦'도 결코 큰 과장은 아닐 것이다. 오늘날 적지 않은 최고 지도자들이 그 역할의 중요성을 알지 못하고 따라서 역할을 제대로 하지 않고 따라서 그 어려움을 '알지' 못한다. 그들의 임기 후가 어떠했는지를, 과연 '흥방'이 이루어졌는지를, 우리는 슬픈 마음으로 뒤돌아본다.

1504 子曰, "由! 知德者鮮矣." "유(由)야, 덕을 아는 자는 드물구나."

너무나 공자다운 말이다. 앎의 대상이 '덕德'인 것이다. 그 덕을 아는 자가 '드물다'고 공자는 한탄한다. 요즘은 아마 더욱 그럴 것이다. 사람들은 덕, 즉 훌륭함 같은 데는 아예 관심조차 없다.

1534 子曰, "君子不可小知而可大受也, 小人不可大受而可小

^{지 야}
知也." "군자는 작은 것은 알 수 없지만 큰 것은 받을 수
있고 소인은 큰 것은 받을 수 없으나 작은 것은 알 수
있다."

여기서도 공자가 말하려는 앎의 대상은 문맥 속에 감
춰져 있다. 군자에게 적용되는 그것은 이른바 소인의 '소
지小知'에 대비되는 '대지大知', '큰 앎'이다. 그것은 '대수大
受', 크게 받음을 가능케 하는 것이다. 훌륭한 사람인 군자
는 소인들이 자랑하는 소소하고 자질구레한 앎에 어두울
수는 있으나, 인간에게 정작 중요한 일들, 아마도《논어》
전편에 드러난, 공자가 평생에 걸쳐 역설한, 저 모든 가
치들, 그런 것에 대한 '앎'은 지닌다는 말이다. 그런 앎이
'대수', '크게 받는 것'을, 이를테면 사람이 어질어지고 의
로워지고 예를 지키고 믿을 수 있게 되고 각자 제 역할을
똑바로 하게 되고 늙은이가 평안해지고 벗들이 미더워지
고 아이들이 보살펴지고… 그런 것을, 비로소 가능하게
한다는 것이다.

^{공 자 왈   군 자 유 삼 외   외 천 명   외 대 인   외 성 인 지 언   소 인}
1608 孔子曰, "君子有三畏, 畏天命, 畏大人, 畏聖人之言. 小人
^{부 지 천 명 이 불 외 야   압 대 인   모 성 인 지 언}
不知天命而不畏也, 狎大人, 侮聖人之言." "군자에게는
세 가지 두려움이 있다. 천명天命을 두려워하고 훌륭한

사람을 두려워하며 성인의 말씀을 두려워한다. 소인은 천명을 알지 못해 두려워하지도 않고 훌륭한 사람도 함부로 대하며 성인의 말씀도 업신여긴다."

여기서는 공자가 나이 오십에 이르러 알게 되었다고 하는 그 '천명'이 다시 한 번 언급된다. 소인은 그것을 알지 못하고 군자는 그것을 안다. 천명에 대한 이 앎은 '두려워함'으로 이어진다. 그래서 군자는 두려워하고 소인은 두려워하지 않는다. 무엇을? 천명 그 자체를, 그리고 훌륭한 사람을, 성인의 말을. 소인들은 그런 것을 두려워하기는커녕 심지어 함부로 대하며, 업신여기기까지 한다. 그런 사람은 우리 주변 어디에서나 확인된다. 예나 지금이나 군자는 얼마나 적고 소인은 얼마나 많은가.

2003 孔子曰, "不知命, 無以爲君子也, 不知禮, 無以立也, 不知言, 無以知人也." "명命을 모르면 군자가 될 수 없다. 예를 모르면 설 수 없다. 말을 모르면 사람을 알 수 없다."

여기서는 앎의 대상이 비교적 선명하게 말해진다. 즉 '명命'과 '예禮'와 '말言'과 '사람人'이다. '군자'를 내세우지만 결국은 우리 자신들에게 하는 말이다. (다른 것들도 다 그렇지만 특히 '말'에 대한 앎은 사람을 알기 위한[以知人] 조건인 만큼, 따로 충분히 주목해볼 필요가 있다.) 바로 이런 것을 아는 사람이 되라는 것이다.

공자에게는 '앎'(知)이라는 것이 이토록 중요했다. 그리고 '무엇을' 알아야 하느냐[24]가 결정적으로 중요했다. 그의 말들을 들으며 우리는 숙고해 봐야 한다. 그리고 반성해 봐야 한다. 우리는 과연 무엇을 알고 있고 무엇을 알지 못하는가. 우리는 과연 무엇을 알고자 하고 무엇을 알고자 하지 않는가. 우리의 관심은 어디를 그리고 무엇을 향하고 있는가. 우리는 어떤 사람이 되고자 하는가. 어떤 사람이 되어 있는가.

---

24 그의 이런 물음의 방식과 방향과 대상은, 비슷한 물음("나는 무엇을 알수 있는가?Was kann ich wissen?")을 물었던 칸트와 너무도 대조적이라 흥미롭다. 공자의 물음은 윤리적인 것이었고 칸트의 물음은 인식론적인 것이었다.

지 知

앎/지혜에 대하여 2

앎에 관련된 공자의 생각들을 조금 더 추적해 본다. 그
만큼 이에 관한 그의 언급이 많기 때문이다. 언급이 많다
는 것은 관심이 컸다는 방증이기도 하다.

무엇보다 우선 앎을 갖게 된 사람, 갖고 있는 사람, 즉
'지자知者'에 대한 말을 들어 보자.

0402 子曰, "不仁者不可以久處約, 不可以長處樂. 仁者安仁,
知者利仁." "어질지 못한 자는 자신을 다잡은 상태에 오
래 머무르지 못하고 즐거움에도 길게 머무르지 못한다.
어진 자는 어짊을 평안히 여기고 아는 자는 어짊을 이
롭게 여긴다."

아는 자는 '어짊을 이롭게 여긴다'(利仁)고 공자는 말한
다. '리利'는 이익이다. 저《맹자》에서도 맹자와 양혜왕과

의 유명한 대화에서 이 '리利'는 '의義'와 대비되며 비판의 대상이 된다.(王何必曰利) 그런데 다른 것도 아닌 인仁을 '이익'으로 친다니! 참으로 공자다운, 군자다운 발언이 아닐 수 없다. 돈만 아는 요즘 사람은 이 말을 어떻게 듣고 있을까.

0620 子曰, "知之者不如好之者, 好之者不如樂之者." "그것을 아는 자는 그것을 좋아하는 자만 못하고 그것을 좋아하는 자는 그것을 즐기는 자만 못하다."

여기서는 '아는 자'가 '좋아하는 자' 그리고 '즐기는 자'와 비교되고 있다. 공자의 순위표에서 '지知'는 '호好'보다 낮고 '락樂'보다는 더 낮다. 최하위다. 그렇다면 '지'는 하찮은 것인가? 그럴 리가! 이 말은 '호'와 '락'의 가치를 강조함이지 '지'의 가치를 폄하함이 아니다. '지'는, 이미 사람에게 필요한 최소한의 기본 가치인 셈이다.

(여기서 '지之'[그것]는 추상적이지만 구체적 언급이 생략된 특별한 그 무엇으로 해석할 수도 있고, 그냥 단순히 문법적인, 특별한 대상 없는 무의미한 목적어로 읽을 수도 있다. 전자로 해석한다면 여기엔 공자의 모든 가치 개념들이 다 해당될 수 있다. 혹은 그 모든 것을 넘은 궁극의 '그 어떤 것'이 될 수도 있다.)

0623 子曰, "知者樂水, 仁者樂山. 知者動, 仁者靜. 知者樂, 仁者壽." "아는 자는 물을 즐기고 어진 자는 산을 즐긴다. 아는 자는 움직이고 어진 자는 고요하다. 아는 자는 즐거워하고 어진 자는 오래 산다."

공자의 이 말은 너무 문학적이고 너무 추상적이고 너무 상징적이다. 따라서 그 의미는 명확하지 않다. 따라서 그 해석이 쉽지 않으나 바로 그래서 자유롭다. 나는 일단은 그냥 액면 그대로 받아들인다. 그래서 '아는 자'는 '물'과 그 '움직임'과 그 '즐거워함'이라는 가치를 아는 사람이라고 해석한다. 수水와 동動과 락樂은 묘하게 이어져 있다. 그것은 '지知'와 대비되는 '인仁'의 가치들이, 즉 '산山'과 '정靜'과 '수壽'가 묘하게 이어져 있는 것과 절묘한 조화를 이루고 있다. 이 말들의 의미퍼즐은 무슨 정답을 정해버리지 말고 그냥 즐거움의 하나로 항상 열어 두어도 좋을 것 같다. 단, 이 말은 공자의 직접 발언이 아닌 위작일 가능성도 배제할 수 없다. 공자의 말이라기엔 그 내용이 좀 낯설고 어색하다.

0720 子曰, "我非生而知之者, 好古敏以求之者也." "나는 나면서부터 아는 사람이 아니라 옛것을 좋아해서 재빨리

그것을 구하는 사람이다."

여기서 '아는 자'는 공자 자신이다. '무엇을' 아는 자인
가는 역시 생략돼 있다. 다만 '그것'을 아는 자임은 전제돼
있다. 그 전제 위에서 공자는 자신이 나면서부터 아는 자
가 아님을 군이 일부러 강조한다.(非生而知之者) 사실 나면
서부터 아는 그런 사람은 어디에도 없다. 그는 앎의 원천
으로서 '옛것을 좋아해서 재빨리 그것을 구하는' 것(好古
敏以求之), 그런 앎의 자세를 가치로서 부각시키는 것이다.

1609 孔子曰, "生而知之者上也, 學而知之者次也, 困而學之,
又其次也, 困而不學, 民斯爲下矣." "태어나면서부터 아
는 자가 최상이고 배워서 아는 자는 그 다음이며 답답
해서야 배우는 자는 또 그 다음이지만 답답해도 배우지
않는 자는 백성들로서 곧 최하가 된다."

관련된 발언이다. 여기서 공자는 '앎'에도 등급이 있음
을 시사한다. 1. 나면서부터 아는 것(生而知之), 2. 배워서
아는 것(學而知之), 3. 답답해서 아는 것(困而知之), 그리고
4. 아예 알려고 하지 않는 것(困而不學), 네 등급이다. 각각
그런 사람이 있다. 짐작건대 답답해도 배워서 알려고 하

지 않는 저 '최하'의 인간들을 보기가 답답해서 이런 말을 했을 것이다. 1은 사실상 없고 4는 많다. 2와 3은 요즘 얼마나 있는지 잘 모르겠다.

0728　子曰, "蓋有不知而作之者, 我無是也. 多聞, 擇其善者而從之, 多見, 而識之, 知之次也." "알지 못하면서도 지어내는 사람이 있는 모양이나 나는 그렇지 않다. 많이 들어서 그중 좋은 것을 택하여 따르고 많이 보아서 그것을 파악하니 이는 아는 것에 버금가는 것이다."

0908　子曰, "吾有知乎哉? 無知也. 有鄙夫問於我, 空空如也. 我叩其兩端而竭焉." "내가 아는 것이 있는가? 아는 것 없다. 못난 사람이 있어 내게 물어 오면 나는 막막하다. 나는 단지 그 양단을 두드려 줄 뿐이다."

　여기서도 공자 자신에 대해 언급한다. 자신은 '알지 못하면서 지어내는'(不知而作之) 사람이 아니라는 것이다. 그러면? '많이 들어서 그중 좋은 것을 택하여 따르고, 많이 보아서 그것을 파악하는 것'(多聞, 擇其善者而從之, 多見, 而識之) 이게 그의 방식인 것이다. 이런 게 앎에 버금간다고 그는 묘하게 겸손을 떤다. 아예 '아는 게 없다'(無知)고도 말한다. 그래서 누가 물으면 '막막하다'(空空如)고도 말한다. 그래서 '양단을 두드려줄 뿐'이라고 말한다. 이른 바 '중용'이 아닌 양단, 즉 지나침과 모자람, 과도함과 부족함을 지적해 줄(叩) 뿐이라는 것이다. 그게 그의 방식인 것이다. 하지만 이만만 해도, 이런 자세만 해도, 실은 '앎' 으로서 충분하고도 남음이 있다.

0929 子曰, "知者不惑, 仁者不憂, 勇者不懼." "아는 자는 미혹되지 않고 어진 자는 잘난 체하지 않으며 용기 있는 자는 두려워하지 않는다."

1428 子曰, "君子道者三, 我無能焉, 仁者不憂, 知者不惑, 勇者不懼." 子貢曰, "夫子自道也." 선생님께서 말씀하셨다. "군자의 도道 세 가지가 있으나 나는 능히 해내지 못한다. 어진 자는 잘난 체하지 않고 아는 자는 미혹되지 않으며 용기 있는 자는 두려워하지 않는다." 자공이 말했다. "선생님 자신의 도지요."

아는 자는 '미혹되지 않는다'(不惑)고 공자는 말한다. 하기야 그건 그렇다. 미혹이란 헷갈리는 것이고, 그건 잘 모르기 때문이다. 잘 안다면 헷갈리지 않는다. 미혹되지 않는다. 마약이 죽음의 가루인 줄 안다면 그것에 혹하겠는가. 저 여자가 꽃뱀인줄 안다면 그녀에게 혹하겠는가.

그자가 사기꾼인줄 안다면 그자에게 속아 넘어가겠는가. 앎은 혹을 방지한다. 혹惑하지 않기 위해서 우리는 알아야 한다.

참고

'지知'(앎)와 관련해 《논어》의 다음 단편들도 생각거리를 제공한다. 참고하기 바란다.

1702 子曰, "性相近也, 習相遠也." 子曰, "唯上知與下愚不移." "오직 가장 지혜로운 자와 가장 어리석은 자만이 옮기지 않는다."

0401 子曰, "里仁爲美. 擇不處仁, 焉得知?" "어짊에 터 잡는 것이 아름다운 것이다. 어짊을 선택하여 그에 자리 잡지 않는다면 어찌 앎을 얻겠느냐?"

0518 子曰, "臧文仲居蔡, 山節藻梲, 何如其知也?" "장문중(臧文仲)은 큰 거북을 간직하고 있었을 뿐 아니라 집의 기둥머리에는 산을 새기고 동자기둥에는 마름풀을 그렸으니 무엇이 그가 지혜롭다는 말이냐?"

0521 子曰, "甯武子, 邦有道則知, 邦無道則愚. 其知可及也, 其愚不可及也." "영무자(甯武子)는 나라에 도가 있으면 지혜로웠고 나라에 도가 없으면 어리석었다. 그 지혜에는 미칠 수 있어도 그 어리석음에는 미칠 수가 없구나."

0809 子曰, "民可使由之, 不可使知之." "백성들은 그것에

서 비롯하게 할 수는 있지만 그것을 알게 할 수는 없다."

1303 子路曰, "衛君待子而爲政, 子將奚先?" 子曰, "必也正名乎!" 子路曰, "有是哉, 子之迂也! 奚其正?" 子曰, "野哉, 由也! 君子於其所不知, 蓋闕如也. 名不正, 則言不順, 言不順, 則事不成, 事不成, 則禮樂不興, 禮樂不興, 則刑罰不中, 刑罰不中, 則民無所錯手足. 故君子名之必可言也, 言之必可行也. 君子於其言, 無所苟而已矣." 자로가 말했다. "위나라 임금이 선생님을 모시고 정치를 하면 선생님께서는 장차 무엇부터 하시겠습니까?" 선생님께서 말씀하셨다. "반드시 이름을 바로잡겠다." 자로가 말했다. "그런 것도 있습니까? 선생님께서는 너무 우원迂遠하십니다. 그것을 바로잡아 뭐하겠습니까?" 선생님께서 말씀하셨다. "조야하구나, 유(由)는! 군자는 자기가 알지 못하는 것에 대해서는 비워 두어야 하는 것이다." […]

1438 子路宿於石門. 晨門曰, "奚自?" 子路曰, "自孔氏." 曰, "是知其不可而爲之者與?" 자로(子路)가 석문에서 숙박할 때 문지기가 말했다. "어디에서 오시오?" 자로가 말했다. "공씨孔氏의 문하에서 왔습니다." 문지기가 말했다. "안 될 줄 알면서도 하는 그 사람 말이오?"

1508 子曰, "可與言而不與言, 失人, 不可與言而與之言, 失

言. 知者不失人, 亦不失言." "함께 말할 만한데도 말
하지 않는 것은 사람을 잃는 것이고 함께 말할 만하
지 않은데도 말하는 것은 말을 잃는 것이다. 지혜로
운 자는 사람을 잃지도 않고 말을 잃지도 않는다."

1533 子曰, "知及之, 仁不能守之, 雖得之, 必失之. 知及之,
仁能守之. 不莊以涖之, 則民不敬. 知及之, 仁能守之.
莊以涖之, 動之不以禮, 未善也." "앎이 그에 미쳤더
라도 어짊이 그것을 능히 지키지 못하면 비록 그것
을 얻더라도 반드시 잃고 말 것이다. 앎이 그에 미
치고 어짊이 그것을 능히 지키더라도 엄숙하게 그
에 임하지 못하면 백성들이 존경하지 않을 것이다.
앎이 그에 미치고 어짊이 그것을 능히 지키며 엄숙
하게 그에 임하더라도 예로써 그것을 움직여 나가
지 못하면 아직 최선이 못된다."

1701 陽貨欲見孔子, 孔子不見, 歸孔子豚. 孔子時其亡也,
而往拜之. 遇諸塗. 謂孔子曰, "來! 予與爾言." 曰, "懷
其寶而迷其邦, 可謂仁乎?" 曰, "不可." "好從事而亟
失時, 可謂知乎?" 曰, "不可." "日月逝矣, 歲不我與."
孔子曰, "諾, 吾將仕矣." 양화(陽貨)가 공자를 만나
려 하였으나 공자께서 만나지 않으시자 공자께 돼
지를 선물로 보냈다. 공자께서 그가 없을 때를 틈
타 사례하러 갔는데 길에서 그를 만나게 되었다. 그
가 공자에게 말했다. "오시오. 내 당신과 할 말이 있
소." 그가 말했다. "보배로운 것을 품고 있으면서도

나라를 혼미하게 내버려 둔다면 어질다 할 수 있겠
소?" 그가 말했다. "할 수 없을 것이오. 나랏일에 간
여하기를 좋아하면서도 자주 기회를 놓친다면 지
혜롭다 할 수 있겠소?" 그가 말했다. "할 수 없을 것
이오. 해와 달은 가고 세월은 나와 함께하지 않소."
공자께서 말씀하셨다. "알겠습니다. 내 장차 관직을
맡겠습니다."

1707 子曰, "由也! 女聞六言六蔽矣乎?" 對曰, "未也." "居!
吾語女. 好仁不好學, 其蔽也愚, 好知不好學, 其蔽也
蕩, 好信不好學, 其蔽也賊, 好直不好學, 其蔽也絞,
好勇不好學, 其蔽也亂, 好剛不好學, 其蔽也狂." 선
생님께서 말씀하셨다. "유(由)야, 너는 여섯 가지 말
과 여섯 가지 폐단에 대해 들어본 적이 있느냐?" 자
로가 대답했다. "없습니다." "앉아라. 내가 너에게 말
해 주겠다. 어진 것을 좋아하고 배우기를 좋아하지
않으면 그 폐단은 어리석음이다. 지혜를 좋아하고
배우기를 좋아하지 않으면 그 폐단은 독선이다. 신
의를 좋아하고 배우기를 좋아하지 않으면 그 폐단은
도적의 무리를 이루는 것이다. 곧음을 좋아하고 배
우기를 좋아하지 않으면 그 폐단은 가혹함이다. 용
기를 좋아하고 배우기를 좋아하지 않으면 그 폐단은
세상을 어지럽히는 것이다. 굳세기를 좋아하고 배우
기를 좋아하지 않으면 그 폐단은 과격함이다."

직直

곧음에 대하여

"이 몸이 죽고 죽어 일백 번 고쳐 죽어 / 백골이 진토되어 넋이라도 있고 없고 / 임 향한 일편단심이야 가실 줄이 있으랴." 초등학교 때 배운 정몽주의 '단심가'이다. 이방원의 '하여가'에 대한 답가로 잘 알려져 있다. 이 두 사람의 태도랄까 자세는 참 대조적이다. 세상에는 이런 사람 저런 사람 별의별 사람이 다 있으니 그냥 그런가 보다 할 수도 있겠지만 이 둘은 정말이지 달라도 한참 다르다. 한쪽은 그렇게 꼿꼿이 버티다가 결국 죽임을 당했고 다른 한쪽은 왕이 되어 권력을 거머쥐었다. 대체 누가 옳고 누가 그른 것일까. 그 답도 아마 사람에 따라 갈릴 것이다. 정몽주 같은 사람은 정몽주가 옳다 할 것이고 이방원 같은 사람은 이방원이 옳다 할 것이다. 정해진 정답은 없으니 우리는 그 답에 따라 그 사람을 판가름할 수밖에 없다. '정'이 옳다는 사람은 정 같은 사람이고 '이'가 옳다는 사람은 이 같은 사람이다. 그렇게 사람은 어느 쪽인가에 속하게 된다. 여기에는 하나의 실존적 선택이 존재한다. 그것은 '어떤 자기가 되는가' 하는 윤리적 선택이기도 하다.

그 선택을 위한 참고로라도 우리는 이 '곧음'이라는 주제를 한번 생각해 보지 않으면 안 된다. 정몽주 같은 사람을 우리는 '곧은' 혹은 '올곧은' 사람이라고 평가한다. 이 '곧음'은 '단심丹心'이 상징하듯이 변하지 않는 것이고 꺾이지 않는 것이고 굽히지 않는 것이다. 즉 '곧음'은 '변함' '꺾임' '굽힘'과 대비되는 것이다. 변함, 꺾임, 굽힘, 일차적인 어감은 어쩔 수 없이 좀 부정적이지만, 사실 이런 것은 세상 사람들에게는 너무나 일반적인 모습이기도 하다. 보편적인 현상이라고 해도 과언이 아니다. 그런데 곧음과 변함, 꺾임, 굽힘이라는 것에는 실은 자기 자신의 신념, 소신, 가치에 대한 꿋꿋한 견지와 외부적 권위 내지 힘(특히 사악한 힘)에 의한 굴복, 철회가 내재한다.

그런데 말이 쉽지 이 전자, 즉 곧음을 선택한다는 것은 (즉 곧은 사람이고자 하는 것은) 결코 그렇게 간단한 일이 아니다. 경우에 따라 그 선택은 저 정몽주의 사례처럼 '죽음'을 그 대가로 요구할 수도 있기 때문이다. 그건 절대 아무나 할 수 있는 일이 아니다. 그런데도 인간들 중에는 그 '아무나'가 아닌 특별한 이들이 실제로 존재한다. 제법 많다. 나처럼 철학을 공부한 사람들은 곧바로 저 소크라테스와 보에티우스, 뵈메, 모어 등을 떠올린다. 다들 그 소신을 굽히지 않고 그 대가로 죽음을 선택한 사람들이다. 어떻게 보면 보통 독종이 아니다. 어떻게 그럴 수가 있었을까. 사정이야 조금씩 다를 수도 있겠지만, 기본적으로는 목숨을 걸고서라도 지키고 싶었던 그 '무언가'가 있었을 것이다. 이를테면 정몽주의 '임', 소크라테스의 '진리', 예수의 '아버지[하느님]의 뜻', 그런 것이다. 그런 가치에 대한 굳은 확신이 그들로 하여금 그 어려운 선택을 하게 만든 것이다.

가치에 대한 굳은 견지가, 즉 곧음이 꼭 그렇게 극단적인 것만은 아니다. 적당한 양보 내지 타협도, 일단 내적인 소신만 확고하다면, 곧음이 아니라고 비난할 수는 없다. 이를테면 저 갈릴레이 같은 경우다. 그는 권위와 위협에 굴복해 법정에서 결국 자신의 지동설을 철회하고 종래의 천동설이 맞다고 말해줬지만, 그 법정을 나오면서 "그래도 지구는 돌고 있다!"(Eppur si muove!)고 중얼거렸다지 않는가. 좀 소극적이기는 하지만 그것도 일종의 곧음이 아니라고는 할 수 없다. 물론 논쟁이 좀 예상되는 부분이기는 하다. 그런 것을 어느 정도 봐준다고 한다면, 결국은 자신이 지닌 (혹은 옳다고 믿는) 가치의 수호, 그런 인격적 경향, 그것이 곧 곧음이 아닐까 한다.

인간에서의 이런 가치는 저 공자의 철학에서도 발견된다. 그는 《논어》의 곳곳에서 이 가치, 즉 '직直'(곧음)을 언급한다. 이를테면 제16장의 말,

1604 孔子曰, "益者三友, 損者三友. 友直, 友諒, 友多聞, 益矣. 友便辟, 友善柔, 友便佞, 損矣." 공자께서 말씀하셨다. "이로운 세 벗이 있고 해로운 세 벗이 있다. 벗이 곧거나 벗이 이해심이 있거나 벗이 많이 들어 알면 이롭고, 벗이 편벽되거나 벗이 잘 영합하거나 벗이 말을 잘 둘러대면 해롭다."

같은 것이 대표적인 경우다. 문맥으로 보아 '직直'(곧음)은 '량諒' '다문多聞'과 더불어 이로운, 도움되는, 즉 긍정적인 가치의 하나로 제시된다. 그가 이것을 긍정적인 가치로 전제한다는 증거는 적지 않다. (심지어 그는 이 '곧음'을 '경지에 이른 것'(達)의 한 모습으로 들기도 한다. [1220 … 夫達也者, 質直而好義…])

1220 子張問, "士何如斯可謂之達矣?" 子曰, "何哉, 爾所謂達

者?"子張對曰,"在邦必聞, 在家必聞." 子曰, "是聞也, 非
達也. 夫達也者, 質直而好義, 察言而觀色, 慮以下人. 在
邦必達, 在家必達. 夫聞也者, 色取仁而行違, 居之不疑.
在邦必聞, 在家必聞." 자장(子張)이 물었다. "선비는 어

떻게 해야 경지에 이르렀다 할 수 있겠습니까?" 선생님

께서 말씀하셨다. "네가 경지에 이르렀다 하는 것이 무

엇이냐?" 자장이 대답했다. "나라에서도 반드시 이름

이 나고 대부의 가家에서도 반드시 이름이 나는 것입니

다." 선생님께서 말씀하셨다. "그것은 이름이 나는 것이

지 경지에 이른 것이 아니다. 실로 일정한 경지에 이르

렀다는 것은 성품이 곧고 의를 좋아하며 말을 헤아리

고 표정을 살피는가 하면 깊이 생각하여 사람을 다루

니 그렇게만 하면 나라에 있어서도 반드시 일정한 경

지에 이르고 대부의 가家에 있어서도 반드시 일정한 경

지에 이를 것이다. 그러나 이름이 난다는 것은 겉으로

는 어진 모습을 취하나 행동은 그와 어긋나게 하며 그

런 식으로 사는 데에 아무런 회의도 갖지 않는 것이니

그렇게 하면 나라에 있어서도 필경 이름은 나고 대부

의 가(家)에 있어서도 필경 이름은 나게 될 것이다."

그런데 '곧음'이라는 그의 이 개념은 사실 좀 분명치가

않다. 이게 어떤 것인지에 대한 친절한 설명이 없다. 그는 그냥 이것을 누구나가 곧바로 아는 것으로 전제하고 말한다. 단 한 가지 분명한 것은, 그가 말하는 이 '곧음'이 '굽음'(枉) 내지 '굽은 것'과 대치되는 무언가라는 것이다.

0219 哀公問曰, "何爲則民服?" 孔子對曰, "擧直錯諸枉, 則民服, 擧枉錯諸直, 則民不服." 애공(哀公)이 물었다. "어떻게 하면 백성들이 따르겠습니까?" 선생님께서 대답하셨다. "곧은 것을 들어 굽은 것 위에 놓으면 백성들이 따를 것이나 굽은 것을 들어 곧은 것 위에 놓으면 백성들이 따르지 않을 것입니다."

1222 樊遲問仁. 子曰, "愛人." 問知. 子曰, "知人." 樊遲未達. 子曰, "擧直錯諸枉, 能使枉者直." 樊遲退, 見子夏曰, "鄕也吾見於夫子而問知, 子曰, '擧直錯諸枉, 能使枉者直', 何謂也?" 子夏曰, "富哉言乎! 舜有天下, 選於衆, 擧皋陶, 不仁者遠矣. 湯有天下, 選於衆, 擧伊尹, 不仁者遠矣." 번지(樊遲)가 어짊에 대해 묻자 선생님께서 말씀하셨다. "사람을 사랑하는 것이다." 앎에 대해 묻자 선생님께서 말씀하셨다. "사람을 아는 것이다." 번지가 미처 이해하지 못하자 선생님께서 말씀하셨다. "곧은 것을 들어 굽은 것 위에 놓으면 능히 굽은 것을 곧게 할 수 있다." 번

지가 물러나와 자하를 보고 말했다. "아까 내가 선생님을 뵙고 앎에 대해 묻자 선생님께서 '곧은 것을 들어 굽은 것 위에 놓으면 능히 굽은 것을 곧게 할 수 있다'고 하셨는데 무엇을 말씀하신 것이지요?" 자하가 말했다. "뜻깊은 말씀이군요. 순임금은 천하를 다스리게 됨에 뭇사람 중에서 골라 고요(皐陶)를 등용하시니 어질지 못한 자들이 멀어져 갔고 탕임금은 천하를 다스리게 됨에 뭇사람 중에서 골라 이윤(伊尹)을 등용하시니 어질지 못한 자들이 멀어져 갔지요."

확실하지 않은가. 곧음(곧은 것)은 굽음(굽은 것)과 대비되는 것이다. 그렇다면 굽음(굽은 것)이란 또 무엇인가. 이것도 또 분명치가 않다. 설명이 없다. 그러나 또한 아예 없지도 않다. 우리는 제자인 자하의 말을 통해(특히 순임금이 고요를 등용한 일과 탕임금이 이윤을 등용한 일을 통해), 그것이 어쨌거나 '어질지 못한 자'(不仁者)와 닿아 있음을 짐작할 수 있다. 굽은 자는 어질지 못한 자를 가리킨다. 그런 자는 (어짊으로 대표되는) 가치 있는 것에 대한 지향과 소신이 없는 자이다. 그런 사람은 어차피 지킬 것이 없으니 굳이 '곧을' 필요가 없다. 그래서 얼마든지 '굽을' 수가 있는 것이다. 그래서 그들은 굽신굽신 허리도 굽힐 것이다.

공자는 이런 양자의 관계에 대한 자기의 견해를 피력한 것이다. 그게 바로 저 '거직조저왕, 즉민복擧直錯諸枉, 則民服'(곧은 것을 들어 굽은 것 위에 놓으면 백성들이 따를 것이다)이라는 것이고 '거직조저왕, 능사왕자직擧直錯諸枉, 能使枉者直'(곧은 것을 들어 굽은 것 위에 놓으면 능히 굽은 것을 곧게 할 수 있다)이라는 것이었다. '거擧'와 '조錯'는 그 양자에 대한 조치를 말한다. '직直'(올곧은 사람)을 '왕枉'(굽히는 사람)보다 우위에 두는 것이다. 이건 요즘 식으로 말하자면 일종의 평가요 '인사'에 해당한다. 이런 평가와 인사가 미치는 크나큰 영향을 공자는 말해 주고 있는 셈이다. 가치에 대해 소신 있는 사람을 우대하면 그저 눈치 보며 굽신거리기만 하는 사람을 소신 있는 사람으로 만들 수도 있고, 또 궁극적으로는 백성(요즘 식으로는 국민)이 납득하고 따르게 된다는 것이다. 말은 간단하지만 이게 얼마나 대단한 일인가. 국민이 정부를 지지하게 된다는 말이다. '곧음'이란 그런 것이다. 크나큰 가치가 아닐 수 없다.

그렇다고 이게 꼭 정치권력자만의 문제는 물론 아니다. 곧음과 굽음은 모든 인간의 모든 상황에서 문제가 될 수 있고 또 되어야 한다. 그래서 우리는 이것을 우리 자신의 삶의 문맥에서 직접 짚어 보지 않으면 안 된다. '직'이라는 이 말은, 정몽주식의 극단적 '충직'은 아니더라도,

지금도 우리 주변에서 엄연한 하나의 가치로서 살아 있다. 정직·솔직·우직·강직 같은 것이 다 그 '직'이다. 《논어》 제17장에서 공자는 말한다.

1714 子曰, "古者民有三疾, 今也或是之亡也. 古之狂也肆, 今之狂也蕩, 古之矜也廉, 今之矜也忿戾, 古之愚也直, 今之愚也詐而已矣." "옛날에는 사람들에게 세 가지 병통이 있었는데 오늘날에는 그것이 없어지지 않았나 싶다. 옛날의 과격한 이는 거리낌 없이 행동했으나 오늘날의 과격한 이는 제멋대로 행동한다. 옛날의 자긍하는 이는 고지식했으나 오늘날의 자긍하는 이는 성내고 사납게 군다. 옛날의 어리석은 이는 솔직했으나 오늘날의 어리석은 이는 속이려 들 뿐이다."

공자의 이 말은 이 '곧음'이 '속임'(거짓)과 대비되는 솔직함, 정직이기도 하다는 것을 알려 준다. 그런 것은 우리 자신에게도 해당한다. 우리는 매사에 그런 선택의 기로에 선다. ('속이려들 뿐이다'[詐而已矣]라는 공자의 말은 그런 것이 그때나 지금이나 주도적 현실임을 알려 준다.) 솔직할 것인가, 속일 것인가. 곧을 것인가, 굽을 것인가. 곧은 자를 선택할 것인가 굽은 자를 선택할 것인가. 지금-이곳-우리의 문제다. 우리는 저 공자와 자하의 말들을 참고하면서 그 결과를 미리 짐작해 보기로 하자. 우리의 선택이 과연 사람들의 지지를 얻게 될지(民服), 나쁜 사람들이 세력을 잃게 될지(不仁者遠矣). 우리의 선택이 어떤 사람을 만들고 어떤 세상을 만들게 될지.

나는 이해할 수 없다."

1318 _{섭공어공자왈} _{오당유직궁자} _{기부양양} _{이자증지}
葉公語孔子曰, "吾黨有直躬者, 其父攘羊, 而子證之."
_{공자왈} _{오당지직자이어시} _{부위자은} _{자위부은}
孔子曰, "吾黨之直者異於是, 父爲子隱, 子爲父隱.
_{직재기중의}
直在其中矣." 섭공(葉公)이 공자께 말했다. "우리 무
리에 행실이 곧은 자가 있는데 그 아비가 양을 훔
치자 자식이 그것에 대해 증언을 했습니다." 공자
께서 말씀하셨다. "우리 무리의 곧은 자는 그와 다
릅니다. 아비는 자식을 위해 숨겨주고 자식은 아비
를 위해 숨겨주니 곧음이 그 가운데에 있습니다."

1434 _{혹왈} _{이덕보원} _{하여} _{자왈} _{하이보덕} _{이직보원}
或曰, "以德報怨, 何如?" 子曰, "何以報德? 以直報怨,
_{이덕보덕}
以德報德." 누군가가 말했다. "원한을 덕으로 갚는
다면 어떻겠습니까?" 선생님께서 말씀하셨다. "덕
에 대해서는 그럼 무엇으로 갚겠느냐? 원한에 대해
서는 곧음으로 갚고 덕에 대해서는 덕으로 갚아야
할 것이다."

1507 _{자왈} _{직재사어} _{방유도} _{여시} _{방무도} _{여시} _{군자}
子曰, "直哉史魚! 邦有道, 如矢, 邦無道, 如矢. 君子
_{재거백옥} _{방유도} _{즉사} _{방무도} _{즉가권이회지}
哉蘧伯玉! 邦有道, 則仕, 邦無道, 則可卷而懷之." "곧
구나, 사어(史魚)는! 나라에 도가 있어도 화살 같이 곧
았고 나라에 도가 없어도 화살 같이 곧았다. 군자로
구나, 거백옥(蘧伯玉)은! 나라에 도가 있으면 벼슬을
하고 나라에 도가 없으면 거두어 품을 줄 알았다."

1525 _{자왈} _{오지어인야} _{수훼수예} _{여유소예자} _{기유소}
子曰, "吾之於人也, 誰毁誰譽? 如有所譽者, 其有所
_{시의} _{사민야} _{삼대지소이직도이행야}
試矣. 斯民也, 三代之所以直道而行也." "내가 사람
을 대함에 있어서 누구를 깎아 내리고 누구를 추어

올리겠느냐? 만약 추어준 것처럼 여겨진 자가 있었다면 그는 다만 평가됨이 있었을 뿐이다. 이 백성들은 하, 은, 주 삼대의 곧은 도리를 좇아 걸어온 자들이다."

1707 子曰, "由也! 女聞六言六蔽矣乎?" 對曰, "未也." "居! 吾語女. 好仁不好學, 其蔽也愚, 好知不好學, 其蔽也蕩, 好信不好學, 其蔽也賊, 好直不好學, 其蔽也絞, 好勇不好學, 其蔽也亂, 好剛不好學, 其蔽也狂." "유(由)야, 너는 여섯 가지 말과 여섯 가지 폐단에 대해 들어본 적이 있느냐?" 자로가 대답했다. "없습니다." "앉아라. 내가 너에게 말해 주겠다. 어진 것을 좋아하고 배우기를 좋아하지 않으면 그 폐단은 어리석음이다. 지혜를 좋아하고 배우기를 좋아하지 않으면 그 폐단은 독선이다. 신의를 좋아하고 배우기를 좋아하지 않으면 그 폐단은 도적의 무리를 이루는 것이다. 곧음을 좋아하고 배우기를 좋아하지 않으면 그 폐단은 가혹함이다. 용기를 좋아하고 배우기를 좋아하지 않으면 그 폐단은 세상을 어지럽히는 것이다. 굳세기를 좋아하고 배우기를 좋아하지 않으면 그 폐단은 과격함이다."

총聰 및 청聽

똑똑함/총명함/귀밝음과 들음에 대하여

"들을 귀 있는 자는 들으라!" 예수 그리스도의 말이다. 성경에는 이와 유사한 발언이 여러 차례 나온다. 그런데 유명할 만큼 유명한 이 말을 그야말로 제대로 '알아듣는 귀'를 가진 사람은 몇 명이나 될까. 드문 예외를 제외하고는 귀 없는 사람도 없고 듣지 못하는 사람도 거의 없다. 그런데도 불구하고 왜 예수씩이나 되는 분이 이런 발언을 했을까.

절박한 심정으로 뭔가 말을 하고 싶었던 적이 있는 사람이라면 특별한 설명 없이도 곧바로 이 말의 의미를 이해하고 고개를 끄덕일 것이다. 사람의 말을 제대로 알아듣는 사람은 뜻밖에도 참 드물다. 전하고자 하는 뜻이 온전히 전달되기가 그만큼 힘든 것이다. 어릴 때 많이 해봤던 이른바 '전화놀이'에서도 그것은 확인된다. 몇 사람을 거치면 처음의 말은 완전히 엉뚱하게 달라지곤 한다. 그냥 하는 말들도 그럴진대 하물며 사람의 깊은 속뜻이야 오죽하랴. 그래서 아마 저 고르기아스(소피스트의 한 명)도 그런 말을 했을 것이다. "아무것도 존재하지 않는다. 존재한다 하더라도 그것을 인식할 수 없다. 인식한다 하더라도 그것을 전달할 수 없다." 궤변처럼 들리는 이 말이 실은 단순한 궤변이 아님을 나는 이전에 상세히 논한 적이 있다.[25] 특히 이 말의 마지막 부분 '… 전달할 수 없다'는 예수의 저 말과도 연결될 수 있는 것이다. 생각해 보라. 부모의 말을 제대로 '듣는' 자식들이 도대체 얼마나 되던가. 선생의 말을 제대로 듣는 학생은 도대체 얼마나 되던가. 친구의 충고를 제대로 듣는 친구는 또 얼마나 되던가. 그리고 국민의 소리를 제대로 귀담아 듣는 정치가와 공무원은 또 얼마나 되던가. 일일이 짚어 보면 그야말로 한도 끝도 없다. 제대로 듣지 않는 것은 말할 것도 없고 아예 들을 생각조차 하지 않는다. 그 내용이 중요한 것일수록 더욱 그렇다. 그래서 '귀' 혹은 '듣기'가 하나의 철학이 될 수 있는 것이다. 아니, 되어야 하는 것이다.

공자에게도 이런 철학이 있다. 그것을 아는 사람은 많지 않을 것이다. 그런데 있다. 공자에게도 '귀의 철학' '듣

---

25 졸저인《편지로 쓴 철학사》및《시로 쓴 철학사》참조.

기의 철학'이 있다. '밝게 듣기' '똑똑히 듣기' 혹은 더 간
단하게 '똑똑함/총명함'(聰)이라는 말이 그것을 압축한다.

1610 孔子曰, "君子有九思, 視思明, 聽思聰, 色思溫, 貌思恭,
言思忠, 事思敬, 疑思問, 忿思難, 見得思義." "군자에게는
아홉 가지 생각이 있다. 봄에 있어서는 밝음을 생각하
고 들음에 있어서는 똑똑함을 생각하고 얼굴빛에 있어
서는 따뜻함을 생각하고 외모에 있어서는 공손함을 생
각하고 말에 있어서는 충실함을 생각하고 일에 있어서
는 경건함을(혹은 섬김에 있어서는 공경을) 생각하고 의문
나는 것에 있어서는 물을 것을 생각하고 분노에 있어서
는 나중의 어려움을 생각하고 득봄에 있어서는 의로운
것인지를 생각한다."

"들음에 있어서는 똑똑함, 총명함(귀 밝게 듣는 것)을 생
각한다."'청사총聽思聰' 딱 세 글자다. 나는 이런 심플한
철학을 너무너무 좋아한다. 단순하면서도 깊고 넓은 그런
철학! 더욱이 사람에게 꼭 필요한 그런 철학! 태어나서 말
귀를 알아듣고 이윽고 귀가 멀어 말귀를 알아들을 수 없
게 될 때까지 우리 인간은 거의 천문학적인 말들을 들으
며 살아간다. 삶의 세계 자체가 말들로, 언어로 가득 차

있다고 해도 과언이 아니다. 그렇게 많은 말들을 우리는 거의 대부분 한쪽 귀로 듣고 한쪽 귀로 흘려보낸다. 머리에 남기는, 더군다나 가슴에 새기는 말들은 의외로 많지 않다. 진정으로 들을 만한, 혹은 들어야 할 말들에 대해서는 관심조차 없는 경우가 또한 대부분이다. 그런, 말하자면 '철학적 귀머거리 현상'이 예수도 답답했을 것이고 공자도 답답했을 것이다. 그래서 예수는 '귀 있는 자는 들으라'고 말했고 공자는 '군자는 들음에 있어 똑똑함을 생각한다'고 말했던 것이다.

그런데 이런 숭고한 철학을 '들을' 때 그야말로 우리가 귀밝게 똑똑히 들어야 할 것이 있다. 그것은 무엇보다도 '무엇을' '어떻게' 들을(聽) 것인가 하는 것이다. 공자의 철학은 그것에 대해서도 답을 준다.

1201 顏淵問仁. 子曰, "克己復禮爲仁. 一日克己復禮, 天下歸仁焉. 爲仁由己, 而由人乎哉?" 顏淵曰, "請問其目." 子曰, "非禮勿視, 非禮勿聽, 非禮勿言, 非禮勿動." 顏淵曰, "回雖不敏, 請事斯語矣." 안연(顏淵)이 어짊에 대해 묻자 선생님께서 말씀하셨다. "자신을 이겨 내고 예를 되찾는 것이 어짊을 도모하는 것이다. 어느 하루 자신을 이겨 내고 예를 되찾는다면 천하가 어짊에 돌아올 것이다.

어즮을 도모하는 것이 자기에게서 비롯되지 남에게서 비롯되겠느냐?" 안연이 말했다. "그 세목을 여쭙고자 합니다." 선생님께서 말씀하셨다. "예가 아니면 보지 말고 예가 아니면 듣지 말며 예가 아니면 말하지 말고 예가 아니면 움직이지 마라." 안연이 말했다. "제가 비록 불민하나 그 말씀을 잘 받들겠습니다."

거두절미하고 이 단편에서 우리는 "예가 아니면 듣지 말라"(非禮勿聽)는 중요한 단서를 듣게 된다. 공자에게서 그토록 중요한 '인'이 '극기복례'인데 그 세목 중 하나로 공자는 이 '비례물청'을 들고 있는 것이다. '천하귀인天下歸仁', 즉 진실로 어진-인간적인 세상이 되기를 바란다면 '극기복례', 즉 자신의 이기적인 욕망을 넘어서(克己) 타인에 대한 원칙적-기본적인 존중의 태도를 갖춰야 하며(復禮) 그러기 위해 타인을 존중하지 않고 함부로 하는 것들(非禮)이라면 아예 '보지'도 '듣지'도 '움직이지'도 말아야 한다고 공자는 그 방향을 일러주는 것이다. 이런 방향은 '받들어야' 할(事) 것임을 그의 수제자인 안연이 시사한다. 우리가 '무엇을' 들어야 할 것인지 그 일부를 공자는 말해주는 것이다. 그것이 여기서는 '예'인 것이다. (물론 '예'란 따로 논의해야 할 공자의 대주제 중 하나이지만 일단은 '타인[자기 이외의 존재]에 대한, 격식을 갖춘 존중·공경의 태도 내지 표시'로 간략히 이해해 둔다.)

또, 이런 말도 있다.

1213 子曰, "聽訟, 吾猶人也. 必也使無訟乎!" "송사를 듣고 판단하는 것은 나도 남만큼은 하지만 반드시 송사가 없도록 해야 할 것이다."

여기서 공자는 듣는 내용으로서의 '송사', 즉 서로 남 탓하며 다투는 것 (결국은 이익을 위한 자기주장), 이런 것을 그 듣는 목록에서 제외하도록 권유하고 있다. 그것도 '반드시'(必也) '없게 하라'(使無…乎)는 강한 어조로 말한다.

한편 '어떻게'와 관련해 공자는 우리에게 이런 말을 들려준다.

0510 宰予晝寢. 子曰, "朽木不可雕也, 糞土之牆不可杇也, 於予與何誅?" 子曰, "始吾於人也, 聽其言而信其行, 今吾於人也, 聽其言而觀其行. 於予與改是." 재여(宰予)가 낮잠을 자니 선생님께서 말씀하셨다. "삭은 나무에는 조각을 할 수 없고 분토糞土로 된 담장에는 흙손을 댈 수 없다. 여(予)에게 무슨 꾸지람을 하겠느냐?" 선생님께서 말씀

하셨다. "처음에는 내가 사람을 대함에 그 말을 듣고 그 행동을 믿었으나 지금은 내가 사람을 대함에 그 말을 듣고 그 행동을 살핀다. 여(予)로 인하여 이를 고쳤다."

이 말의 앞부분에 관한 논의는 공자 전문가들에게 맡기고 우리는 그 뒷부분만 새겨듣기로 하자. 여기서 공자는 '말을 듣는 것'(聽其言)을 이야기하며 그 말에 대해 우리가 취해야 할 태도를 두 가지로 제시한다. 그 하나가 '신기행信其行'(그 행동을 믿는 것)이고 다른 하나가 '관기행觀其行'(그 행동을 살피는 것)이다. 공자 자신이 전자에서 후자로 이행하였음을 말하기도 한다. 그렇다. 말은 행동과 연결된다. 아닌 게 아니라 말은 행동으로 비로소 완성되는 것이다. 그런데 어떤 사람의 어떤 말은 실제 행동으로 이어지고 또 어떤 사람의 어떤 말은 행동으로 이어지지 않는다. 진부할 지경이지만 이른바 '언행일치'와 '언행불일치'가 여기서 문제되는 것이다. 우리는 현실에서 그런 무수히 많은 사례들을 경험한다. 말은 너무나 그럴듯한데 그 사람의 실제 행동, 실제 삶은 말과 다른 경우가 너무나 많다. 공자도 아마 그런 것을 뼈아프게 느꼈을 것이다. 그래서 그는 이런 말을 했을 것이다. 그래서 그는 그 사람에 대한 그 자신의 태도를 고쳐서(改是) 말 그대로 행동하겠지 하고 무조건 '믿는' 쪽(信其行)에서 말한 대로 제대로 행동하는 걸까 하고 '살펴보는' 쪽(觀其行)으로 턴을 한 것이다. 이런 것(그 말을 행동에 비추어 살펴보는 것)도 말을 제대로 듣는 일종의 '똑똑함' '총명함'에 속한다고 우리는 해석한다.

또 하나가 있다.

1712 子曰, "道聽而塗說, 德之棄也." 선생님께서 말씀하셨다. "도를 듣고서 [그것을] 덧칠해 말하는 것은 덕을 버리는 짓이다."

공자의 이 말은 다른 많은 경우처럼 그 의미포착이 쉽지 않다. 보통은 "이 길에서 들은 것을 저 길에서 이야기하는 것은 덕을 버리는 짓이다"라고 해석된다. 그러나 이런 해석은 적어도 나의 철학적 감각으로는 공자의 말이 아닌 것 같다. 이 길에서 듣고 저 길에서 말한다? 어느 영문판 번역에서는 이것을 심지어 '가십에 대한 비판'이라고 풀이하기도 한다. 그렇다면 '도道'와 '도塗'를 굳이 다른 글자로 표현해야 할 필요가 없다. 특히 필연성이 없다.

2,500년 전의 중국으로 가 그 어법에 익숙해질 때까지 살아볼 수도 없고 또 공자에게 직접 물어볼 수도 없으니 좀 답답한 노릇이다. 그래서 나는 가다머 식의 '해석학적

이해'를 시도해 본다. 나의 문제지평에서 이것을 생각해 보는 것이다. 나는 살면서 (특히 철학을 공부하면서) 정말로 중요한 일들이 엉뚱한 해석(=덧칠=塗)으로 빛바래는 경우를 적지 않게 보아 왔다. 무엇보다도 공자철학 자체의 경우가 그러하다. 학창시절에 읽은 적지 않은 공자관련-논어관련 책들은 오히려 공자 자신을 완전히 덮어 버리고 묻어 버리는 경우가 적지 않았다. 심지어 주자의 경우도 그런 왜곡에 일부 기여했고, 어쩌면 그것은 논어에 등장하는 증자, 유자 등 공자의 직계 제자들에게서 시작되었을지도 모를 일이다. 조선의 꼬장한 유림들은 말할 것도 없다.

서양철학의 경우도 다를 바 없다. 나는 수많은 교과서와 입문서와 해설서들이 집필자의 알량한 지식과 판단으로 원철학자들의 진면모를 얼마나 심각하게 왜곡시키고 있는지를 이른바 '원전'을 직접 읽으면서 뼈아프게 느껴왔다. 예컨대 저 권위 중의 권위인 러셀의 《서양철학사》도 파르메니데스를 '논리학의 아버지'로 평가하고 있다. 러셀 자신의 논리학적 관심으로 '진리'에 대한 파르메니데스의 존재론적 발언들을 완전히 '덧칠'해버린 것이다. 거기서 파르메니데스 자신의 결정적으로 중요한 '가치'는 무참하게 '버려진다'. 내가 전공한 하이데거의 경우에도 유사한 현상이 존재한다. 예컨대 저 막강한 철학적 권위인 사르트르는《실존주의는 휴머니즘이다》에서 하이데거를 소위 '무신론적 실존주의자'로 규정한다. 임의적인 '덧칠'이다. 그런 규정으로 인해 하이데거의 '존재론적 신론'은 원천적으로 독자와의 통로를 차단당한다. 역시 그 '가치'가 '버려지는' 것이다. (인간본위인) '실존주의'라는 것도 (존재본위인) 하이데거의 '존재론'을 심각하게 훼손한다. 역시 '덧칠'이다. 무엇보다도 하이데거 본인이 이런 사태를 심각하게 우려한다. 그는《존재와 시간》제1절에서 이미 이런 '덧칠'로 인한 '존재'의 '진부화'를 날카롭게 지적하고 있다.

> "〔존재라는〕물음은 결코 임의적인 것이 아니다. 이 물음은 플라톤과 아리스토텔레스의 연구를 숨가쁘게 하였으나, 그 이후로는―실제적 탐구의 주제적 물음으로서는―침묵해 버리고 말았다. 이 두 사람이 이룩한 성과는 여러 가지 첨삭Verschiebungen과 '덧칠Übermahlungen'을 거쳐 헤겔의 '논리학'에까지 일관되어 왔다. 그리하여 일찍이는 사유의 최고의 긴장 속에서 비록 단편적이고 초보적일 망정 현상들로부터 쟁취 되었던 것이 오랫동안 진부한 것으로 되고 말았다."

그의 이 말에서도 '원래의 숭고한 주제'(존재)와 '첨삭―

덧칠' 및 '침묵–진부화'가 명확히 그리고 대비적으로 언급되고 있다.

나는 이러한 나의 학문적 경험을 공자의 저 발언과 견주어 그 해석학적 지평융합을 시도해본다. 그러면 그 발언의 구조가 거의 정확하게 일치한다. "도를 듣고서 [그것을] 덧칠해 말하는 것은 덕을 (그것 본래의 진정한 가치를) 버리는 짓이다." 이렇게 해석하면 이것도 '무엇을' '어떻게' 들을 것인가에 대한 방향을 알려주는 것이 된다. 들어야 할 내용으로서의 '도'와 그 '덕'이 여기서 언급되고 있는 것이다. ('도청道聽'을 '도를 듣고'로 해석하는 것은 동사와 목적어의 도치로 문법적인 변칙이 될 수 있다. 그러나 강조를 위한 도치는 논어에서도 더러 용례가 없지 않다.[0801 …天下讓…][1527 小不忍…][1435 莫我知也…] 그리고 이와 유사한 번역의 선례도 없지 않다. "The Master said: To apprehend the Way and lecture on it before actualization is to throw away your accumulation of virtue. — A. 찰스 뮬러A. Charles Muller 역 참고) 그리고 '덧칠해서 말하지(塗說) 말아야 한다'는 방향이 제시되고 있는 것이다. 어설픈 자기 해석으로 진정한 주제의 참뜻을 왜곡하지 말라. 그런 것은 도를 제대로 [똑똑히, 귀밝게] '들은' 것이 아니다. 그러니 자신의 어설픈 식견을 자랑하기 전에 주제 자체의 진정한 발언에 귀를 기울여 보라.(하이데거의 '청종'[hörendes Entnehmen] 개념 참조.) 그런 진정한 주제에 대한 정확한 듣기가 바로 '똑똑함' '총명함'(귀밝음)에 다름 아니다.

그런데 그런 귀가 세상에는 너무 적다. 나도 30년 이상 소중한 철학들을 이런저런 형태로 말해 왔건만 그 말들은 마치 비눗방울처럼 허공에 흩어졌다. 그러나 나는 아직도 희망을 버리지 않고 있다. 나 자신에 대한 격려 삼아서 언젠가 한 적이 있는 말을 여기서 다시 한 번 되뇌어 본다.[26] "진정한 언어는 언젠가 어디선가 그것을 들어주는 귀를 만나게 된다." 똑똑한 귀를. 총명한 귀를. 밝은 귀를.

---

26 졸저《인생론 카페》혹은《사물 속에서 철학 찾기》중 〈귀의 철학〉 참고.

IX

충忠
진심/충실/충성에 대하여

"충성!" 군대를 다녀온 사람들은 이 구호에 너무나도 익숙할 것이다. 일부 대학에서는 학군단 학생들도 이 구호를 외치며 경례를 한다.

'충효'라는 말도 우리 세대에게는 역시 너무나 익숙하다. 1960년대, 70년대에는 무수한 학교에 이 말이 구호로 내걸려 있기도 했다. 유교적 이념의 대표 격으로 나라에 충성하고 부모께 효도하자는 뜻이다.

그런데 우리는 과연 이런 구호들의 '의미'를 곱씹어 본 일이 있을까? '충'이란, '충성'이란, 도대체 뭘 어쩌자는 말일까. 아니 애당초 그것은 어떤 상태를 말하는 것일까.

막연하게나마 우리는 이것이 국가에 대한 혹은 군주에 대한, 국민의 혹은 신하의 헌신적 도리 내지 덕목이라고 알고 있다. 그리고 암암리에 이것이 유교의 대표자인 공자의 사상이라고 믿고 있다. (그래서 은연중에 이것이 이미 유통기한이 지난 과거의 유물일 뿐이라고 간주한다.) 그런데 과연 그럴까?

의외로 《논어》에는 '충성'과 '충효'라는 표현이 단 한 차례도 등장하지 않는다. (물론 '충' '성' '효'라는 각각의 표현은 다수 발견된다.) 적어도 우리가 알고 있는 '충성'과 '충효'가 우리가 생각하는 그 모습 그대로 백 퍼센트 고스란히 공자의 사상과 일치하는 것은 아닌 셈이다. 그렇다면 공자는 이것을 어떻게 생각하고 있었던 것일까.

공자의 경우 '충忠'은 국가나 군주에 대한 백성과 신하의 도리로 한정되지 않는다. (물론 이것도 포함되기는 한다.) 이 말의 의미 폭은 훨씬 더 넓고 훨씬 더 근원적이다. 이것은, '중中'과 '심心'으로 이루어진 이 말(忠) 자체의 구조가 시사하듯이, 나의 마음을 대상의 한가운데다 두는 일이다. 한가운데 있는 마음이 '충'인 것이다. 그러니까 '진심을 다하는 것'이고 '성심을 다하는 것'이고, '정성을 다하는 것'이다. 그게 '충'이다. (따라서 마음이 조금이라도 옆으로 비켜나 있거나 뒤로 물러나 있거나 혹은 아예 없거나 하는 것은 '충'이 아니다.) 그래서 이 말에는 '충성'은 물론 충실, 충직, 충정, 충심, 그리고 진정성, 진지함 … 등의 의미가 다 포함되는 것이다. 이런 포괄적이고 근원적인 의미의 '충'이 공자철학의 중심에 있었던 것은 틀림없어 보인다. 그의

최측근 제자 중의 한 사람이었던 증삼이 그것을 확인해
준다.

0415 子曰, "參乎! 吾道一以貫之." 曾子曰, "唯." 子出, 門人問
曰, "何謂也?" 曾子曰, "夫子之道, 忠恕而已矣." 선생님
께서 말씀하셨다. "삼(參)아, 나의 도는 하나로써 꿰어져
있다." 증자가 말하였다. "그렇습니다." 선생님께서 밖
으로 나가시자 문인이 물었다. "무엇을 말씀하신 것이
지?" 증자가 말하였다. "선생님의 도는 충忠과 서恕일 따
름이네."

물론 이는 증삼의 '해석'이지만 공자 본인의 발언에서
도 '충'에 대한 강조는 얼마든지 발견된다. 무엇보다도
"'충'과 '신'을 주로 삼아라"(主忠信)라는 수차례의 언급이
대표적이다.

0108 0925 子曰, "君子不重則不威. 學則不固. 主忠信. 無友不
如己者. 過則勿憚改.""군자는 무겁지 않으면 위엄을 갖
지 못한다. 배우면 고루함에 빠지지 않는다. 충실과 신
뢰를 주로 삼아라. 자기보다 못한 자를 벗하지 마라. 잘
못했다면 고치기를 꺼리지 마라."

1210 子張問崇德辨惑. 子曰, "主忠信, 徙義, 崇德也. 愛之欲其
生, 惡之欲其死. 旣欲其生, 又欲其死, 是惑也." 자장(子
張)이 덕을 숭상하고 미혹됨을 판별하는 것에 대해 묻자
선생님께서 말씀하셨다. "충실과 신뢰를 주로 삼고 의
로운 데로 나아가는 것이 덕을 숭상하는 것이다. 사랑하
면 살기를 바라고 싫어하면 죽기를 바라는데, 이미 살기
를 바랐으면서 또 죽기를 바란다면 그것이 미혹이다."

이 발언들의 문맥만 들여다보더라도 '충'이 단순히 우
리가 알고 있는 그 '충성'만이 아님은 분명히 드러난다.
그렇다면 우리는 그 의미를 좀 더 자세히 들여다볼 필요
가 있다. 공자는 이렇게 말한다.

0220 季康子問, "使民敬忠以勸, 如之何?" 子曰, "臨之以莊則
敬, 孝慈則忠, 擧善而敎不能則勸." 계강자(季康子)가 물
었다. "권장하여 백성들로 하여금 공경스럽고 충성스러
워지도록 하는 것이 어떻겠습니까?" 선생님께서 말씀
하셨다. "엄숙히 정사에 임하면 공경스러워지고 효성과
자애를 다하면 충성스러워집니다. 선을 거양하여 가르
치는 것이 불가능하면 권장하게 됩니다."

여기서 공자는 백성에게 권면할 가치로서 이 '충忠'을 '경敬'과 함께 인정한다. 단, 그는 이 '충'을 위해 '효자孝慈'(효성과 자애)가 선결요건임을 시사한다. 부모에게 효성스럽고 자식에게 자애로우면 백성이 충성스러워진다고 그는 말하는 것이다. 여기서 충의 대상이 국가인지 군주인지 혹은 자기 자신의 내면인지는 전혀 언급이 없이 생략돼 있다. 하지만 그 충을 '효자'와 연결시키고 있다는 점, 효자를 충의 선행요건 내지 전제조건으로 설정하는 점은 아무튼 흥미롭다. 하나의 가치가 갖춰지면 다른 가치는 자연히 따라오게 된다.

0319 定公問, "君使臣, 臣事君, 如之何?" 孔子對曰, "君使臣以禮, 臣事君以忠." 정공(定公)이 물었다. "임금은 신하를 부리고 신하는 임금을 섬겨야 하지 않겠습니까?" 공자께서 대답하셨다. "임금은 신하를 예로써 부리고 신하는 임금을 충성으로써 섬겨야 할 것입니다."

정공과의 이 대화에서 드디어 '충'이 군신간의 덕목으로 언급된다. 즉 신하가 군주를 섬길 때의 덕목으로서 '충'이 요구되는 것이다. 단, 이 충이 어떤 상태, 어떤 행위인지는 공자의 다른 가치들도 대개 그렇듯 특별한 설명

없이 이미 자명한 것으로 전제돼 있다.

0519 子張問曰, "令尹子文三仕爲令尹, 無喜色, 三已之, 無慍
色. 舊令尹之政, 必以告新令尹. 何如?" 子曰, "忠矣." 曰,
"仁矣乎?" 曰, "未知, 焉得仁?" 崔子弑齊君, 陳文子有馬
十乘, 棄而違之. 至於他邦, 則曰, '猶吾大夫崔子也.' 違
之. 之一邦, 則又曰, '猶吾大夫崔子也.' 違之. 何如?" 子
曰, "淸矣." 曰, "仁矣乎?" 曰, "未知, 焉得仁?" 자장(子張)

이 물었다. "영윤이었던 자문(子文)은 세 번 벼슬하여 영
윤이 되었으나 기뻐하는 기색이 없었고 세 번 그만두었
으나 섭섭해하는 기색이 없었으며 영윤으로 있었던 동
안의 정사를 반드시 신임 영윤에게 알려주었으니 그 사
람됨이 어떠합니까?" 선생님께서 말씀하셨다. "충성스
럽다." 자장이 말하였다. "어질지는 않습니까?" 선생님
께서 말씀하셨다. "모르겠다. 어떻게 어짊을 얻었겠느
냐?" "최자(崔子)가 제齊나라 임금을 시해하자 진문자(陳
文子)는 가지고 있던 말 십 승을 버리고 제나라를 떠나
다른 나라에 이르러 말하기를 '우리나라 대부 최자와
같다' 하고 거기를 떠나 또 다른 나라로 가서 역시 말하
기를 '우리나라 대부 최자와 같다' 하고 떠났으니 그 사
람됨이 어떠합니까?" 선생님께서 말씀하셨다. "맑다."

자장이 말하였다. "어질지는 않습니까?" 선생님께서 말씀하셨다. "모르겠다. 어떻게 어짊을 얻었겠느냐?"

자문에 대한 자장과의 이 대화에서 공자는 자문의 '행위' 내지 '사람됨'을 '충성스럽다'(忠矣)고 평가한다. 단, 이런 평가의 근거가 흥미롭다. 직위를 얻거나 그만두거나에 기뻐하거나(無喜色) 섭섭해(無慍色) 하지 않았다는 것, 그리고 업무의 내용을 후임에게 반드시 알려주었다는 것(必以告), 이런 모습을 '충성스럽다'고 평가한 것이다. 여기서도 '충'이 단순히 군주에 대한 헌신의 태도가 아님을 알수 있다. 일의 본질에 대한 최대한의 충실, 진심을 다함, 정성을 다함, 그게 바로 충이다. 단, 충이 곧 어짊(仁)은 아니라고 그는 평가한다. 아마도 '어짊'은 남에 대한 적극적인 사랑이기 때문일 것이다.

0528 子曰, "十室之邑, 必有忠信如丘者焉, 不如丘之好學也."
"열 집 남짓한 마을에도 필시 나만큼 충신忠信한 사람은 있을 것이나 그도 나만큼 배우기를 좋아하지는 못할 것이다."

이 발언에서는 '충신忠信'한(충실하고 미더운) 사람이 어디서나 그리 드물지는 않다는 것, 자기 자신도 그런 사람이라는 것(자기평가), 그리고 '충신'한 사람이 다 자기만큼 '호학好學'이지는 않다(배우기를 좋아하지는 않는다)는 아쉬움을 내비친다.

0725 子以四教, 文, 行, 忠, 信. 선생님께서는 네 가지로써 가르치셨으니 글(文)과 행동과 충실(忠)과 신뢰(信)였다.

제자들의 이 전언에서는 '충'이 공자의 가르침의 네 가지 수단 내지 방편의 하나였음을 확인할 수 있다. 이 또한 문맥상 국가나 군주에 대한 충성은 아니다.

1214 子張問政. 子曰, "居之無倦, 行之以忠." 자장(子張)이 정사에 대해 묻자 선생님께서 말씀하셨다. "정사를 맡아봄에 있어서는 안일에 빠지지 말아야 하며 정사를 수행함에 있어서는 충심으로써 해야 한다."

여기서는 정치를 행하는 태도로서 '충'을 요구한다. '게으름'(倦)과 대비되어 있는 점을 감안할 때, 이 '충'은 역시 '진심을 다함' '최선을 다함' 정도로 이해해도 좋다.

1223 　자공문우　　자왈　　충고이선도지　　불가즉지　무자욕언
　　子貢問友. 子曰, "忠告而善道之, 不可則止, 毋自辱焉."

자공(子貢)이 벗에 대해 묻자 선생님께서 말씀하셨다.
"충심으로 일러서 잘 이끌되 안 될 것 같으면 그쳐서 스
스로 욕을 당하지는 말 것이다."

　여기서는 교우와 관련된 덕목으로 '충'이, 그것도 '충고
忠告'라는 형태로 제시된다. 물론 이 충고는 '선도善道'를
위한 충고다. 이 의미는 오늘날도 그대로 고스란히 살아
있다. 진심으로, 진지하게, 특히 그 친구가 잘 되라고, 특
히 그 잘못을, 일러주는 것, 알려주는 것, 말해주는 것, 지
적해주는 것, 그것이 '충고'인 것이다.

1319 　번지문인　자왈　거처공　집사경　여인충　수지이적　불
　　樊遲問仁. 子曰, "居處恭, 執事敬, 與人忠. 雖之夷狄, 不
　가기야
　　可棄也." 번지(樊遲)가 어짊에 대해 묻자 선생님께서 말
씀하셨다. "일상생활에 있어서는 공손하고 일을 수행함
에 있어서는 경건하며 사람을 대함에 있어서는 충실해
야 하니 이는 비록 오랑캐의 땅에 가더라도 버릴 수 없
는 것이다."

　여기서는 '충'이 '공恭' '경敬'과 함께 '인仁'이라는 대 가
치의 세목 중 하나로 제시된다.(0519 참조) 어떤 경우에도

충忠　575

버릴 수 없는 가치라고 강조까지 한다. 특히 흥미로운 것은 '충'이 '사람을 대할 때', '사람과 더불어 함께할 때'(與人)의 태도로서 요구된다는 점이다. 여기에는 사람을 대할 때 진심과 정성을 다해야지 적당적당 혹은 거짓으로 대해서는 안 된다는 윤리적 메시지가 담겨 있다.

1407 子曰, "愛之, 能勿勞乎? 忠焉, 能勿誨乎?" "사랑한다면 애쓰지 않을 수 있겠느냐? 진심으로 생각한다면 깨우쳐 주지 않을 수 있겠느냐?"

　여기서 공자는 '충'을 '깨우침 내지 가르침'(誨)과 연결시키고 있다. 상대방이(그가 군주이건 또 누구건) 뭔가 잘 모르거나 잘못이 있을 때 그걸 일깨워 줘야 '충'이라고 말할 수 있다는 것이다. '충'하다면 그렇지 않을 수 없다는 것이니까 그렇지 않고 모른 척 덮어 버리거나 넘어가 버린다면 그건 '충'이 아닌 셈이다.(위의 1223과도 견주어 참조) 그런데 우리는 과연 어떠한가. 우리의 전현직 대통령들의 크고 작은 잘못들을 짚어볼 때, 그 주변에서 이런 역할(誨)을 제대로 한, 그리고 하고 있는 '충'한 인물이 과연 존재했는지, 존재하는지, 물어보게 된다. 우리는 참담하고 무거운 마음을 가눌 수가 없다.

1506 ^{자 장 문 행} ^{자 왈} ^{언 충 신} ^{행 독 경} ^{수 만 맥 지 방} ^{행 의} ^언
子張問行. 子曰, "言忠信, 行篤敬, 雖蠻貊之邦, 行矣. 言

^{불 충 신} ^{행 부 독 경} ^{수 주 리} ^{행 호 재} ^{입 즉 견 기 삼 어 전 야}
不忠信, 行不篤敬, 雖州里, 行乎哉? 立則見其參於前也,

^{재 여 즉 견 기 의 어 형 야} ^{부 연 후 행} ^{자 장 서 저 신}
在輿則見其倚於衡也, 夫然後行." 子張書諸紳. 자장(子

張)이 행해짐에 대해 묻자 선생님께서 말씀하셨다. "말

이 충실하고 미더우며 행동이 극진하고 경건하면 비록

야만한 나라에서라도 행해질 것이지만 말이 충실하지

않고 미덥지 않으며 행동이 극진하지 않고 경건하지

않으면 비록 문명한 곳에선들 행해지겠느냐? 서면 그

것이 바로 앞에 늘어서 있음을 보고 수레에 타면 그것

이 멍에에 걸려 있음을 본다면 그런 후에야 행해질 것

이다." 자장이 그 말씀을 띠에 적었다.

1610 ^{자 공 왈} ^{군 자 유 구 사} ^{시 사 명} ^{청 사 총} ^{색 사 온} ^{모 사 공}
孔子曰, "君子有九思, 視思明, 聽思聰, 色思溫, 貌思恭,

^{언 사 충} ^{사 사 경} ^{의 사 문} ^{분 사 난} ^{견 득 사 의}
言思忠, 事思敬, 疑思問, 忿思難, 見得思義." "군자에게

는 아홉 가지 생각이 있다. 봄에 있어서는 밝음을 생각

하고 들음에 있어서는 똑똑함을 생각하고 얼굴빛에 있

어서는 따뜻함을 생각하고 외모에 있어서는 공손함을

생각하고 말에 있어서는 충실함을 생각하고 일에 있어

서는 경건함을(혹은 섬김에 있어서는 공경을) 생각하고 의

문 나는 것에 있어서는 물을 것을 생각하고 분노에 있

어서는 나중의 어려움을 생각하고 득봄에 있어서는 의

로운 것인지를 생각한다."

이 두 개의 단편에서는 '말'(言)에 대한 덕목으로 '충'을 요구한다. (이는 요즘 식으로 말하자면 '진정성'이라고 해도 좋겠다.) 즉 내가 하는 말이 마음 한가운데 있는지, 믿을 수 있는지, 훌륭한 사람(君子)은 생각(思)해 봐야 한다는 것이다. 마음 한가운데서, 즉 진심에서 우러나오는 진정성 있는 말이 아니라면 그건 충실한 말이 아니고 따라서 믿을 수 있는 말이 아닌 것이다. 우리는 보통, 말을 얼마나 가볍게 얼마나 대충대충 생각도 없이 함부로 입 밖으로 내뱉는가.

비교적 소상히 살펴본 대로 공자에게 '충'이란 국가와 군주에 대한 고지식한 헌신의 의미만이 아니었다. 그것은 '군주'를 포함한 '친구' '사람' '말'에 대한 진지한 태도로, 진심을 다하는 태도로, 보편적으로 추구해야 할 덕이요 가치였다. 공자는 이것을 왜 이토록 강조했을까. 그리고 그것은 지금 우리에게 어떤 의미를 가질 수 있을까. 우리 자신을 그리고 우리 주변을 한번 돌이켜보자. 우리는 과연 우리가 사는 이 나라에 대해, 우리의 지도자에 대해(그가 누구든), 친구에 대해, 무릇 사람에 대해, 그리고 우리가 내뱉는 말에 대해, 얼마나 충실한가. 우리의 진심을, 성심을, 최선을 다하고 있는가. 그 모든 것들이 우리의 '마음 한가운데'에 자리하고 있는가. "결코 아니다!" ('충성'은 그

저 이상한 사람과 이상한 집단과 이상한 일에 대한 이상한 '충성서약'의 형태로만 존재한다.) '충'(忠)은 결국 마음(心)의 문제다. 마음가짐인 것이다. 우리의 마음 한가운데(中)엔 국가도, 지도자도, 친구도, 사람도, 언어도 없다. 있다고 하더라도 그건 마음 한쪽 구석에 아주 비좁은 구석에 간신히 궁색하게 쪼그리고 있다. 마음 한가운데를 차지하고 있는 것은 요즘 거의 돈이다. '나의 이익'이다. 아니면 그저 재밋거리다. 이런 세태에서 국가에 대한, 지도자에 대한, 친구에 대한, 사람에 대한, 언어에 대한 '불충'은 어쩌면 당연한 것인지도 모르겠다. 가치와 덕은 실종상태다. 우리는 요즘 그 결과를 그다지 고려하지 않는다. 인간이 어떻게 되든 세상이 어떻게 되든 별로 괘념치 않는다. 걱정하지 않는다. 그러나 생각해 본 적이 있는가. 우리는 바로 그런 인간들과 더불어 그런 세상에서 우리의 삶을 살고 있는 것이다. 그 삶의 질과 격은 낮아질 수밖에 없다. 더러는 '충직'한 개가 사람보다 차라리 나은 경우도 있다. '이대로'가 안 되는 까닭이 바로 거기에 있다. 그러니 한번쯤은 공자 같은 사람의 말에 귀기울여보자. 그리고 그의 뒤를 충실히 따라가 보자. 그는 우리가 "충성!" 하며 경례를 해도 결코 과할 것이 없는, 충분히 그럴 만한 인물이었다.

'충무공' 이순신, '충정공' 민영환 같은 인물에게서 우리는 이 '충'의 한 존경스런 면모를 발견한다. 그러나 충렬·충선·충숙·충혜·충목·충정왕 같은 저 고려의 왕들은 아니다. 이름이 반드시 실질을 반영하지는 않는다. 그 대상 내지 내용이 과연 '충'할 만한지 어떤지가 진정한 충의 여부를 가름한다. 폭력적인 '원'과 '왜'는 그 자격이 없다.

치恥

부끄러움/부끄러워함에 대하여

"하늘을 우러러 한 점 부끄럼이 없기를. 잎새에 이는 바람에도 나는 괴로워했다. …" 윤동주의 '서시'다. 우리 한국인이 가장 사랑하는 명시의 하나일 것이다. 윤동주는 내가 개인적으로 가장 좋아하는 시인이기도 하다. 사람들이 그를 좋아하고 있다는 것은 아직도 그의 이런 세계에 대한 평가와 그리움이 남아 있다는 증거이기도 할 것이다.

그의 세계는 한없이 맑다. 그는 '하늘을 우러러 한 점 부끄럼이 없기를' 바란 사람이다. '잎새에 이는 바람에도', 그러니까 가치의 아주 소소한 흔들림에도, 그는 '괴로워했'던 사람이다. 순수와 청명 그 자체다. 그런 그를 나는 그리고 우리는 좋아하는 것이다. 우리 모두가 그와 같은 그런 사람이 된다면 세상은 아마 구름 한 점 없는 가을 하늘 같은 그런 해맑은 세상이 될 것이다.

그런데 현실은 어떤가. 너나 할 것 없이 사람들의 속

을 헤집어 보면 거기엔 온갖 부끄러운 일들이 가득 차 있다. 하기야 그게 인간이기는 하다. 윤동주도 아마 예외는 아닐 것이다. 그러나 참 묘한 현상이 하나 있다. 부끄러운 자인 것은 다 마찬가진데, 누구는 그것을 알고 누구는 그것을 모른다. 누구는 그것을 부끄러워하고 누구는 그것을 부끄러워하지 않는다. 전자는 요즘 찾아보기가 참 쉽지 않다. 반면 후자는 마치 곰팡이나 바이러스처럼 엄청난 규모로 증식해서 우리 사회 구석구석에 만연해 있다. 폭행·강도·살인 등 범죄를 저지른 자들은 말할 것도 없고 청문회에 나온 공직 후보자들, 조사를 받으러 검찰 입구에 선 유력인사들, 정계·재계·문화계는 물론 심지어 학계-교육계 인사들까지도 '뻔뻔함'과 '후안무치'를 여실히 보여 준다. 그들에게는 부끄러움의 그림자도 없다. '어떻게 그럴 수가…' 하고 많은 사람들이 생각하지만 그들의 표정과 말과 행동은 당당하기가 그지없다. 인간으로서 너무나 당연하던 그 '부끄러움'이라는 것은 도대체 어디로 사라진 걸까. 그리고 왜 사라진 걸까.

아는 사람이 얼마나 될지 모르겠지만 이 '부끄러움' 내지 '부끄러워함'(恥)은 실은 저 공자의 중요한 가치 중 하나였다. (이것은 그를 계승한 맹자에게서 이른바 4단[四端]의 하나인 '수오지심羞惡之心'[부끄러워하는 마음]으로 정식화됐다. 맹자는 심지어 '부끄러운 마음이 없으면 사람이 아니다'[無羞惡之心 非人也]라고까지 단언했다.)

0203 子曰, "道之以政, 齊之以刑, 民免而無恥, 道之以德, 齊之以禮, 有恥且格." "정령政令으로 이끌고 형벌로 다스리면 백성들은 면피하려고만 하고 부끄러워할 줄 모르게 된다. 덕으로 이끌고 예로 다스리면 부끄러움과 격이 있게 된다."

부끄러움이 공자의 도덕적-정치적 이상의 하나임이 이 단편에 분명히 드러나 있다.

관련된 그의 말들을 우선 있는 그대로 한번 들어 보자.

0409 子曰, "士志於道, 而恥惡衣惡食者, 未足與議也." "선비가 도에 뜻을 두고도 남루한 옷과 거친 음식을 부끄러워한다면 아직 족히 서로 의논할 만하지 못하다."

0422 子曰, "古者言之不出, 恥躬之不逮也." "옛사람들이 말을 하지 않았던 것은 자신의 됨됨이가 그 말에 미치지 못하는 것을 부끄러워했기 때문이다."

0515 子貢問曰, "孔文子何以謂之文也?" 子曰, "敏而好學, 不恥下問, 是以謂之文也." 자공(子貢)이 물었다. "공문자(孔

文子)를 어찌하여 문文이라 부르게 되었습니까?" 선생님
께서 말씀하셨다. "실천에 민첩하고 배우기를 좋아하여
아랫사람에게 묻는 것을 부끄러워하지 않았기 때문에
문文이라 부르게 되었다."

0525 子曰, "巧言令色足恭, 左丘明恥之, 丘亦恥之. 匿怨而友
其人, 左丘明恥之, 丘亦恥之." "솜씨 있는 말과 권위적
인 모습과 철저한 공손함을 좌구명(左丘明)은 부끄럽게
여겼고 나 역시 그것을 부끄럽게 여긴다. 원망을 숨기
고 그 사람과 벗하는 것을 좌구명은 부끄럽게 여겼고
나 역시 그것을 부끄럽게 여긴다."

0813 子曰, "篤信好學, 守死善道. 危邦不入, 亂邦不居. 天下有
道則見, 無道則隱. 邦有道, 貧且賤焉, 恥也, 邦無道, 富
且貴焉, 恥也." "신의를 돈독히 하고 배우기를 좋아하며
목숨을 걸고 도道를 잘 이루어라. 위태로운 나라에는 들
어가지 말고 어지러운 나라에서는 살지 마라. 천하에
도道가 있으면 나타나고 도가 없으면 숨어라. 나라에 도
가 있으면 가난하고 천한 것이 부끄러운 일이지만 나라
에 도가 없으면 부유하고 귀한 것이 부끄러운 일이다."

0927 子曰, "衣敝縕袍, 與衣狐貉者立, 而不恥者, 其由也與."
"해진 솜두루마기를 입고 여우나 담비 털옷을 입은 자
와 함께 서서도 부끄러워하지 않을 사람은 바로 유(由)

일 것이다."

1320 子貢問曰, "何如斯可謂之士矣?" 子曰, "行己有恥, 使於
四方, 不辱君命, 可謂士矣." 曰, "敢問其次." 曰, "宗族稱
孝焉, 鄕黨稱弟焉." 曰, "敢問其次." 曰, "言必信, 行必果,
硜硜然小人哉! 抑亦可以爲次矣." 曰, "今之從政者何如?"
子曰, "噫! 斗筲之人, 何足算也?" 자공(子貢)이 물었다.

"어떠하여야 선비라 할 수 있겠습니까?" 선생님께서 말

씀하셨다. "자신의 행동에 부끄러워함이 있고 각국에

사신으로 나가 군명을 욕되게 하지 않으면 선비라 할

수 있다." 자공이 말했다. "감히 그다음 되는 것을 묻고

자 합니다." 선생님께서 말씀하셨다. "일가친척이 효성

스럽다 하고 마을 사람들이 공순하다 하는 것이다." 자

공이 말했다. "감히 그다음 되는 것을 묻고자 합니다."

선생님께서 말씀하셨다. "말을 하면 반드시 믿음성이

있고 행동을 하면 반드시 결과가 있다면, 깐깐한 소인

이지만 또한 그다음 되는 것으로 할 수 있다." 자공이

말했다. "오늘날 정치에 종사하는 자들은 어떠합니까?"

선생님께서 말씀하셨다. "에휴, 그 종지 그릇만한 사람

들이야 무슨 셈할 것이나 있겠느냐?"

1401 憲問恥. 子曰, "邦有道, 穀, 邦無道, 穀, 恥也." "克伐怨欲
不行焉, 可以爲仁矣?" 子曰, "可以爲難矣, 仁則吾不知

也." 헌(憲)이 부끄러움에 관해 묻자 선생님께서 말씀하셨다. "나라에 도가 있어도 녹을 먹고 나라에 도가 없어도 녹을 먹는 것이 부끄러운 짓이다. [⋯]"

1427 子曰, "君子恥其言而過其行." "군자는 자신의 말을 부끄러워하고 자신의 행동을 허물한다."

어떤가. 이만하면 '부끄러움'이 공자의 핵심가치 중 하나임은 분명히 확인된다. 그런데 그의 이 말들을 유심히 들여다보면 그가 말하는 부끄러움이 어떤 막연한 부끄러움이 아니라 아주 구체적인 내용 내지 대상을 지닌 부끄러움임을 알 수가 있다. 특히 그것은 자신의 행태와 관련돼 있다. 즉 '자신의 됨됨이가 그 말에 미치지 못하는 것'(躬之不逮) '솜씨 있는 말과 권위적인 모습과 철저한 공손함'(巧言令色足恭)[27] '원망을 숨기고 그 사람과 벗하는 것'

---

27 여기서 공자가 '교언' '영색'과 더불어 부끄럽게 여기는 '족공足恭'은, 그 의미를 특정하기가 쉽지 않다. '교언' '영색' 등은 모두 '겉보기에 그럴듯해 보이나 실은 문제가 있는 것'이다. 그런 문맥에서 보면 '족공'도 겉보기에는 긍정적인 그 무엇이다. 그렇다면 이것은 '철저한 고분고분함'으로 이해할 수도 있다. '족足'은 여기서 '만족스런' '충족된' '더할 나위 없는' 그런 뜻이다. 이런 태도는 언뜻 훌륭한 것으로 보이지만 여기엔 실은 어떤 내밀한 비굴함이 깃들어 있다. 나쁘게 해석하자면 일종의 노예근성일 수도 있다. 거기에선 어떤 충언도 쓴소리도 건의도 나올 수 없다. 자기에 대한 자부 그리고 절제에 기초한 상대방의 존중, 거기서 진정한 공손은 우러나오는 것이다. 그런 것이 아닌 공손은 진짜 공손이 아닌 것이다. 결정적인 것은 이 공손에 '어떤 자기'와 '어떤 상대'가 있는가 하는 것이다. 자기와 상대, 어느 한쪽을 낮게 설정해서도 진정한 공손은

(匿怨而友其人) '나라에 도가 있는데 가난하고 천한 것'(邦有道, 貧且賤焉) '나라에 도가 없는데 부유하고 귀한 것'(邦無道, 富且貴焉) '자신의 행동'(行己) '나라에 도가 있어도 녹을 먹고 나라에 도가 없어도 녹을 먹는 것'(邦有道, 穀, 邦無道, 穀) '자신의 말'(其言) 등이 그것이다.

한편 그는 '부끄러워하지 않는 것'(不恥)도 구체적으로 이야기한다. '남루한 옷과 거친 음식'(惡衣惡食) '아랫사람에게 묻는 것'(下問) '해진 솜두루마기를 입고 여우나 담비 털옷을 입은 자와 함께 서는 것'(衣敝縕袍, 與衣狐貉者立) 등이 그것이다.

아주아주 구체적이다. 그런데 좀 특이하다. 공자의 큰 특징이기도 하지만, 그의 가치체계에서는 상식의 반전이 있다. 보통 사람들이 생각하는 것과 그가 생각하는 것이 반대로 뒤집히는 것이다. 어디 한번 들여다보자.

보통 사람들은 말을 할 때 자신의 됨됨이가 그 말에 미치지 못함을 부끄럽게 여기지 않는다. 그리고 그런 이유로 말을 삼가지도 않는다. 그러나 공자는 그런 것을 부끄럽게 여기고 말을 삼가는 것을 평가한다. 말 자체를 애당초 부끄럽게 여기기도 한다.

성립될 수 없다. ('恭'의 항목에서도 같은 설명)

또, 보통 사람들은 솜씨 있게 말 잘하는 것과 번듯한 모양새와 철저한 고분고분함을 오히려 자랑하면 했지 그리고 칭찬하면 했지 부끄럽게 여기지는 않는다. 그런데 공자는 그런 것을 부끄럽게 여긴다고 공언한다.

또, 보통 사람들은 누군가가 싫더라도 그 속마음을 숨긴 채 친한 척 교제를 하기도 한다. 전후 문맥은 단절돼 있으나 특히 이해관계가 얽힌 경우라면 더욱 그럴 것이다. 그러나 공자는 그런 이중인격적 인간관계를 부끄럽게 여긴다고 역시 공언한다.

또, 보통 사람들은 나라에 정의(道)가 있거나 없거나 상관하지 않는다. 국가의 도덕적 상태와 개인의 빈부-귀천을 연결시켜 생각하지 않는다. 그러나 공자는 국가가 도덕적으로 온전한데 빈천한 것은 부끄러움으로 여긴다. 그리고 국가가 도덕적으로 온전하지 않은데 부귀한 것도 부끄러움으로 여긴다. 특히 그런 나라에서 계속 종사하며 녹을 받아먹는 것을 부끄럽게 여긴다. 부귀와 빈천, 그리고 생계는 공자에게 있어 국가의 도덕적 상태와 함수관계에 있는 것이다. (꼭 국가가 아니라 기관의 경우도 마찬가지다. 부도덕한 기관장 밑에서 돈 되는 보직을 수행하는 것도 이에 해당한다.)

이런 상식의 역전은 '부끄럽게 여기지 않는 것'에서도 역시 마찬가지다.

보통 사람들은 좋지 못한 옷과 좋지 못한 음식을 부끄럽게 여긴다. 그러나 공자는 잘 입고 잘 먹는 것에 큰 가치를 두지 않는다. 따라서 그는 명품 브랜드 옷을 걸치고 고급 레스토랑에서 디너를 먹지 못하더라도 그것을 부끄럽게 여기지는 않는다. 바로 옆에 멋진 옷을 걸친 사람이 있더라도 그것을 부러워하지도 높이 평가하지도 않는다. ('의衣'와 '식食'이 그렇다면 '주住'도 당연히 그럴 것이다. 그는 크고 비싼 집에 사는 사람을 부러워하지 않는다.) 요즘 식으로 말하자면 경제적 여건에서 그는 자유로운 것이다. (저 디오게네스도 바로 이런 점[kynikos bios]으로 화제가 됐다.)

　　또, 보통 사람들은 아랫사람에게 묻는 것을 부끄럽게 여긴다. 체면과 자신의 무지가 부끄러운 것이다. 그러나 공자는 이를 부끄럽게 생각하지 않는다. 알기 위해 묻는 것은 그 상대가 누구라도 부끄러울 일은 아닌 것이다. 따로 논의하지만 공자에게는 '묻는다'(問)는 것 자체가 하나의 가치적 행위였다. (확대 해석하자면 모르는 게, 묻는 게 부끄러운 것이 아니라, 알려고 하지 않는 게, 아는 척 하는 게, 묻지 않는 게, 그게 그에게는 부끄러운 것이다.)

　　공자의 직접적인 언급은 대략 이런 것들이지만, 이 말들만 들어봐도 '부끄러움'에 대한 그의 시각은 분명히 드러난다.

우리는 이런 공자에게 배워야 한다. 그래서 부끄러워해야 할 일과 부끄러워하지 말아야 할 일을 구별할 줄 알아야 한다. 그것이 반대로 뒤집혀서는 더욱 안 될 일이다. 공자의 철학은 그런 것을 우리에게 경계한다. 그러나 그이전에 더욱 중요한 것은 부끄러움 자체를 아는 것이다. 부끄러워할 줄을 아는 것이다. 부끄러운 짓을 하고서도 부끄러운 줄 모른다면 그것이 가장 부끄러운 일이다. 만일 맹자의 말처럼 부끄러움이 없는 건 사람이 아니라면 지금 우리 사회는 사람 아닌 사람들로 가득 차 있다. 신문 지면도 텔레비전 화면도 인터넷 포털도 그런 사람 아닌 사람들의 이야기들로 뒤덮여 있다. 부끄러움은 어디론가 사라졌다. 어쨌거나 그것은 저 에덴의 아담과 이브 이래로 우리 인간의 속성이 아니던가. 실종된 그 부끄러움을 되찾아야 한다. 그런 일도 이제는 하나의 시대적 과제로 부각되었다. 우리는 어쩌면 돈에게 그 부끄러움이라는 골동품을 팔아 버린 것인 지도 모르겠다. 그것이 얼마나 큰 가치인지도 알지 못한 채.

태 泰

당당함/의젓함/점잖음에 대하여

잘난 '봉새'는 당당하나 점잖게 말이 없다. 그런데 못난 '까마귀'는 잘난 체 좀 시끄럽다.

나이 들면서 '체득'하게 되는 것들이 적지 않다. 그중의 하나가 '사람'에 대한 평가다. 우리가 사는 이 세상에는 참 별의별 사람들이 다 있다. 언뜻 보면 다 거기서 거기 같지만, 아니다. 참 각양각색이고 천차만별이다. 느긋한 사람-조급한 사람, 따뜻한 사람-차가운 사람, 강인한 사람-유약한 사람, 성실한 사람-게으른 사람, ⋯ 한도 끝도 없다. 그런데 그 '어떤 사람'인지는 결국 자기 자신이 만드는 것이다. 그것은 자기 자신의 선택이기도 하다. 그래서 그것은 거의 인생의 과제가 되기도 한다.

나는 개인적으로 선량한 사람을 좋아하고 온유한 사람을 좋아하고 겸손한 사람을 좋아한다. 대충 그런 계통이다. 이런 선호에는 당연히 그 사람의 가치관이 반영된다.

저 위대한 철학자 공자의 경우도 이것은 분명했다. 그의 철학에는 이른바 '군자와 소인'이라는 확실한 대비가 존재한다. 내 식으로 표현하자면 '훌륭한 사람과 고약한 사람'이다. 이 양자에 대한 흥미로운 대비들 중에 '군자는 점잖고 소인은 교만하다'(泰而不驕)는 말이 있다.

1326 子曰, "君子泰而不驕, 小人驕而不泰." "군자는 점잖고 교만하지 않으나 소인은 교만하고 점잖지 못하다."

나도 이 말에 크게 공감한다. 왜냐하면 내가 개인적으로 가장 싫어하는 유형 중의 하나가 교만한 사람, 혹은 '오만과 편견'으로 가득 찬 사람이기 때문이다. 이런 사람들은 우리 주변에 뜻밖에 많다. 그런 사람들은 관계의 질서를 흐트러뜨리며 많은 사람들을 힘들게 한다.

그렇다면 교만이란 무엇인가? 이것에는 근본적으로 자기에 대한 평가와 타인에 대한 평가가 내재한다. 구체적으로는, 자기에 대한 과대평가와 타인에 대한 과소평가를 말한다. 자기와 타인의 관계를 은연중에 상하관계로, 대소관계로, 강약관계로, 심지어는 주종관계로 설정하는 것이다. 간단히 말해 그것은 건방짐이다. 일종의 뻔뻔함이 그것을 뒷받침한다. 나는 잘났고 너는 못났다는 것이다. 요즘 우리 사회에 넘쳐 나는 이른바 '갑질'도 다 그런 '교驕'에 속한다. 약자에 대한 수많은 '학대'에도 그것이 있다. '이지메(왕따)'도 그렇다. 사람에 대한 모든 무시와 경시와 멸시와 차별과 깔봄에도, 그리고 '제멋대로'에도 그것이 있다.

말은 쉽지만 실제로 이런 대접을 사람에게 당해 본다면 그것이 사람에게 얼마나 큰 상처가 되는지를 곧바로 체감한다. 내 가까운 지인에게서 직접 들은 이야기다. 그녀는 애써 모은 돈으로 새 아파트를 분양 받아 입주를 했다. 너무너무 좋았다고 한다. 그런데 얼마 되지 않아 배관에서 물이 새는 등 생활이 불가능할 정도로 하자가 발생했다. 여러 차례 건설사에 항의를 했지만 이렇다 할 사과도 없었고 제대로 된 배상도 없었다. 참다못한 그녀는 정의감에 그 대기업 회장의 자택 앞에서 1인 피켓시위를 벌였다. 몇 날 며칠만에 출근길의 회장님과 어렵게 마주쳐 큰소리로 호소를 해보았지만 회장님은 차갑고 따가운 눈초리만 남긴 채 사라졌다. 그런 마주침이 몇 번 이어졌다. 그랬더니 그 회장님이 너무너무 짜증스런 말투로 비서에게 성질을 부리더란다. "야 임마, 저 물건 저거 빨리 안 치우고 뭐하는 거야!" 그녀는 제법 사회적인 지위도 있는 지식인이다. 그녀는 마치 쓸개라도 씹은 듯한 표정을 지으며 그때의 모멸감을 표현해 줬다.

우리 주변에 그런 일들이 어디 한둘인가. 그런 막된 인
물들이 어디 한둘인가.

바로 그런 교만의 대척점에 '태泰'라는 가치가 있다. 그
런데 이게 그렇게 간단치가 않다. 사실 공자의 이 말은 대
학생 시절부터 나를 괴롭혔다. 무슨 뜻인지 대략 감은 잡
히는데 그 번역이 참 마땅치가 않다. 보통은 '태연하다'
고 번역된다. 최근의 한 탁월한 '새 번역'은 그 한계를 지
적하며 '의연하다'로 번역하기도 한다. 그러나 이것도 저
것도 '어떤 곤란한 상황임에도 그 속에서 애써 평정을 유
지하는 모습'이라는 의미가 주를 이룬다. 공자의 '태泰'는
그런 것과는 좀 거리가 있다. 왜냐하면 그는 "군자는 많
고 적음이 없고 작고 큼이 없고 함부로 오만함이 없으니
이 또한 점잖지만 교만하지 않은 것이 아니겠느냐?"(君子
無衆寡, 無小大, 無敢慢, 斯不亦泰而不驕乎?)라는 말로 그 뜻의
일단을 풀이해 주고 있기 때문이다.

2002 子張問於孔子曰, "何如斯可以從政矣?" 子曰, "尊五美,
屛四惡, 斯可以從政矣." 子張曰, "何謂五美?" 子曰, "君
子惠而不費, 勞而不怨, 欲而不貪, 泰而不驕, 威而不猛."
子張曰, "何謂惠而不費?" 子曰, "因民之所利而利之, 斯

不亦惠而不費乎? 擇可勞而勞之, 又誰怨? 欲仁而得仁,
又焉貪? 君子無衆寡, 無小大, 無敢慢, 斯不亦泰而不驕
乎? 君子正其衣冠, 尊其瞻視, 儼然人望而畏之, 斯不亦
威而不猛乎?"子張曰, "何謂四惡?"子曰, "不敎而殺謂
之虐, 不戒視成謂之暴, 慢令致期謂之賊, 猶之與人也,
出納之吝謂之有司." 자장(子張)이 공자께 물었다. "어떻
게 하여야 가히 정무에 종사할 수 있겠습니까?" 선생
님께서 말씀하셨다. "다섯 가지 아름다움을 존중하고
네 가지 나쁜 점을 물리치면 가히 정무에 종사할 수 있
다." 자장이 말했다. "무엇이 다섯 가지 아름다움입니
까?" 선생님께서 말씀하셨다. "군자가 혜택을 주지만
헛수고는 하지 않으며 애를 쓰지만 원망을 하지 않으
며 바라지만 탐하지는 않으며 점잖지만 교만하지는 않
으며 위엄이 있지만 사납지는 않은 것이다." 자장이 말
했다. "어떤 게 혜택을 주지만 헛수고는 하지 않는다
는 것입니까?" 선생님께서 말씀하셨다. "백성이 이로
운 바에 따라 이롭게 하는 것이 곧 혜택을 주지만 헛수
고는 하지 않는 것이 아니겠느냐? 애쓸 만한 것을 택
하여 애를 쓰니 또한 누가 원망할 것이냐? 어짊을 바
라 어짊을 얻었는데 또 무엇을 탐하겠느냐? 군자는 많
고 적음이 없고 작고 큼이 없고 감히 오만함이 없으니

이 또한 점잖지만 교만하지 않은 것이 아니겠느냐? 군
자는 자신의 의관을 바르게 하고 그 시선을 존엄히 하
면 장중하여 남들이 우러르고 두려워하니 이것이 또한
위엄이 있지만 사납지는 않은 것이 아니겠느냐?" [⋯]

공자의 이 말을 제대로 이해한 사람은 많지 않다. 그
핵심은 타인에 대한 관계설정에 있다. '태泰'한 군자는 사
람을 대할 때 그 많고 적음, 그 크고 작음에 따른 차별이
없다. 그래서 그 상대에 대한 거만함, 건방짐이 없는 것이
다. 따라서 '함부로'가, 무시나 모욕이, 그리고 가해가 없
다. 그런 사람은 상대방에게 상처를 주지 않는다. 상대방
을 존중한다. 그런 것이 얼마나 큰 가치인지는 인간을 겪
어 본 사람이라면 곧바로 안다. 잘나지도 못한 주제에 잘
난 척하는 것이 교만인 반면, 실제로 잘났음에도 잘난 척
하지 않는, 그래서 타인을 존중하는 것, 그래서 더욱 돋보
이는 그런 태도가, 그런 인품이, 그런 인격이, 그런 '진짜
로 큼'이, 그게 바로 '점잖음'(泰)인 것이다. (이런 점을 살려
좀 무리하게 '점잖음' 혹은 '당당함'으로 번역했다. 감안해서 읽어 주
기 바란다. 현재로서는 이 번역이 그나마 괜찮다고 판단한다.)

무시당해서 좋을 사람은 세상천지에 아무도 없다. 작
다, 적다, 약하다, 낮다, 그런 것이 무시 당할 이유가 되지

는 않는다. 모든 인간은 인간인 이상 존중될 자격이 있고 대접 받을 권리가 있다. 공자는 그것을 잘 아는 사람이었다. 그야말로 '태이불교泰而不驕'한 군자 그 자체였다. 제대로 정말로 진짜로 '큰(泰)' 인물이었다.

참고

《논어》에는 이 '태'라는 글자가 좀 다른 의미로 쓰이기도 한다. 이 말들은 일단 그 의미를 구별해둔다.

0726 子曰, "聖人, 吾不得而見之矣, 得見君子者, 斯可矣."
子曰, "善人, 吾不得而見之矣, 得見有恆者, 斯可矣.
亡而爲有, 虛而爲盈, 約而爲泰, 難乎有恆矣." "… 선인善人을 나는 만나 볼 수 없지만 꿋꿋한 이는 만나 볼 수 있다. 없으면서도 있는 척, 비었으면서도 가득 찬 척, 옹색하면서도 넉넉한 척해서는 꿋꿋하기 어렵다."

0903 子曰, "麻冕, 禮也, 今也純, 儉, 吾從衆. 拜下, 禮也, 今拜乎上, 泰也. 雖違衆, 吾從下." "삼베관을 쓰는 것이 예이지만 요즈음에 와서는 명주관을 쓰는데, 이는 검소한 것이므로 나도 시속時俗을 따르겠다. 당하에서 절하는 것이 예이지만 요즈음에 와서는 당상에서 절하는데, 이는 거만한 짓이므로 비록 시속에 어긋나더라도 나는 당하에서 절하는 것을 따르겠다."

학 學
배움에 대하여 1

"배워서 남 주냐?" 자라면서 우리는 그런 말을 많이 들었다. 결국은 '배움'을 권하는 말이다. 어쩌면 당연한 가치의 하나였다. 우리 세대의 적지 않은 사람들이 이 '배움'을 통해 인생을 개척했다. 또, 이 '배움'을 통해 어른으로, 교양인으로, 지성인으로, 그리고 결국 '인간'으로 성장하기도 했다.

그런데 요즘 우리는 이 '배움'이라는 것에 대해 얼마나 생각하고 있을까. 그런 것을 과연 생각하기나 하는 걸까? (학생이, 선생이, 학부모가, 교육부가, 그런 걸 염두에나 두고 있는 걸까?) 우연이긴 하지만, 인류사의 대단한 책인 저《논어》는 '학學', 즉 배움이라는 글자로 시작한다. 그 사실을 특별히 주목한 사례는 지금까지 별로 들어 본 적이 없다. 나라도 좀 주목하고 강조하고 싶다.

0101 子曰, "學而時習之, 不亦說乎? [···]" "배우고 때로 익히
니 또한 기쁘지 않으냐. ···"

'학學'과 '습習', 학습, 배우고 익힘, 모르던 것을 누군가
에 의해 혹은 무언가에 의해 알게 되고 그것을 익히고 나
에게 내면화시켜 나의 것을 만드는 일, 그게 학과 습이다.
이는 우리가 비단 학교에서 뿐만 아니라 평생을 통해 하
는 일이기도 하다. 해야 할 일이기도 하다. 그것을 공자는
말하고 있다. 더욱이 그 '열說', 즉 '기쁨'을 말하고 있다.
그 많은 인간의 기쁨들 중 그는 배움의 기쁨을 놓치지 않
으며 이 발언을 통해 강조한다. 혹은 학습의 그 많은 효과
들 중 그는 기쁨이라는 효과를 놓치지 않고 지적한다. '학
습의 기쁨', 이건 사실 보통 말이 아니다. 요즘 식으로 말
하자면 배우고 익힘이란 '공부'를 말한다. 그런데 공자는
그 공부가 '기쁘지 않으냐'고 말한다. 세상에! 공부가 기
쁘다니! 눈을 동그랗게 뜨지 않을 수 없다.

적어도 공자라는 사람에게는 배움이라는 이 말이 특별
한 무게를 갖고 있었다.

0204 子曰, "吾十有五而志于學, 三十而立, 四十而不惑, 五十
而知天命, 六十而耳順, 七十而從心所欲不踰矩." "나는

열 하고도 다섯에 배움에 뜻을 두었고…"

유명할 대로 유명한 부분이지만, 공자의 압축 자서전이라 할 수 있는 이 말에서 가장 먼저 등장하는 것이 '학'인 것이다. 그는 이미 열다섯에 '배움'에 뜻을 두었다고 자신의 삶을 회고하고 있다. 그의 인생이 이 '학'에서 사실상 시작됐던 셈이다.

그런데 애당초 배움이란 무엇인가. 애당초 익힘이란 무엇인가. 배움이란 내가 아직 알지 못하는 것을, 여지껏 알지 못하던 것을, 알게 되는 것이다. 익힘이란 배워 알게 된 것을 잊지 않도록 거듭 되새기는 것이다. 그렇게 해서 그 배운 것이 '내 것'이 되도록 나의 일부가 되도록 만드는 정신적 노력이다. (소크라테스는 이런 것을 '영혼의 향상'이라 부르며 강조했다.) 그것이 공자는 기쁘다고 말한다.

배움에는 하나의 전제가 있다. 내가 무언가를 아직 모른다는 것과 그 무언가를 알고 있는 어떤 존재로부터 도움을, 가르침을 받는다는 것이다. 도움을, 가르침을 주는 그런 존재는 일반적으로는 물론 '선생'이다. 학교의 교사나 교수가 대표적이다. (글자 그대로 '가르치는 사람'이니까.) 그러나 좀 확대해 생각하자면 부모나 선배나 친구나 기타 등등 모든 사람이 다 선생이 될 수 있다.

0722 "三人行　必有我師焉…" 세 사람이 가면 반드시 나의 스
승이 있다.

  뿐만이 아니다. 우리는 책이나 경험이나 기타 모든 '사
물들' '사태-사건-사례-일들'로부터도 배울 수가 있다.
배우고자 작정만 한다면 세상천지가 배울 것으로 가득
차 있는 셈이다. (학교를 졸업한 후 '나 자신'[moi - même]과 '세
상이라는 거대한 책'[le grand livre du monde]에서 직접 배우고자
했던 저 데카르트도 좋은 참고가 된다.) 그런 것에 대한 배움은
세상에 대한, 그리고 사람에 대한, 삶에 대한, 소중한 앎
을 선사해 준다.

  그런 제대로 된 배움을 얻게 된다면 거기엔 분명히 어
떤 '기쁨'이 뒤따른다. 아마 누구보다도 그런 기쁨을 잘
아는 이는 석가모니 부처님일 것이다. 그는 진리를 깨달
은 후(넓은 의미의 배움) 한동안 그것을 곱씹으며 그 기쁨을
즐겼다고 전해진다. 이른바 '법열法悅', 진리의 기쁨이다.
어디 그뿐이겠는가. 부처님처럼 거창한 것은 아니더라도
비슷한 사례는 얼마든지 있다. 내가 아는 가까운 한 선배
는 모 대기업의 임원으로 일하다 정년퇴임을 했는데, 퇴
임 후 일종의 '학습' 삼매에 빠져 있다. 일하느라 그동안
하지 못했던 공부를 원없이 하고 있다. 주로 책을 읽고 강

의를 듣는 일이다. 그런데 그게 그렇게 재미있는 줄 몰랐다고 한다. 공부를, 배우고 가르치는 것을, 직업으로 삼고 있는 내게는 아주 인상적인 말이었다. 재미도 넓게 보면 기쁨에 속한다. 몰랐던 것을 알게 되는 기쁨. 공자의 말을 그는 몸으로 삶으로 보여 주고 있는 것이다.

그런데 우리는 이런 기쁨을 제대로 알고 있는 것일까? 요즘 배우는 사람, 즉 '학생'들에게 한번 물어보라. 그 공부가 과연 기쁜 일인지. 어떤 아이들에게는 아마 세상에 그것보다 더 지겨운 일이 없을 것이다. 더 싫은 일이 없을 것이다. 우리가 '배우는 사람'이었던 저 학생 시절도 한번 되돌아보자. 시험과 성적이 거의 절반 이상이었던 그 시절로 그 학교로 돌아가고 싶은 사람이 과연 몇 명이나 될까. 어떤 학생들에게는 요즘 공부는 곧 고역이고 학교는 거의 지옥이라는 말도 들린다.

기쁨과 지겨움, 이 괴리의 원인은 무엇일까. 왜 이렇게 되어 버린 것일까. 이런 현상에는 '학습' '배우고 익힘' 그 자체의 심한 왜곡이 있다. 마르크스 식으로 말하자면 '학습의 소외' '공부의 소외' 그런 게 있는 것이다. 공부에서 공부의 본질이 실종되어 버린 것이다. 도대체 누구를 위한, 그리고 무엇을 위한 배움이며 학습이며 공부인가.

배움이라는 것이, 학습이라는 것이, 공부라는 것이 그

토록 기쁜 일일진대, 그것을 지겨운 일로 만들어서야 되겠는가. 우리는 그것의 기쁨을 절대 포기하지 말아야 한다. 우리는 그것을 통해 비로소 사람다워지고, 세상은 그것을 통해 비로소 세상다워진다. 그런 배움을 통해 우리의 삶은 진정한 풍요로움으로 다가간다. 적어도 내가 아는 철학은, 그리고 문학과 역사는 그런 풍요로움에 결정적으로 기여한다. 문화와 예술도 틀림없이 그렇다. 공자가 시와 음악을 언급한 것도 절대 우연은 아닐 것이다.

배움의 기쁨을 잊지 말자. 세상과 인생은 배울 것으로 가득 차 있다. 그것들은 언제나 어디서나 우리의 선택을 기다리고 있다. 문득 헨리 포드의 저 말이 떠오른다.

"배움을 멈추는 사람은 스무 살이든 여든 살이든 늙었다. 배움을 계속하는 사람은 누구든 젊음을 유지한다." (Anyone who stops learning is old, whether at twenty or eighty. Anyone who keeps learning stays young.) 그도 또한 저 배움의 기쁨을 알고 있었음에 틀림없다.

이 밖에도 공자는 '배움'에 대해 많은 이야기를 들려준다. 어느 하나도 가벼이 하기에는 아까운 말이라 간단히라도 그 의미를 짚어본다.

0106 子曰, "弟子, 入則孝, 出則悌, 謹而信, 汎愛衆, 而親仁. 行有餘力, 則以學文." "배우는 이는 집에 들어와서는 효도하고 나가서는 공손해야 하며 신중하고 미더울 뿐더러 널리 뭇사람을 사랑하고 어짊을 가까이할 것이니 이를 행하고도 남은 힘이 있으면 글을 배울 것이다."

여기서는 구체적으로 '글'(文)을 배우기를 권한다. 그러나 '행하고도 여력이 있으면' 그렇게 하라고 조건을 단다. 그의 가치체계에서는 글 배우기보다 행함(行)이 우선이다. 행함? 무엇을? 그것도 구체적으로 언급한다. 효孝, 제

悌, 근근謹, 신신信, 애愛, 친親 등이다. 효도, 공손, 삼감, 믿더움, [뭇사람에 대한] 사랑, [어짊을] 가까이함, 이런 것이다. 글 배우기 자체가 최종 목표는 아닌 셈이다. 어쩌면 글공부 자체가 이런 가치실천을 '위한' 배움임을 공자는 시사한다.

0108 子曰, "君子不重則不威, 學則不固. 主忠信. 無友不如己者. 過則勿憚改." "군자는 무겁지 않으면 위엄을 갖지 못한다. 배우면 고루함에 빠지지 않는다. 충실과 신뢰를 주로 삼아라. 자기보다 못한 자를 벗하지 마라. 잘못했다면 고치기를 꺼리지 마라."

여기서는 배움의 효과 중 하나를 언급한다. 즉 배우면 '고루함'(固)이 없어진다는 것이다. '고固'란 굳음이다. 딱딱함이다. 부드러움과 유연성이 없는 것이다. 융통성이 없는 것도 '고固'에 속한다. 사람이 배우지 않아 뭘 모르면 이렇게 되기 쉽다. '자기가 아는 범위'에 갇혀서 자기고집을 피우는 것이다. '학'은 기본적으로 다른 사람의 생각을, 특히 사회적으로 공인된, 평가 받은 그런 생각을 배우는 것이다. 그런 '배워서 앎'이 고루한 자기고집을 벗어날수 있게 도와준다. 베이컨이 말한 '동굴의 우상'을 벗어나게 한다. 남에게 배우려는 자세 없이 잘난 체 가르치려고 만 드는 사람이 얼마나 많은가!

0114 子曰, "君子食無求飽, 居無求安, 敏於事而愼於言, 就有道而正焉, 可謂好學也已." "군자는 먹는 데에 있어서 배부름을 추구하지 않고 지내는 데에 있어서 편안함을 추구하지 않는다. 일에는 민첩하고 말에는 신중하며 도 있는 곳으로 나아가 바르게 처신한다면 배우기를 좋아한다 할 것이다."

여기서는 공자가 생각하는 배움의 내용이, 혹은 방향이 어떤 것인지를 짐작케 한다. '먹는 데에 있어서 배부름을 추구하지 않는 것, 지내는 데에 있어서 편안함을 추구하지 않는 것, 일에 민첩한 것, 말에 신중한 것, 도 있는 곳으로 나아가 바르게 처신하는 것', 바로 이런 것이 그가 지향하는 혹은 추구하는 배움의 내용인 셈이다. 단적으로 '도덕적-인격적 가치'가 그것임을 알 수 있다.

0211 子曰, "溫故而知新, 可以爲師矣." "옛것을 되살려 새롭게 깨닫는다면 그것으로 스승을 삼을 수 있다."

'배움'이라는 직접적인 표현은 없지만, '스승을 삼는다' (爲師)라는 말을 통해 그 배움의 내용이 '옛것'(故)임을 알려 준다. 여기에는 공자 자신이 실제 배웠던 '시詩' '서書' '역易', 즉 요즘 식으로 '문, 사, 철'이 다 포함될 것이다. 과거의 그것들을 되살리는 것(溫), 그 근본 의미를 현재화시키는 것, 서양철학식으로 말하자면, 해석학적 이해, 그런 것이 곧 배움임을 시사하는 것이다.

0215 子曰, "學而不思則罔, 思而不學則殆." "배우기만 하고 생각하지 않으면 망연해지고 생각하기만 하고 배우지 않으면 위태로워진다."

여기서는 '배움'과 '생각함'의 균형 내지 병행을 강조한다. 어느 쪽이든 한쪽이 결여되고 한쪽으로 치우치는 것은 문제를 일으킨다. 망연(갈피를 잡을 수 없음. 종잡을 수 없음)해지거나 위태로워진다. 그래서 (전통 및 텍스트를 포함한) '남'에게서 배우기도 하고 스스로 생각하기도 해야 한다. 배우고 생각하고, 생각하고 배우고, '학이사' '사이학'의 균형을 갖추어야 비로소 의미가 뚜렷해지고 (막연함이 사라지고) 협소한 자기고집(베이컨이 말하는 '동굴의 우상')에 빠질 혹은 갇힐 위험성에서 벗어날 수 있다. '학學'은 말하자면 텍스트를 경유해서 진리로 접근하는 것이고, '사思'는 직접 진리를 맞상대하는 것이다. 진리와 나, 일대일이다. 말하자면 '학'은 현상학이고 '사'는 해석학이다. '학'은 거쳐서 거기로 가는 것이고 '사'는 곧장 거기로 가는 것이다.

0515 子貢問曰, "孔文子何以謂之文也?" 子曰, "敏而好學, 不恥下問, 是以謂之文也." 자공(子貢)이 물었다. "공문자(孔文子)를 어찌하여 문文이라 부르게 되었습니까?" 선생님께서 말씀하셨다. "실천에 민첩하고 배우기를 좋아하여 아랫사람에게 묻는 것을 부끄럽게 생각하지 않았기 때문에 문文이라 부르게 되었다."

여기서는 배우기를 좋아하는 것(敏而好學)이, 특히 아랫사람에게 물어보기를 부끄러워하지 않는 것(不恥下問)이, '문文'이라는 높은 평가의 근거가 됨을 일러 준다. 배움의 자세다.

0528 子曰, "十室之邑, 必有忠信如丘者焉, 不如丘之好學也." "열 집 남짓한 마을에도 필시 나만큼 충신忠信한 사람은 있을 것이나 그도 나만큼 배우기를 좋아하지는 못할 것이다."

여기서는 공자 자신이 얼마나 배우기를 좋아하는지를 스스로 확인시켜 준다. 적어도 이 점에서 그의 자부심은 확고해 보인다. 또한 '호학好學'(배우기를 좋아함)이라는 이 가치가 저 소중한 '충신忠信'(충실하고 미더움)보다도 더욱 소중한 가치임을 시사하고 있다.

0603 哀公問, "弟子孰爲好學?" 孔子對曰, "有顔回者好學, 不遷怒, 不貳過. 不幸短命死矣, 今也則亡, 未聞好學者也."

애공이 물었다. "제자 중에서 누가 배우기를 좋아합니까?" 공자께서 대답하셨다. "안회라는 자가 있어서 배우기를 좋아했습니다. 그는 노여움을 옮기지 않았고 잘못을 두 번 거듭하지 않았는데 불행히도 단명하여 죽고 말았습니다. 지금은 아무도 없어 배우기를 좋아한다는 자를 들어 보지 못했습니다."

유명한 이야기다. 애제자 안회가 진정 배우기를 좋아했다는 것이다. 그리고 그 내용이 '불천노 불이과不遷怒 不貳過'(노여움을 옮기지 않고 같은 잘못을 두 번 거듭하지 않음)와 무관하지 않음을 짐작할 수 있다. 역시 그의 배움이 인격적-윤리적인 배움임을 알 수 있다.

1107 季康子問, "弟子孰爲好學?" 孔子對曰, "有顔回者好學, 不幸短命死矣, 今也則亡." 계강자(季康子)가 물었다. "제자 중에서 누가 배우기를 좋아합니까?" 공자께서 대답하셨다. "안회(顔回)라는 자가 있어서 배우기를 좋아했는데 불행히도 단명하여 죽고 말았습니다. 지금은 배우기를 좋아하는 자가 아무도 없습니다."

역시 제자 안회가 배우기를 좋아했다는 공자의 평가다. 안회에 대한 공자의 특별한 사랑과 평가는 유명하다.

0627 1215 子曰, "君子博學於文, 約之以禮, 亦可以弗畔矣夫!" "군자는 문文에 대해 널리 배우고 예로써 다잡음으로써 또한 모반하지 않게 할 수 있다."

여기서는 '문文'(단순한 '글'이 아니라 그 내용인 넓은 의미의 인문학 전체)에 대해 널리 배우는 것이 모반 방지의 효과도 있음을 일러 준다. '불반弗畔'은 일단 공자의 가치였다. 이는 부당한, 부도덕한, 참월한 정권찬탈(국기의 문란)을 의미할 것이다. 이를 근대적 의미의 정의로운 혁명까지 부인하고 반대하는 보수적 사상으로 매도하는 것은 무리일 것이다. 대개 (진정한 가치를) 배우지 않고 무식하면 무자비하게 권력을 찬탈해서 국가질서를 파괴할 수 있다는 경고로도 읽혀진다. 이 말을 귀담아들어야 할 사람들이 세상에는 많다.

0702 子曰, "默而識之, 學而不厭, 誨人不倦, 何有於我哉?" "말 없이 간파하고, 배우되 싫증 내지 아니하며, 사람을 가르침에 지치지 않는다. 나에게 달리 무엇이 있겠느냐?"

역시 배움에 지치지 않고 싫증 내지 않는 공자 자신의 모습을 알려 준다. 금방 지치고 싫증 내는 요즘 학생들에게 공자를 가르쳐야 할 또 하나의 이유가 여기에 있다.

0703 子曰, "德之不脩, 學之不講, 聞義不能徙, 不善不能改, 是吾憂也." "덕이 닦이지 않는 것, 배움이 논의되지 않는 것, 의로운 일을 듣고도 능히 나아가지 못하는 것, 선하지 못한 점을 능히 고치지 못하는 것, 이것이 나의 근심이다."

여기서는 배움이 논의되지 않는 것, 가르쳐지지 않는 것(學之不講)이 공자의 근심 중 하나임을 알려 준다. 아무도 배움의 중요성을 강조하지 않는 그런 현실을 안타까워하는 것이다. 지금도 현실은 그다지 다르지 않다. 배우는 곳인 '학교'에서 '정작 배워야 할 것'이, (공자가 말하는 그런 가치들이) 제대로 강의되고 있는가. 강조되고 있는가. 그런 가르침의 시도들이 제대로 평가되고 있는가. '배우는 사람'인 '학생'들이 그런 배움에 관심을 기울이고 있는가. 현실을 보면 그야말로 우려스럽기 그지없다. '사람'을 위한 진정한 배움은 지금 실종 상태다. 천덕꾸러기 신세다.

0717 子曰, "加我數年, 五十以學易, 可以無大過矣." "나에게 수년이 더 주어져 오십에도 배움을 계속할 수 있다면 또한 큰 잘못은 짓지 않을 수 있을 것이다."

공자의 이 말은 '역易'의 해석을 둘러싸고 의견이 갈라지므로 그 의미를 단정하기가 쉽지 않다. 핵심 쟁점은 이 '역'이 주역周易의 그 '역易'이냐 아니면 '역亦'의 오기냐 하는 것이다. 아닌 게 아니라 '역가이亦可以'라는 표현은 《논어》에 관용구처럼 여러 차례 등장한다. 어느 쪽인지 확인이 불가능한 사안이므로 여기서는 애매한 채로 그냥 놓아둔다. 전자가 맞다면, 이 말은 '역'을 배우는 것이 대과를 없게 하는 데 기여할 것이라는 기대를 표명하는 것이고, 후자가 맞다면, 이 말은 쉰에 이르도록 오래하는 '배움' 그 자체가 대과를 없게 하는 데 기여할 것이라는 그런 뜻이 된다. 나로서는 어느 쪽도 좋다. 주역의 역이라면 인간사의 '변화의 이치 내지 도리'가 나의 실수가능성을 예방한다는 말이고, 역시의 역이라면 배움 그 자체가 나의 실수 가능성을 예방해 준다는 말이다. 중요한 것은 역의 내용 여하에 상관없이 '배움'에 대한 지향이 있느냐 없느냐, 더구나 늦은 나이까지 배울 의지가 있느냐 없느냐, 그리고 '큰 잘못'을 저지르지 않으려는 그런 조심이 애당초 있느냐 없느냐다. 사람들은 보통 배움에 대한 애착도 그다지 크지 않고, 나이 들도록까지 배우려는 생각은 더더욱 작고, 자기의 잘못에 대한 걱정은 애당초 없다. (남의 잘못만 탓할 뿐이다.) 단, 늦은 나이에도 배움을 갈망하는 사람들이 없지는 않다. 나는 그런 사람들을 여럿 보았다. 그들은 대개 진지했고 그 인품이 아름다웠다.

0812 子曰, "三年學, 不至於穀, 不易得也." "삼 년을 배우고도
봉록에 닿지 않는 것은 쉽게 얻을 수 있는 일이 아니다."

이 말은 '학'의 목적을 새삼 되새겨 보게 한다. '지어곡 至於穀'(봉록에 닿는다)이란 먹고 사는 데에 (혹은 입신 출세에) 마음이 가닿는다는 말이다. 그것으로 관심이 기운다는 말

이다. 좀 배웠다 하면 자연히 밥그릇(穀) 챙길 생각을 먼저 하게 된다, 안 그런 사람은 보기 드물다.(不易得也) 하기야 그런 뜻이라면 지금도 그건 그렇다. 배움의 목표도 목적도 다 '돈'(穀)이지 사람 되려고 배우는 사람은 요즘 거의 없다.

0813 子曰, "篤信好學, 守死善道. 危邦不入, 亂邦不居. 天下有道則見, 無道則隱. 邦有道, 貧且賤焉, 恥也, 邦無道, 富且貴焉, 恥也." "돈독히 믿고 배우기를 좋아하며 목숨을 걸고 도道를 잘 이루어라. 위태로운 나라에는 들어가지 말고 어지러운 나라에서는 지내지 마라. 천하에 도道가 있으면 모습을 드러내고 도가 없으면 숨어라. 나라에 도가 있으면 가난하고 천한 것이 부끄러운 일이지만 나라에 도가 없으면 부유하고 귀한 것이 부끄러운 일이다."

단도직입적이다. 칸트식으로 말하자면 '정언적[무조건적] 명령'이다. 배우기를 좋아하라는 말이다. 병렬된 여러 가치들 중 하나가 이 '호학'이다. 이것들 중 어느 하나만 제대로 해도 사실상 이미 군자다. 요즘은 이런 사람들이 정말 드물다.

0817 子曰, "學如不及, 猶恐失之." "배움에 있어서는 미치지
못한 듯한 자세로 해라. 오히려 그것을 잃어버릴까 두
려워해라."

배움의 자세 혹은 태도를 일러 준다. '여불급如不及'(미
치지 못한 듯이). '공실지恐失之'(잃어버릴까 두려워하듯이)다. '여
불급'은 (그 목표나, 그 대상에) 이르고 싶어서 간절히 바라
는 것이다. '공실지'는 배워 안 것을 간절히 지키고 싶은
것이다. 요즘 식으로 말하자면 능동적-적극적으로 배움
에 임하라는 말이다. 복습을 게을리 하지 말라는 말이다.
이런 사람 역시 요즘은 흔하지 않다. 마지못해 혹은 대충
대충 건성건성이 대부분이다.

0930 子曰, "可與共學, 未可與適道, 可與適道, 未可與立, 可與
立, 未可與權." "함께 배울 수는 있어도 함께 도를 향해
나아갈 수 없는 경우가 있으며 함께 도를 향해 나아갈
수는 있어도 함께 설 수 없는 경우가 있으며 함께 설
수는 있어도 함께 펼칠 수 없는 경우가 있다."

여기서는 '더불어 함께 배움'(與共學)을 언급한다. 다른
사람과 더불어 함께 해야 할 일들이 여러 가지 있는데, 그

어느 것도 쉬운 일이 없다. '함께 배우는 일'이 그나마 쉽다는 말이다. '함께 도를 향해 나아가는 일'(與適道) '함께 서는 일'(與立) '함께 펼치는 일'(與權), 모두 다 어렵고 점점 더 어렵다. 하기야 동문이나 동창은 무수히 많지만, 그중 같은 이념으로 같은 길을 걸어갈 동지는 드문 게 사실이다. 있다면 그건 어쩌면 천복일지 모른다. (마르크스와 엥겔스가 그런 경우일까? 호르크하이머와 아도르노가, 들뢰즈와 가타리가 그런 경우일까?)

1304 樊遲請學稼. 子曰, "吾不如老農." 請學爲圃. 曰, "吾不如老圃." 樊遲出. 子曰, "小人哉, 樊須也! 上好禮, 則民莫敢不敬, 上好義, 則民莫敢不服, 上好信, 則民莫敢不用情. 夫如是, 則四方之民襁負其子而至矣, 焉用稼?" 번지(樊遲)가 농사짓는 법을 배우고자 청하니 선생님께서 말씀하셨다. "나는 농사짓는 늙은이만 못하다." 밭농사 짓는 법을 배우고자 청하니 말씀하셨다. "나는 밭농사 짓는 늙은이만 못하다." 번지가 나가자 선생님께서 말씀하셨다. "소인이로구나. 번수(樊須)는! 윗사람이 예를 좋아하면 백성이 감히 불경스럽게 굴지 못하고 윗사람이 의로움을 좋아하면 백성이 감히 복종하지 않을 수 없고 윗사람이 신의를 좋아하면 백성이 감히 성의를 다하지

않을 수 없게 된다. 실로 그렇게만 하면 사방의 백성들이 어린아이를 포대기로 싸 업고 몰려올 텐데 농사짓는 법이 무슨 필요가 있겠느냐?"

여기서는 공자가 생각하는 배움의 내용 내지 방향을 시사한다. 농사짓는 법 같은 것보다 훨씬 더 중요한 것이 '예禮' '의義' '신信' 그런 가치라는 말이다. 농업 등의 산업 분야 혹은 실용학문 쪽에서의 반발 내지 비판도 가능한 혹은 예상되는 부분이지만, 따라서 토론이 필요한 부분이지만, 일단 '도덕적 가치의 강조' 쯤으로 정리해 두자.

1424 子曰, "古之學者爲己, 今之學者爲人." "옛날의 배우는 사람들은 자기를 위해 배웠으나 요즈음의 배우는 사람들은 남을 위해 배운다."

여기서는 옛날과 지금을 대비시키면서 진정한 배움의 자세를 거론한다. '위기爲己'와 '위인爲人'이 날카롭게 대비된다. '자기를 위한 배움'과 '남을 위한 배움'이다. 언뜻 들으면 좀 이상하다. 우리가 아는 '위기'는 이기주의고 '위인'은 이타주의다. 그렇다면 위인이 좋은 게 아닌가? 그런데 그런 뜻이 아니다. 전혀 아니다. '위기'는 이른바 '수기修己'다. '수신修身'이다. 말하자면 자기수양과 자기완성이 옛날에는 배움의 동기였다는 것이다. 그것이 다른 모든 것의 기초가 되었다는 것이다. 그런데 지금은(공자가 살던 당시는) 남에게 보이기 위한, 남에게 행세하기 위한 그런 게 배움의 동기가 되어 버렸다는 것이다. 자기의 인격 따위는 뒷전이라는 말이다. 그런 '지금'(今)은 우리의 '지금'과도 완전히 일치한다. (하기야 사하라 사막에서 발견된 3천 년 전의 파피루스에도 '지금의 젊은 것들은…' 하는 지탄의 소리가 적혀 있다고 하니, 옛날만 못하다는 이런 문제인식은 피할 수 없는 보편적 경향인지도 모르겠다.)

1435 子曰, "莫我知也夫!" 子貢曰, "何爲其莫知子也?" 子曰, "不怨天, 不尤人, 下學而上達. 知我者其天乎!" 선생님께서 말씀하셨다. "아무도 나를 알지 못하는구나!" 자공(子貢)이 말했다. "어찌 선생님을 알지 못하기야 하겠습니까?" 선생님께서 말씀하셨다. "하늘을 원망하지 않았고 사람을 탓하지 않았으며 아래서 배워 위에 달했다. 나를 아는 자는 저 하늘일 것이다!"

여기서는 공자 자신의 이른바 '하학상달下學上達'을 이야기한다. '아래서 배워 위에 달했다'는 것이다. 자기평가다. 자기 자신으로서의 최선을 다했으나 아무도 알아주지 않는 실존적인 쓸쓸함을 토로하는 드문 장면이다. '하늘은 나를 알아줄 것이다'라는 기대도 표명한다. 하늘에 대한 묘한 신뢰 내지 의지(기댐)가 느껴진다. 그런데 '아래서 배워 위에 달했다'는 말의 의미는 간단하지 않다. 무슨 뜻일까. 약간의 지적 모험이 허락된다면, 하나의 가능한 해석으로서 이른바 '귀납적 사유'도 생각될 수 있다. 물론 서양 논리학의 그것과는 좀 다르다. 그러나 구조는 같다. 즉 구체적-개별적-감각적-경험적인 인간들에 대한 사례의 관찰 내지 이해로부터 보편적인 윤리-도덕을, 심지어 '천명天命'을, 깨우쳤다는 것이다. 이런 뜻이라면 나름 고개를 끄덕일 수 있다. 공자의 철학에는 분명 그런 면이 있다. 그리고 바로 그런 것이 공자철학의 힘이기도 하다.

1501 衛靈公問陳於孔子. 孔子對曰, "俎豆之事, 則嘗聞之矣, 軍旅之事, 未之學也." 明日遂行. 위령공(衛靈公)이 공자께 진陣 치는 법에 대해 묻자 공자께서 대답하셨다. "제기祭器를 다루는 일이라면 일찍이 들은 것이 있으나 군사軍事에 대해서는 미처 배우지 못했습니다." 이튿날 결국 떠나셨다.

공자 자신의 배움의 내용 내지 방향을 일러 준다. '조
두지사組豆之事', 제기를 다루는 일(즉 예법)이 그중 하나고,
'규려지사軍旅之事' 군사적인 것, 진 치는 법, 그런 것은 '해
당사항 없음'(未之學也)이라고 선을 긋는다. 자신의 배움
의 내용에 그런 것은 없다는 말이다. '떠났다'(遂行)는 말
을 보면 그런 것에 대한 공자의 어떤 혐오감 같은 것마저
느껴진다. 어깨에 별 단 내 친구들이 들으면 좀 섭섭할지
도 모르겠다.

1503 子曰, "賜也, 女以予爲多學而識之者與?" 對曰, "然, 非
與?" 曰, "非也, 予一以貫之." "사(賜)야, 너는 나를 많이
배워서 아는 자로 보느냐?" 자공이 대답했다. "그렇습
니다. 그렇지 않습니까?" 선생님께서 말씀하셨다. "그렇
지 않다. 나는 하나로써 모든 것을 꿰고 있다."

여기서는 공자 자신의 배움이 '다多'가 아니라 '일一'
임을 말해 준다. '하나로 꿰뚫고 있다'(一以貫之)는 것이
다. 그는 똑같은 말을 다른 제자들에게도 한 적이 있다.
(0415 참조) 그때 증삼은 그것을 '충서忠恕'라고 해석했다.
그러나 꼭 충서가 아니라도 좋다. 그것은 '인人'일 수도 있
고 '생生'일 수도 있고 '선善'일 수도 있다. 공자의 '도', 공

자의 '학'은 철저하게 '사람'을 향해 있었다. 사람의 '삶'을 향해 있었다. 그리고 '좋은' 세상을 향해 있었다. (이 책에 나열된 50개의 가치들을 봐도 거기엔 다양함과 함께 어떤 일관성도 분명히 느껴질 것이다. '사람을 위한 가치'다. 50개의 가치들은 마치 하나로 꿰어진 진주목걸이의 진주알과 같다.)

1531 子曰, "吾嘗終日不食, 終夜不寢, 以思無益, 不如學也."

"나는 일찍이 종일토록 먹지 않고 밤새도록 자지 않으면서 생각해 보기도 하였으나 무익했고 배우는 것만 못하였다."

여기서도 앞서 언급했던 '사思'와 '학學'의 관계를 재차 언급한다. 단, 앞서의 언급이 '학'과 '사'의 병행과 균형을 강조한 반면 여기서는 학의 우위랄까, 학의 우선을 토로한다. 역시 겸손한 공자답게 '자기'가 주도하는 '사'보다 '남'을 일단 위에다 두는 '학'을 높이 치는 것이다. 배움의 유용성을 일러주는 말이기도 하다. 그러나 공자가 얼마나 치열하게(終日不食, 終夜不寢) 스스로 '생각'(思)했는지도 결코 간과해서는 안 된다. 가볍게 평가해서는 안 된다. 그의 이 언급이 '사'의 가치를 폄하하는 것은 절대 아니다.

1532 子曰, "君子謀道不謀食. 耕也, 餒在其中矣, 學也, 祿在其
中矣. 君子憂道不憂貧." "군자는 도道를 도모하지 먹는
것을 도모하지 않는다. 밭갈이에는 굶주림이 그 가운데
에 있고 배움에는 녹이 그 가운데에 있다. 군자는 도를
근심하지 가난을 근심하지 않는다."

여기서는 배움의 목표가 '도道'에 있어야 함을 강조한
다.(謀道) 즉 먹는 것(食)이나 봉록(祿)이나 가난(貧)에 좌우
되어서는 안 된다는 말이다. 대학조차도 '녹祿'을 목표로
한 취업 준비학원이 되고 만 요즘 세태와 견주어 토론이
필요한 부분이 아닐 수 없다. '인성 함양' 같은 말은 '취업
률 제고'라는 말에 묻혀서 한쪽 구석에 초라하게 기죽어
있다.

1609 孔子曰, "生而知之者上也, 學而知之者次也, 困而學之,
又其次也, 困而不學, 民斯爲下矣." 공자께서 말씀하셨
다. "태어나면서부터 아는 자가 최상이고 배워서 아는
자는 그 다음이며 답답해서야 배우는 자는 또 그 다음
이지만 답답해도 배우지 않는 자는 백성들로서 곧 최하
가 된다."

여기서는 이른바 '앎'(知)의 3단계를 거론한다. '생이지지生而知之'와 '학이지지學而知之'와 '곤이지지困而知之'다. '나면서부터 아는 것' '배워서 아는 것' '어려움을 겪고서 아는 것' 이 셋이다. '곤困'은 '학學'의 동기가 된다, 어려움을 겪으면 앎의 필요성을 느끼게 된다는 말이다. 그런데 어려움을 겪고도 알기 위한 노력을 전혀 안 하는 사람이 있다. 공자는 그런 사람을 '하질'(下)이라고 평가한다. 요즘은 '지知' 자체가 인터넷과 휴대폰에 가두어져 있어서 이른바 '검색'이 '학'을 대체하고 만 형국이다. (심지어 '공자'조차도 대개는 그저 '지식'으로서만 소비된다. 그의 참뜻을 배우고자 하는, 알고자 하는 사람은 많지 않다. 공자를 논하는 전문가들조차도 그저 지식으로서만 그를 다루는 경우가 없지 않다.) 역시 토론이 필요한 부분이 아닐 수 없다. 어쩌면 이젠 어려움이나 답답함까지는 아니더라도 '궁금해서' 키보드를 두드리거나 스마트폰을 터치하는 것도 '학'의 범주에 넣어 줘야 할지도 모르겠다. 문제는 알고자 하는 그 진지함, 그리고 알고자 하는 그 내용이 무엇이냐가 아닐까 한다.

1707 子曰, "由也! 女聞六言六蔽矣乎?" 對曰, "未也." "居! 吾語女. 好仁不好學, 其蔽也愚, 好知不好學, 其蔽也蕩, 好信不好學, 其蔽也賊, 好直不好學, 其蔽也絞, 好勇不好

學^학, 其蔽也亂^{기 폐 야 란}, 好剛不好學^{호 강 불 호 학}, 其蔽也狂^{기 폐 야 광}." "유(由)야, 너는 여섯 가지 말과 여섯 가지 폐단에 대해 들어본 적이 있느냐?" 지로가 대답했다. "없습니다." "앉아라. 내가 너에게 말해 주겠다. 어진 것을 좋아하고 배우기를 좋아하지 않으면 그 폐단은 어리석음이다. 지혜를 좋아하고 배우기를 좋아하지 않으면 그 폐단은 독선이다. 신의를 좋아하고 배우기를 좋아하지 않으면 그 폐단은 도적들의 의리다. 곧음을 좋아하고 배우기를 좋아하지 않으면 그 폐단은 가혹함이다. 용기를 좋아하고 배우기를 좋아하지 않으면 그 폐단은 세상을 어지럽히는 것이다. 굳세기를 좋아하고 배우기를 좋아하지 않으면 그 폐단은 과격함이다."

여기서는 배우기를 좋아하지 않을 경우의 '폐단'(蔽)을 일러 줌으로써 역으로 그 중요성을 부각시킨다. 특히 중요한 가치들인 '인仁' '지知' '신信' '직直' '용勇' '강剛'(어짊, 앎, 미더움, 곧음, 용기, 굳셈)을 좋아하더라도 '학'을 좋아하지 않으면 다 소용없다는 것이다. 문제가 생기기 때문이라는 지적이다. 그 문제가 각각 '우愚' '탕蕩' '적賊' '교絞' '난亂' '광狂'(어리석음, 독선, 도적, 가혹함, 어지럽힘, 과격함)이다. 이러니 이 모든 가치들에 우선해 '배우기'가 결정적인 셈이다.

이 가치들에 대한 공자의 특별한 관심을 돌이켜 볼 때, '학'의 이런 강조는 그가 배움을 얼마나 높이 평가하는지를 알려 준다.

1708 子曰, "小子何莫學夫詩? 詩, 可以興, 可以觀, 可以羣, 可以怨. 邇之事父, 遠之事君, 多識於鳥獸草木之名." 子謂伯魚曰, "女爲周南召南矣乎? 人而不爲周南召南, 其猶正牆面而立也與?" "너희들은 왜 시를 배우지 않느냐? 시는 그로써 깨어 일어날 수 있고 그로써 살필 수 있고 그로써 어울릴 수 있으며 그로써 원망할 수 있다. 또 가깝게는 아버지를 섬기고 멀리로는 임금을 섬기며 새와 짐승과 풀과 나무의 이름도 많이 알게 된다." 선생님께서 백어(伯魚)에게 말씀하셨다. "너는 주남周南과 소남召南을 배웠느냐? 사람이 주남과 소남을 배우지 않으면 그것은 담을 마주하고 서 있는 것과 같을 것이다."

여기서는 배움의 내용으로서 '시詩'를 강조한다. 그리고 그 효용까지도 일러 준다. '깨어 일어날 수 있음' '살필 수 있음' '어울릴 수 있음' '원망할 수 있음' '아버지를 섬김' '임금을 섬김' '새와 짐승과 풀과 나무의 이름도 많이 알게 됨' 등이 다 그렇다. 시경의 다양한 주제들이다. 이것만으로도 참 대단한 효용임에 틀림없다. 나도 시인의 한 사람으로서 반가운 언급이 아닐 수 없다.

배움에 대한 공자의 관심은 이토록 대단하다.《논어》 자체가 '학'이라는 글자로 시작하는 것은(學而時習之…), 비록 그것이 우연이라고 해도, 어쩌면 공자의 가치들을 '배우게' 하려는 운명적인 우연인지도 모르겠다.

혜 惠
은혜로움/베풀어줌에 대하여

지금은 어떤지 잘 모르겠으나 한때 《아낌없이 주는 나무The Giving Tree》라는 동화가 큰 인기를 끌었었다. 쉘 실버스타인의 작품이다. 나무는 소년에게 그늘과 열매를 주고 가지와 둥치도 내어 주고 그리고 마지막에는 잘려 나간 그 밑동을 고단한 노인이 된 왕년의 소년에게 걸터앉아 쉴 휴식처로 내어 준다. 그렇게 줌으로써 그 나무는 행복했다. 단순한 이야기지만 많은 사람들에게 큰 감동을 주었다.

나는 이따금 실버스타인의 그 나무를 생각한다. 그리고 '준다'는 것을 생각한다. '준다'는 것은 그 자체로 이미 하나의 철학이다. (참고로 내가 전공한 하이데거의 존재론에서도 '준다'[Geben, es gibt]는 것은 결정적인 개념의 하나로 등장한다.) 철학 중에서도 특히 윤리다. 왜냐하면 그것은 '받는' 저쪽에 대한 '주는' 이쪽의 삶의 태도이기 때문이다. 그것은 혜택을 주는 것, 은혜를 베푸는 것이다.

그런데 말이 쉽지, 실제로 '준다'는 것은 절대 쉬운 일이 아니다. 보통의 사람들은 대개 '받는' 것만을 생각한다. 주지 않으면 원망하거나 화도 낸다. 최소한 섭섭해 한다. 심지어 부모가 돈을 주지 않는다고 집에 불을 지르거나 부모를 살해하는 못된 자식도 있다. 하여간 그렇게 바라기만 한다.《논어》에 보면 공자도 그런 경향을 지적한다.

0411 子曰, "君子懷德, 小人懷土, 君子懷刑, 小人懷惠." "군자는 덕을 마음에 두고 소인은 영토領土를 마음에 둔다. 군자는 엄히 정죄定罪되는 것을 마음에 두고 소인은 적당히 양해諒解되는 것을 마음에 둔다."

소인의 모습인 '회혜懷惠'가 그런 것이다. 바라기만 하는 것, 받는 것만 생각하는 것이다. 굳이 '소인' 운운 하지 않더라도 세상 사람이라는 게 대개는 받을 것만 생각하지 주는 것은 잘 생각하지 않는다.

그런데 세상이라는 게 살아 보면 참 묘하다. 세상에는 그런 소인들만 있는 게 아닌 것이다. 바라는 사람들만 있는 게 아닌 것이다. 바라기만 해서는 안 된다고 말하는 사람도 있다. 또한 주어야 한다는 사람도 있고 그리고 실제로 주는 사람도 있다. 그런 사람을 우리는 훌륭한 사람이라고 평가한다. 그런, 말하자면 '윤리적 세력'이 현실적으로 존재하는 것이다. 그런 세력이 이 세상을, 삭막하고 살벌한 이 세상을, 그나마 살 만한 세상으로 만들어간다.

공자도 그중 하나다. 그는 이른바 군자의 한 조건으로 '혜이불비惠而不費'(혜택을 주지만 헛수고는 하지 않는다)라는 것을 제시했다.

2002 子張問於孔子曰, "何如斯可以從政矣?" 子曰, "尊五美, 屛四惡, 斯可以從政矣." 子張曰, "何謂五美?" 子曰, "君子惠而不費, 勞而不怨, 欲而不貪, 泰而不驕, 威而不猛." 子張曰, "何謂惠而不費?" 子曰, "因民之所利而利之, 斯不亦惠而不費乎? 擇可勞而勞之, 又誰怨? 欲仁而得仁, 又焉貪? 君子無衆寡, 無小大, 無敢慢, 斯不亦泰而不驕乎? 君子正其衣冠, 尊其瞻視, 儼然人望而畏之, 斯不亦威而不猛乎?" 子張曰, "何謂四惡?" 子曰, "不敎而殺謂之虐, 不戒視成謂之暴, 慢令致期謂之賊, 猶之與人也, 出納之吝謂之有司." 자장(子張)이 공자께 물었다. "어떻게 하여야 가히 정사에 종사할 수 있겠습니까?" 선생님께서 말씀하셨다. "다섯 가지 아름다움을 존중하고 네 가지 나쁜 점을 물리치면 가히 정사에 종사할 수 있다."

자장이 말했다. "무엇이 다섯 가지 아름다움입니까?"
선생님께서 말씀하셨다. "군자가 혜택을 주지만 헛수고
는 하시 않으며 애를 쓰지만 원망을 하지는 않으며 바
라지만 탐하지는 않으며 당당하지만 교만하지는 않으
며 위엄이 있지만 사납지는 않은 것이다." 자장이 말했
다. "어떤 게 혜택을 주지만 헛수고는 하지 않는다는 것
입니까?" 선생님께서 말씀하셨다. "백성이 이로운 바에
따라 이롭게 하는 것이 곧 혜택을 주지만 헛수고는 하
지 않는 것이 아니겠느냐? […]"

그리고 '자산'이라는 인물에 대해, 그는 '공恭, 경敬, 혜
惠, 의義'라는 '군자의 4덕'을 갖추었다고 높이 평가하기도
했다. 그중에 '혜'(은혜로움)가 있다.

0516 子謂子産, "有君子之道四焉, 其行己也恭, 其事上也敬,
其養民也惠, 其使民也義." 선생님께서 자산(子産)에 대
해 말씀하셨다. "그는 군자의 도道 네 가지를 갖추고 있
었다. 자기를 표출함에 있어서는 공손했고 윗사람을 섬
김에 있어서는 공경스러웠으며 백성을 돌봄에 있어서
는 은혜로웠고 백성을 부림에 있어서는 의로웠다."

'혜'는 또한 어짊, 즉 인仁의 한 조건이 되기도 한다.

1705 子張問仁於孔子. 孔子曰, "能行五者於天下爲仁矣." "請問之." 曰, "恭寬信敏惠. 恭則不侮, 寬則得衆, 信則人任焉, 敏則有功, 惠則足以使人." 자장(子張)이 공자께 어짊에 대해 묻자 공자께서 말씀하셨다. "천하에 능히 다섯 가지를 행할 수 있다면 어질다 할 것이다." 자장이 그것을 청하여 묻자 말씀하셨다. "공손함, 관대함, 미더움, 민첩함, 은혜로움이다. 공손하면 업신여기지 않고 관대하면 민심을 얻고 미더우면 남들이 신임하고 민첩하면 이룸이 있고 은혜로우면 족히 사람을 부릴 수 있다.

공자가 말하는 이 '혜惠'는 주는 것, 베풀어 주는 것이다. 은혜, 혜택, 시혜 등의 말에서 그 뜻은 지금도 살아 있다. '베풀어 줌' '은혜로움' 공자는 이것을 정치와 관련해서, 백성에 대한 군자의 태도로서 특별히 강조한다. 다른 경우처럼 이것에 대해서도 그는 자세한 설명을 해주지는 않는다. '혜이불비惠而不費'(베풀어 주지만 헛수고는 하지 않는다)라는 말로 다만 그 방향만을 시사한다. 그는 이것을 '비費'와 대비시킨다. 비는 소비, 허비, 낭비, 헛수고, 즉 그냥 보람 없이 써버리는 것, 그런 것과 연결되는 것이다. 그런 '비'는 남기는 바가 없다. 남는 것이 없다. 그런데 '혜'는, 즉 베풀어 줌은 '혜택'을 부여하는 것이다. '혜택'을 남기는 것이다. 결과물로서의 그 혜택은 무엇인가. '혜이불비'를 공자는 '백성이 이로운 바에 따라 이롭게 하는 것'(因民之所利而利之)이라고 설명한다. 그러니까 은혜로운 베풀어 줌의 결과물로서의 혜택이란 '백성에게 이로운 바'인 것이다. 그런 것이면 되는 것이다. '이로운 것', 즉 백성들에게 실질적으로 도움되는 것이다. 실질적으로 도움되는 이로운 것이 무엇이냐고 묻는다면 그건 간단한 논의는 아니다. 장황한 정치철학이 필요할 것이다. 그러나 일단 '해롭지 않은 것'만 해도 이로운 것이라 아니할 수 없다.

작금의 정치는 어떠한가. 그것에 종사하는 이들은 과연 백성들, 국민들의 이익을, 나라의 이익을 생각이나 하고 있는 걸까? 주기는커녕, 베풀기는커녕, 은혜롭기는커녕, 이런저런 명목으로 막대한 세금을 걷어다가는 엄청난 낭비에 아까운 줄도 모르고 쏟아 붓는다. 피 같은 국민들의 노고가 엉터리 정치와 엉터리 행정 때문에 여기저기서 줄줄 새고 있다. '혜'가 아닌 '폐'를, 엄청난 폐를 끼치고 있다. 남들도 아닌 '국민에게'다. '국가에게'다.

2천 수백 년도 더 지난 공자의 철학이 지금도 여전히

필요한 것은 바로 그런, 변하지 않는 고약한 현실 때문이다. 그런 정치적 현실을 위해, 나는 오늘도 잠자는 공자를 깨우고 있다. 그리고 그와 함께 '줌의 철학' '베풂의 철학' '은혜의 철학'을 외쳐본다. '혜이불비' 해야 한다. '인민지소리 이리지因民之所利而利之'(백성이 이로운 바에 따라 이롭게) 해야 한다. 그러면 '족이사인足以使人'(족히 사람을 부림) 할 수 있을 것이다. 즉 세금도 고분고분 낼 것이고, 시키는 대로 법령도 잘 지킬 것이다. 그런 게 정치가 아니고 무엇이겠는가.

물론 백성이라고 받기만 하라는 말은 절대 아니다. "국가가 여러분에게 무엇을 해줄 것인지 묻지 말고, 여러분이 국가를 위해 무엇을 해줄 수 있는지를 물어보시기 바랍니다.(Ask not what your country can do for you, ask what you can for your country.)"라고 말한 존 F. 케네디의 말도 우리는 함께 기억하지 않으면 안 된다.

> **참고**
>
> 1409 或問子産. 子曰, "惠人也." 問子西. 曰, "彼哉! 彼哉!" 問管仲. 曰, "人也. 奪伯氏騈邑三百, 飯疏食, 沒齒無怨言." 누군가가 자산(子産)에 대해 묻자 선생님께서 말씀하셨다. "은혜로운 사람이다." […]

X

호 好
좋아함에 대하여

"하오부하오?"(好不好)[좋아, 안 좋아?] '어때?'라는 것을 이웃 중국인들은 이렇게 표현한다. 재미있다고 느꼈다.

사람에게는 참 묘한 현상이 하나 있다. 뭔가를 혹은 누 군가를 좋아하거나 싫어하는 것이다. 누가 시키지 않아도 그렇게 한다. 거기에 특별한 이유가 있는 경우도 있고 특 별한 이유가 없는 경우도 있다. 어떤 사람은 빨강을 좋아 하고 어떤 사람은 파랑을 좋아한다. 어떤 사람은 봄을 좋 아하고 어떤 사람은 가을을 좋아한다. 어떤 사람은 드라 마를 좋아하고 어떤 사람은 스포츠를 좋아한다. 똑같은 것인데 정반대인 경우도 있다. 예컨대 어떤 사람은 개를 좋아하는데 어떤 사람은 개를 싫어한다. 어떤 사람은 공 부를 좋아하는데 어떤 사람은 공부를 싫어한다. 또 누구 는 담배를 좋아하는데 누구는 엄청 싫어한다. 사람에 따 라 그야말로 천차만별이다. 하여간 묘하다. 사람에게는 그런 호불호가 분명히 있다. 일률적으로 적용할 수는 없지만 무엇을 좋아하고 무엇을 싫어하는가 하는 것은 많은 경우 좋아하고 싫어하는 그 사람의 실제 내지 정체를 보여주기도 한다. 이쯤 되면 이건 철학적인 연구대상이다. (나는 이미 이런 주제로 몇 차례 나의 철학적 의견을 피력한 적이 있다. 《인생론 카페》 《진리 갤러리》 참조)

아주 유명한 것은 아니지만, 그래서 특별히 화제가 되는 일도 별로 없지만, 공자도 실은 이 현상을 일찌감치 주목했었다. (물론 그의 시선은 '윤리적'인 것이었다.) 그는 '좋아한다'(好)는 이 말을 의외로 자주 언급한다. 상대적으로 좀 알려진 말이지만, 그는 이렇게 말한 적이 있다.

0620 子曰, "知之者不如好之者, 好之者不如樂之者." "그것을 아는 자는 그것을 좋아하는 자만 못하고 그것을 좋아하는 자는 그것을 즐기는 자만 못하다."

'아는' 것(知)과 '즐기는' 것(樂)은 공자의 가치개념으로 비교적 유명한 것이다. 그것들과 나란히 이 '좋아한다'(好)는 것이 함께 언급되고 있는 것이다. 더군다나 그는 '아는' 것이 이 '좋아하는' 것만 못하다(不如)고까지 말한다. '좋아하는' 것이 '아는' 것 보다 더 중요하다는 말이다.

그가 '아는' 것의 가치를 여기저기서 강조했던 점을 고려해보면 이 '좋아하는' 것의 의미는 더욱 확실히 부각된다. (물론 이 '좋아하는' 것은 '즐기는' 것만은 못하다고 말한다.)

'좋아한다'는 것은 선택이나 행위의 한 기준이 되기도 한다. 공자도 이렇게 말했었다.

0712 子曰, "富而可求也, 雖執鞭之士, 吾亦爲之. 如不可求, 從吾所好." "부유하고도 구할 수만 있다면 비록 채찍 잡는 선비라도 나 또한 할 것이다. 그러나 만약 (부유하고는) 구할 수 없다면 내가 좋아하는 바를 따르겠다."

'좋아한다'의 기준은 '부유함'도 벗어난다. '좋아한다'는 것에는 그만한 무언가가, 즉 그렇게 좋아함에 합당한 무언가가 있기 때문일 것이다. 공자도 그걸 충분히 짐작하고 있었다. 그래서 그는 이런 말을 했던 것이다.

1528 子曰, "衆惡之, 必察焉, 衆好之, 必察焉." "뭇사람이 싫어해도 반드시 살펴보아야 하고 뭇사람이 좋아해도 반드시 살펴보아야 한다."

'사람들이 좋아해도 사람들이 싫어해도 반드시 살펴

보아야 한다.' 참으로 날카로운 통찰이 아닐 수 없다. 어쩌다 그런 것도 아니고 한두 사람이 그런 것도 아니고 뭇사람이 싫어하고 뭇사람이 좋아한다면 거기엔 그만한 무언가가 있기 때문임을 그는 간파한 것이다. 이 '중오衆惡'와 '중호衆好'에는 정치하는 사람들이 신경 써야(察) 할 이른바 '국민여론' 같은 것도 포함된다. 또 기업인들이 신경써야 할 소비자의 반응이나 요즘 문화인들이 신경 써야할 '댓글' 같은 것도 포함될 수 있다. "모든 것에는 그 충분한 이유가 있다"(Alles hat seinen zureichenden Grund)고 했다. 헤겔 논리학의 기본원리다. 이 원리는 이렇게도 적용될 수 있다. "모든 호오好惡에는 반드시 그만한 이유가 있다." 그 이유는 호오의 대상인 저쪽에도 있을 수 있고 주체인 이쪽에도 있을 수 있다. 내가 그런 것을 좋아하는 (혹은 싫어하는) 그런 사람이기 때문에 그럴 수도 있고, 그것이 좋아할 만한 (혹은 싫어할만한) 그런 것이기 때문에 그럴 수도 있다는 말이다.

그런데 결정적으로 중요한 것은 결국 '무엇을' 좋아하느냐 하는 것이다. 좋아함의 내용이 문제고 대상이 문제다. 하찮은 것을, 혹은 나쁜 것을 좋아한다면 그건 문제다. 예컨대 이런 공자의 말에서는 그런 문제에 대한 우려와 한탄이 녹아 있다.

1517 子曰, "群居終日, 言不及義, 好行小慧, 難矣哉!" "하루 종일 모여 앉아서도 화제가 의로움에 이르지 않고 조그마한 지혜나 구사하기를 좋아한다면 참으로 난감한 일이다."

'행소혜行小慧', 즉 조그마한 지혜나 구사하기, 그런 걸 좋아하는 건 문제(難)라는 인식이다. '겉치레'(色)만 좋아하는 것도 은근히 경계한다. '용감한 것'(勇)만 좋아하는 것도 은근히 경계한다. 그런 게 세상을 어지럽힌다(亂)는 것이다.

1513 子曰, "已矣乎! 吾未見好德如好色者也." "다 되었나보다! 나는 겉치레 좋아하듯 덕을 좋아하는 자를 보지 못하였다."

0810 子曰, "好勇疾貧, 亂也. 人而不仁, 疾之已甚, 亂也." "용감한 것을 좋아하면서 가난을 싫어하면 세상을 어지럽힌다. 사람이 어질지 못함을 너무 심하게 싫어하면 세상을 어지럽힌다."

그렇다면 정작 공자가 좋아하는, 그리고 좋아하라고 하는 것은 무엇인가. 그건 비교적 명쾌하다. 《논어》 전편에서 그가 말하고 있는 바를 추적해 보자. 좀 길다.

0114 子曰, "君子食無求飽, 居無求安, 敏於事而愼於言, 就有
자왈 군자식무구포 거무구안 민어사이신어언 취유
道而正焉, 可謂好學也已." "군자는 먹는 데에 있어서 배
도이정언 가위호학야이
부름을 추구하지 않고 지내는 데에 있어서 편안함을 추
구하지 않는다. 일에는 민첩하고 말에는 신중하며 도
있는 곳으로 나아가 바르게 처신한다면 배우기를 좋아
한다 할 것이다."

0115 子貢曰, "貧而無諂, 富而無驕, 何如?" 子曰, "可也, 未若
자공왈 빈이무첨 부이무교 하여 자왈 가야 미약
貧而樂, 富而好禮者也." 子貢曰, "詩云, '如切如磋, 如琢
빈이락 부이호례자야 자공왈 시운 여절여차 여탁
如磨,' 其斯之謂與?" 子曰, "賜也, 始可與言詩已矣, 告諸
여마 기사지위여 자왈 사야 시가여언시이의 고저
往而知來者." 자공이 말했다. "가난하면서도 비굴하지
왕이지래자
않고 부유하면서도 거만하지 않다면 어떻습니까?" 선
생님께서 말씀하셨다. "괜찮다. 그러나 가난하면서도
즐거워하고 부유하면서도 예를 좋아하는 것만은 못하
다." 자공이 말했다. "시경에서 '자른 듯, 벼린 듯, 쫀 듯,
간 듯' 한 것은 바로 이를 두고 한 말이겠군요?" 선생님
께서 말씀하셨다. "사(賜)야, 비로소 함께 시를 말할 수
있게 되었구나. 가는 것에 대해 일러 주었더니 오는 것
까지 아는구나."

0403 子曰, "唯仁者能好人, 能惡人." "오직 어진 자만이 남을
자왈 유인자능호인 능오인

좋아할 수도 있고 남을 미워할 수도 있다."

0406 子曰, "我未見好仁者, 惡不仁者. 好仁者, 無以尙之, 惡不
仁者, 其爲仁矣, 不使不仁者加乎其身. 能有一日用其力
於仁矣乎? 我未見力不足者. 蓋有之矣, 我未之見也." "나
는 어진 것을 좋아하는 자나 어질지 못한 것을 미워하
는 자를 본 적이 없다. 어진 것을 좋아하는 자라면 더할
나위가 없지만 어질지 못한 것을 미워하는 자도 그로
써 어짊을 위하는 것이니 어질지 못한 자가 자신에게
영향을 끼치지 못하도록 하기 때문이다. 하루라도 어짊
에 힘을 쓸 수 있는 자가 있는가? 나는 힘이 부족한 사
람은 보지 못하였다. 아마 그런 사람이 있겠지만 나는
아직 그런 사람을 보지 못하였다."

0507 子曰, "道不行, 乘桴浮于海. 從我者其由與." 子路聞之喜.
子曰, "由也好勇過我, 無所取材." 선생님께서 말씀하셨
다. "도道가 행해지지 않아 뗏목을 타고 바다 위에 떠도
는 것 같구나. 나를 따를 자는 바로 유(由)일 게다." 자로
(子路)가 그 말을 듣고 기뻐하자 선생님께서 말씀하셨
다. "유(由)는 용기를 좋아하는 것은 나보다 더 하나 뗏
목감을 구할 바가 없구나."

0515 子貢問曰, "孔文子何以謂之文也?" 子曰, "敏而好學, 不
恥下問, 是以謂之文也." 자공(子貢)이 물었다. "공문자(孔

文子)를 어찌하여 문文이라 부르게 되었습니까?" 선생님
께서 말씀하셨다. "실천에 민첩하고 배우기를 좋아하여
아랫사람에게 묻는 것을 부끄럽게 생각하지 않았기 때
문에 문文이라 부르게 되었다."

0528 子曰, "十室之邑, 必有忠信如丘者焉, 不如丘之好學也."
"열 집 남짓한 마을에도 필시 나만큼 충신忠信한 사람은
있을 것이나 그도 나만큼 배우기를 좋아하지는 못할 것
이다."

0603 哀公問, "弟子孰爲好學?" 孔子對曰, "有顔回者好學, 不
遷怒, 不貳過. 不幸短命死矣, 今也則亡, 未聞好學者也."
애공이 물었다. "제자 중에서 누가 배우기를 좋아합니
까?" 공자께서 대답하셨다. "안회라는 자가 있어서 배
우기를 좋아했습니다. 그는 노여움을 옮기지 않았고 잘
못을 이중으로 하지 않았는데 불행히도 단명하여 죽고
말았습니다. 지금은 아무도 없어 배우기를 좋아한다는
자를 들어보지 못했습니다."

0701 子曰, "述而不作, 信而好古, 竊比於我老彭." "풀이만 하고
짓지 않으며 옛것을 믿고 좋아한다는 점에서 속으로 나
를 노팽(老彭)에 견주어 본다."

0711 子路曰, "子行三軍, 則誰與?" 子曰, "暴虎馮河, 死而無悔
者, 吾不與也. 必也臨事而懼, 好謀而成者也." 자로가 말

했다. "선생님께서 삼군을 지휘하신다면 누구와 함께하시겠습니까?" 선생님께서 말씀하셨다. "맨손으로 호랑이를 잡으려 들거나 걸어서 강을 건너려 하다가 죽더라도 뉘우치지 않는 사람과 나는 함께하지 않겠다. 일에임해서는 두려워하고 궁리하기를 좋아하여 마침내 이루는 자와 반드시 함께할 것이다."

0720 子曰, "我非生而知之者, 好古敏以求之者也." "나는 나면서부터 아는 사람이 아니라 옛것을 좋아해서 재빨리그것을 구하는 사람이다."

0813 子曰, "篤信好學, 守死善道. 危邦不入, 亂邦不居. 天下有道則見, 無道則隱. 邦有道, 貧且賤焉, 恥也, 邦無道, 富且貴焉, 恥也." "돈독히 믿고 배우기를 좋아하며 목숨을 걸고 도道를 잘 이루어라. 위태로운 나라에는 들어가지 말고 어지러운 나라에서는 지내지 마라. 천하에 도道가 있으면 모습을 드러내고 도가 없으면 숨어라. 나라에 도가 있으면 가난하고 천한 것이 부끄러운 일이지만 나라에 도가 없으면 부유하고 귀한 것이 부끄러운 일이다."

0918 子曰, "吾未見好德如好色者也." "나는 겉치레 좋아하듯덕을 좋아하는 자를 보지 못하였다."

1107 季康子問, "弟子孰爲好學?" 孔子對曰, "有顏回者好學, 不幸短命死矣, 今也則亡." 계강자(季康子)가 물었다. "제

자 중에서 누가 배우기를 좋아합니까?" 공자께서 대답
하셨다. "안회(顔回)라는 자가 있어서 배우기를 좋아했
는데 불행히도 단명하여 죽고 말았습니다. 지금은 배우
기를 좋아하는 자가 아무도 없습니다."

1220 子張問, "士何如斯可謂之達矣?" 子曰, "何哉, 爾所謂達
者?" 子張對曰, "在邦必聞, 在家必聞." 子曰, "是聞也, 非
達也. 夫達也者, 質直而好義, 察言而觀色, 慮以下人. 在
邦必達, 在家必達. 夫聞也者, 色取仁而行違, 居之不疑.
在邦必聞, 在家必聞." 자장(子張)이 물었다. "선비는 어
떻게 해야 경지에 이르렀다 할 수 있겠습니까?" 선생님
께서 말씀하셨다. "네가 경지에 이르렀다 하는 것이 무
엇이냐?" 자장이 대답했다. "나라에서도 반드시 이름
이 나고 대부의 가家에서도 반드시 이름이 나는 것입니
다." 선생님께서 말씀하셨다. "그것은 이름이 나는 것이
지 경지에 이른 것이 아니다. 실로 일정한 경지에 이르
렀다는 것은 성품이 곧고 의를 좋아하며 말을 헤아리
고 표정을 살피는가 하면 깊이 생각하여 사람을 다루
니 그렇게만 하면 나라에 있어서도 반드시 일정한 경
지에 이르고 대부의 가家에 있어서도 반드시 일정한 경
지에 이를 것이다. 그러나 이름이 난다는 것은 겉으로
는 어진 모습을 취하나 행동은 그와 어긋나게 하며 그

런 식으로 지내는 데에 아무런 회의도 갖지 않는 것이니 그렇게 하면 나라에 있어서도 필경 이름은 나고 대부의 가家에 있어서도 필경 이름은 나게 될 것이다."

1304 樊遲請學稼. 子曰, "吾不如老農." 請學爲圃. 曰, "吾不如老圃." 樊遲出. 子曰, "小人哉, 樊須也! 上好禮, 則民莫敢不敬, 上好義, 則民莫敢不服, 上好信, 則民莫敢不用情. 夫如是, 則四方之民襁負其子而至矣, 焉用稼?" 번지(樊遲)가 농사짓는 법을 배우고자 청하니 선생님께서 말씀하셨다. "나는 농사짓는 늙은이만 못하다." 밭농사 짓는 법을 배우고자 청하니 말씀하셨다. "나는 밭농사 짓는 늙은이만 못하다." 번지가 나가자 선생님께서 말씀하셨다. "소인이로구나. 번수(樊須)는! 윗사람이 예를 좋아하면 백성이 감히 불경스럽게 굴지 못하고 윗사람이 의로움을 좋아하면 백성이 감히 복종하지 않을 수 없고 윗사람이 신의를 좋아하면 백성이 감히 성의를 다하지 않을 수 없게 된다. 실로 그렇게만 하면 사방의 백성들이 어린아이를 포대기로 싸 업고 몰려올 텐데 농사짓는 법이 무슨 필요가 있겠느냐?"

1324 子貢問曰, "鄕人皆好之, 何如?" 子曰, "未可也." "鄕人皆惡之, 何如?" 子曰, "未可也, 不如鄕人之善者好之, 其不善者惡之." 자공(子貢)이 물었다. "마을 사람들이 모두

좋아한다면 어떻습니까?" 선생님께서 말씀하셨다. "아직 덜 됐다." "마을 사람들이 모두 싫어한다면 어떻습니까?" 선생님께서 말씀하셨다. "아직 덜 됐다. 마을 사람들 중에서 선한 자는 좋아하고 선하지 못한 자는 싫어하는 것만 못하다."

1441 子曰, "上好禮, 則民易使也." "윗사람이 예를 좋아하면 백성들을 부리기가 쉽다."

1707 子曰, "由也! 女聞六言六蔽矣乎?" 對曰, "未也." "居! 吾語女. 好仁不好學, 其蔽也愚, 好知不好學, 其蔽也蕩, 好信不好學, 其蔽也賊, 好直不好學, 其蔽也絞, 好勇不好學, 其蔽也亂, 好剛不好學, 其蔽也狂." 선생님께서 말씀하셨다. "유(由)야, 너는 여섯 가지 말과 여섯 가지 폐단에 대해 들어본 적이 있느냐?" 자로가 대답했다. "없습니다." "앉아라. 내가 너에게 말해 주겠다. 어진 것을 좋아하고 배우기를 좋아하지 않으면 그 폐단은 어리석음이다. 지혜를 좋아하고 배우기를 좋아하지 않으면 그 폐단은 독선이다. 신의를 좋아하고 배우기를 좋아하지 않으면 그 폐단은 도적의 무리를 이루는 것이다. 곧음을 좋아하고 배우기를 좋아하지 않으면 그 폐단은 가혹함이다. 용기를 좋아하고 배우기를 좋아하지 않으면 그 폐단은 세상을 어지럽히는 것이다. 군세기를 좋아하고 배우기를 좋

아하지 않으면 그 폐단은 과격함이다."

여기서 그 답이 드러난다. '호학好學, 호례好禮, 호인好人, 호인好仁, 호고好古, 호모이성好謀而成, 호덕好德, 호의好義, 호신好信, 호지好知, 호직好直, 호용好勇, 호강好剛' 등이다. 배움, 예절, 사람, 어짊, 옛것, 꾀하여 이룸, 덕, 의로움, 미더움, 앎, 곧음, 용감함, 굳셈 등이다. 이런 걸 좋아하라고 그는 여러 가지 형태로 강조한다. 온전한 인간을 위해, 온전한 세상을 위해 어느 것 하나 중요하지 않은 게 없다. 이것들 하나하나의 의미는 각각 따로 음미해 볼 것이다. 그러나 여기서 공자의 방향 내지 지향은 분명히 해 둘 필요가 있다. '가치로운 일들'을 좋아해야 한다는 것이다. 특히나 이 모든 가치로운 일들을 위해서 '배움'(學)을 좋아해야 한다는 것이다.

그런데 현실은 과연 어떠한가. 그렇지를 못하다. '난감한 일이다!'(難矣哉) '다 되었나보다!'(已矣乎)라는 공자의 한탄에서 이미 읽혀지듯이 사람들은 이런 것을 그다지 좋아하지 않는다. 공자 때나 우리 때나 별로 다를 바 없다. '덕'이니 '인'이니 '의'니 '예'니 '지'니 '신'이니 … 그런 것들은 지금 거의 박물관의 전시품 정도로 전락했다. 사람들이 좋아하는 것은 공자의 이런 품목들과는 전혀 다른 것이다. 옛날도 그랬고 지금도 그렇다. 아마 앞으로도 그럴 것이다. (그건 그런 문제적 현실이 하나의 보편적 현상임을 알려 준다. '문제'라는 것 자체가 강력한 경향성을 지닌 하나의 존재론적 차원인 것이다. 당연히 그것은 저차원이다.) 물론 뭇사람이 좋아한다면 반드시 그것을 살펴볼 일이기는 하다. 뭔가가 있을 것이다. 그건 공자의 말이기도 했다. 그러나 좋아하는 대상이 달라졌다면 그런 것을 좋아하는 사람도 이미 달라졌음을 우리는 알아야 한다. '학'이니 '예'니 '인'이니 … 그런 것을 좋아하는 '군자'는 더 이상 현실에 없음을 우리는 알아야 한다. 그렇다면? 그렇다면 살펴볼 일이다. 지금 우리의 세상에서는 어떤 것들이 선'호'되고 있는지 어떤 것들이 혐'오'되고 있는지, 혹은 무시되고 밀려나고 있는지. 그리고 지금 우리 자신은 과연 어떤 것을 좋아하는 어떤 인간이 되어 있는지.

인의예지신 그런 것들을 다루는 철학이, 인문학이, 지금 사회로부터 무시당하며 천덕꾸러기 신세를 면치 못하고 있는 현실이 가장 먼저 눈에 들어온다. 그리고 … 올해 천만 관객을 동원하며 엄청난 인기를 끌고 있는 〈부산행〉이라는 저 '좀비'영화가 왠지 스산한 냉기를 뿜으며 우리의 시야에 들어온다. 여기저기 좀비들이 설치고 그들의 습격에 너나없이 좀비가 되어 온 세상이 아비규환이 되는 저 영화는 혹 무슨 시대적-사회적 상징 같은 것은 아닐는지, 문득 그런 생각도 스쳐간다. 정색을 하고 한번 물어보자. 지금 우리는 도대체 무엇을 좋아하고 있는가. 어떤 것을 좋아하고 있는가. 우리는 지금 도대체 어떤 사람인가.

화 和

어우러짐/어울림/조화에 대하여

"도미솔~" "레파라~" 초등학교 시절, 음악시간에 처음 '화음'이라는 걸 배웠을 때다. 난 그때의 그 뭐라 말하기 힘든 묘한 감동을 지금도 어렴풋이 기억한다. 선생님이 풍금으로 세 개의 음을 따로따로 하나씩 친 다음 그 세 음을 한꺼번에 치자 참 기묘하게 아름다운 소리가 내 귀에 들려온 것이다. 하나의 소리 안에 세 개의 소리가 어울려 있었다. 하나이지만 세 개, 세 개이지만 하나(一而三, 三而一). 그중 어느 하나가 빠져도 그 소리는 나올 수가 없었다. 하나씩 따로따로도 그 소리는 나올 수가 없었다.

역시 어린 시절, 처음으로 무지개를 보았을 때의 감동도 비슷했다. 세상에 '아름다운' 것이 있다는 걸 그때 제대로 실감했다. 거기에 '빨주노초파남보'라는 일곱 가지 빛깔이 어울려 있다는 걸 알려 준 사람이 누구였는지는 기억나지 않는다. 일곱 빛깔의 어우러짐 없이 무지개는 무지개로서 아름다울 수 없다. 하나로서 일곱, 일곱으로서 하나.(一而七, 七而一) 그 감동이 훗날 한 편의 시를 내게 선사해주기도 했다.(《푸른 시간들》 중 「무지개 또는 십문화쟁론소」 참조)

역시 어린 시절, 나는 학교 마당 한켠의 꽃밭을 무척이나 좋아했었다. 그때나 지금이나 초등학교 마당에는 꽃밭이 있다. 지금은 잘 모르겠으나 예전에는 채송화 맨드라미 백일홍 분꽃 금잔화 등이 주로 많았다. 그래, 샐비어도 있었고 여름엔 나팔꽃도 해바라기도 반드시 있었다. 정말이지 백화제방, 백화만발, 별의별 꽃들이 다 있었다. 큰 것 작은 것, 노란 것 빨간 것, 한 송이 여러 송이, 모든 게 제각각 다 달랐지만 그중에 꽃 아닌 것은 없었고 예쁘지 않은 것은 하나도 없었다. 그 모든 게 다 어우러져 하나의 꽃밭이었다.

어른이 되어 세상을 살아가면서 나는 그런 어우러짐이 인간들에게 얼마나 큰 가치인지를 깨닫게 됐다. 그리고 그런 어우러짐이 보통 인간들에게 있어 얼마나 어려운 일인지도 가슴 아플 만큼 깨닫게 됐다.

공자도 아마 그걸 알고 있었던 모양이다. 그는 《논어》에서 이런 말을 한다.

1323 子曰, "君子和而不同, 小人同而不和." "군자는 어우러지려 하고 같으려 하지 않는다. 소인은 같으려 하고 어우러지려 하지 않는다."

전형적인 공자의 어법이다. 역시 전형적인 공자적 가치관이다. 그는 훌륭한 인간인 군자와 고약한 인간인 소인을 대비시킨다. 군자는 '화和'하되 '동同'하지 않고, 소인은 반대로 '동'하되 '화'하지 않는다. 기막힌 통찰이고 기막힌 철학이 아닐 수 없다. 여기엔 인간에 대한 그의 진단과 처방이 동시에 있다. 비판 혹은 평가라고도 할 수 있다. 경계 혹은 권유라고 말해도 좋다. 사람들은 이 간단한 두 글자, '화和'와 '동同'을 뜻밖에 잘 이해하지 못한다. 어렵게 생각할 것 없다. 어렵게 생각하면 오히려 더 헷갈린다. 그의 말은 명쾌하다.

'화'와 '동'은 사람의 태도 내지 자세의 한 양태다. 사람에 대한 사람의 태도다. 다른 사람들에 대한 자기 자신의 관계설정이다. '화'는 다른 사람들과 어울리고자(어우러지고자) 하는 것이다. 어울리고자 하는 사람은 타인의 가치를 인정한다. 존중한다. 특히 타인이 (나와) 다름을 인정한다. 내가 하나면 너도 하나다. 내가 중하면 남도 중하다. 그걸 인정한다. 용인한다. 그리고 어울린다. 또한 어우러진다. 말은 간단하지만 현실에서는 이게 참 쉬운 일이 아니다. 보통 사람에게는 이기적인, 자기중심적인, 그런 본능 내지 경향이 존재하기 때문이다. 어울리고자 하는 사람, 훌륭한 사람, 군자는 도덕적 수양을 통해 그런 본능을 극복하고 인격에 도달한 사람이다.

그에 비해 '동'은 같고자 하는 것이다. 이런 사람(들)은 나와 남의 다름을, 차이를, 인정하지 못한다. 고려하지 않는다. 존중하지 않는다. 얼굴도 지문도 홍채도 모습도 성격도 집안도 이력도 생각도 다 다른 것이 인간인데, 그걸 고려해 주지 않는 것이다. 그래서 그들은 나를 남과 같게 만들려 하고 남을 나와 같게 만들려 한다. 그러지 않으면 직성이 풀리지 않는다. 참지를 못한다. 그래서 그들은 억지로 똑같이 짜맞추려 한다. 똑같은 패거리를 만들려 한다. 그래서 '동'은 위험한 일이 된다.

얼마 전 가까운 지인이 페이스북에 글을 하나 올렸다. 정치적으로 좀 민감한 내용이었다. '좋아요'와 '댓글'이 줄줄이 올라왔다. 그런데 또 다른 가까운 지인이 그 글에 반대하는 혹은 우려하는 (아주 점잖은) 댓글을 하나 올렸다. 그랬더니 그 댓글을 비난하고 공격하는 댓글이 빗발쳤다. 벌떼처럼 달려들어 난타를 하는 양상이었다. 섬뜩한 느낌이 들 지경이었다. 그 두 번째 지인은 다시는 거기에 댓글을 달지 않았다. 맹공을 하던 그들은 그들과 '같은' 생각이 아니면, 용납을 하지 못하는 것이다. 전형적인 '동이불화'였디. 지금 우리 사회는 그런 사람들로 가득 차 있다.

'화', 즉 어울림 내지 어우러짐의 가치를 우리는 재차 주목하고 이것을 살려 나가지 않으면 안 된다. 화목도 화합도 융화도 다 그런 '화' 즉 어우러짐의 양상들이다. (참고로 일본인들은 이 '화和'라는 글자를 엄청 좋아하고 강조한다. 부정적 이미지의 '왜倭'와 이 '화'가 일본어로는 다 '와'(わ)로 발음이 같다. 그것도 한 이유기는 하다.)

이런 어우러짐은 정치의 국면에서 더욱 중요하다. 이는 국력과도 직결된다. 공자도 그걸 간파하고 있었다. 《논어》 제16절에 보면 이런 말이 있다.

1601 季氏將伐顓臾. 冉有季路見於孔子曰, "季氏將有事於顓臾." 孔子曰, "求! 無乃爾是過與? 夫顓臾, 昔者先王以爲東蒙主, 且在邦域之中矣, 是社稷之臣也. 何以伐爲?" 冉有曰, "夫子欲之, 吾二臣者皆不欲也." 孔子曰, "求! 周任有言曰, '陳力就列, 不能者止.' 危而不持, 顚而不扶, 則將焉用彼相矣? 且爾言過矣, 虎兕出於柙, 龜玉毁於櫝中, 是誰之過與?" 冉有曰, "今夫顓臾, 固而近於費. 今不取, 後

世^세必^필爲^위子^자孫^손憂^우." 孔^공子^자曰^왈, "求^구! 君^군子^자疾^질夫^부舍^사曰^왈欲^욕之^지而^이必^필爲^위
之^지辭^사. 丘^구也^야聞^문有^유國^국有^유家^가者^자, 不^불患^환寡^과而^이患^환不^불均^균, 不^불患^환貧^빈而^이患^환
不^불安^안. 蓋^개均^균無^무貧^빈, 和^화無^무寡^과, 安^안無^무傾^경. 夫^부如^여是^시, 故^고遠^원人^인不^불服^복, 則^즉
脩^수文^문德^덕以^이來^래之^지. 旣^기來^래之^지, 則^즉安^안之^지. 今^금由^유與^여求^구也^야, 相^상夫^부子^자, 遠^원
人^인不^불服^복, 而^이不^불能^능來^래也^야. 邦^방分^분崩^붕離^리析^석, 而^이不^불能^능守^수也^야. 而^이謀^모動^동
干^간戈^과於^어邦^방內^내. 吾^오恐^공季^계孫^손之^지憂^우, 不^부在^재顓^전臾^유, 而^이在^재蕭^소牆^장之^지內^내也^야."

계씨(季氏)가 전유(顓臾)나라를 치려 하자 염유(冉有)와 계로(季路)가 공자를 찾아뵙고 말했다. "계씨께서 전유나라에 대해 장차 일을 벌이려 합니다." 공자께서 말씀하셨다. "구(求)야, 네가 이러는 것은 잘못이 아니냐? 실로 전유나라는 옛날 선왕께서 동몽東蒙의 제주祭主로 삼으셨고 또 나라 한가운데에 있으니 곧 사직의 신하다. 어찌하여 치려 하느냐?" 염유가 말했다. "계씨께서 하려는 것이지 우리 두 신하는 모두 원치 않습니다." 공자께서 말씀하셨다. "구(求)야, 주임(周任)이 한 말에 '힘을 펼쳐 관직에 나아가되 그럴 수 없는 자는 그만 둔다'는 것이 있다. 위태로운데 붙잡아 주지 않고 넘어지는데 부축하여 주지 않는다면 그런 신하를 장차 어디에 쓸 것이냐? 또 너의 말이 잘못인 것이 범이나 외뿔소가 우리에서 뛰쳐나오고 귀갑龜甲이나 보옥寶玉이 상자 안에서 깨진다면 이는 누구의 잘못이냐?" 염유가 말했다. "오늘날 전유나라는 견고하고 비읍費邑에서 가까워 지금 취하지 않으면 후세에 반드시 자손의 근심거리가 될 것입니다." 공자께서 말씀하셨다. "구(求)야, 군자는 원한다고 말하지 않고 어쩔 수 없다고 말하는 것을 미워한다. 내가 듣기에 '나라를 다스리고 대부의 가家를 다스리는 자는 백성이 적은 것을 근심하지 않고 균등하지 못한 것을 근심하며 가난한 것을 근심하지 않고 평안하지 못한 것을 근심한다'고 했다. 대개 균등하면 가난함이 없고 화합하면 백성 적음이 문제되지 않으며 평안하면 기울어지지 않는다. 실로 이러한 까닭에 멀리 있는 사람들이 복속服屬하지 않으면 문덕文德을 닦아 저절로 오게 하고 이미 오게 하였으면 평안케 하는 것이다. 지금 너희들은 계씨를 돕고 있지만 멀리 있는 사람들이 복속하지 않아도 능히 오게 하지 못하고 나라가 쪼개져 풍비박산이 되어도 능히 지켜내지 못하며 오히려 나라 안에서 싸움을 벌일 궁리만 하고 있다. 나는 계손씨의 근심이 전유나라에 있는 것이 아니라 오히려 담장 안에 있는 것이 아닌가 두렵구나."

여기서 공자는 구(염유)에게 '나라를 다스리는 자'가 진정으로 근심해야 할 일로 '균均'과 '화和'와 '안安'을 말해 준다. 균등함, 화합함, 평안함, 이 세 가지 가치가 담보되면 '빈貧'과 '과寡'와 '경傾'이라는 국가의 근심거리가 없어진다(無)는 것이다. 즉 현대식으로 말하자면 경제난, 민심이반, 국가안위를 걱정하지 않게 된다는 것이다. 공자 나름의 윤리적 국가전략인 셈이다. 그런데 당시의 현실은 전혀 그렇지를 못했다. "지금 너희들은 계씨를 돕고 있지만 멀리 있는 사람들이 복속하지 않아도 능히 오게 하지 못하고 나라가 쪼개져 풍비박산이 되어도 능히 지켜내지 못하며 오히려 나라 안에서 싸움을 벌일 궁리만 하고 있다"고 공자는 군주를 제대로 보필하지 못하는 제자들을 나무라고 있다. '모동간과謀動干戈'(싸움을 벌일 궁리만 한다)라는 말이 정신을 번쩍 들게 한다. 현실은 2,500년 전의 공자 때나 지금이나 한치도 달라진 게 없는 것이다. 정치하는 사람들이 귀담아 들어야 할 말이 아닐 수 없다.

결국 답은 '화이부동'이다. 화합해서 잘 어우러져야 하며 나와 다르다고 똑같아지려고만, 똑같게 만들려고만 해서는 안 된다. 세상은 어차피 서로 다른 악기들이 다른 소리를 내면서 하나의 교향곡을 연주하는 오케스트라와 같은 것이다. 그런 세상을 기대해 보자.

회懷

품어줌에 대하여

"넌, 조류야 조류!" 몇 년 전 정지훈, 송혜교 주연의 〈풀하우스〉라는 드라마가 인기를 끈 적이 있었는데, 거기서 남자 주인공 영재가 여자 주인공 지은을 이런 말로 조롱하는 장면이 나온다. 좀 속된 욕이지만 제대로 생각할 줄 모르는 '닭×××'라는 말이다. 티격태격 사랑싸움을 하는 귀여운 커플 사이의 말이라 그렇지 사실 여간 심한 모욕이 아니다. 지은도 지은이지만 만일 닭을 비롯한 조류들이 이런 말을 알아듣는다면 그 반응이 어떨까 하는 엉뚱한 걱정이 한순간 마음을 좀 불편하게 만들었었다.

아닌 게 아니라 조류를 이렇게 비하하는 것은 (그들의 매력이나 고마움을 생각할 때) 여러 가지로 좀 문제가 있다. 어린 시절 기억의 한 토막이다. 농촌은 아니었지만 한때 집에서 닭을 키운 적이 있었다. 마당 한 켠에는 닭장도 있었다. 어느 날인가 그 닭장 앞에 쪼그리고 앉아서 그 안의 암탉을 구경한 적이 있다. 그도 나처럼 쪼그리고 앉아 꼼짝을 않고 있었다. 그 품에 하얀 알이 보였다. 어른들 중 누군가가 알을 '품고' 있는 것이라고 설명해 줬다. 그 설명이 흥미로웠다. 그래서 며칠 동안이나 그 모습을 관찰해봤다. (어린 시절의 나는 제법 과학자였다.) 그리고 얼마 후 마침내 그 알이 부화했다. 노란 병아리들이 귀엽게 삐약거리며 어미를 쫓아다녔다. 감동이었다.

그 모습은 그 후 영상을 통해 비슷한 장면을 볼 때마다 어떤 포근한 아름다움과 함께 반추되곤 했다. 괭이갈매기들의 경우는 특히 인상적이었다. 닭은, 조류들은, 적어도 그렇게 알을 '품을' 줄 안다. 너무나도 당연한 일이다. 우리 인간은 어떤가. 물론 우리 인간도 어미는 자식을 품는다. 기본적으로는 그렇다. 새들보다도 더 오래 품는다. 그만큼 수고도 더 많이 한다. 전통적으로는 '최소한 삼 년'이라는 것이 각인되어 있다. 그게 이른바 '삼년상'의 도덕적 근거가 되기도 했다. 자식은 최소한 부모의 그 삼 년의 품어줌을 기억해야 한다는 것이다. 그 유명한 이야기가 저 《논어》에도 보인다. 제17장이다. 좀 길지만 인용한다.

1719 宰我問, "三年之喪, 期已久矣. 君子三年不爲禮, 禮必壞, 三年不爲樂, 樂必崩. 舊穀旣沒, 新穀旣升, 鑽燧改火, 期

可已矣." 子曰, "食夫稻, 衣夫錦, 於女安乎?" 曰, "安." "女安則爲之! 夫君子之居喪, 食旨不甘, 聞樂不樂, 居處不安, 故不爲也. 今女安則爲之!" 宰我出. 子曰, "予之不仁也! 子生三年, 然後免於父母之懷. 夫三年之喪, 天下之通喪也, 予也有三年之愛於其父母乎!" 재아(宰我)가 물었다. "삼년상은 기간이 너무 깁니다. 군자가 삼 년간 예를 도모하지 않으면 예가 필경 무너지고 삼 년간 음악을 도모하지 않으면 음악이 반드시 무너질 것입니다. 옛 곡식이 이미 다하고 새 곡식이 이미 나오며 나무를 비벼 불도 새로 바꾸는 만큼 일 년이면 되리라 봅니다." 선생님께서 말씀하셨다. "쌀밥을 먹고 비단옷을 입는 것이 너에게는 편안하냐?" 재아가 말했다. "편안합니다." "네가 편안하다면 그렇게 하여라. 실로 군자가 상중에 있을 때에는 맛있는 것을 먹어도 맛있지 않고 음악을 들어도 즐겁지 않으며 집에서 지내도 편안하지 않은 까닭에 그렇게 하지 않는 것이다. 그러나 지금 네가 편안하다면 그렇게 하여라." 재아가 나가자 선생님께서 말씀하셨다. "여(予)는 어질지 못하구나. 자식은 태어나서 삼 년이 지난 후에야 부모의 품을 벗어나니 실로 삼년상은 천하 공통의 상례다. 여(予)도 그 부모로부터 삼 년 동안의 사랑은 받았을 것이다."

여기서 공자가 언급하는 '부모의 품' 혹은 '품어줌'(懷), 이건 저 조류들과 마찬가지로 본능적인 사랑에 속한다. 따뜻한 이 사랑은 모진 수고를 마다하지 않는다. 확대해 석하자면 그 온갖 수고가 다 '품어줌'이다. 그런데 우리가 저 조류들을 함부로 흉볼 수 없는 것은, 인간들 중에는 그 조류만도 못한 이들이 없지 않기 때문이다. 인간들 중에는 자식을 제대로 품어 주지 않는 부모가 의외로 적지 않다. 지금도 걸핏하면 자식을 학대한, 심지어 죽음으로까지 내몬, 비정한 부모들의 이야기가 언론에 심심치 않게 보도된다. 정말이지 이건 아니다. 조류들도 그런 짓은 하지 않는다. 조류만도 못한 인간이 있다는 말이다. 물론 그렇게까지 된 데는 어떤 사정도 있을 것이다. 세상이 그렇게 만든 측면도 있을 것이다. 그래서 우리는 이런 문제들을 단순히 어떤 악마적인 개인의 문제가 아니라 '세상'의 문제로 볼 줄도 알아야 한다.

그렇게 보면 일반적으로 윗사람이 아랫사람을, 나이든 사람이 어린 혹은 젊은 사람을 돌보는 것도 그런 '품어줌'이다. 그런데 이게 참 쉽지가 않다. 나이든 사람이, 어른들이, 윗사람이, 그런 넓고 푸근한 가슴을 갖는 경우는 세상에서는 오히려 드문 편이다. 그래서 많은 어린이/젊은 이들이 따뜻하게 품어지지 못하고 냉정한, 차디찬 현실로 내몰린다. 지금도 얼마나 많은 어린이들이 학대를 당하고 버려지는가. 얼마나 많은 청소년들이 가출을 하고 비행을 저지르고 법의 신판으로 내몰리는가. 얼마나 많은 학생들이 학교에서 이런저런 형태의 가해에 시달린 끝에 처참한 모습으로 학교를 떠나는가. 저 《도가니》도 그중의 한 장면이다. 구체적으로 손꼽아 보자면 실로 한도 끝도 없다. 그게 다 '품어지지 못함'으로 인해 생겨나는 일이다. 따뜻한 품의 부재로 인해 생겨나는 일이다.

그런 문제적인 현실은 저 공자의 시대도 크게 다를 바가 없었던 모양이다. 내가 자주 인용하는 부분이지만 《논어》 제5장을 보자.

0526 顏淵季路侍. 子曰, "盍各言爾志?" 子路曰, "願車馬衣輕裘, 與朋友共, 敝之而無憾." 顏淵曰, "願無伐善, 無施勞." 子路曰, "願聞子之志." 子曰, "老者安之, 朋友信之, 少者懷之." 안연과 계로가 모시고 있는데 선생님께서 말씀하셨다. "각자 자기 뜻을 말해 보지 않겠느냐?" 자로가 말하였다. "수레와 말을 타고 가벼운 가죽옷을 입고 벗들과 더불어 함께 즐기다가 그것들이 못쓰게 되어도 유감이 없기를 원합니다." 안연이 말하였다. "선을 내세움이 없기를, 헛되이 베풂이 없기를 원합니다." 자로가 말

하였다. "선생님의 뜻을 듣고 싶습니다." 선생님께서 말씀하셨다. "늙은이들은 편안하게 하고 벗들은 믿게 하고 아이들은 품어주는 것이다."

공자는 포부를 묻는 제자들의 질문에 '늙은이들을 편안하게 하는 것, 벗들을 믿게 하는 것, 아이들을 품어주는 것'(老者安之, 朋友信之, 少者懷之)을 언급했다. '품어주는 것'이 그의 포부 중 하나로 등장하는 것이다. 공자씩이나 되는 인물이 이런 말을 했다면 그것만으로도 우리는 이것이 그만큼 중요한 문제임을 인식하지 않으면 안 된다. '아이들을 품어주는 것' 그가 이것을 언급했다는 것은 아이들이 품어지지 못하는 안타까운 현실이 거기에 있었다는 방증이 된다. 그래서 그는 '아이들이 품어지는 것'을 그의 포부의 하나로 설정했던 것이다.

이런 철학을 접하면서 우리는 우리 자신들의 모습을 거울에 비쳐 보지 않으면 안 된다. 우리는, 나는, 과연 저 조류들만큼이라도 내 새끼들을 제대로 품어주고 있는가. 우리 사회는 과연 우리의 아이들을 제대로 품어주고 있는가. 저 아이들이, 어린이들/젊은이들이 우리의 품 안에서 따뜻함과 포근함을 느끼고 있는가. 그 안에서 제대로 성장하며 날개의 힘을 키워가고 있는가. 혹은 또 너무 품

기만 해서 품을 떠날 줄도 모르고 따라서 혼자 날갯짓도
할 줄 모르는 그런 문제아로 만들고 있지는 않은가. 제대
로 품어준다는 것은 과연 어떻게 하는 것일까. 문제가 그
렇게 간단하지만은 않아 보인다. 그러나 적어도 아예 품
어주지 않거나 혹은 너무 품어주는 그런 결여와 과도라
는 양 극단 정도는 피해야겠다. 그러지 않고서는 그 누구
도 저 닭들을 그리고 조류들을 함부로 깔볼 수 없을 것이
다. 우리가 최소한 저 새들만큼이라도 한다면, 그렇게 아
이들을 품어 준다면 적어도 어린 나이에 피멍이 든 채 죽
어 가는, 혹은 굶어서 죽어가는 그런 비극은 없을 것이다.
저 〈풀하우스〉의 철없는 영재를 대신해서 애꿎게 모욕
당한 조류들에게 심심한 사과와 위로를 전한다.

회 懷

품음/마음둠에 대하여

"열 길 물속은 알아도 한 길 사람 속은 모른다"는 말이 있다. 정말 그렇다. 그래서 우리는 간혹 누군가에게 "네 속에 도대체 뭐가 들어 있는지 한번 들어가 봤으면 좋겠다"는 말을 하기도 한다. 이런 말들은 은연중에 사람의 속에 보이지 않는 무언가가 있다는 것을 시사하고 있다. 그렇다. 사람의 속에는 무언가가 있다. 무언가를 그 마음에, 가슴에, 흉중에 품고 있다. 무언가에 마음을 두고 있다. 관심을 갖고 있다. 그런데 그게 무언지 잘 보이지는 않는다. 그러나 무언가가 있다는 것은 틀림없다. 우리는 막연하게나마 그것이 어떤 것인지를 짐작한다. 하이데거가 말하는 일종의 '선-이해'(Vor-verständnis) 같은 것이다. 그것은 이윽고 그 사람의 언어와 행위와 삶을 통해 조금씩 그 정체를 드러낸다.

그런데 참 흥미로운 것은 사람의 속에 들어 있는, 즉

사람이 마음에 품고 있는 그 내용이 사람에 따라 제각기 다르다는 것이다. 그 내용이 결국은 그 사람을 결정한다. 공자도 그것을 잘 알고 있었던 것 같다. 그는 사람이 흉중에 품고 있는 각기 다른 그 내용으로, 그 경향으로, 이른바 '군자君子'와 '소인小人'을 구별한다.《논어》제4장에서 그는 이렇게 말한다.

0411 子曰, "君子懷德, 小人懷土, 君子懷刑, 小人懷惠." "군자는 덕을 마음에 두고 소인은 영토領土를 마음에 둔다. 군자는 엄히 정죄定罪되는 것을 마음에 두고 소인은 적당히 양해諒解되는 것을 마음에 둔다."

제14장에서는 이런 말도 한다.

1402 子曰, "士而懷居, 不足以爲士矣." "선비로서 안거함을 염두에 둔다면 선비가 되기에는 부족하다."

공자의 이 말들은 2,500년의 시간을 넘어 우리에게 어떤 대비를 보여 준다. 무엇보다도 이른바 '군자'와 '소인'이 극명하게 대비된다. 공자의 전형적인 어법 중의 하나다. 그의 통찰에 따르면, 군자가 마음에 두고 있는 것은

'덕'인 데 비해 소인이 마음에 두고 있는 것은 '영토'다. 또 군자가 마음에 두고 있는 것은 엄정한 '형벌'인데 비해 소인이 마음에 두고 있는 것은 적당한 '혜택'이다. 또 한편 선비가 마음에 두지 말아야 할 것으로 '안거함'(居)을 지적하기도 한다. 이게 무슨 뜻일까.

군자와 소인은 그렇다 치고(그것은 일단 '훌륭한 사람'과 '못난 사람' 정도로 이해해 두자), 여기서 그가 말하는 '덕德'과 '토土'와 '형刑'과 '혜惠', 그리고 '거居'는 그 의미가 그리 자명하지 않다. 이럴 경우는 가다머 식의 해석학적 이해를 시도할 수밖에 없다. 해석자인 우리 자신의 지평과 전통 내지 텍스트인 공자의 지평을 대조해서 그 융합에 도달하는 것이다. '물음과 대답의 논리'로 접근하는 것이다. 그의 어떤 물음이 이런 답에 이르게 했는지를 살펴보는 것이다. 또 우리의 어떤 물음이 이런 답을 요구하는지를 살펴보는 것이다.

생각해 보자. 우리는 지금 '덕德'이라는 것에 마음을 두고 있는가. ('마음을 둔다'(懷)는 것은 현재적으로 해석하자면 '관심설정' 내지 '가치지향'을 가리킨다.) 그리고 '덕'이라는 것은 지금 어떤 처지에 놓여 있고 어떤 취급을 당하고 있는가. 따로 논의할 일이지만 '덕'이라는 게 도대체 무엇인지도 명확하지는 않다. 공자는 이것을 자명한 것으로 전제하고 언급할 뿐 이론적인 설명을 해준지는 않는다. 일단은 아리스토텔레스의 '아레테(arete)'처럼 '훌륭함' 정도로 이해해두자. '중용(mesotes)'을 덕의 하나로 치는 공통점이 있으니 무리한 참고는 아닐 것이다. 다만 공자의 '덕'은 아리스토텔레스의 '아레테'보다 '인격적인 훌륭함'의 의미가 훨씬 강하다. 물론 아리스토텔레스처럼 '잘 달리기'를 말의 '아레테'로 치는 그런 의미도 공자에게 없지는 않다. (1433 子曰, "驥不稱其力, 稱其德也." "천리마는 그 힘을 칭찬할 것이 아니라 그 덕을 칭찬할 것이다." 참조) 덕은 지금 천덕꾸러기 신세를 면치 못한다. '돈이 안 되는' 인품, 인격적 훌륭함은 그저 경이원지의 대상으로서 백안시된다. 그게 우리 시대 우리 사회에서의 덕의 현주소인 것이다. 윤리 도덕 내지 철학에 대한 경시가 그것을 상징한다. 인격자를 우러러보는 풍토도 능력자(정치적·경제적·사회적으로 출세한 사람)를 우러러보는 풍토로 어느 사이엔가 뒤바뀌었다. 물론 공자의 발언들을 보면 그 당시도 상황은 지금과 엇비슷했다. (덕을 좋아하는 사람이 드물다는 것을 그는 도처에서 한탄한다.) 그럴수록 공자는 '군자'를 강조하며 '덕'에 마음을 두도록 소리를 높여 사람들을 계도했던 것이다. 그런 강조가, 그런 주장이, 그런 향도가 그나마 덕에 대한 관심 내지 지향의 절멸을 막고 그 명맥을 이어왔음을 우리는 역사를 통해 확인하게 된다. 2,500년 넘게 아직도 그것은 그래도 존재하니까.

자 그렇다면 저 '소인'들은 어떤가. 그들의 마음속에는 '덕'에 대한 지향이 없다. 그 대신 그들이 마음을 두고 있는 것은 '토土'이다. '토'라고? 그게 뭐지? 공자가 이 말로 무엇을 지칭했는지 백 퍼센트 정확하게 알 수는 없다. 우리가 2,500년 전의 중국으로 타임슬립을 해서 한동안 공자와 함께 살아 보지 않는 한 그 해석에는 한계가 있을 수밖에 없다. 누구나 알다시피 '토'란 '흙'이다. 단순한 흙이 덕과 대비될 수는 없다. 그런데 이 말은 '토지'나 '영토'라는 말로 쓰이기도 한다. 그러면 약간은 의미가 통할 수 있다. 만일 그 의미가 토지라 치자. 그렇다면 그것은 '재산'에 해당한다. 그러면 공자의 이 말은 윤리적 지향과 경제적 지향의 대비로 명쾌하게 이해된다. 요즘 식으로 말하자면 부동산 투자에 인생을 올인하는 그런 식이다. 또, 만일 그 의미가 영토라 치자. 그렇다면 그것은 '세력권' 내지 '지배권'에 해당한다. 그러면 공자의 이 말은 도덕적 지향과 정치적 지향, 혹은 도덕적 지향과 군사적 지향의 대비(이상적 가치와 세속적 가치의 대비)로 명쾌하게 이해된다. 철학적으로 이를 '자신의 지분영역' 정도로 해석한다면 그것은 '이익지향'으로도 이해될 수 있다. 이를테면 그런 것에 저 소인들은 관심을 두는 것이다. 이렇게 보면 이것은 지금 우리의 현실을 너무나 적나라하게 보여 주는 말이기도 하다. 이 경우 '소인'은 개인이기도 하고 패거리(집단, 붕당)이기도 하고 국가이기도 하다. 이런 존재들의 이런 관심이 현실에서 어떤 문제들을 야기하고 있는지는 우리 모두가 너무나도 잘 알고 있다.

그러면 이번에는 '형刑'과 '혜惠'를 생각해 보자. 가장 일반적으로 읽어서 '훌륭한 사람은 형벌을 마음에 두고 못난 사람은 혜택을 마음에 둔다'고 해 본들 그 의미가 명확히 잡히지는 않는다. 형벌과 혜택? 이게 왜 대비가 되는 거지? 공자는 아무렇게나 갖다 대는 그런 논리 없는 사람이 절대 아니다. 그의 통찰은 철저하게 논리적이다. 그러니 뭔가 필연적인 대비가 반드시 있다. 나는 그의 이 말을 이렇게 해석해 본다. 해석의 실마리는 '형'이다. 형이란 형벌이니 어떤 죄에 대비되는 개념이다. 죄는 '잘못'(過)이다. 누구든지 잘못과 죄를 저지를 수는 있다. 공자가 여러 차례 '잘못'을 논하는 것도 우리 인간의 그런 '잘못가능성'(잘못할 수 있음)을 전제로 한 것이다. 그럴 때 그 잘못에 대한 결과를 우리는 생각하지 않으면 안 된다. 거기서 그 내용이 달라진다. 훌륭한 사람은 잘못에 대해, 죄에 대해, 철저한 '정죄'(刑)를 생각한다. 즉 쉽게 말해 죄를 지었으면 그 죗값을 치러야 한다고 생각하는 것이다. 그 형은 누구든지 바라는 바가 아니다. 힘든 일이고 따라서 피하고 싶은 일이다. 그러니 그런 형을 피하고 싶으면 아예 그 원인인 죄를 짓지 말아야 하고 잘못을 저지르지 말아야 한다. 훌륭한 군자는 그런 생각을 마음에 품고 있는 것이다. '회형懷刑'은 말하자면 그런 뜻이다.

한편 소인은 어떠한가. 못난 그들은 잘못에 대해, 죄에 대해, 어떤 '시혜'를 생각한다. 누군가 어떤 형태로 '은혜'를 베풀어, (형벌을 면하는) '혜택'을 주기를 바라는 것이다. 거기에 두려움이나 반성은 아예 없다. 그러니 '죄지음'에 대한, '잘못을 저지름'에 대한, 조심도 거리낌도 없다. 뭐, 어떻게 적당히 손써서 빠져나오면 되지, 그런 사고방식이 말하자면 '회혜懷惠'인 것이다. 우리는 현실 속에서 그런 이들을 무수히 많이 목격한다. 개중에는 전직 국가원수도 재벌 총수도 있다. 좀도둑 사기꾼에서 살인범에 이르기까지 별의별 인간들이 무수히 많다. 그들도 모두 '혜택'을 염두에 두고 있다. 이른바 사면 복권도 다 그런 '혜'에 해당한다. 적당히 넘어가는 것이다. 그 과정에서 (휠체어를 탄다든지, 기부를 한다든지) 별의별 '생쇼'를 하기도 한다. 우리는 그런 장면을 드라마에서도 뉴스에서도 너무나 자주 목격한다.

그렇듯 죄와 잘못에 대한 태도가 사람에 따라 근본적으로 다른 것이다. 거기서 훌륭한 사람과 못난 사람이 갈라진다.

좀 다른 맥락이지만 공자는 '안거함'이라는 태도도 경계한다. '거居'라는 것은 '거처'나 '거주'에서 쓰이는 그 '거'인데 '특별히 하는 일 없이 집안에 가만히 머물러 지내는 것'이라는 뉘앙스가 강한 말이다. 이런 태도를 공자는 '선비 되기에 부족한 것'(不足以爲士)으로서 경계한다. 무릇 선비라는 자는 (요즘 식으로 말하자면 '지식인'은) 집 밖에, 즉 세상 돌아가는 것에 관심을 갖고 뭔가 기여할 수 있도록 수고를 아끼지 말아야 한다고 공자는 생각한 것이다. 가만히 있으며 편하게 지내는 것을 염두에 두어서는 제대로 된 지식인이라고 할 수 없다. 나의 귀에는 그의 말이 이렇게 들려온다.

공자의 이런 말들은 사실 보통 사람들이 듣기에 편한 말은 아니다. 이 말들은 은연중에 우리에게 하나의 선택을, 하나의 어려운 실존적 선택을 요구한다. '우리는 도대체 무엇에, 어떤 것에 우리의 마음을 두어야 할 것인가' 하는 선택이다. 그것은 결코 쉬운 선택이 아니다. 그가 요구하는 것은 우리들의 일상적 가치관과는 그 궤를 달리하는 경향이 있기 때문이다. 그러나 바로 그렇기 때문에

우리는 하이데거가 말하는 저 '일상적 현존재'인 '퇴락'
(Verfall) 상태의 '세인'(das Man)에서 한번쯤은 벗어나 우
리 자신의 실상을 진리의 거울에 비춰 보며 진지한 물음
을 던져 볼 필요가 있다. "군자냐 소인이냐, 그것이 문제
로다"라고. 비록 좀 고민스럽더라도. 진정한 나를 위해,
그리고 결국은 살 만한 세상을 위해.

자왈 직재사어 방유도 여시 방무도 여시 군자
1507 子曰, "直哉史魚! 邦有道, 如矢, 邦無道, 如矢. 君子
재거백옥 방유도 즉사 방무도 즉가권이회지
哉蘧伯玉! 邦有道, 則仕, 邦無道, 則可卷而懷之."
"곧구나, 사어(史魚)는! 나라에 도가 있어도 화살 같
이 곧았고 나라에 도가 없어도 화살 같이 곧았다.
군자로구나, 거백옥(蘧伯玉)은! 나라에 도가 있으면
벼슬을 하고 나라에 도가 없으면 거두어 품을 줄
알았다."

양화욕현공자 공자불현 귀공자돈 공자시기망야
1701 陽貨欲見孔子, 孔子不見, 歸孔子豚. 孔子時其亡也,
이왕배지 우저도 위공자왈 내 여여이언 왈 회
而往拜之. 遇諸塗. 謂孔子曰, "來! 予與爾言." 曰, "懷
기보이미기방 가위인호 왈 불가 호종사이극
其寶而迷其邦, 可謂仁乎?" 曰, "不可." "好從事而亟
실시 가위지호 왈 불가 일월서의 세불아여
失時, 可謂知乎?" 曰, "不可." "日月逝矣, 歲不我與."
공자왈 낙 오장사의
孔子曰, "諾, 吾將仕矣." 양화(陽貨)가 공자를 만나려
하였으나 공자께서 만나지 않으시자 공자께 돼지
를 선물로 보냈다. 공자께서 그가 없을 때를 틈타
사례하러 갔는데 길에서 그를 만나게 되었다. 그가

공자에게 말했다. "오시오. 내 당신과 할 말이 있소." 그가 말했다. "보배로운 것을 품고 있으면서도 나라를 혼미하게 내버려 둔다면 어질다 할 수 있겠소?" 그가 말했다. "할 수 없을 것이오. 나랏일에 간여하기를 좋아하면서도 자주 기회를 놓친다면 지혜롭다 할 수 있겠소?" 그가 말했다. "할 수 없을 것이오. 해와 달은 가고 세월은 나와 함께하지 않소." 공자께서 말씀하셨다. "알겠습니다. 내 장차 관직을 맡겠습니다."

효孝

효성/효도에 대하여

'982, 1088, 1119.' 응? 뭐지? 이 숫자가 뭔지 곧바로 아는 사람이 있을지 모르겠다. 각각 지난 2012년, 2013년, 2014년, 존속을 대상으로 한 폭행·상해·살해 등 강력사건의 발생건수다. 인터넷에서 우연히 관련기사를 접하고 나는 무거운 마음으로 저 '효'라는 말을 떠올렸다. 마치 '희미한 옛사랑의 그림자'처럼.

나는 서양 현대철학을 전공한 사람으로서 '언어'에 대해 특별한 관심을 가지고 있다. 언어는 서양 현대철학을 이해하기 위한 핵심 키워드(푸코 식으로 말하자면 '에피스테메') 중의 하나이기 때문이다. 예컨대 어떤 언어의 현실적 유통은 한 사회나 시대의 양상을 여실히 반영하기도 한다. 그 역(언어의 불유통) 또한 마찬가지다.

그런 차원에서 내가 흥미를 느끼는 언어 현상 중의 하나가 이 '효'이기도 하다. 우리 세대가 어렸을 때만 하더라도 이 말은 이른바 '충'과 더불어('충효'라는 형태로) 비교적 생생하게, 활발하게 유통되고 있었다. 좀 극단적이지만 효녀 심청沈淸이나 효녀 지은知恩 같은 이야기도 제법 설득력이 있었다. 효도니 효자니 하는 것도 인간으로서 마땅히 추구해야 할 삶의 지표 중 하나였다. 그런데 지금은 어떤가? 위 기사의 숫자가 상징하듯이 이 단어는 이제 거의 사어가 된 듯한 감조차 없지 않다. 부모와 자식이라는 관계설정이 근본적으로 달라진 것일까?

이런 주제를 생각할 때 나는 저 공자를 떠올리지 않을 수가 없다. 공자의 철학을 공부하다 보면 그 중심의 한 부분에 이 '효孝'가 자리하고 있음을 알게 된다. 그는 '배우는 사람'(弟子)에게 이 효라는 가치를 거의 정언적으로 (무조건적으로) 부과한다.

0106 子曰, "弟子, 入則孝, 出則悌, 謹而信, 汎愛衆, 而親仁. 行有餘力, 則以學文." "배우는 이는 집에 들어가면 효도하고 집 밖에 나가면 공손하고 …"

0916 子曰, "出則事公卿, 入則事父兄, 喪事不敢不勉, 不爲酒困, 何有於我哉?" "밖에 나가서는 공경公卿을 섬기고 집에 들어와서는 아버지와 형을 섬긴다. …"

글을 배우는 것(學文)보다 효를 포함한 기본가치들(제悌, 근謹, 신信, 인仁)이 그에게는 우선시되는 것이다. 자식을 자식답게 하는 것(子子)은 그 자신의 철학적 이념 내지 지표의 일부이기도 했다.

1211 齊景公問政於孔子. 孔子對曰, "君君, 臣臣, 父父, 子子." 公曰, "善哉! 信如君不君, 臣不臣, 父不父, 子不子, 雖有粟, 吾得而食諸?" 제나라의 경공이 공자께 정치에 대해 물으니 공자께서 대답하셨다. "왕을 왕답게, 신하를 신하답게, 부모를 부모답게, 자식을 자식답게 하는 것입니다." … (나는 이것을 이른바 '정명'[正名]의 구체화로 해석한다.)

이 말에서 알 수 있듯이 그는 이런 가치 내지 본질의 구현이 '정치'의 핵심이라고까지 인식하고 있었다. 그런 증거는 하나 더 있다.

0221 或謂孔子曰, "子奚不爲政?" 子曰, "書云, '孝乎! 惟孝友于兄弟, 施於有政.' 是亦爲政, 奚其爲爲政?" 어떤 사람이 공자에게 말했다. "선생님께서는 어째서 정치를 하지 않으십니까?" 선생님께서 말씀하셨다. "서경에 '효성스러우시오! 효성이야말로 형과 아우에게 우애를 다

하게 하고 정사에까지 베풀어 지는 것이오!' 하는 말이
있습니다. 이도 또한 정치니 어찌 그것만을 정치라 하
겠소."

효성이 우애와 정치에도 영향을 미친다는 것이다. 그
래서 자식을 자식답게 하는 것이 정치의 일부가 되는 것
이다. 누군가는 황당하고 물정 모르는 철부지 이상주의라
고 비웃을지 모르겠지만, 사실 이렇게만 된다면, 즉 자식
이 자식답게만 된다면 굳이 법이나 형이 없더라도 나라
는 그리고 세상은 제대로 돌아가도록 되어 있다.

공자는 절대로 황당한 철학자가 아니다. 그의 철학적
발언들은 너무나 구체적이다. '효'에 대해서도 마찬가지
다. 이를테면 그는 부모에 대한 자식의 태도로서 이런 것
을 요구한다.

0419 子曰, "父母在, 不遠遊, 遊必有方." "부모가 계시면 멀
리 떠나지 않는다. 떠날 때는 반드시 그 방향이 있어야
한다."

이 말의 뜻이 무엇이겠는가. 멀리 떠나 부모에게 걱정
을 끼치지 말라는 것이다. 자식이 눈앞에 보이지 않으면

부모는 걱정을 하게끔 되어 있다. 너무나 구체적이고 실질적이다. 그는 또 이런 말도 한다.

0111 子曰, "父在觀其志, 父沒觀其行, 三年無改於父之道, 可謂孝矣." "부모가 살아 계시면 그 뜻을 살피고 부모가 돌아가시면 그 행적을 살핀다. 삼 년간 부모의 길을 고치지 않으면 효성스럽다 할 수 있다."

부모님의 뜻(志), 행적(行), 길(道), 그건 부모님이 도대체 그 마음속에 무슨 생각을 품었고, 실제로 어떤 일을 했고, 그리고 어떤 방향으로 살았는가 하는 것이다. 그런 것에 대해 자식은 관심을 가지고 이해를 가져야 한다고 공자는 말하는 것이다. 그러려면 우선 부모 쪽으로 눈길이, 즉 마음이 향해져 있지 않으면 안 된다. '살핀다'(觀)는 것은 그것을 전제로 한다. 더욱이 '삼 년 간' 그 노선을 변경하지 말아야 한다고 그는 말한다. '고치지 않는다'(無改)는 것은 부모의 그 노선에 대한 존중이다. 삼 년이란, 그 존중의 최소한의 시간적 범위를 가리킨다. 왜 하필 삼 년일까. 이미 유명한 부분이긴 하지만, 그건 부모가 자식을 기르기 위해 고생한 저 '최소한의 삼 년'을 잊지 말고 기억하라는 말이다. 그 최소한의 보살핌 없이 살 수 있는 자식은 없다. 죽지 않고 살아남았다면 일단은 그게 부모(혹은 그 대행자)의 최소 삼 년의 사랑이 있었다는 증거인 것이다. 공자는 그것을 분명히 밀해 준다. 유명한 부분이다.

1719 宰我問, 三年之喪, 期已久矣. 君子三年不爲禮, 禮必壞. 三年不爲樂, 樂必崩. 舊穀旣沒, 新穀旣升, 鑽燧改火, 期可已矣. 子曰, 食夫稻, 衣夫錦, 於女安乎? 曰, 安. 女安則爲之. 夫君子之居喪, 食旨不甘, 聞樂不樂, 居處不安, 故不爲也. 今女安, 則爲之. 宰我出. 子曰, 予之不仁也. 子生三年, 然後免於父母之懷. 夫三年之喪, 天下之通喪也. 予也有三年之愛於其父母乎. 재아(宰我)가 물었다. "삼년상은 기간이 너무 깁니다. 군자가 삼 년간 예를 도모하지 않으면 예가 필경 무너지고 삼 년간 음악을 도모하지 않으면 음악이 반드시 무너질 것입니다. 옛 곡식이 이미 다하고 새 곡식이 이미 나오며 나무를 비벼 불도 새로 바꾸는 만큼 일 년이면 되리라 봅니다." 선생님께서 말씀하셨다. "쌀밥을 먹고 비단옷을 입는 것이 너에게는 편안하냐?" 재아가 말했다. "편안합니다." "네가 편안하다면 그렇게 하여라. 실로 군자가 상중에 있을 때에는 맛있는 것을 먹어도 맛있지 않고 음악을 들어도 즐겁지 않으며 집에서 지내도 편안하지 않은 까닭에 그렇

게 하지 않는 것이다. 그러나 지금 네가 편안하다면 그렇게 하여라." 재아가 나가자 선생님께서 말씀하셨다. "여(予)는 어질지 못하구나. 자식은 태어나서 삼 년이 지난 후에야 부모의 품을 벗어나니 실로 삼년상은 천하 공통의 상례다. 여(予)도 그 부모로부터 삼 년 동안의 사랑은 받았을 것이다."

현대에서는 좀 논란의 여지가 있을 수도 있겠지만, 부모의 사랑과 수고에 대한 고마움의 인식, 이것을 공자는 일단 '효'의 한 조건으로 생각하는 것이다.

그는 또 이런 말도 한다.

0421 子曰, "父母之年, 不可不知也. 一則以喜, 一則以懼." "부모의 나이는 알고 있지 않으면 안 되니 한편으로는 그로써 기뻐하고 한편으로는 그로써 두려워한다."

이것도 그 취지가 비슷하게 통하는 말이다. 예컨대 부모의 나이가 많다면 한편으로 '아, 연세가 이렇게 많은데도 아직 정정하시구나' 하고 기뻐하는(喜) 면도 있고, 또 한편으로 '아, 어느새 벌써 이렇게 늙으셨구나' 하고 두려워하는(懼) 면도 있는 것이다. 이것도 기본적으로는 부모에 대한 관심과 공경이 있어야만 느껴지는 것이다.

효에 관한 공자의 발언에는 좀 더 구체적인 것도 있다. 일단 들어 보자.

0205 孟懿子問孝. 子曰, "無違." 樊遲御, 子告之曰, "孟孫問孝 於我, 我對曰, 無違." 樊遲曰, "何謂也?" 子曰, "生事之以 禮, 死葬之以禮, 祭之以禮." 맹의자가 효에 대해 물었다. 선생님께서 말씀하셨다. "어기지 않는 것이다." … "살 아계시면 예로써 섬기고 돌아가시면 예로써 장사지내 고 제사지낸다."

0207 子游問孝. 子曰, "今之孝者, 是謂能養. 至於犬馬, 皆能有 養, 不敬, 何以別乎?" "지금의 효라는 것은 그저 돌볼 수 있음을 일컫는데 개나 말에 이르러서도 다 돌볼 줄은 안다. 공경하지 않는다면 무엇으로 구별하겠느냐?"

0208 子夏問孝. 子曰, "色難. 有事, 弟子服其勞, 有酒食, 先生 饌, 曾是以爲孝乎?" "겉치레만으로는 (효도가 되기) 어렵 다. 일이 있을 경우에 젊은 사람이 그 노고를 도맡고 술 과 음식이 있을 경우에 어른이 드시게 한다 해서 과연 그것이 효도가 되겠느냐?"

0418 子曰, "事父母幾諫, 見志不從, 又敬不違, 勞而不怨." "부 모를 섬김에 있어서는 간곡히 건의하고 수용하지 않으

려 하시더라도 여전히 존경하고 거스르지 않아야 하며
애는 쓰되 원망하지는 말아야 한다."

그는 부모가 살아서든 죽어서든 '예로써'(以禮) 대해야
한다고 말한다. 또한 그저 봉양할 뿐만 아니라 '공경'(敬)
하는 마음이 있어야 한다고 말한다. 또한 힘든 일을 대신
하고 음식을 먼저 드시게 하는 그런 겉치레만으로는 부
족하다(色難)고 말한다. 또한 '간곡히 건의'(幾諫)하고 그게
수용되지 않더라도 공경하고 거스르지 않으며(敬不違) 애
를 쓰되 원망하지는 말아야 한다(勞而不怨)고 말한다.

사실 공자의 이런 말들은 다른 철학자들과 비교해 보
면 특별히 어려울 것도 없는 말들이다. 그럼에도 불구하
고, 아니, 그렇기 때문에 그는 위대한 것이다. 이런 말들
이 그토록 '기본'이고, 그토록 '중요'하기 때문이다.

그런데 공자의 '효론'에서 내가 압권으로 치는 것은 따
로 있다. 그것은 바로 이 말이다.

0206 孟武伯問孝. 子曰, "父母唯其疾之憂." 맹무백이 효에 대
해 물었다. 선생님께서 말씀하셨다. "부모가 오직 그 아
플 걱정만 하는 것이다."

행여 아플까 하는 것 말고는 부모가 걱정할 게 없다!(父母唯其疾之憂) 자식이 아플까 걱정하는 것은 부모의 본능이다. 피할 도리가 없다. 사람인 이상 실제로 아플 수도 있다. 그러나 그것 말고는, 즉 아플 것 말고는 아무것도 부모를 걱정시키지 않는다는 것, 그게 효라고 공자는 말하는 것이다. 이 말은 부모에게 걱정(憂)을 끼치지 않는 것이 효의 핵심임을 일러 준다. 참으로 무릎을 치게 만드는 말이 아닐 수 없다. 아무 걱정도 끼치지 않고 알아서 척척 제 갈 길을 걸어가 주는 자식! 세상에 그보다 더 기특한 자식이 어디 있겠는가. 세상에 기여하고 세인의 칭송을 받는다면 금상첨화다. 더할 나위 없다. 그런 자식을 둔 부모라면 그건 참으로 천복이 아닐 수 없다.

세상에는 물론 그런 훌륭한 자식들도 무수히 많다. 그런 자식들은 부모들의 삶에 크나큰 의미가 되어준다. 삶의 축복임이 틀림없다. 그러나 세상에 훌륭한 자식들만 존재한다면 굳이 '효'라는 말이 왜 필요하겠는가. 현실에는 부모에게 모질게 속을 썩이는 자식들도 적지가 않다. 때로는 부모에게 폭력을 휘두르고 심지어 부모를 살해하는 패륜아도 있다고 전해진다. 공자는 아마도 그런 패륜의 자식들이 안타까웠을 것이다. 그들을 어떻게든 자식다운 자식으로 만들어 주고 싶었을 것이다. 공자는 그런 철학자였다.

동서고금, 세상이 아무리 달라도 변치 않는 것은 있다. 이 땅에 인간이 존재하는 한, 그들은 사랑을 하고 자식을 낳는다. 그렇게 우리는 이 땅에 태어난다. 우리는 누군가의 자식으로서 이 땅에서의 삶을 시작하는 것이다. 부모 없이, 그리고 부모의 사랑 없이 살아온 사람은 극히 드물다. (세르 식으로 말하자면 모든 인간은 부모라는 숙주에 대한 '기식자le parasite'로서 살아간다.) 그것이 부인할 수 없는 진실이라면, 우리에게 '효'는 잊어서는 안 될, 영원한 과제가 아닐 수 없다. 그것은 '어버이날' 하루에만 유효한 단어가 결코 아니다. 이렇다 할 효도도 못하고 보내 드린 부모님을 생각하면 가슴이 저며 온다.

참고

0220 季康子問, "使民敬忠以勸, 如之何?" 子曰, "臨之以莊則敬, 孝慈則忠, 擧善而敎不能則勸." 계강자(季康子)가 물었다. "권장하여 백성들로 하여금 공경스럽고 충성스러워지도록 하는 것이 어떻겠습니까?" 선생님께서 말씀하셨다. "엄숙히 정사에 임하면 공경스러워지고 효성과 자애를 다하면 충성스러워집니다. 선을 거양하여 가르치는 것이 불가능하면 권장하게 됩니다."

1105 子曰, "孝哉閔子騫! 人不間於其父母昆弟之言." "효

성스럽구나. 민자건(閔子騫)은! 남들은 그의 부모형

제가 한 말에 끼어들지 못하니."

1320 子貢問曰, "何如斯可謂之士矣?" 子曰, "行己有恥,

使於四方, 不辱君命, 可謂士矣." 曰, "敢問其次." 曰,

"宗族稱孝焉, 鄉黨稱弟焉." 曰, "敢問其次." 曰, "言

必信, 行必果, 硜硜然小人哉! 抑亦可以爲次矣." 曰,

"今之從政者何如?" 子曰, "噫! 斗筲之人, 何足算也?"

자공(子貢)이 물었다. "어떠하여야 선비라 할 수 있

겠습니까?" 선생님께서 말씀하셨다. "자신의 행동

에 부끄러워함이 있고 각국에 사신으로 나가 군명

을 욕되게 하지 않으면 선비라 할 수 있다." 자공이

말했다. "감히 그다음 되는 것을 묻고자 합니다." 선

생님께서 말씀하셨다. "일가친척이 효성스럽다 하

고 마을 사람들이 공순하다 하는 것이다." 자공이

말했다. "감히 그다음 되는 것을 묻고자 합니다." 선

생님께서 말씀하셨다. "말을 하면 반드시 믿음성이

있고 행동을 하면 반드시 결과가 있다면 깐깐한 소

인이지만 또한 그다음 되는 것으로 칠 수 있다." 자

공이 말했다. "오늘날 정치에 종사하는 자들은 어떠

합니까?" 선생님께서 말씀하셨다. "에휴, 그 종지 그

릇 만한 사람들이야 무슨 셈할 것이나 있겠느냐?"

공자
연보

B.C. 551(1세) 노나라의 대부이자 무사였던 아버지 숙량흘(叔
梁紇)과 어머니 안징재(顔徵在) 사이에서 혼외 서
자로 탄생. 장소는 창평향 추읍(현 산동성 곡부).

B.C. 549(3세) 아버지 별세.

B.C. 537(15세) 학문에 뜻을 둠.

B.C. 535(17세) 어머니 별세.

B.C. 533(19세) 송인(宋人) 기관(丌官)(혹은 병관幷官) 씨의 딸과
결혼.

B.C. 532(20세) 아들 리(鯉) 출생. 위리로 일을 시작함. 이듬해
승전리.

B.C. 522(30세) '섰다'고 표현되는 '입신'의 경지에 이름. 자
로, 증점, 염백우, 염구, 중궁 등의 제자를 가
르치기 시작함.

B.C. 518(34세) 노나라 맹리자가 죽으면서 맹의자 등 두 아들

에게 공자를 스승으로 모시고 예를 배우도록
당부함.

B.C. 517(35세) 노나라에 내란이 일어남. 이에 공사는 제나라
로 가서 경공을 만남. 순의 음악인 소(韶)를 듣
고 심취함.

B.C. 515(37세) 노나라로 돌아옴. 이후 제자 교육에 힘씀.

B.C. 512(40세) '불혹'의 경지에 이름.

B.C. 504(48세) 계씨의 가신인 양호가 권력을 전횡하여, 공자
는 벼슬하지 않고 시서예악을 닦으며 제자 지
도에 힘씀.

B.C. 502(50세) '천명'을 알게 됨. 공산불뉴가 공자를 부르나
가지 않음.

B.C. 501(51세) 처음 벼슬을 하여 노나라 중도재(中都宰)가 됨.

B.C. 500(52세) 사공(司空), 뒤이어 대사구(大司寇)로 승진됨.

B.C. 498(54세) 삼환(三桓: 계손, 맹손, 숙손 세 가문)의 세력을 약
화시키기 위해 세 도성을 허무는 조치를 취함.

B.C. 497(55세) 노나라를 떠나 위나라로 감.

B.C. 496(56세) 광 땅에서 수난을 당함. 필힐이 부르나 가지
않음.

B.C. 495(57세) 위나라 영공을 만나 벼슬하고 남자(南子)를
만남.

B.C. 494(58세) 벼슬을 그만두고 위나라를 떠남.

B.C. 492(60세) '이순'의 경지에 이름. 조나라를 거쳐 송나라로 가다가 환퇴의 수난을 당함.

B.C. 489(63세) 진나라, 채나라, 섭나라, 초나라를 거쳐 위나라로 돌아감.

B.C. 488(64세) 다시 위나라에 벼슬함.

B.C. 485(67세) 부인 별세.

B.C. 484(68세) 노나라 계강자가 공자를 부르자 13년 만에 고국 노나라로 돌아감. 이후 유약, 증삼, 자하, 자장 등의 제자를 가르침.

B.C. 483(69세) 벼슬하지 않고 제자들을 지도하거나 고대 문헌 정리에 전념함. 아들 리 별세.

B.C. 482(70세) '종심소욕불유구'의 경지에 이름.

B.C. 481(71세) 수제자인 안회 별세. 제나라 진항이 임금을 시해하자 노나라 임금에게 토벌을 주장했으나 실현되지 않음. 노나라 서쪽에서 기린이 사로잡히자 낙심하여 《춘추》 저작을 절필함.

B.C. 480(72세) 자로 위나라 난리에 별세.

B.C. 479(73세) 4월, 세상을 떠남. 노나라 성 북쪽 사수(泗水) 가에 묻힘.

공자의 가치들

2016년 12월 01일 1판 1쇄 박음
2016년 12월 20일 1판 2쇄 펴냄

지은이 이수정
펴낸이 김철종 박정욱
책임편집 김성은
디자인 정진희
마케팅 오영일
인쇄제작 정민문화사

펴낸곳 에피파니
출판등록 1983년 9월 30일 제1-128호
주소 110-310 서울시 종로구 삼일대로 453(경운동) KAFFE빌딩 2층
전화번호 02)701-6911 **팩스번호** 02)701-4449
전자우편 haneon@haneon.com **홈페이지** www.haneon.com

ISBN 978-89-5596-775-3 03140

이 도서의 국립중앙도서관 출판예정도서목록(CIP)은 서지정보유통지원시스템 홈페이지(http://seoji.nl.go.kr)와 국가자료공동목록시스템(http://www.nl.go.kr/kolisnet)에서 이용하실 수 있습니다.(CIP제어번호: CIP2016027026)